KB203838

선밀禪密, 선을 두루 살피다

선밀禪密,
선을 두루 살피다

소계 전산素溪 前山 지음

운주사

서문

두 개의 그림이 있다.

사람들이 살아서는 볼 수 없는 그림인데 한 그림은 봐주는 사람이 없고 한 그림은 보아도 모르는 그림이다.

이 책이 둘 다에 해당되는 것은 아닌지 모르겠다.

볼 수 없는 그림을 보여주고자 하는 불가능에 도전하는 것이 이 책이다.

선밀禪密은 볼 수 없는 본지풍광이란 진풍경에다 인간사회의 정치·경제·역사·문화·과학들을 입힌 것이므로, 좀 더 일반인들이 접근하기가 쉽다. 내일과 사후가 오늘 현재의 생을 사는 우리들에게는 볼 수 없는 그림이지만, 또 반드시 다가오는 것같이 진리 또한 우리의 보이지 않는 미래이다.

높은 산을 오르는 사람처럼 미래를 향해 걸어가는 사람은 용기로 무장하고 무지를 부수며 전진해야 한다. 변화에는 긍정적 변화와 부정적 변화가 있다. 긍정적 변화는 발효로 인한 건강한 변화이고 부정적 변화는 부패로 인한 건강하지 못한 변화이다.

발효와 부패를 결정짓는 핵심 요소는 공기이다. 사람의 공기 흐름인 숨이 끊어지면 발효가 끊어지고 바로 부패가 시작된다.

11월 말, 어느 절에서 산책 나간 사람이 실종되어 3일 만에 찾았는데 수습하러 다가가며 얼핏 보니 눈 부위가 하얗게 되어 있었다. 다들 귀신같이 눈동자가 돌아간 줄 알았는데 가까이에서 보니 하얀막 같은 모두 아주 작은 흰 구더기들이었다. 새하얗게 보일 정도로 수많은 구더기들이 눈동자를 파먹고 있었던 것이다. 숨이 끊어지자 연한 눈동자에서 시작된 부패의 외부적인 첫 모습이었는데, 백천의 저승사자가 구더기의 모습으로 달려들어 몸을 난도질하며 조각내고 부패시켜 다시 땅으로 돌려놓는 광경이었다.

눈은 시작이고 시간이 흐르면서 몸 전체를 그렇게 할 것이다.

살아 있는 사람에서도 노인에게 쉰 냄새가 난다고들 한다. 발효의 마지막 단계인 식초가 되어가는 것이다. 간단히 말하면 생은 발효 중이고, 죽음은 부패 중인 것이다.

생사가 이렇게 극명한데도 사람들은 닦지를 않고 주어진 대부분의 시간을 부질없는 것들을 좇아 일생을 낭비한다. 공기의 중요성을 실감하고 발효의 산실인 복부로 호흡하는 복식호흡을 하며, 육신국토의 환경을 생으로 충만하게 하는 사람이 지혜로운 사람이다.

외부 환경인 자연에서도 엘니뇨와 라니냐로 공기 흐름이 왜곡되고, 서로 막아서는 블로킹 현상이 요즘 자주 발생한다. 공기 흐름이 좋지 않다는 이야기이며 정상을 잃었다는 말이다.

블로킹 현상으로 지난 겨울에 온난화 중인데도 오히려 극심한 한파가 엄습했고, 여름엔 해수온도가 낮아져 보통 시원한 여름이 된다는 라니냐가 진행되는 중인데도 키 큰 고기압의 블로킹으로 열돔이 되어 폭염과 열대야로 힘들다. 예측이 어려워 일기예보가 잘 맞지 않고 개인에게나 자연에게나 모두 숨막히는 상황이 전개되고 있는 것이다. 막힌 숨은 틔어야 한다.

어떤 사람은 만화책을 빌려 외로운 집으로 돌아가 그림을 활짝 펴서 무더위를 쫓고, 또 한 사람은 창부타령 노래전집과 노들강변 테이프를 사서 가두어진 열, 울화를 노랫소리에 실어 흘려보낸다.

이 책도 이와 같이 둘러싼 무지를 쫓고 업을 싣고 가버리는 청풍이라 생각하고 펼쳐들기를 바란다.

맞춤법보다 구어체 문장을 그대로 살려 읽기 좋게 하였고 격조보다 일상적인 현장용어와 단어를 사용하여 가볍게 읽을 수 있게 하였으며 재미를 가미하였다. 가벼운 문장들은 글의 무거움을 덜고 자유로움을 나타내는 것들이다.

심각하다고 여겨 심각한 것이지, 세상에 심각한 것이 어디 있겠는가.

더위를 쫓기 위해 한여름 펼쳐든 만화책같이, 그리고 그 안의 그림들같이 보면 되는 일이다.

맥락과 본의는 스스로에게 돌아가 관찰을 통해 얻어지는 것이다. 스스로에게 돌아갔다가 책이라는 강호로 다시 나오면 한결 내용이 더 잘 이해될 것이다. 책이 긴 것보다 마음이 짧은 것을 걱정할 일이고, 무지와 욕망이 창성한 것보다 조용히 앉아 관찰하지 못함을 염려할 일이다.

누구나 금·은·동을 실제로 눈앞에 두고 집어 가져가라고 하면 모두 금을 집는다. 눈을 가져야 금을 집는 것처럼 눈이 좋아야 한다. 그렇지 못하면 늘상 값싼 동을 집고 제일 좋아하게 된다.

이 책이 옥석을 가리는 좋은 눈을 얻게 하고 세상과 자신에 대해 올바른 이해를 하게 하는 밝은 마음을 가져다주기를 바란다.

감사는 없고 잘 읽는 사람에게 감사하다.

2016년 겨울

왜 선을 하는가?

선은 해방이요 해탈이다.

무엇의 해방이요 해탈인가?

몸과 현상과 현실과 조건에 묶인 마음의 해방이요 해탈이다.

그래서 오직 마음을 문제 삼는다. 마음은 자기에게 묶이고 집단에 묶인다. 자기로부터 해탈, 집단으로부터의 해방이 요점이다.

선의 지난한 역사는 이러함의 끝없는 과정이다.

마음에서 제일 중요한 것은 생각이라는 것이다.

생각, 의식에 대한 탐구인 셈이다.

이는 서구철학에서도 마찬가지이다. 서구철학 중에서 자유를 가장 중시한 철학자는 데카르트이다. 신중심에서 인간중심으로, 감성과 믿음에서 이성과 의심으로, 비합리적에서 합리적으로 사상을 옮겨

중세를 근대로 옮기는 턴 포인트(turn point)를 가져왔기에 그를 근대철학의 아버지라고 한다.

'나는 생각한다. 고로 존재한다'는 정언명령은 오랜 의심 끝에 직관적으로 깨달은 것이다. 논리의 대가였으며 수학자인 데카르트이지만, 정작 마음의 탐구는 조계종의 간화선과 같이 모든 것을 의심하는 방식이었고 결론도 논리적 사유가 아니라 직관적 사유였다. 데카르트는 소위 마음의 지평에서 생각이 빅뱅 하는 순간을 보았던 것이다. 그리고 그 순간 자신의 존재를 확인하였다.

그야말로 한자 뜻 그대로 깨달음이 난다는 날 생生, 깨달을 각覺처럼 생각이 나는 것을 보고 깨달은 것이다. 물론 지금 우리들은 생각을 사고의 뜻으로 주로 사용한다.

마음이란 단어도 본바탕의 의미로 깊게 사용하기도 하고 대상에 반응하여 일으키는 얕은 생각이란 의미로 그때그때에 따라 사용하기도 한다. 동양의 선과 차이가 있다면 일체유심조 측면에 머물렀다는 것이다. 원효스님의 '마음이 일어나니 세계가 일어나고 마음이 멸하니 세계가 멸한다. 일체가 유심이요, 만법이 유식이다'라는, 해골에 괸 물을 먹고 깨달은 오도송悟道頌과 일맥상통한다.

법이란 말은 진리를 말하기도 하지만 세계, 존재를 뜻하기도 한다. 객관적 실체를 중시하는 근대철학의 아버지가 정작 유심론자였다는 것은 아이러니로 일반인들이 잘 모르는 사실이다. 그는 마음의 자유와 해탈에 치중하여 정신과 육체를 분리하기까지 하였다. 흔히 우리가 이원론이라고 부르는 것이다. 그러나 이것은 단견이다. 사실은 정신과 육체의 분리를 통通해야만 정신이 온전히 해방되기 때문이다. 경험론은 자유보다 실증을 중시하여 현실경험을 우위에 놓았고, 이것은 결국 현실의 예속을 불러오게 되어 정신은 자유로워질 수 없게 되었다.

대륙의 합리론과 영국을 중심으로 한 경험론이 생겨나 이렇게 두 흐름이 법칙탐구와 실험실증을 거듭하며 근대와 과학의 길을 열어왔다. 유럽은 각 나라마다 특색이 있는데 무역거래와 사업을 해보면 그 특색이 잘 드러난다고 한다.

무역 상담을 하며 물건을 설명할 때 영국사람들에게는 나이 든 사람을 대동하는 것이 유리하다고 한다. 경험과 경륜을 중시하는 영국인의 특성 때문에 좀 더 신뢰를 받을 수 있기 때문이다. 그래서 독일은 제품의 기술적 상태를 잘 설명해야 하고, 프랑스는 제품의 개성과 특이성을 강조해야 한다고 한다.

이웃 일본의 경우도 영국과 비슷하다. 경험과 오랜 숙련을 중시하는 까닭에 대를 이어 오래 하는 것을 중시하고 장인정신을 강조한다. 섬나라의 지리적 특성상 영역이 제한되어 있어 많은 것을 경험한 사람이 존중받는 셈이고, 자연히 연륜이 있는 사람과 경륜이 풍부한 사람을 우대하는 것이다. 영국에서 경험론이 유행한 것은 지리적 상황과 밀접한 관계가 있다.

경험은 각자가 섬인 우리 자신에게는 중요한 자산이지만, 그러나 마음이 백지상태에서 경험한 것만으로 채워진다면 마음은 도리어 경험한 것에 묶일 수밖에 없다. 자유가 없어지는 것이다.

그래서 자유와 해탈을 위해서는 경험이 탈루되어야 한다.

경험이란 무엇인가?

나 자신이 1차경험물이며 조건이다. 그리고 세계와 집단과 환경과 현실이 2차경험이며 조건들이다.

그러므로 자유란 나 자신을 넘어서는 것이며 집단과 세계를 뛰어넘는 것이다. 자신이 무아의 경지에 도달하거나 사랑으로 자기희생의 경지에 들어도 흔히 집단에 묶이는 경우가 많다. 집단이란 작게는 가족, 직업, 국가 등등이다.

예를 들면 자신의 목숨을 초개같이 버리며 가족이나 국가나 집단에 헌신해도 그가 자유를 얻었다고 할 수는 없다.

개인 심리만 초탈해서 되는 게 아니라 집단 심리도 걷어차야 한다. 경험이란 자신의 자산이요 소유이기도 하지만, 자신을 중독되게 하고 물들이기도 한다. 마음은 조건과 환경에 물들기 마련이라서, 찬탄받던 사람이 불쾌한 대접을 받으면 마음이 언짢아지고 기분이 더러워질 수 있다. 그러함이 생긴다면 마음이 예전의 경험들에 구속되어 자유롭지 못한 것이다.

경험이 마음을 자유롭게 하는 것이 아니라 오히려 예속시키기 쉽다는 말이다. 그러므로 자유에서 제일 중요한 것은 경험에서 마음을 분리해 내는 것이다. 마치 흔들어 놓은 흙탕물을 가만히 두면 물과 흙이 분리되어 맑은 물이 드러나는 것처럼, 경험과 끊임없이 콘택트하고 커넥션을 맺고 있는 자신의 생각을 고요히 하는 것을 통해 마음을 분리한다. 사유의 미꾸라지들이 잠잘 때 본연의 맑은 물이 드러나고, 사유의 구름들이 비가 되어 떨어질 때 밝은 하늘이 드러난다.

자유는 목적이고, 분리는 방법이요 방편인 것이다.

그러므로 데카르트의 이원론은 자유의 연금술을 위한 장치요 길인 것이다. 철학을 한마디로 하면 자신과 세계에 대한 이해라고 하듯이,

불교에서도 자유와 해탈을 위한 자신의 초월과 세계의 초탈이 꾸준히 진행되어 왔다. 붓다는 이것을 구차제선정九次第禪定으로 요약하였다.

구차제선정이란 욕계·색계의 사선정四禪定과 무색계 사선정四禪定의 팔선정八禪定, 그리고 마지막 아홉 번째 멸진정滅盡定, 흔히 열반이나 성불이라고 부르는 선정을 합한 것이다. 불교의 세계관은 장황하므로 생략하기로 한다. 색계 사선정은 호흡이 기준으로써 식적멸息寂滅이 최상의 경지이다.

정신활동이 약해지는 잠잘 때에는 호흡만이 있으므로 불교에서는 호흡을 몸의 대변자로 여긴다. 이와 함께 무색계 사선정은 정신, 즉 의식의 고요 정도이다. 좀 더 일반인이 알기 쉽게 이야기하면 생각의 경지들과 그 고요 정도이다. 즉 무색계 사선정은 정신이 기준인 셈이다. 그러므로 구차제선정은 우리의 구성요건인 몸과 마음, 정신과 육체에 대한 이야기이다.

호흡의 안정과 정신의 고요, 더 나아가 고요해진 심신 속에서만 맑게 드러나는 물처럼 본심, 본성, 본자유를 적멸이나 열반이나 부처님이나 지혜나 달이라고 부른 것이다. 심신을 탈루하고 얻어지는 아홉 번째 경지 멸진정, 그것이 대자유이며 대해탈인 셈이다.

간단히 말하면 심신탈락으로, 심신이라는 경험들을 초월하는 것이다. 데카르트는 이것을 이성이라고 불렀다. 경험들을 의심하고 의심하여 이성에 도달하였다.

동양의 선은 초기불교처럼 분석적으로 설명하지 않는다. 물론 그 이면에 분석이 녹아 있지만 그것만으로는 부족하다고 보았다. 서양에서도 이러한 탐구가 철학 내내 이루어졌는데, 플라톤과 아리스토텔레스에서 시작하여 합리론과 경험론으로 근대에 전개되었다.

본체와 현상, 그리고 데카르트와 사르트르

그 요점은 본체와 현상의 관계이다.

본체는 당체로써 진리 그 자체이며, 현상은 흔히 경험하게 되는 일체의 것이다. 플라톤은 이데아론으로 본체를 중시하였고, 아리스토텔레스는 플라톤에 비해서는 경험을 중시하였다.

그래서 플라톤에게는 세상이 환영이며 별로 무가치한 것이었지만, 아리스토텔레스는 카타르시스라는 일반인들이 잘 아는 『시학』을 비롯하여 각 부분의 학문에 일일이 개입하였고 제자 알렉산더에게 온 세상을 경험할 것을 가르쳤다.

만일 알렉산더가 플라톤에게 배웠더라면 전쟁터에 나가지 않았을 것이다. 종교도 이런 각자의 경향을 갖는데, 불교는 본체적이고 기독교는 경험적이다.

그래서 불교는 '경·율·논'이 발달하고, 기독교는 경험인 간증과 온 세계로의 복음전파가 중시되는 것이다. 서양철학에서는 이 본체와 현상의 관계를 탐구하다 일차정리가 일어나는데, 칸트에게서이다. 칸트는 합리론과 경험론의 종합을 시도했고 결과는 본체인 물物 자체에 대해서는 경험이 알 수 없다는 것이었다.

불가지不可知를 선언한 것이다. 마치 산 자가 죽은 자의 일을 모르는 것처럼 말이다. 경험하고 돌아올 수 없는 곳, 경험이 미칠 수 없는 것이었기에 현상의 우리는 당체와 현상의 관계를 규명할 수 없다.

이는 데카르트의 이성에 대한 정리와 종합이라기보다는 사실상의 반동으로, 도덕을 중시한 그의 태도에서 나올 수 있는 자연스러운 결과였다. 도덕주의자는 공자를 비롯하여 대부분 현실주의 경향을 갖기 쉽다. 문제는 인간 정신이 사물의 법칙을 알 수 있다는 것인데, 칸트는 그것이 이성의 작용이 아니라 오성悟性이라고 이름을 붙였다. 과학의 길은 인정한 셈이었다.

과학의 흐름에 형이상학이 무색해지자 이러함에 반발하여 훗설의 현상학을 비롯하여 하이데거, 사르트르로 이어지며 여러 형이상학들이 다시 현대에 튀어 나왔다.

현대철학의 형이상학은 '나는 생각한다, 고로 존재한다'는 데카르트 명제, 즉 사유와 존재에 대한 탐구의 연속과정으로 훗설에 의해 의식의 지향성과 판단중지가 제시되었고, 사르트르에 이르러 지향성을 가진 사유와 사유 사이의 간극에 있는 무화작용을 보게 된다. 사르트르는 외부의 도움없이 그냥 존재하는 식물이나 동물을 '즉자적 존재'라 부르고, 무엇인가에 기대어 존재하는 사람을 '대자적 존재'라고 불렀다. 물론 식물이나 동물이 전혀 외부의 도움이나 교류 없이 존재하는 생명은 아니다. 다만 인간보다 그 범위와 정도차가 분명히 있고 자율성이라는 큰 차이가 있는 것이 사실이다.

마치 그냥 주어진 대로 연산만 하고 입출력만 하는 컴퓨터와 자율적인 인공지능의 차이와 같다. '의식에는 내부가 없다'는 그의 말처럼 마음도 이러한 대자적 존재로, 무의 마음이 외부와의 감응에 의해 그것을 지향하면서 비로소 자신의 존재를 드러낸다.

사람의 의식은 무의 상태이기 때문에 아무것에도 얽매어 있지 않다.

의식은 외부의 강제에 의해서가 아니라 스스로의 힘으로 외부 세계를 지향하고, 절단하고, 조정하고, 정립시킨다.

따라서 의식은 무한히 자유롭다. 초기 부처님의 사유수뿐만 아니라 동방선사들의 본래 자유, 본래 해탈사상과도 맥락을 같이 한다. 표현과 추구방식과 방편의 차이가 있지만 초기불교와 동양 선불교의 목표점이 다를 수는 없다. 자유와 해탈의 목표점은 대승 소승 할 것 없이 동일하다.

주어진 대로만 하는 것이 아니라, 스스로의 힘으로 지향하고 조정하고 종합하고 정립하려고 하면 여지가 있어야 한다.

정신의 유연성과 포용성을 부르는 자유성이 있어야 한다.

꽉 차 있거나 경직되어 있는데 어떻게 그런 작업이 가능하겠는가. 흔히 사르트르의 무無를 빈 그릇에 비유한다.

같은 말이지만 자신은 비어 있으나 빛과 바람과 비가 오고 갈 수 있는 '텅 빈 마당' 같은 것이다. 마음은 마당이다.

텅 빈 마당이 없는 답답함이나 욕구만으로 가득 차서 자신의 자율성이 없어진 마음이 집착이다. 그 집착은 바깥에서 보면 열심히 쫓아가도 마음의 입장에 서서 보면 별로 교류하지 않는다. 집착하는 마음은 경직되어 있고 견고한 벽을 쌓는다.

다른 동물은 이러한 텅 빈 마당을 타고나지 않는다.

그래서 주어진 대로 살아가는 것이다. 인간에게 오면 이런 텅 빈 마음은 역력해진다. 그러므로 지상에서는 인간 고유의 전유물이며, 하늘이 부여한 타고날 때부터 가지고 나온 인간만의 특징이요 권리이다. 마음이 바로 천부인권이다.

다른 동물이나 생물체와 달리 자유처인 무無를 마음속에 내부의 보이지 않는 재산으로 소유한 존재가 바로 인간이다.

텅 빈 마음, 자유가 다른 지상생명체와 인간을 구분 짓는 인간의 특징이며 천부인권의 뿌리인 셈이다.

의식과 자유의 관계가 이처럼 현대철학에서 꾸준히 탐구되었다. 인간 자유의 근원이 인간 내면의 마음에 있다고 보았고, 내면의 자유로움을 소유하고 자각한 인간은 만물의 영장이 되어 동물과 달리 문명文明을 일으켰다. 그러므로 진정한 인간다움은 자유에 있다고 할 수가 있다.

흔히 서로 사랑하는 것이 인간다움이라고 여기지만 다른 동물들도 자신의 새끼를 사랑한다.

자기 새끼가 잡혀가는 것을 보고 내장이 끊어졌다는 원숭이의 '단장斷腸'의 고사를 보거나, 육지의 새끼를 보호하기 위해 상판철갑무게에 눌린 연한 뱃살이 땅에 쓸리어 찢어지는데도 무작정 달려가는 악어를 보면 오히려 인간보다 더 자식을 사랑한다. 이보다 더 심한 경우가 오직 대를 잇기 위해, 교미 후에 임신과 새끼양육을 위해 아예 그 자리에서 자신을 희생하거나 상대를 바로 잡아먹어 버리는 경우이다. 그래서 흔히 패륜아나 극악한 불효자를 보고 금수만도 못한 놈, 짐승보다 못한 놈이라고 하면서 욕한다.

사랑은 공유 권한이고, 자유가 고유 권한이다. 인권은 인간 정신의 본질인 자유로움에 기초한다. 물론 텅 빈 마당, 천부인권설 운운은 나의 표현이지만 사르트르는 이러한 것들을 『존재와 무』라는 저서에서 피력하고, 자아관념은 의식과 사유의 후천적 종합일 뿐이라고 여겨 공산주의의 견해와 비슷하게 되고 자신도 사회주의자가 된다.

무적 존재인 마음이 사회와 바깥을 지향하는 데 중점을 두면 사르트르처럼 사회운동가가 되고, 마음 그 자체의 본성에 치중하면 붓다나 선사가 되어 출가주의가 된다. 사르트르와 달리 헤겔은 절대정신을 강조하며 궤를 달리하는 철학을 전개하였다. 니체도 개아의 입장에서 자기완성의 초인사상을 피력했는데, 이들에 심취한 히틀러가 공산주의를 그렇게 싫어했다니 사상의 흐름에는 일정한 맥락이 있음을 보여준다. 히틀러의 성장에는 히틀러가 공산주의를 차단해 줄 것이라는 영국과 프랑스의 판단이 한몫을 했고, 후일 실제로 히틀러는 독소불가침조약을 맺은 상황에서도 무리하게 소련을 침공하였다. 지금도 많은 표면의 상황들과 전쟁 이면에 이러한 사상차가 존재한다. 사르트르가 밝힌 생각 사이의 무無와 대자적 존재로의 마음은 선종禪宗에서도 여러 차례 피력되었다. 바로 객진번뇌설客塵煩惱說이다.

객진번뇌에 대해 말해주는 좋은 일화가 있다.

조주선사와 먼지

조주선사가 후원의 마당을 쓸고 있었다.

먼지와 티끌이 뿌옇게 일어났다.

제자가 의미심장하게 한마디 건넸다.

"스님은 고승이신데 왜 이렇게 티끌이 일어납니까?"

"모두가 바깥에서 온 것이니라."

제자가 다시 여쭈었다.

"그럼, 절은 청정한 곳인데 어찌하여 티끌이 일어나는 것입니까?"

조주선사가 손가락으로 제자를 가리키며 말하였다.

"여기 또 티끌 하나가 더 생겼군."

동방의 선사들뿐만 아니라 이미 2,500년 전에 붓다와 그 제자들이 수행관찰의 방법으로 의식의 무無와 외부반응에 대해 정리한 바가 있다. 그 대강은, 생각은 한 번에 하나밖에 하지 못하며 생각과 생각 사이가 끊어져 있다는 것이다. 디지털이라는 말이다.

그런데 우리는 생각이 강물처럼 흘러가는 것으로 인식한다.

이것은 비유하자면 1초에 24컷의 사진을 연속적으로 넘기면 우리 눈은 영상으로 인식하여 영화가 상영되는 것과 같은 이치이다. 동영상이 존재하는 것이 아니라 사진들이 존재하는 것이고 이들이 연결된 것일 뿐인데, 우리의 어설픈 눈이 영상으로 인식한다는 것이다. 좀 더 좋은 눈을 가진 고양이는 영상이 아니라, 사진의 나열로 보고, 사진 사이의 빈틈까지 보게 될 것이다. 생각도 사진처럼 조각조각으로 되어 있고 이들이 연결되어 사유로 보인다는 것이다. 그러나 한 생각에서 다른 생각으로 옮겨갈 때 자세히 보면 생각의 빈틈이 보인다.

아까 말한 대로 사르트르도 이것에 주목하여 그 무無의 지점에서 우리 안의 자유를 찾아낸 것이었다.

얼핏 봤던 우리나라 원효스님의 깨달음의 게송을 제대로 보자.

심생즉 종종법생(心生卽 種種法生)

심멸즉 종종법멸(心滅卽 種種法滅)

삼계유심 만법유식(三界唯心 萬法唯識)

한 생각이 일어나면 온갖 법이 일어나고,
한 생각이 사라지면 온갖 법이 사라진다.
온 세계가 오직 마음이요, 모든 존재가 유식이다.

심생즉 종종법생이 데카르트적 사유라면, 심멸즉 종종법멸은 사르트르적 사유이다. 사르트르는 초기불교에 가깝고, 데카르트는 동양적 대승 선불교에 가깝다. 다 그렇다는 것이 아니고 아래 부분을 포함해서 몇 가지 통찰이 그렇다는 말이다.

데카르트가 탐구형이라면, 사르트르는 데카르트보다 사회형이다.

불교에서는 동방의 선사들보다 붓다가 사회개혁적인 성향이 강하였다. 그렇게 된 이유는 동방으로 온 불교가 반야계통과 정토계통으로 나누어지며, 자력수행과 타력수행이 더 극명하게 분리되며 진행되었기 때문이다. 물론 명·청대에는 이 둘이 다시 융화되지만 자리自利와 이타利他의 색조가 각자 선명하게 선과 정토에서 나타난다.

카스트가 엄격했던 당시 인도 사회에 살던 붓다는 계급의 불평등과 폐해를 개선하고자, 평등한 공동체인 승가를 만들고 율법을 제정하였다. 스님들이 지켜야 될 중요한 10가지의 계율을 보면 '춤추고 노래부르지 마라', '향을 바르거나 꽃과 금은보화를 몸에 두르지 마라' 등이 있다. 이는 향을 몸에 바르고 꽃다발과 장신구를 몸에 두른 채, 춤추고 노래하기를 좋아하는 인도사람들의 생활태도에 정반대되는 삶이다. 한마디로 시대의 반항아였으며 사회개혁가였다.

이에 반해 동방에서는 정토사상이 대중교화에 주로 앞장섰고, 선禪과 선사들은 사회개혁보다 수행일변도의 삶을 살며 대다수 개인적으로 법에만 전념하였다.

그러나 우리가 놓치지 말아야 하는 부분이 있다. 사르트르를 비롯하여 서구철학자들이 그냥 자유를 철학적으로 추구했다면, 붓다는 생사윤회와 괴로움이라는 자신의 당면문제를 극복하기 위해서 출가하여 수행했으며 고행 끝에 해탈열반을 성취하였다, 그러기에 비록 서구철학자들과 유사성이 많지만, 출가와 실천적 수행관조의 차이점이 있다.

붓다가 비록 사회개혁적 성향이 있었으나 이 출가와 관조가 무게중심을 잡고 있어, 출가가 아니라 계약결혼을 하며 사회운동으로 일관했던 사르트르만큼의 강한 사회성을 지니지는 않는다.

초기불교에서는 무아와 연기가 중요한데, 찰나 순간에 이루어진 한 생각들이 인연 조합되어 자아가 있다고 착각하게 된다고 여기므로, 우리가 자아라고 여기는 것은 후천적인 결과물이 된다.

이는 사르트르의 견해와도 통한다. 이처럼 인연 조합에 의해 전개되고 형성되어 그렇게 보이는 자아와 세계는 우리 눈에만 자아와 세계이지, 여래의 눈에는 인연 조합의 연기적 작용일 뿐이다. 그래서 불경에는 좋은 눈을 가지는 것을 중시하여 정법안장正法眼藏이니 불안佛眼, 혜안慧眼, 법안法眼, 천안天眼 등등 눈에 대한 말이 많이 나온다.

생각 사이의 빈틈은 이같이 연기법을 깨닫게 하고 자아를 통찰하여, 무아無我를 보게 하므로 무척 중시되었고 지금도 초심자들에게 수행법으로 가르치고 있다.

2,000년 뒤에 유심종과 법상종은 데카르트의 명제로 피력되고,

초기불교의 사유수는 사르트르에 의해 존재와 무無라는 현대철학으로 서구에서도 나타나게 된 것이다. 동서양 모두 사유에 대한 탐구의 결과들이니 유사할 수밖에 없다. 다만 차이가 있다면 서양은 언어를 통한 사고작용으로 의식에 대해 탐구했다면, 동양은 생각을 고요히 하는 직접 수행으로 마음을 관찰하는 방법을 추구했다는 것이다.

둘 다 어려운 문자를 쓰는 것은 공통점이다.

그러나 자세히 보면 우리 자신의 마음과 세계에 대해서 말하는 것일 따름이다. 맥락과 주안점을 알고 보면 의외로 간단하다. 게다가 불교는 말은 어렵지만 실천 수행법이 분명하게 있어, 그대로 실천해보면 경전의 뜻이 물먹은 잎처럼 확연히 살아난다. 자비심을 가지면 관음보살의 눈높이 구제가 이해되고, 지혜가 길러지면 『금강경』의 내용이 저절로 이해된다.

왜냐하면 자비행을 해보면 자연스럽게 상대에 맞춰서 해주게 되어 있고, 좌선을 하여 마음이 초연해지면 마음의 실상을 절로 깨닫게 되기 때문이다. 실제 마음을 다스리고 정지시키는 다섯 가지 방법이 있다고 붓다가 일러주셨는데, 그것을 '오정심관五停心觀'이라 부른다.

이 오정심관은 불교뿐만 아니라 모든 종교와 수행의 방법이 모두 이를 벗어나지 않을 정도로 잘 정리되어 있어 적어 본다.

오정심관은 마음을 고요히 하는 다섯 가지 방법이다.

첫째, 탐욕이 많은 이에게는 욕심을 멀리하기 위해 삶을 고해로 보고 부정적으로 보도록 한 부정관不淨觀이다.

둘째, 분노와 희로애락이 심한 사람에게는 관용과 연민의 마음을 갖고 살아가게 한 자비관慈悲觀이다.

셋째, 생각이 많은 사람에게는 호흡을 관하게 한 수식관數息觀이다. 넷째, 어리석은 이에게는 인연을 관찰하게 한 인연관因緣觀이다.

다섯째, 집착과 번뇌의 괴로움이 많은 사람에게는 원만상호를 관하는 불상관佛相觀을 그 방법으로 제시했는데, 무척 지혜로운 통찰이다. 불상관은 달리 염불관이라고도 한다.

그리고 삼법인三法印에서 제행무상諸行無常·제법무아諸法無我는 부동이지만 열반적정涅槃寂靜과 일체개고一切皆苦가 들락날락하듯이, 아예 불상관을 빼고 자신의 고정불변한 실체가 없다는 '계분별관界分別觀'을 넣기도 한다. 이 중에서 불교에서는 호흡을 관조하는 수식관이 가장 안전하고도 정확하게 열반에 이르게 하는 보편적인 법이라고 보고 일반적으로 가르친다.

사념처와 십이연기

엄밀히 말하면 관찰대상보다 관조觀照 그 자체가 중요한데, 호흡이 몸의 작용으로 가장 잘 드러나므로 호흡을 관하는 것이 가장 기초적인 것이면서 대체적인 것이 되었다. 호흡을 관하다 호흡이 고요해지면 그 이후엔 미세한 몸의 움직임들이 느낌으로 흐르고, 느낌이 고요해지면 희로애락·선악미추가 없는 더 담백하고 미세한 인식이 감지된다. 그리고 마음이 고요해지면 의식 너머의 법과 자신을 둘러싼 법계가 느껴진다. 숨소리를 고요히 하고 귀를 기울인다는 말처럼 좀 더 미세한 파동과 행行들로 옮겨가며 자연스럽게 관조가 이루어져 간다.

그러므로 관의 상태를 유지하는 것이 중요하며, 관찰대상인 신수심법身受心法은 그야말로 염처念處이며 관찰대상일 따름이다. 이 신수심법을 불교에서는 4가지 마음을 둘 곳이라 하여 '사념처四念處'라 한다. 이 사념처를 보면 붓다가 얼마나 총명한지 알 수 있다. 보통 사람은 자신의 몸에 무엇이 닿아도 그 시작과 흐름과 끝을 정교하고 미세하게 관찰하지 못한다. 우리 몸에 남의 손이 닿으면 먼저 몸의 촉식이 반응하여, 부드러운 정도와 딱딱한 정도를 감지한다. 만일 부드럽게 닿았다면 기분 좋음이 발생하고, 심하게 눌렸다면 아픔이 발생하며 희로애락이 생긴다고 하자. 첫 번째 촉식반응에서 신념처身念處를 볼 수 있고, 두 번째 희로애락에서 감수작용인 수념처受念處를 볼 수 있다.

만일 아픔이 발생했다면 마음은 그것을 인지하고 어찌 처리해야 할지 판단한다. 이것은 심념처心念處이다.

그리고 붓다는 그들이 모두 연기적으로 일어나는 것을 관찰해 내고, 내외를 관통하며 경계와 의식 이면의 너머에까지 모두 이르는데 바로 법념처法念處이다. 한 번의 손길이 닿는 것만으로도 존재의 최고 외부인 육신에서 감수를 거치고 생각을 지나, 가장 내부인 의식 너머와 일체법계에까지 순식간에 일목요연하게 도달한다. 놀라운 관찰력이다.

알기 쉽게 사념처에 대해서 설명하느라 순서가 있고 깊이가 다른 듯 말했지만 반드시 그런 것은 아니다.

수행상에는 무엇을 관하건 각각의 염처에서 독자적으로 깨달음이 올 수가 있다. 다만 관조를 하다보면 대체로 거친 파동에서 미세한 파동으로 나아가므로 순서적으로 되기도 한다. 일반인에게 알기 쉽게 관觀을 설명하면 희로애락이 배제된 순수한 느낌, 선악미추를 떠난 '청정한 감지'라고 할 수가 있다.

감지와 느낌에서 희로애락만 배제하면 관이라 볼 수 있다.

퓨어 필링(pure feeling)이 관觀인 셈이다.

호흡은 신수심법 중 가장 거친 흐름이요 파동이지만 그렇기에 쉽게 관찰되는 장점도 있다.

사념처와 더불어 불교교리 중에서 꼭 이해해야 할 것이 있다. 바로 십이연기十二緣起이다. 십이연기는 무명無明·행行·식識·명색名色·육처六處·촉觸·수受·애愛·취取·유有·생生·노사老死이다. 십이연기는 붓다가 깨달은 방법으로 보다시피 무명무지에서 생로병사까지 어떤 경로를 밟아 진행되는지 밝힌 것이다. 일반인들은 그 의미를 제대로 파악하기가 어려우니 알기 쉽게 중요부분만 설명하도록 하겠다. 흔히 인식이나 생각작용이 제일 빠른 것이라고 여긴다.

그러나 붓다는 인식보다 더 선행되는 것이 행行이라고 보았다.

행은 삼스카라saṃskāra의 번역인데 정신적 상태나 성향을 꼴지우는 정신작용으로, 알기 쉽게 말하면 이미 심업心業이 되어버린 것을 말한다. 불교는 업과 행에 대해서도 무척 세분화하여 말하지만, 너무 자세하면 오히려 요점을 어긋나기 쉬우므로 그냥 업이라고 생각하면 된다.

우리는 보통 빛과 같은 인식이 행보다 먼저 발생한다고 여긴다.

확실히 그런 면이 있다.

그러나 십이연기의 행行은 좀 더 심오하다. 행은 포괄적인 단어라 현재에서 벌이는 일상행위도 결국 업이 되어가므로 나중엔 심업이 되지만, 십이연기의 행은 인식보다 더 선행되는 행에 주목한다.

인식보다 더 빠른 행은 우리들도 자주 경험한다.

흔히 무의식적으로 행동을 하고 나서 뒤늦게 인식이 일어나는 경우가 있다. 심지어 한참의 시간이 지난 뒤에 인식되거나 아예 의식을 못하는 경우도 많다. 어째서 이런 일이 일어나는가?

업은 오랫동안 반복되거나 계속되어 와서 자동으로 실행되거나 취사선택이 인식보다 먼저 이루어져 버리기 때문이다. 이때 생각은 사전예방시스템이 아니라 사후약방문이다. 우리가 서로 좋아하는 사람의 스타일을 보면 그 사람을 분석해서 인식을 통해 좋아하는 경우보다 그냥 좋은 경우가 많다. 인식이 아니라 이미 취향이 결정해 버리기 때문이다.

물이 계속 흘러가면 골이 파이고 계곡이 된다. 다음에 비가 오면 무조건 그 계곡으로 흐른다. 습관적으로 자동적으로 말이다.

행업은 이처럼 이미 결이 되어 있고 취향의 덩어리가 되어 있다. 먼저 무의식적으로 선택하고, 나중에 생각과 인식이 따라가며 평가하고 관리하며 증폭 소멸한다. 영감에 따라 시가 먼저 쓰여지고, 그 다음에 비평가가 좋니 나쁘니 하며 비평하는 것과 같다.

생각은 이미 이루어진 행을 자기중심적으로 또는 효율적으로 처리하기 위한 기술자이며 사후평가자이며 관리자라는 말이다.

업이 먼저 움직이고 그 다음에 현재의 의식이 뒤따른다.

생각이 잘 정리되어 있거나 좋은 처리방식을 지녔다면, 행은 사후관리와 통제를 잘 받아 잘 정리되고 쓰임새가 높아진다. 이 업행을 우리는 느낌이라고 말하거나 여기기도 한다. 이것은 어느 정도 일리가 있는 말이다. 우리의 생각은 타오르는 불꽃처럼 끊임없이 변화하므로 한 생각을 계속하기는 사실상 어렵다. 그러나 업행은 이미 오랜 습習으로 덩어리가 되어 있고, 결을 지닌 채 변화하는 것이기 때문에 특성상 자기 정체성이 견고하게 유지된다. 문제는 행이 인식보다 먼저 있기 때문에 파악이 잘 안 되므로 속기 쉽다는 것이다. 그리고 오랜 훈습으로 신념과 믿음이 되어 있고, 잠시 감추어지거나 약화되었다가도 곧 다시 원위치로 되어 자아도취가 자신도 모르게 진행된다.

자아도취 상태이므로 무의식을 의식뿐 아니라 무의식 본인도 모른다. 의식·무의식이 크게 보면 모두 업이긴 하지만, 특히 무의식 같은 무개념의 존재가 현재와 마주할 때는 마냥 무조건 돌출되는 것이 아니라 현재의 왕인 생각의 관리를 받는다.

즉 무의식의 무질서는 생각이라는 질서를 빌려야 비로소 현재에서 제대로 자신을 발현시킬 수가 있다. 그래서 업인 과거가 현재의 영역에서 자신을 원하는 그대로 구현해 나가려고 하면, 어떤 경우는 인식 생각마저 속여야 하는 경우가 자주 발생한다.

자아와 무의식

그러므로 십이연기에서 두 번째를 차지한 행, 즉 업은 내 안에 있지만 나의 것만이 아니다. 내가 나라고 여기는 것은 현재의식으로 우리가 소위 자아라고 부르는 것이다. 물론 나를 아예 일방통행 기준으로 삼고 과거도 나, 현재도 나라고 여겨도 무방하다. 그놈이 그놈이니까. 이를 테면 물이 바다고 바다가 물이니까.

심리로만 일통하여 인간의 몸과 마음을 보면 육체와 형질은 무의식에 해당된다. 행업과 무의식은 한마디로 하면 우리의 과거이다. 물론 현재에서 경험한 것들도 과거가 되고 무의식이 되지만, 우리가 현재의식을 가지고 쌓은 무의식은 무의식 전체에서 빙산의 일각이다.

생명인 우리의 과거는 태초의 세포 때로 거슬러 간다. 30억 년 이상을 지나오며 현재에까지 도달하였다. 사회·문화적으로 말하면 조상들이며, 과학적으로 말하면 DNA와 기타 육체적인 요소이다.

개인은 개인의 경험만 가지고 있는 것이 아니다. 모든 생명의 진화 여정을 압축파일로 또는 육체를 비롯하여 갖가지 형태로 변환시켜, 개인이라는 도서관에 소장하고 있다. 마치 인간들이 언어로 된 책으로 자신들의 인간사와 세상사를 변환시켜 보듯이 말이다.

육체는 변환된 무의식이며 생명책이다. 그러므로 업과 무의식은 개인 안에 존재하는 집단 과거이다. 그 집단 과거들이 현재의 대낮을 향하고 있는 것이다. 외부에만 집단무의식·군중심리가 있는 것이 아니라, 개인 안에도 이렇게 업으로 또 행으로 존재한다. 나이가 든 사람은 현재의 영역을 많이 살아 아직 어린 자식들을 보면 불안하다.

게다가 남자가 감성이 풍부하여 예술을 좋아하면 부모는 돈 벌기 어렵다고 여기고, 자연계로 가거나 기술을 배웠으면 하는 것이 일반적이다. 요즘같이 고비용 사회가 되어 살아가기 힘든 세상이면 더욱더 그렇다. 사춘기를 지나 개아의식으로 무장한 아이는 자기주장을 하기 일쑤이다. 그러면 어른들은 아이에게 아직 세상물정을 모른다고 구박한다. 아이는 현재의 개아의식이 생겼지만 경험이 부족하여, 자기 멋대로 하려고 하고 자기의 취향대로 하려고 하는 경우가 많다. 아니

어른에게는 특히나 그렇게 보인다.

동양에는 관혼상제冠婚喪祭 중에서 관冠에 해당되는 성인식이 있다. 약관弱冠 20세라는 말은 성인이긴 하지만 현재의 구체성과 개체성·자기 정체성이 아직은 약하다는 말이다. 자신 안의 무수한 과거를 다스릴 현재인식이 생기기는 했으나, 충분히 제대로 확립되지 못했다는 말이다. 즉 경험과 경륜이 일천하다는 말이다.

게다가 사춘기이기도 하여 육체적 변화가 급격히 진행되므로, 무의식과 업의 준동이 남녀의 에로스로 나타나고 또 혈기가 끓어 걸핏하면 싸움질을 하며 타나토스하게 군다.

정신적으로는 현재자아의 주체성이 정립되어 가고, 육체적으로는 과거 업들이 터져 나오니 질풍노도의 시기가 될 수밖에 없다. 그래서 자식을 또 다른 자기라고 여기고 애정을 가진 불안한 부모는 온갖 노력과 경제적 지원을 하면서, 아이의 진로를 자기식대로 바꾸려고 노력한다. 자세히 보면 아이의 업으로 되어 있는 자신에 더 집착하는 것이다. 아이를 자신으로 여기고 있는 것이다. 그러나 아이는 그렇게 생각하지 않고 자신의 업인 과거 부모의 유전을 자기의 현재의식을 가지고 자기식대로 하고 싶어 한다. '내가 왕이다. 섭정은 그만하라'고 외친다. 자연히 충돌이 생겨난다. 여기서 우리는 과거와 현재의 충돌을 본다. 그리고 현재의식과 무의식의 갈등을 본다.

그러나 아이와 부모, 둘 다 오류가 있다. 바로 업과 무의식을 단일이며 자기 것이라고만 생각한다는 것이다. 자세히 보면 과거는 하나가 아니다. 집단이다. 그러나 현재는 하나이다. 자아만 존재하고 자기만 인식되기 때문이다. 그래서 현재가 과거도 자신과 같이 하나라는 착각을 일으킨다. 자신 안에 포함되어 있어 자신의 소유라고 생각한다.

자기 자식이 자기로 여겨진다면 자식의 정체성은 무엇인가?

이 논리대로라면 자기 역시 자신의 조상일 뿐이지 않은가?

그럼 자기라고 내세울 것이 무엇이 있는가?

하지만 우리는 늘 자기가 견고하게 있다고 여긴다.

생명이 존재할 뿐이다.

단지 범주의 문제로 빚어지는 착각과 해프닝에 속고 있다.

집단 과거가 개체 안에 들어가서 하나인 현재와 살고 있는 것이다. 우리의 무의식은 생명이 걸어온 길들이다. 30억 년을 걸어온 것을 10년, 100년이 비록 중앙집권이라는 강력한 권력을 지녔다 해도 어찌 그리 간단히 이기겠는가.

무소불위의 왕이라 할지라도 백성을 만고강산 주야장천 볶기만 할 수 있겠는가. 언젠가 왕조는 망하고 백성들은 새 왕조를 세우기 마련이다. 현재의식은 무의식의 백성 위에 떠오른 지금의 왕조이다. 과거가 현재에 노출되었을 때 잠시 세워지는 왕국이다. 자아도 마찬가지로 현재의 왕이요 왕조이다. 마치 바다 위에 잠시 떠 있는 배처럼 말이다.

물은 배를 띄우기도 하지만 배를 가라앉히기도 한다. 그래서 무의식이 무서운 것이며 통제하기 어려운 것이다.

아이들은 자라면서 누가 가르쳐주지 않아도 서로 사랑의 바다로 뛰어든다. 인간은 누구에게 배우지 않아도 죽음을 무서워한다.

우리의 업은 우리의 인식보다 앞선다.

생사해탈을 지상명제로 삼은 붓다에게는 이러함이 더 눈에 들어오고, 행업이 당연히 중요한 문젯거리가 될 수밖에 없었을 것이다.

다만 앞에서 말한 대로 무의식은 액면 그대로 자기 멋대로 현재를 지속적으로 활보할 수는 없다. 생각과 인식의 안내를 받고 평가를 받고 관리를 받아야 한다. 그래서 우리는 교육에 매진한다. 그리고 잘못하면 무시와 축소와 소멸의 수모를 겪기도 하지만, 잘하면 생각과 인식을 통해 오히려 자신의 의도를 극대화하고 증폭시킬 수 있다. 그런 면에서 자아는 업의 토양에서 선택권을 가지고 현재와 미래의 모습을 만드는 주권자이다. 그러나 분명한 것은 깊은 행업은 인식보다 선행한다는 것이다. 십이연기에서 식識보다 행行이 먼저인 것은 훌륭한 통찰이다. 불교의 십이연기는 이 행식관계行識關係에 대한 이해가 거의 전부라 하여도 과언이 아니다.

가장 중요한 요건은 한 개인이 자신 안에 있는 집단 과거인 업과 현재 자신의 개아의식을 어떻게 보는 것인가 하는 점이다. 자신의 과거와 현재를 어떻게 다스릴 것인가 하는 점이다.

붓다는 현재 의식이 갖고 있는 번잡한 생각을 고요히 하고 무의식이 지닌 욕구와 충동적 느낌에서 희로애락을 배제한 무욕의 순수 필링, 선악미추를 떠난 '청정한 감지', 즉 관觀으로써 현재의 개아를 초탈하고 과거의 집단 무의식인 업행을 진정시켜 두 마리 토끼를 동시에 잡았다. 대멸종을 이루고 적멸위락寂滅爲樂하였다.

그리고 행아行我를 차례로 넣은 사자성어, 제행무상 제법무아 열반적정(諸行無常 諸法無我 涅槃寂靜)이라고 설하며 삼법인三法印이라고 명명하였다. 임금이 자신을 상징하며 옥새를 찍듯이 깨달음과 바른 법法을 상징하는 법의 도장(法印)이라고 한 것이다. 한 개인이 과거와 현재를 초탈하여 대자유를 성취한 증명이요 잣대인 셈이다.

그래서 관조에 대해 제대로 알 필요가 있다.

일단은 쉽게 출발하자. 사랑도 본능이지만 감지와 관조도 본능이다. 스스로 자신을 돌아보면 이를 잘 알 수 있다.

우리는 외부를 향해 사랑의 본능에 쉽게 빠져들지만 자신의 내면으로 돌아오기만 하면 이러한 감지와 관조도 자신이 그동안 놓치고 있던 자신의 또 하나의 본능임을 쉽게 알 수 있다. 사랑이 쉽고 수행이 어려운 것이 아니다.

우리의 행동방식이 외부지향성이 강해서 늘 하던 일이라 외부행들이 쉬워 보이는 것일 뿐, 다 같은 본능이라 바깥을 좇지 않으면 내면의 관조도 점차 자연스럽게 익숙해진다.

물론 잘 안 하던 것이라 처음엔 잘 안 되지만 첫술에 배부를 리 없다고 생각하고 꾸준히 해나가면, 이전에 없던 또 하나의 이색적인 뿌리가 내려지고 마침내 지혜의 과실이 달린다.

그 이색적인 뿌리를 이근異根이라 하고, 지혜의 과실을 혜과慧果라고 하며, 그들이 자라는 모습을 이근생혜과異根生慧果라고 한다. 마음이 관을 시작하여 호흡을 비추면 정신과 육체가 서로 결합되는 것으로, 정신은 안정되고 육신은 조화로워진다. 이 역시 두 마리 토끼를 동시에 잡을 수 있다. 우리의 의식은 낮에 깨어나고 밤에 잠든다. 밤에는 몸의 작용인 호흡만 남게 되는데, 이때 정신은 깨어 있지 못하므로 호흡을 인식하지 못한다. 그리고 낮에는 정신이 깨어 있지만 생각과 생활을 하느라 호흡이 흘러도 그것을 놓친다.

마음과 호흡이 사실상 만나기가 어려운 것이다.

꽃이 있을 땐 잎이 없고 잎이 있을 땐 꽃이 없는 상사화相思花처럼 호흡이 있을 땐 마음이 없고 마음이 있을 땐 호흡을 보기 어려워, 둘이 서로 비추며 합일되기는 있기 어려운 유난사有難事이다.

사실이 이러한데도 우리들은 매일 낮밤을 겪으면서 이런 경험을 해도 이것을 제대로 알고 있지 못하며, 이러함의 의미를 제대로 보지 못하고 이해하지 못하기에 둘을 조화시키고 통일시키려는 시도를 하지 않는다. 그래서 멍청하게 매일을 보내는 우리인지라, 설사 정신이 내면으로 들어가도 스스로의 생각에 쉽게 빠져 산란해지기 십상이고, 어쩌다 고요해지면 잠으로 직행하는 일이 많다.

낮밤을 떠돌며 윤회를 계속한다. 산란한 정신이 깨어 있으면서도 고요하고, 조용하면서도 잠들지 않기는 하늘의 별따기이다.

수행은 바로 이 하늘의 별따기를 하는 것이다.

좌선의 요결과 호흡수행

깨어 있으면서도 산란하지 않고, 고요하면서도 혼몽해지거나 잠들지 않는 상태를 성성적적惺惺寂寂이라고 한다. 이것과 가장 비슷한 자연물이 하나 있는데 바로 밤하늘의 달이다. 그래서 불교는 달을 법에 비유하는 경우가 많다. 보름달을 자세히 보면 볼수록 태양과 달리 안으로 더 깨끗해지며 속이 시원해진다.

수행도 밤에 깨어 있으면서도 그 빛이 흩어져 산란하지 않고 안을 더 밝히는 보름달처럼, 육신의 어둠 속에서 정신은 생각을 좇아 산란하지 않고 자신의 내면을 비추며 밝아지게 하는 것이다. 그 모습이 앞에서 말한 성성적적, 적적성성이다. 좌선의 요결을 한마디로 요약하면, '침묵 속에서 깨어 숨과 몸이 교류하는 것을 본다'이다.

침묵 속에서는 전체의 환경이며 깨어서는 관조자인 정신이 망상에 빠지지 않고 맑게 깨어 있는 상태이다. 그리고 숨과 몸의 교류는 관찰대상에서 벌어지고 있는 상황이다.

낮과 밤, 빛과 어둠이 동시에 한 자리에 있는 진풍경이 수행이다. 참으로 멋진 광경이다. 이 같이 하루는 많은 것을 시사하고 수행은 자아라는 왕이 귀환하여 하루를 통일하는 대서사극이다.

정신이 빛이면 호흡은 파동으로 소리이다. 만일 빛과 소리가 따로 따로이면 마치 화면 따로 음성 따로의 영상 같이, 돌아가기는 하지만 고장난 텔레비전이 된다. 그러나 빛과 소리가 시간차 없이 한자리에 동시에 일치하여 존재하면, 마치 벼락과 천둥이 같은 지점에서 치는 것처럼 경천동지驚天動地의 대오각성이 일어난다.

마음과 호흡이 일치하면 이 같은 대변화가 일어난다. 그러므로 호흡을 관조하는 수행은 마음의 각성을 부른다.

문제는 호흡이 좀 고요해지면 습관대로 혼침이 오고 잠에 빠져들거나 멍한 무기상태가 온다는 것이다. 이것은 호흡수행의 난제이다.

이러한 난제를 극복하기 위해서 '월륜관'이라는 것이 있다.

눈을 지그시 감고 둥근 달을 그리고 자신을 그 속에 둔다. 둥근 달 속에서 자신은 돌이 되어 돌이 숨쉰다고 생각한다. 천년만년 그렇게 있겠다고 다짐한다. 변덕이 심한 사람은 육체를 억지로 앉혀 놓았으니 정신으로 변덕을 부리는 법이다. 호흡수행은 그래서 진득한 사람들이 잘한다. 진득하게 만년을 기한 삼아 돌로 숨쉬면, 돌 위에서 지구처럼 모든 생명이 출몰하고 돌 표면이 태양처럼 찬란해진다.

"밖으로 말을 따르지 않고 안으로 생각을 좇지 않으며, 둥근 달 속에서 묵묵히 돌이 되어 숨쉬며 천년만년 앉아 맑은 정신으로 지구처럼 생양生陽한다." 말 그대로 우주가 되는 것이다.

억만년을 묵묵히 있으며 화후火候 속에서 만물을 장양하는 지구행성이 되라는 말이다. 게송으로 적어주면 아래와 같다.

부종외언不從外言 불축내사不逐內思 망경자입忘境自入
월륜석식月輪石息 천년여여千年如如 만년기약萬年期約
석상만생石上萬生 석표찬휘石表燦輝 여지여양如地如陽

그리고 또 하나의 난제가 있는데 부처님 말씀과는 다르게 지나치게 생각이 많은 사람과 감성적인 사람들은 의외로 호흡수행이 쉽지가 않다는 것이다. 특히 남성보다 여성들이 대체로 호흡수행을 잘 못하는 경향이 많은데, 이유는 감정이입이 없이 수행상태가 담백하여 금방 지루해지기 때문이다. 희로애락의 색조가 강할수록 살아 있는 것 같은 기분이 나는 감정과 느낌을 지녔거나, 행동보다 생각에 잘 빠져 끊임없이 잡생각이 잘 나는 마음을 가진 사람은 담백한 호흡관이 어렵게 다가온다. 즉 호흡을 통해 생각이 잘 진정되지 않는다.

그리고 여성의 신체적 특징과 행동양식도 한몫을 한다.

행동양식은 생각이 많고 쉽게 행동으로 옮기지 못하는 성향을 말한다. 신체적 특징은 남자에 비해 피하지방층이 두꺼운 풍선인데다가, 하부의 발달에 비해 상부 심폐기능이 약하여 남자보다 숨을 충분히 잘 불어 넣지를 못한다는 것이다. 잘 불기 힘든 두꺼운 풍선을 잘 못 부는 사람이 부는 셈이다. 그래서 자연히 염법念法을 선호한다.

호흡수행의 난제 중에 제일 큰 것이 무미건조하여, 쉽게 편안함 가운데에서 잠들거나 멍한 상태에 빠져 관조가 성성하게 이루어지지 않는 것이다. 요즘 '멍때리기'라는 것이 유행인데, 바쁜 현대인들에게 뇌를 쉬게 하고 몸을 내려놓아 심신의 건강에 도움이 된다고 한다. 그러나 이런 유익이 있는 멍때리기는 수행의 입장에서 보면 무기無記상태로 권장할 것이 아니다. 호흡수행에서 멍해지는 것을 극복하기 위해 심지어 다시 호흡을 크게 일으켜 관조하라고들 한다.

이것도 방법이지만 월륜관처럼 호흡의 진가를 제대로 깨닫는 것이 중요하다. 우리는 마음을 바로잡을 수가 없다. 왜냐하면 마음은 색깔과 소리와 냄새와 맛과 감촉이 없기 때문이다. 이렇게 색성향미촉이 없는 비물질의 마음을 잡고 다스리려고 하면 여간 어려운 일이 아니다.

그런데 한 가지 눈에 보이는 방법이 있다. 그것이 호흡수행이다. 호흡이 거칠어지면 마음도 거칠어지고, 호흡이 안정되면 마음도 안정이 된다. 심호흡을 시키면 마음이 진정되는 이유이다.

심호흡은 마음을 진정시키는 구체적인 응급처치이다. 마음을 아무리 진정시키려고 해봐도 잘 안 될 때는 심호흡을 시키면 이상하게 진정이 된다. 국가는 말과 군대가 영역의 한계이지만, 자기는 숨이 가는 곳까지 자신의 영토이다. 자신의 소유나 땅이나 손길발길 닿는 곳이 자기의 영역이 아니라, 숨이 가는 곳까지가 순수 자신영역으로 자영自領이며 자역自域이다. 명상의 범위이다. 한자로 호흡은 숨쉴 식息인데, 식息은 자심自心의 합성어이다. 숨이 자신의 마음이라는 말이다.

비유하자면 오백 원짜리 동전의 앞뒷면에 새와 500이라는 문양과 숫자가 각각 쓰여 있다. 새와 500은 서로 앞뒷면으로 붙어 있어, 동전을 위로 던지면 같이 위로 올라가고 아래로 떨어뜨리면 같이 아래로 떨어진다. 같이 움직인다. 마음과 호흡도 이와 같다.

호흡인 숨새가 날아오르면 마음의 디지털도 올라간다.

바람새가 인체숲으로 날아내리면 마음도 따라 스며든다.

마치 태양과 계절의 연동처럼 마음과 호흡도 함께 움직인다.

마음은 바로 찾아 조절하고 고르기 힘들지만, 호흡은 자신이 하기만 하면 임의대로 들이쉬고 내쉴 수 있다.

그래서 호흡을 조절하는 것을 통하여 마음을 다스린다고 하는 것이다. 바람새와 숨새가 가슴골짜기로 날아다니는 것으로 여기는 것이, 호흡수행의 무기無記를 극복하는 또 한 방법이다. 이 바람새 방법은 바람이 지형에 따라 수많은 모습으로 변화되어 흐르듯이, 인체 안의 상태에 따라 무수한 공기새의 모양으로 변하면서 스미어 날아간다.

비가 한 번 떨어지면 땅의 나무들 상태와 잎의 크기와 두께와 모양에 따라 가지가지 소리를 내어 자연교향곡을 연주하는 것처럼, 한 번 숨을 쉬면 신체의 모양과 상태에 따라 공기들이 백천 가지 바람새가 되어 퍼져 간다. 마지막으로 순수하게 내면으로만 몰입하여 고요 가운데 숨의 흐름과 고요를 느껴야 한다. 그 숨의 흐름과 고요를 보고, 기의 흐름과 고요를 체달하여 호흡을 통해 기를 인지해야 한다. 동양의 옛 수행자들은 이러한 기의 자각을 중시하였다.

마치 구름의 흐름이 그치면 허공의 고요가 머물고 다시 구름의 흐름이 시작되는 하늘처럼, 자신 안에서 이러한 흐름과 고요의 하모니를 인지해야 한다. 그리고 그 호흡과 기에 반응하여 형체적이고 물질적인 육체가 조응하는 것을 보아야 한다. 풍선을 불 때 풍선껍질이 공기에 따라 움직이는 것처럼 호흡에 따라 육체가 테두리가 되어 주며, 호흡에 맞게 미묘한 반응을 보이는 것을 감지해야 한다. 호흡의 바람이 육신의 정원을 거니니 풍보風步요 내부의 감촉을 느끼게 하니 밀어密語이다.

이러한 풍보밀어의 모습은 마치 하늘이 기운을 내리면 땅이 그에 맞게 조응하는 것과 같다. 봄빛을 내리면 봄꽃을 피우고, 이슬을 내리면 단풍을 온 산하에 물들게 한다. 이처럼 호흡의 기운이 육체에 내리면, 육체는 그 기운을 받아 그에 맞는 반응을 한다. 이렇게 호흡을 고르는 것이 인체국토에 계절을 흐르게 하는 것이요, 기후를 불어넣는 것임을 알아야 한다. 이 마지막을 천수상天垂象이라 한다.

우리 안에는 불이 있고, 그 불이 호흡이라는 바람을 일으키고 있다. 자연에 빛이 있고 계절풍이 흐르듯이 말이다.

얼마 전 보톡스에 대해서 나온 적이 있다. 보톡스는 신경을 마비시켜 주름지지 않게 해 주므로, 나이가 든 여성들이 젊어보이게 하기 위해 많이 맞는 것이다. 그런데 개중에 보톡스 시술을 하면 혈압이 떨어지는 사람들이 있었고, 그 원리를 이용하여 보톡스를 척추의 일정부분에 주사하여 약이나 기타 치료가 듣지 않는 고혈압 환자의 높은 혈압을 떨어뜨리는 방법이 소개되었다.

아직 정확한 이유가 온전히 규명되지는 않았지만 보톡스가 신경을 마비시켜 혈압강하작용을 한 것으로 추측된다. 만일 이러한 것이 사실이라면 신경과 심장혈과의 관계가 어느 정도는 드러난 것이다. 신경과 심혈의 상호 연동성을 보여주는 사례라는 말이다. 정신이 어떤 경로로 육체를 제어하는지, 어떻게 육체의 중요기관인 심장과 그 흐름을 제어하는지 보여주는 것이다.

몸과 마음이 서로 연동되어 있음은 말할 나위도 없는 사실이지만 우리는 제대로 잘 실감하지는 못한다. 수행 중에서도 마음의 평정과 집중이 몸의 상태와 흐름에 분명히 작용하는데, 그것을 절감하거나 확신하지 못한다. 마음을 다스려 어떻게 몸을 좋게 만들 수가 있겠느냐고 의심하기 일쑤이다. 마음과 몸의 소통이 소통 중의 소통으로 최고의 소통이다. 수행이 최선의 소통인 셈이다. 이러한 소통과 교류는 자연에서는 하늘의 빛들과 계절과 물의 순환이며, 일신에서는 마음과 호흡과 혈행의 연동이다. 하늘의 빛들은 우리의 정신이며 계절은 우리의 호흡이다. 반대로 말하면 천지자연이라는 천지대인天地大人은 일월성신이라는 정신과 계절이라는 호흡을 가지고 있는 셈이다. 천지의 운행은 그대로 수행이다. 천지가 수행하고 있는 것이다. 수행하며 생기와 생명을 짓고 있는 것이다.

이러한 천지운행을 본받아 자신의 일신 안에서 실행하는 것이 바로 수행이다. 관천지도 집천지행(觀天之道 執天之行)이 수행이다. 자신의 내면에서 이러한 빛과 계절을 마음과 호흡에서 발견하고, 그것에 대한 감각을 체득해야 한다.

월륜관과 바람새, 천수상은 무미건조한 호흡수행의 단점들을 극복하는 방법들이다. 살아있다는 것은 숨을 쉬고 있다는 것이고, 숨을 쉬고 있다는 것은 일음일양지一陰一陽之하고 있다는 말이다. 음양이 한자리에 있으면 살아있는 것이다. 즉 태극도太極圖가 생명도生命圖인 것이다. 호흡수행은 태극신공인 것이다. 감각이 고도화된 사람은 심해처럼 깊은 고요에 이르고, 지고한 고요의 깊이 속에 들면 미세한 한 움직임만 있어도 그것이 살아있음으로 다가온다. 드넓은 우주 가운데 한 줄기 바람만 불어도 우주 전체가 살아있는 것으로 다가온다.

어찌 움직일 수 있겠는가? 왜 움직여야 되는가?

염법, 또 하나의 수행법

하나의 움직임은 그냥 발생할 수 있는 것이 아니다. 우주 전체가 개입하고 있고 우주 전체에 영향을 미친다. 다만 이러함을 느끼려고 하면 깊은 고요와 집중이 필요하다. 그곳에서 일행一行이 일생一生임이 느껴지기 때문이다.

모든 사람이 이렇게 될 수는 있지만 모든 사람이 지금 이런 경지는 아니다. 그들의 타고난 바와 행위한 바와 계발 정도에 따라 각자의 경계를 지니게 되고, 그에 따라 수행들도 선호도가 결정된다. 호흡수행의 난제가 더 무겁게 다가오는 사람들은 자연히 호흡수행을 피하게 되고 염법念法을 선호하게 되었다. 개인적으로는 호흡수행이 인류에게 가장 조화롭고 보편적인 방법이라고 본다. 그러나 지리적으로, 역사적으로, 심성적으로 다양한 방법이 생겨나는 것도 자연스러운 일이다. 농경의 정주문화가 많고 감성과 직관이 풍부한 동양에서는 염법念法이 주류로 자리 잡았다.

깡패가 제일 무서워하는 것은 경찰이 아니라 깡패두목이다.
잡생각을 제일 잘 소탕하는 것은 큰 생각이고 지독한 생각이다.
'가장 강렬한 생각은 믿음과 의심이다.'

이러한 것을 알 수 있는 일화가 있다.

어느 날 스님들이 안부 삼아 환속해서 결혼한 스님이 운영하는 철학원(점집)에 갔는데, 이런저런 얘기를 하다가 바닥에 있는 부채 같은 도표를 보았다. 무엇이냐고 물었더니 수맥탐지할 때 쓰는 엘로드라는 기역자로 굽은 철사를 손에 살며시 쥐고, 상대가 얼마나 자신을 사랑하는지 보는 도표라고 하였다. 부채도표를 보니 총 열 단계로 되어 있었는데 아홉 번째에 영원한 사랑이라고 쓰여 있었다.

그런데 열 번째 마지막에 의처증·의부증이라고 되어 있었다.

어떤 스님이 고개를 갸웃거리며 이상하다고 물어 보았다.

"아니 영원한 사랑이 최고의 경지 아니에요? 열 번째 의부증·의처증이 제일 높다니 이게 말이 됩니까?"

그러자 결혼한 스님이 빙긋 웃으며 대답하였다.

"스님이 조계종 스님이라 뭘 모르시네. 의처증·의부증은 시시각각으로 상대에게 마음이 끊어지지를 않아요. 그러니 제일 깊은 사랑이지요." 다들 '그렇구나' 하고 한바탕 웃었다고 한다.

이것은 일상의 에피소드이지만 수행의 대표적 두 방편이기도 하다. 믿음과 찬탄과 그리움의 상사相思는 앉으나 서나 당신생각뿐이어서 다른 생각들이 끊어진다. 이것이 바로 부처님을 항상 생각하는 염불念佛인 것이다. 그리고 의심도 바둑수를 생각하는 것에서 알 수 있듯이 문제점을 안고 저절로 잡념을 끊게 된다. 수행에 이 의심이 채용되어 화두참구법이 되었다. 법은 아직 깨닫기 전에는 의문덩어리이기 때문이다. 데카르트도 스스로 이 의심을 통해 생각의 비밀을 알았다.

가장 강렬한 두 생각인 찬탄과 의심으로 다사망념多思妄念의 병을 치유하고 심일경성心一境性, 무사일념無思一念을 성취한다.

나옹스님 게송은 이러한 염법의 수행을 잘 가르쳐준다.

아미타불재하방阿彌陀佛在何方
착득심두절막망着得心頭切莫忘
염도염궁무념처念到念窮無念處
육문상방자금광六門常放紫金光

아미타불이 어디에 계시는가.
마음의 뜻을 잡아 끊임없이 나아가서
생각이 다한 무념처에 도달하면
안이비설신의眼耳鼻舌身意 여섯 문으로
항상 자색금광을 나투고 계시리라.

심두心頭는 염불자에게는 부처님이요, 화두 수행자에게는 화두이다. 염법수행念法修行의 요체를 가장 잘 표현한 것이다. 이처럼 동양에 와서는 관법이 염법으로 바뀌어 자연스럽게 묵묵히 호흡을 관하는 수행법은 퇴조하였다. 지역적 특성이라 어찌보면 자연스러운 현상이다. 그러나 염법에는 폐단이 있는데 찬탄염법에는 미혹이 발생하기 쉽고, 의심염법에는 이심전심의 장점도 있으나 잘못되면 염화두念話頭가 되어서 상기증上氣症과 소화불량 등 육체적 질병들이 발생하기 쉽다는 점이다. 그리고 염법이다 보니 제대로 되지 않을 경우 사유 속에서만 이루어져 알음알이로만 끝나거나, 또 일시적으로 마음의 평안과 자유를 느끼지만 직접 경계에 부딪히면 무용지물이 되는 경우가 잦다.비유하자면 연무장에서 홀로 초식만 연마한 무사가 자신의 연무장내 무예가 실제 싸움에서 제대로 발휘되지를 못하는 경우와 같다. 믿음을 통한 긍정적 요소와 이심전심의 마음다운로드의 쾌속함이 있지만, 안전하고도 정확하게 해탈열반에 이르기가 어려운 단점이 있는 셈이다.

수행법 나눠보기

수행법은 크게 네 가지로 분류할 수가 있다. 공대공미사일, 공대지미사일, 지대공미사일, 그리고 지대지미사일이다. 표현이 좀 그렇지만 정신과 육체의 장에서 벌어지는 일이라 이보다 더 간명한 정리는 없다. 나는 언어를 미려하게 구사할 생각이 없다. 상황에 대해서 잘 설명할 수만 있다면 세상에 존재하는 모든 언어와 표현을 막 사용한다.

공대공미사일은 마음에서 마음으로 해결하는 것이다.

지대지는 몸에서 몸으로 해결하는 것이다. 공空은 마음이요 지地는 육체이다. 대표적인 공대공이 바로 앞에서 말한 화두와 염불이다.

공대지는 묵묵히 관하는 호흡수행이고, 지대공은 선도의 단학수행丹學修行과 요가의 군달리니이다. 지대지는 육체와 물질에 국한하여 닦는 일체의 것으로 반로환동返老還童, 연명연수延命延壽, 불로장생不老長生의 신선도 방법들과 각종 외단外丹들과 약藥들이다. 또 현대과학의 실체적 연구방법, 사상적으로 유물론, 사회적으로 경제, 개인적으로 경험과 운동 등등이 그것들이다.

가장 많이 횡행하는 것은 정신의 극단인 기도와 염법들의 공대공미사일법과 육체적 극단추구인 지대지법이다.

사람들은 역시 극단에 잘 빠진다. 그만큼 안정되어 있지 않고 또 업이 깊다는 말이기도 하다. 공대공과 지대지와 달리 가장 보편성을 가진 것은 공대지 호흡수행이다. 물론 기도 염불을 보면 공대공이지만 하늘을 향해 염원하므로, 비록 정신적인 영역에서 이루어지는 것이라 해도 지대공의 성격도 있다. 또 은혜와 가피를 내려주기를 바라므로 공대지를 열망하기도 한다. 비록 공의 영역에서 벌이지만, 기도 지대공미사일을 땅이나 육체나 자기에게서 쏘아 날리면 하늘이나 신들이 자신에게 은혜와 가피라는 공대지미사일을 퍼부어 주기를 바라는 것이다. 그리고 지상에 자신들의 믿음이 온 곳곳에 퍼지기를 바라며 포교 교화하므로 지대지의 모습도 같이 있다.

평상심시도

화두수행에서도 역시 마찬가지로 나중에는 평상심시도平常心是道라고 하여, 일상생활 그대로에 계합하여 지대지의 모습을 띤다. 이러함을 잘 표현해준 선시가 있다.

야야포불면夜夜抱佛眠 조조환공기朝朝還共起
기좌진상수起坐鎭相隨 어묵동거지語默同居止

밤마다 부처를 안고 자고,
아침마다 부처와 함께 일어난다.
일어나고 앉는 데 늘 함께 하며,
말하고 침묵하는 데 늘 같이 한다.

이처럼 비록 공대공이라 해도 다른 속성들도 다같이 어느 정도는 지니기 마련이고 나머지 법들도 역시 그러하다.

다만 수행법과 닦아가는 법이 '마음에서 마음으로'이면 공대공, '육체에서 육체로'이면 지대지라는 것이다. 그리고 앞서 말한 대로 불교를 포함해서 다른 종교와 수행에서도 공통적으로 중시되는 것이 호흡법이다. 왜냐하면 누구나 숨을 쉬고 있고 생사의 변화가 숨의 변화로 직결되므로, 호흡수행이 다른 수행법들의 토대가 되는 가장 보편적인 행법인 것이다. 호흡수행은 마음이 직접 몸과 교감하고 부딪히며 이루어지기 때문에, 이미 몸이란 작은 경계를 늘 맞이하여 닦여지는 까닭에 실제 경계에 부딪혀서도 효용성이 매우 크다.

이미 내적 소통을 통한 외부 대상경계에 대한 자연스러운 조절능력이 향상되었기 때문이다. 이것은 마치 나무가 하늘 꼭대기에 달린 열매를 땅에 떨어뜨려 땅속에서 다시 발아시키는 것과 같고, 불사조가 잿더미에서 다시 일어나 날아오르는 것과 같다.

육신의 경계 속으로 마음을 넣어 다시 그 소소영영昭昭靈靈함과 관조력을 면면하게 훈련하는 호흡선은 진흙에서 피는 처염상정處染常淨의 연꽃과 같다. 그래서 세간에 처하고 경계에 처해도 쉽게 흔들리지 않고 물들지 않는다. 그리하여 앞서 말한 난제들을 넘어서서 맑은 정신을 유지하고 내적소통과 관조가 행해진다면, 위로는 지혜를 얻고 아래로는 육체를 건강하게 한다.

호흡수행의 또 하나의 이점은 좌선시에 비단 깨달음만을 구하는 것이 아니라, 자기 육신국토의 중생을 제도하므로 작은 의미의 '일신보살도一身菩薩道'가 된다는 점이다.

마음의 깨달음이 몸의 중생에게 포교하고 있는 것이기도 한 상태가 명상이요 호흡수행이다. 중요한 것은 바로 일신의 구제인데, 사람사람이 각자의 일신을 구제한다면 세상은 자연히 모두 이상세계가 된다. 그리고 자세히 보면 오직 일신 안의 구제만이 가능하다. 왜냐하면 일신 안에서 비로소 마법이 가능하기 때문이다. 보다 정묘한 기운과 밝은 마음을 만들고자 하면 그에 맞는 환경이 조성되어야 하는데, 사람의 몸이 이런 환경을 천연적으로 갖추고 있기 때문이다.

고대의 지식 중에 이런 것이 있다.

"완전한 인간이여! 그대는 삼위일체 신성에 데려가기 위해 자연이 만든 존재이다. 자연의 존재들이 인간으로 변모되고, 인간의 모든 숨결이 신의 성스러운 영혼으로 변할 때 비로소 창조의 드라마는 종결되는 것이다."

우리들은 흔히 인간 자신을 불완전한 존재로 여긴다.

그런데 여기서는 완전한 인간이라고 하니 의아할 것이다.

자신을 한 인격체로만 보지 말고 비도 떨어지고 바람도 지나가며 빛이 머무는 마당처럼, 하나의 장場으로 여긴다면 이 말이 이해가 된다. 자신을 자기로만 보지 말고 생명의 문으로 여긴다면, 자연의 존재들이 인간문을 들어와서 다시 생명의 궁극인 신성으로 향해 가는 여정을 볼 수가 있다. 신성으로 가기 위한 신비한 문이 인간이며, 그 여정에 딱이기 때문에 인간은 완전하다.

그 문을 열면 호흡이라는 바람이 분다.

그 바람에 실려서 항해해 가면 자신의 몸은 신주神舟가 되고, 마침내 신의 나라에 이른다. 그리고 그때 태어난 생명은 비로소 집으로 돌아가고 자신의 기나긴 순례를 마친다. 이러한 신비의 여행이 가능한 이유가 바로 인체 안에서 일어나는 마법 때문이다.

인체의 마법

인체 안을 계내界內라 하고, 인체 바깥을 계외界外라고 한다.

우리가 외부를 자신의 맘대로 부리려면 굉장히 어렵다. 언어와 권력을 사용하여 이루어 놓을지라도 금방 되는 듯하지만, 다른 존재는 곧 자신의 뜻대로 행위하기 마련이다.

말을 하면 바로 기운과 물질이 이동하며 환경을 조성하고 작용을 나타내며 결과를 만들어 내야 하는데, 이런 것들이 제대로 이루어지기가 어렵고 결국 진이 빠져 버린다.

그러나 자신의 몸 안에서는 자신의 뜻대로 이런 일들이 외부와 비교할 수 없을 정도로 잘 이루어지고 또 컨트롤하에 지속된다. 앞에서 말한 마음과 호흡과 심혈의 연동이다. 물론 백 퍼센트는 아니지만 마법의 환경으로 충분한 셈이고 외부에서는 불가능한 마법이 쉽게 일어난다.

욕구에 의해 언어를 들고 바깥으로만 달려서 그렇지, 그러한 외도를 멈추고 내면으로 들어오면 생각만으로도 자기 내부의 기운을 조절할 수가 있다. 이것은 경이로운 일인데도 대부분의 사람들이 대수롭지 않게 여기거나 잘 모르며 제대로 활용하지 못한다.

바깥으로 향하며 이상한 외계인이 되어 지구를 정복하기에만 급급하지, 내면으로 들어와 자신의 신비한 마법을 사용하여 자신 안에 신성으로 나가는 새로운 문을 만들거나 열지 않는다.

창조와 그리고 그 이후의 진화가 자기외도로 멈추어 버린다.

인간의 일생을 줄여서 말하면 먹고 자고이다. 낮엔 먹고 밤엔 잔다.

현대인들은 이기의 발달로 더욱 외부에 집착하는 병자들이 되었고 길을 잃고 방황한다. 자신이 길인 줄도 모르고 끊임없이 먹이를 찾아 떠도는 좀비가 되었다.

생명의 조화로 인간이 지어지듯이 기운의 조화로 신의 문은 지어진다. 외부에 마련된 거대한 사원의 장엄한 문이 신성으로 나아가는 문이 아니라, 자신 안에 마련되는 조화의 작은 문이 신성으로 가는 문이다. 이러한 기운의 정묘한 조화에는 마법에 상응하는 고도의 컨트롤과 상호협조가 필수적이어서 인간의 몸 내부에서 가능하다.

인간의 몸이 알고 보면 컨트롤이 가능한 가장 정교한 실험이 이루어질 수 있는 곳이란 이야기이다. 그러므로 계내와 계외는 피부 한꺼풀 차이지만 엄청난 격차가 있다. 진리의 국경선인 셈이다.

사실 내면의 호흡과 자연의 계절, 우리의 정신과 하늘의 빛들은 서로 다르지 않다. 단지 내부의 음양이냐 외부의 음양이냐의 차이가 있을 뿐, 같은 음양이요 같은 이치이다. 그런데 왜 굳이 내면으로 들어가라고 하는가? 왜 계내가 마법의 땅이라고 하는가?

내부의 음양이냐 외부의 음양이냐의 차이 때문이다. 우리가 바깥을 향해 자연으로 달려가 자연의 음양호름에 편승하면 우리는 자연의 일부가 되고 부속이 된다. 우리가 자연의 전체를 마음대로 조정할 수가 없다. 자연 속의 과객過客이 되고 나그네가 된다.

그러나 자신의 내부로 들어오면 주인이 된다. 자신이 원하는 대로 국토인 몸을 움직일 수 있고 기후인 숨결을 조절할 수가 있다. 자연에 가면 자연용自然龍의 꼬리가 되어야 하고 자신으로 돌아오면 자기뱀의 머리가 된다. 사두용미蛇頭龍尾인 것이다.

이런 차이는 주인과 노예라는 천지현격의 차이이다.

그래서 계내와 계외는 피부 한꺼풀 차이지만 진리의 국경선이라고 하는 것이다. 주객전도가 피부 한꺼풀 차이에서 빚어지는 셈이다.

한순간에 마법이 사라지고 한순간에 마법의 영역으로 된다.

영화 〈스타워즈〉에 보면 요다 사부나 제다이들이 염력으로 물건이나 물질을 옮긴다. 이것은 태초의 생명력으로 포스라고 하며 혈액 속의 미디클로리언 수치로 나타난다. 동양으로 말하면 원기나 진기로 사물들을 다루는 힘이다. 이것들은 모두 대단한 일들로 여기지만, 알고 보면 실제로 생명이란 물질을 옮기고 변화시켜서 생겨나는 것이므로 생명 고유의 능력이기도 하다. 물질을 변화시키는 정도와 방향에 따라 각자 생명의 상태와 모양이 이루어진 것이다.

물고기와 새, 짐승과 식물, 영장류와 사람, 이 모두는 나름 그렇게 물질을 변화시키고 옮겨 이룩된 각자의 양태이다. 영화에선 혈관, 근육 등 연결체 없이 옮기지만 생명들은 각자 나름의 유기적 시스템으로 물질을 옮기고 변화시킨다. 신진대사가 대표적인 것이다. 물질을 옮기고 변화시키는 놀라운 능력은 유기체에서 늘 이루어지고 있는데, 이것은 태초의 생명력이 지금도 몸 안에서 조직적으로 물질을 다스리고 있는 증거이다. 그런 의미에서 개인은 자신 안에서는 모두 제다이요 마법사이다. 중세에는 여러 나라들이 하느님의 나라에 가기 위해 곳곳에 교회를 세우고 신의 통치를 선언하며 살았다. 그러나 진정한 신의 왕국은 외부나라가 아니라 바로 인간 자신이다.

수행은 신을 향한 내면의 항해이다.

호흡수행의 방법과 관觀의 종류

좀 더 호흡수행에 대해 구체적으로 설명해 보면, 처음 호흡수행을 할 때는 날숨과 들숨 때에 숫자와 더불어서 하는 것이 권장된다. 생각의 산란함과 망념의 준동을 막기 위해서이다. 방법은 들이쉴 때 수를 헤아리는 법, 내쉴 때 수를 헤아리는 법, 들이쉬고 내쉴 때 숫자를 나누어서 같이 헤아리는 법이 있다.

그리고 들이쉴 때 1 2 3 4 5를 헤아리고, 내쉴 때 6 7 8 9 10을 헤아리기도 하며, 날숨을 좀 길게 쉬기도 한다.

그리고 날숨과 들숨의 중간 교대기에 잠시 숨을 정지하며 호흡하는 방법들이 있다. 여러 가지가 있지만 보통 들이쉬고 내쉴 때 숫자를 나누어서 같이 헤아리는 법이 일반적이어서 그것에 대해서만 소개한다. 하나에 들숨 날숨 모두를 한 번 쉰다.

들숨에 〔하〕, 날숨에 〔나〕이다. 둘, 셋, 넷의 경우는 둘을 두울로 늘여 들숨에 〔두〕, 날숨에 〔울〕이며 셋, 넷도 세엣, 네엣으로 늘여 쉰다. 그리고 열다섯은 열과 다섯으로 나누어 쉬고 스물여덟은 스물과 여덟으로 나누어 쉰다. 이렇게 1부터 100까지 쉬고 다시 100부터 1까지 거꾸로 세면서 내려온다. 이것을 한 세트로 삼아 정진한다. 자신의 역량에 맞게끔 세트를 정해 수행한다.

이러한 수식관數息觀이 어느 정도 익숙해지며 호흡수행이 몸에 익으면 호흡의 지점을 정하고 그 지점을 관조하는 정식관定息觀을 한다. 수식관을 달리 수관數觀이라 부르고 정식관을 달리 정관定觀이라 부른다. 정관은 날숨과 들숨이 갔다가 돌아오는 지점이나 호흡이 시작되는 코끝을 응시하며 숨을 쉬는 것이다. 일반적으로 배꼽주위의 복식호흡이나 단전호흡이 주를 이루지만, 여성의 경우 아랫배까지 숨이 잘 내려가지 않는 경우가 많으므로 횡경막 아래 간과 위장의 중간지점이 정점定點이 될 수도 있다. 경우에 따라서는 정점부위에 손바닥을 하나나 둘을 겹쳐대고 숨이 들락날락하는 것을 느껴도 된다. 아랫배로 숨을 쉴 때 코가 아니라 배꼽으로 숨이 출입하는 기분으로 하는 것이 용이할 때도 있다.

지점을 정하고 관하는 경우에는 그 지점에 마치 깃발이 꽂힌 듯이 여겨도 좋다. 군대가 깃발을 보고 움직이듯이 호흡은 의식의 깃발을 보고 이동한다. 정점에 깃발을 둔다는 것은 이처럼 정점定點에 의식을 둔다는 말이다. 이것이 정관定觀에 제일 중요한 요결이다. 참고로 말하면 염念은 지금 금今자와 마음 심心자의 합성어로 '지금마음'이란 뜻이다. 찰라심은 일심一心일 수밖에 없으므로, '지금마음'이란 집중되어 흩트려지지 않는 마음이며 관찰대상과 한 덩어리 마음이다.

일반인이 잘 아는 '염력念力을 쓴다'는 말에서도 보이듯이 일심불란一心不亂하게 응시하여 현재심, 즉 지금마음이 되게 하는 것을 의미한다. 현재 관찰대상에 지금의식을 두어 서로 한 덩어리가 되게 한다는 말이므로, 정식관定息觀은 관찰대상인 아랫배에 마음을 흩트리지 않고 지속적으로 의식을 두고 호흡이 그 두어진 의식점에서 움직이는 것을 보는 것이다. 나온 김에 관觀이란 글자의 뜻도 알아보자.

이 관觀은 황새 관雚과 볼 견見 자가 합合하여 일반적으로 '보다'라는 뜻을 가진 글자이다. 좀 더 자세히 설명하면, 황새가 둥지를 지키기 위해 둥지를 떠나지 않은 채 주변을 자세히 살펴보는 것이다.

움직이지 않고 자신을 지키며 대상과 떨어져 묵묵히 대상을 관찰하는 모양으로, 둥지를 닮은 좌복(방석)에 앉아 새 모양으로 허리를 세우고 제자리에서 자신을 지키며 주의 깊게 살펴보고 있는 수행의 모양과 닮아 관觀이란 글자가 쓰이게 되었다.

수관, 정관과 더불어 묵묵히 관하기만 하는 묵조관默照觀, 묵관默觀이 있다. 수를 헤아리거나 지점을 정해 관조하는 것이 아니라 전신을 그야말로 묵묵히 관하는 것이다.

코끝에 일렁이는 숨기운과 그에 반응하는 몸 전체를 느끼며 호흡하는 것으로, 다른 말로 전관全觀이라고도 한다. 마치 물속에 들어갔을 때의 피부같이 몸 전체로 감응하는 것이다. 이때의 관觀은 호흡에 구애받지는 않지만 그렇다고 호흡 외에 다른 것을 비추려 하지도 않으므로 호흡수행에 분류한다. 여기 비슷한 또 하나의 관觀이 있는데, 관觀은 그대로 유지한 채 관찰대상을 호흡만이 아닌 생각이 오면 생각을 관하고 즐거움이 오면 즐거움을 관하고 호흡이 오면 호흡을 관한다. 즉 다가오는 대로 관조하기에 순관純觀이라고 한다. 이것은 호흡수행이 없는 것은 아니지만 수행할 때 관찰대상을 호흡 하나에 국한하지 않고 다양하게 열어두고 관하므로 호흡수행의 종류에는 해당되지 않는다. 관찰대상을 여러 가지로 삼는다는 말은 주의 깊게 놓치지 않고 보고는 있지만, 사실 관찰대상에 반응할 뿐 대상을 중시하지 않는다는 말이기도 하다. 대상보다 관觀 그 자체에 몰두하므로 순관純觀이라고 하는 것이다. 흔히 지관止觀으로 번역된 사마타수행과 비파사나수행 중 하나인 비파사나에 해당된다.

관찰대상을 정하고 관찰지점도 정하고 닦는 것이 편한 사람이 있고, 관찰대상을 정하고 관찰지점을 정하지 않고 닦는 것이 좋은 사람이 있다. 또한 관찰지점을 정하고 관찰대상을 숨이든, 느낌이든, 의식이든 정하지 않고 닦는 것에 더 진전을 보이는 사람도 있다. 뿐만 아니라 관찰대상도 안 정하고 관찰지점도 안 정하고 닦을 때 더 수승한 관찰이 이루어지는 사람도 있다.

그런데 마치 수관, 정관, 묵관이 순차와 고저가 있어 계단 같아 보이지만, 도를 익히고 닦는 데에는 이러한 차제가 절대적으로 경직되게 작동하지만은 않는다는 점에 유의해야 한다. 그리고 언제 어디서 어떤 방법으로 자각이 일어날지 모른다는 것도 유념해야 한다. 수행이란 다른 것이 아니라 지금상태에 그대로 합일되는 것이다. 앞에서 말한 것처럼 염念이란 글자가 지금마음이란 의미이고, 관觀도 지금의 자신의 상태를 지켜보는 것이므로 근본적으로는 다르지 않다.

다만 염불에서 보이듯이 관찰대상을 정하고 자신의 사유를 하나로 모으는 방법을 염법이라 하고, 묵묵히 관하기만 하는 것을 관법이라고 하는 것일 뿐 지금의 상태에 계합한다는 점은 동일하다.

만일 호흡 좌선수행을 하고 있다면 자신이 지금 호흡을 하고 있는 상태이므로 호흡하는 자신으로 있으면 되는데, 호흡하는 현재 자신에서 마음이 벗어나 생각을 따라서 현재의 자신과는 유리되는 경우가 생길 수 있다. 그래서 지금상태에 마음을 두라고 하는 것일 따름이며, 호흡하고 있는 자신을 관조하라고 하는 것이다. 현재와 자신이 일치하지 않고 다른 자신을 내어 현재와 분리되어 버리므로 마음따로 몸따로, 생각따로 현재따로의 괴리가 발생하면 제대로 실제를 파악하지 못하게 되는 재난을 당한다. 현現이란 글자는 임금 왕王과 볼 견見자가 합쳐진 것에서 알 수 있듯이 왕을 보는 것이다. 현재는 우리가 지금 대하고 있는 것이지만 정말 만나기 어려운 님이다.

왜냐하면 우리는 업에 의해서든, 행에 의해서든, 생각에 의해서든 늘 달려가고 있기 때문이다. 그러므로 지나치기만 하지 순간을 제대로 잘 보지 못한다. 끊임없는 향함과 지향성 때문에 곧바로 현재와 어긋나고 현재를 놓친다. 문제는 그러면서도 우리가 현재를 산다고 생각하고 있고, 현재와 만나고 있다고 여기는 것이다.

주마간산走馬看山이라는 사자성어가 있다. 말을 타고 가며 산을 본다는 말로, 우리는 생각과 행위의 말을 타고 가며 현재 산을 보고 있다.

잘 볼 리가 없다. 잘 못 보는 것이 문제이지만, 더 큰 문제는 우리가 잘 보고 있다고 여기는 데 있다. 안으로 생각, 밖으로는 말과 행위를 좇느라 현재와 제대로 계합되지 못하는 데도 말이다. 특히 고통과 시련이 가득한 현재는 도망가고 싶고 버리고 싶어 더 속도를 내서 달린다. 불만족이 넘치고 고통이 군데군데 함정으로 패여 있는 현실을 보고, 대부분의 사람들은 무의식적으로 현재가 불안정한 것이라 여기고 미래나 과거로 무작정 달려가기 일쑤이다. 불안한 현재의 도피처가 바로 과거와 미래인 셈이다. 그래서 현재를 제대로 만나기 힘든 님이라고 하는 것이다. 만일 누군가가 있어 현재에 일시적으로라도 제대로 계합된다면 정지감이 찾아온다. 이러함을 보여주는 대표적인 시가 있는데, 바로 이태백의 〈백로白鷺〉라는 시이다.

백로하추수白鷺下秋水 고비여추상孤飛如墜霜
심한차미거心閑且未去 독립사주방獨立沙洲傍

백로 한 마리 가을물에 내려오는데
외로이 떨어지는 모습이 흰 서리가 내리는 듯하네.
마음은 한가하여 가지를 않고
몸은 물가 모래 위에 우두커니 섰다.

한 폭의 그림이 저절로 그려지는 시이다. 가을날 백로가 흰 서리처럼 차운 강물 위로 내려앉는 모습을 강변의 모래사장에서 바라보는 풍경이다. 그러나 겉모습보다 중요한 것이 그것을 보는 이태백의 마음과 몸이다. 멋진 현재의 풍경에 동화되어 '마음은 한가하여 가지를 않고 몸은 우두커니 섰다'라는 두 구절은 현재와 합일되어 정지감이 든 심신을 잘 표현하였다.

과거의 육체와 미래의 생각들이 끊어지고, 현재의 집에 들어가 달이 되어 있는 모습이다. 현재의 시점에서 정신과 육체를 만나게 하는 것이 바로 좌선이다. 추호도 바깥으로 좇지 않으며 시간을 만들지 않는 것이 삼매이다. 그때 꽃은 소리없이 피고 나무 사이의 어둠은 비로소 드러난다. 그러므로 자신을 고요히 하고 멈추며 관觀해야 한다.

그래야 정말로 보기 어려운 님인 현재와 만날 수 있고 법왕法王을 눈앞에서 친견할 수가 있다.

진리는 늘 우리 앞을 지나치는 햇빛과 같다. 눈앞에 늘 존재하지만 어떤 신기루보다 홀연하고 어떤 무지개보다 잡기가 어렵다. 그래서 지혜로운 이는 찰나에 멈춘다. 마음을 고요히 하고 현재를 온몸으로 느끼며, 생각의 날갯짓을 쉬고 현재에 내려 둥지를 튼다.

현재를 직지直指하는 것이 바로 직지인심直指人心이며, 현재에 직접直接하는 것이 진왕친견眞王親見이자 연인상봉戀人相逢으로 바로 도달到達이다. 이것만 잘 명심하면 자신의 여건과 상황에 맞는 수행방법이면 그 순간 성실히 그 방법을 따라 닦아 나가는 것이 중요하다 하겠다.

정리하면 관觀이란 자신이 자신의 상태를 보는 것이다. 자신의 지금상태를 보는 것이다. 호흡과 함께하면서 왕이 관리를 나라에 보내 백성의 상태를 살피고 관리하게 하듯이, 마음이 호흡을 몸으로 보내 국토의 상태를 살피고 관리하게 한다. '바람의 스캔'이 일어나고 외부의 상태가 코를 통해 냄새로 전해지듯이, 신체 각 부분의 상태가 공기인 호흡으로 전달된다. 이런 까닭에 자연히 호흡수행을 하고 관이 행해지면 몸의 안 좋은 부분이 나타난다. 그리고 그곳은 관심을 받고 관리를 받아 점차 개선되어진다. 이것을 바람의 스캔과 개선이라고 한다. 바람인 호흡은 이처럼 조화와 조절의 핵심이다. 냄새는 향기라는 말처럼 신선도와 직결된다. 사람이 숨이 끊어지면 신선함이 사라지고 부패가 진행된다. 동물들이 코를 내밀며 외부 음식이나 물질을 대하고 킁킁거리며 냄새를 맡는 것은 그것의 상태를 알기 위함이다.

수행자는 자신의 상태를 알아야 한다. 그러므로 동물과는 반대로 코의 숨바람을 안으로 흐르게 하며 내부의 냄새를 맡아야 한다. 아예 코가 안으로 돌려졌다고 생각하고 내부가 국토라 여기고 바깥을 잃어버린 채 열심히 킁킁거려야 한다. 이것이 수행이다. 자신 내면의 상태를 살피고 조절하기에 급급해야 한다.

이렇게 여기고 수행하면 안으로 할 일이 많아 덜 지겹다.

바람과 온도, 그리고 호흡

천지에 기운을 고르게 하는 데는 나무와 바람만한 것이 없다. 이것을 '풍목지화風木之和'라고 한다. 하늘에서는 바람이 공기를 고르고, 땅에서는 나무가 기운을 고르게 해준다.

나무는 추운 겨울에 불을 주고, 더운 여름에는 그늘을 만들어준다. 그리하여 불과 물의 지속을 이루어 주며, 그 조화 속에서 생명이 살 수 있게 해준다. 바람도 대기순환을 통해 열과 비를 옮기며 조화로운 하늘여건을 형성한다. 뿌리가 땅에 박혀 움직이지 못하는 나무는 바람을 기다린다. 그리고 바람은 나무 사이를 지나며 자신의 소리를 더 미묘하게 울리며 노래한다. 바람과 나무는 천상의 배필이다.

인체에서 바람의 작용은 호흡의 작용과 통하고 나무는 척추와 같다. 골반에 뿌리박고 신체상하를 연결하는 세계수인 척추는 하늘에서는 은하수요, 인간에게는 인체 안의 모든 국토와 존재들을 연결하는 생명나무이다. 부처님이 도를 깨달을 때 보리수나무 아래에서 깨달아 '수하항마상樹下降魔相'이라고 한다. 그리고 두 나무 아래에서 열반에 들어 '쌍림열반상雙林涅槃相'이라고 한다.

인체 안의 보리수가 바로 척추이다.

외부를 잊고 척추라는 보리수 아래에 자신의 영혼을 두고 가슴이라는 골짜기로 불어오는 봄바람처럼 기분 좋고 가을바람처럼 시원한 호흡의 바람소리를 듣는 자, 자신의 업장을 소멸하고 실제 법음法音을 듣는 자이다. 티벳에 가면 이 바람을 나타내기 위해 오색의 천들을 걸어둔다. 그리고 바람이 업을 소멸한다고 여긴다. 이런 행위는 내면의 수행상태에서 일어나는 일을 외부의 문화로 만든 것이다.

자연계에서 바람의 작용은 대기순환으로 나타난다. 낮과 밤, 사계절에 따라 이 바람이 달라진다. 물과 육지의 차이로 발생하는데 물은 여성처럼 천천히 데워지고 천천히 식는다. 그러나 육지는 남자처럼 빨리 데워지고 빨리 식는다. 이런 차이로 순환이 발생한다.

해가 떠오르면 산은 빨리 데워지고 골짜기는 천천히 데워진다. 그래서 산 정상 위로 공기가 올라가고 하늘을 돌아 골짜기로 내려온다. 골짜기에서 산 정상으로 바람이 불어 올라가는 현상이 생긴다. 밤이 되면 반대로 산은 빨리 식고 골짜기는 천천히 식는다. 그래서 산에서 바람이 내려간다. 골짜기에서 하늘로 곧바로 바람이 올라가고 하늘을 돌아 산 정상을 만나 위에서 다시 내려오는 것이다. 그래서 산에 살며 아궁이를 만들 때에는 이 원리에 입각하여 만들어야 불이 잘 들어간다.

낮에 불을 주로 땐다면 골짜기 쪽에 아궁이를 만들어야 낮에 산 정상으로 불어가는 바람에 편승할 수가 있고, 아예 밤에 불을 땔 여건이면 산 쪽으로 아궁이를 내어야 밤에 산에서 불어 내려가는 바람에 편승할 수가 있다. 대체로 아침과 저녁에 불을 때므로 일반적으로 아궁이는 골짜기 쪽으로 내는 경우가 많다. 이런 구들 아궁이 내는 법은 경험에 의한 것으로, 대기순환을 생활 속에서 잘 활용한 것이다. 산과 골짜기의 이러한 순환 이외에도 하늘과 땅의 순환도 있다.

하늘의 공기는 빨리 데워지고 빨리 식는다. 반면 땅은 천천히 데워지고 천천히 식는다. 그러므로 낮이 오면 바람이 땅에서 하늘로 불어가고 밤이 되면 하늘에서 땅으로 바람이 불어 내린다.

그리고 육지와 바다도 이러한 방식의 순환을 하게 되는데, 육지는 빨리 데워지고 빨리 식으며 바다는 천천히 데워지고 천천히 식는다. 그래서 더운 여름이 오면 육지가 빨리 데워지며 육지에서 곧바로 하늘로 기운이 상승하고, 하늘을 돌아 바다로 떨어지며 다시 바다에서 육지로 바람이 이동한다. 그래서 여름에는 바다에서 해양풍이 불어오는 것이다. 우리나라에서는 남풍이다. 그리고 추운 겨울이 오면 반대로 육지가 빨리 식고 바다가 천천히 식어, 바다에서 곧바로 하늘로 기운이 올라가고 하늘을 돌아 육지로 떨어진다.

그리고 그 바람은 육지에서 바다로 다시 불어 나간다.

그래서 겨울에는 육지대륙의 대륙풍이 북에서 불어오는 것이다. 일기예보를 들으면 이런 이야기를 많이 듣고 고등학교 지구과학 교과서에 상세히 기술되어 있지만, 암기하기에 급급하여 원리적 이해를 못하는 경우가 많아 그 의미를 제대로 숙지하지 못하는 경우가 대부분이다.

개념과 의미를 정확히 간파하지 못하니 자연히 활용도가 떨어진다. 인체에도 이런 바람의 작동 원리는 그대로 적용된다.

신체상부는 얼굴에 구멍이 많고 폐에 틈이 많아 하늘의 상태와 유사하고, 신체하부는 구멍이 적고 엉덩이와 복부 등 땅이 많으며 물이 많다. 그래서 항온 동물인 우리는 항상성 유지를 위해 열을 골라야 하기 때문에 호흡이라는 바람이 늘 분다. 자연계에서도 이 항상성 유지는 중요한데 지구의 평균온도가 그것이다. 요즘 기후변화로 이 평균온도가 1도 정도 상승하여 북극이 녹는다고 난리이고, 생태계의 급속한 변화와 생물멸종과 생명종의 다양성의 위기가 초래되고 있다는 말들을 많이 한다. 바람의 변화는 근본적으로 열과 온도에서 시작되므로, 열과 온도의 변화는 자연스럽게 바람의 변화를 초래할 수밖에 없다. 이 1도는 평균온도라 영향이 무척 크다.

예를 들면 백 미터 달리기를 전력 질주하고 숨을 헐떡이며 온몸이 땀에 젖을 정도로 온도가 올라가도 몸의 평균온도는 1도가 오르지 않는다. 그러므로 1도의 상승이 얼마나 국토에 큰 변화를 가져오겠는가. 지난 겨울의 갑작스런 강추위가 제트기류의 약화와 블로킹현상 때문이라는 뉴스가 보도되었는데, 그러한 일들이 발생한 까닭이 온난화로 인한 기온상승과 북극의 더워짐 때문이라고 하였다. 북극의 찬공기를 막아주는 제트기류가 약해짐으로써 오히려 북극 찬공기가 더 쉽게 남하하여, 북반구가 온난화로 인해 도리어 추위에 떠는 이상한 일이 벌어진 것이다. 이것은 북극지역에 있는 공기순환의 변화이고, 적도 지방에서 초래되는 공기순환의 변화는 더 심각하다.

소위 엘니뇨현상이라고 불리는 것으로, 그 이유는 남동무역풍의 약화가 그 원인이다. 역시 바람의 순환이 달라져 일으키는 기후변화이다. 아까 말한 대로 바람은 열과 온도에 민감한데 적도 부근에 열의 변화가 생겼기 때문이다. 지구 전체를 보면 북반구는 얼음 북극해를 육지들이 빙 둘러 있는 모습이고, 남반구는 남극 얼음대륙을 바다가 빙 둘러 싸고 있는 모습이다.

그래서 북반구는 북극의 찬 해류가 잘 남하하기 어렵고 대신 적도의 난류들이 높은 위도까지 올라가는 편이다.

그러나 남반부는 남극 주위에 육지가 적고 바다로 툭 트여 있어, 남극의 찬 해류가 쉽게 적도 쪽으로 이동한다. 물론 지금의 경우이고, 지축경사로 인해 태양열을 받는 정도가 달라지면 이러한 흐름에 다시 변수가 추가될 수 있다. 그것은 만년 뒤에 사는 사람이 겪게 될 것이다. 아무튼 바다로 넓게 퍼져가는 남극의 찬 해류는 페루 연안을 돌아가므로, 여름에도 그늘에만 들어가면 시원함을 느끼게 하는 건조한 여름공기를 만들어 낸다. 그래서 물인 바다에 둘러싸여 있는 호주나 페루 앞 태평양의 섬들에는 의외로 이런 건조한 공기 때문에 사막이 많다. 지구온도 변화로 아열대에서 적도로 부는 남동무역풍이 약화되며 해수고온이 지속되는 가운데, 페루 연안에서 호주 쪽으로 이동하는 해류의 흐름이 덩달아 약해진다. 자연히 남극의 찬 해류가 빈자리가 없어 올라오기 힘들어지면서 찬물용승이 약화된 페루 앞바다는 수온이 치솟는다. 이것이 크리스마스 전후로 구체화되므로, 남자아이라는 '엘니뇨'라는 말이 아기예수라는 의미를 함께 지니기도 한다. 여자아이를 의미하는 '라니냐'가 있는데, 엘니뇨와 반대로 남동무역풍이 강해져 동태평양 적도 해수면 온도가 떨어지는 것이다. 이런 변화는 기후와 생태계의 대변화를 초래한다.

북극과 남극, 적도에서 좀 더 구체적으로 이러한 변화들이 나타나 문제화되는 것이지 실제로는 지구 전반적으로 일어나고 있다. 온도는 시공에 있어 속도와 함께 가장 중요한 두 요소이다. 특히나 에너지의 영역에서 온도는 창조와 엔트로피 그리고 물질의 변화에 절대자로 작동한다. 자연계에는 다섯 종류의 물질이 있다. 고체, 액체, 기체, 고온으로 전기를 띤 기체인 플라즈마, 그리고 마지막으로 극저온에서 나타나는 초전도체와 초유체이다. 온도가 극저온에 이르면 전기저항과 점성저항이 제로에 가까워지거나 제로가 되어 초전도현상을 일으킨다. 액화 헬륨은 초유동상태가 되는데, 초유동상태의 물질 수조 톤을 저으면 점성저항이 없어 멈추지 않고 블랙홀 같은 것이 된다고 한다. 초전도체는 꿈의 물질이긴 하지만 임계온도가 너무 낮은 것이 많아, 현실에서 극저온을 유지하고 활용하는 데는 비용이 너무 많이 드는 문제점이 있다. 그러나 갈수록 절대온도보다 높은 고온의 초전도체 물질이 발견되고 있다. 우주의 기원, 질량의 탄생, 핵융합을 비롯한 무궁무진한 응용이라는 매력 때문에 절대얼음여신은 최고 주목을 받고 있다. 이 초전도물질에 대한 획기적인 연구 성과를 내면 다음해에 바로 노벨상을 받을 수 있다. 뻥이 아니라 실제로 그런 일이 이미 있었다. 보다 정밀한 연구는 과학자들이 할 일이고 우리는 알려진 큰 맥락과 개념을 통해 존재의 신비를 엿보면 된다. 계에서 에너지가 가장 낮은 경우는 모든 스핀들이 자기장 방향으로 정렬하고, 또 반대로 에너지가 가장 높은 경우는 모든 스핀들이 자기장의 반대방향으로 정렬한다.

일종의 방향성을 갖는 것이다. 1종 초전도체와 2종 초전도체가 있는데, 모두 마이스너 효과라고 해서 자기장을 내쫓는다. 2종 초전도체도 근본적으로는 그러하지만, 일부 자기장을 받아들이며 초전도를 유지한다. 주로 이용할 수 있는 초전도체는 이 2종 초전도체이다. 자기장을 수용하지 않고 밀쳐내므로, 초전도체 외부에 강한 자기장이 상대적으로 만들어진다. 마치 태풍이 태풍의 눈은 무풍지대이지만, 외부에는 강력한 바람이 불어대는 것처럼 말이다. 임계온도를 지나 초전도체가 된 물질의 내부는 자기장 무풍지대이므로, 자기장을 마음대로 다루는 〈엑스맨〉의 매그니토도 여기서는 별 수 없다.

초전도체가 금속이면 안 되겠다. 또 자기 몸 안의 철분을 빼서 무기를 만들어 탈출하겠구나 싶기에, 처음부터 비금속 산화물이나 물 같은 액체를 절대온도나 임계온도로 낮춰 무자기장 감옥을 만드는 수밖에 없겠다. 아예 얼음성에다 절대온도를 가한 절대빙옥에 가둬야 될라나. 우주 평균온도가 −270℃쯤 된다니 혹 우리가 초전도체 우주빙옥에 갇힌 매그니토들이 아닐까. 신은 우주빙옥 밖에서 킥킥거리고. 붓다가 눈치 채고 고해탈옥을 외치며 해탈을 줄기차게 주장해대고 말이다. 암튼 각설하고 마이너스가 아닌 이런 마이스너 효과 때문에 자기공명촬영장치인 MRI나 자기부상열차 같은 것이 가능해진다. 초전도체를 이용하면 지구 자기장보다 수십만 배에서 수백만 배에 이르는 초강력 자기장을 만들 수 있다고 한다. 작은 도시가 사용하는 전력을 하나의 도선에 흘릴 수 있을 정도라니 정말 대단하긴 하다. 초전도체가 상용화되어 하늘을 푹푹 찌르는 지상의 전봇대들만 사라져도 도시풍경이 훨씬 친환경적으로 될 것이다.

이처럼 물질을 들어 올리고 움직이게 하는 흑빙여신黑氷女神이 바로 물질을 통째로 휴거시켜 천국에 가게 할 수 있는 놀라운 비밀을 가진 초전도체이다. 그리고 극저온에서 전기저항이 사라지는 초전도체는 에너지가 높아져도 엔트로피가 감소할 수도 있다고 한다. 양극생음음극생양(陽極生陰 陰極生陽)의 극즉반極卽反이 존재의 천연적 속성인 셈이다. 동양의 태극처럼 말이다. 그러니 걱정할 필요가 없다. 영속은 천연적인 것이기 때문이다. 이러한 천연영속의 바탕 위에서 추는 춤인 물질의 변화는 온도가 좌지우지한다.

알기 쉽게 이야기하면 액체인 물이 기체가 되려면 열을 가해주어야 하고, 액체인 물이 고체인 얼음으로 되는 과정은 발열반응으로 열을 빼앗기면 고체가 된다. 모두 열과 온도가 변화의 요인이다. 물론 이상하게도 겨울날 추운 강물에 수증기가 올라오는 경우도 있다. 100℃가 되지 않았는데도 물은 증기가 되어 물안개를 피운다. 이것은 온도차 때문에 발생하는 현상으로 온도와 더불어 온도차도 물질의 변화에 큰 영향을 미치는 것이다. 상대성이 변화의 주요인 중의 하나인 셈이다.

시공의 변화에서도 속도가 중요한데, 변화의 주된 요소인 온도와 속도가 상대성이란 부분에서 이렇게 서로 만난다. 온도든 온도차든지 온도는 물질의 변화에 키를 쥐고 있다.

우리의 몸도 온도에 민감하고 특히 자율신경은 더 큰 영향을 받는다. 자율신경은 말 그대로 자율적으로 인체가 항상성을 유지하도록 관리하는 신경망이다. 인체에는 중추신경과 자율신경이 있는데, 중추신경은 뇌와 척수신경으로 콩나물같이 생긴 신경이다. 자율신경은 중추신경이 역할을 못할 때나 중추신경이 몸을 관리하지 않고 쉴 때, 즉 잠들 때 우리 인체를 자율적으로 관리하는 신경이다.

낮에 급박한 상황이어서 현장의 즉시처리가 필요할 때 자율신경 중에서 교감신경이 우선 처리한다. 그리고 중추신경이 쉬는 밤에는 부교감이 우위에 가며 대신 인체의 일들을 처리한다. 사람이 아주 무서운 일을 급히 당하면 '심장이 떨어지는 줄 알았다'고 흔히 말한다.

또 화급한 일을 당하면 심장이 마구 뛴다.

그래서 옛사람들은 이런 현실적 경험과 증세를 보고 심장에 마음이 있다고 보았다. 신체 다른 부위에는 모두 고기 육肉에 해당하는 육달월月이 옆에 붙어 있지만, 심장에는 일부러 고기 육의 육달월 변을 떼어버리고 그냥 마음 심心이라고 적었다. 심지어 머리 뇌腦에조차 육달월을 붙여 고깃덩어리라고 본 것에 비하면, 심장은 극진한 대우를 받은 셈이다. 그리고 잘 때에도 최소한의 생존을 위해 부교감신경이 작용하니 교감·부교감은 생존에 필수적인 역할을 한다고 할 수가 있다. 이렇게 교감과 부교감신경은 서로 피드백으로 작동하면서 인체의 항상성을 늘 유지시킨다. 교감은 기시부起始部가 신체말단으로 주로 심장과 하복부에서 기시하고, 부교감은 중심인 뇌에서 기시한다. 신경 내에서 대표적인 음양의 흐름인 교감·부교감신경의 역할에 대해서는 설명이 너무 길어지므로 생략한다. 중요한 부분이므로 각자 공부를 하길 바란다. 다만 수행에 필요한 부분만 이야기하면 중추신경이 연꽃같이 낮에 피었다가 저녁에 다시 닫히는데 반해, 자율신경은 인체의 항상성을 위해 또 생존을 위해서 자나깨나 늘 자율적으로 작동한다. 이러한 자율신경의 외적인 표현이 자나깨나 움직이는 호흡이다. 그래서 호흡조절은 온도에 민감한 자율신경을 안정시켜준다. 자율신경은 인체면역력과 직접적으로 관련이 있다. 그래서 온도가 변하는 환절기에 자율신경이 불안정해지고, 그 영향으로 면역력이 약화되어 감기가 잘 발생하며 심지어 노인이나 허약자는 이때에 많이 사망한다. 그래서 환절기에 절에 제사가 많이 들어온다.

자율신경은 이처럼 생존에 큰 영향을 미친다. 그래서 호흡으로 자율신경을 안정시키면, 인체 내에는 생기와 조화가 흐르고 정신은 맑아진다.

하늘은 무형의 기운이고 땅은 형질이다. 그 무형과 형질 사이에 둘을 잇는 것이 바로 바람이다. 바람은 무형이면서 허공 같은 것만이 아니라 작용이 있다. 유형과 무형을 잇는 가교가 바로 천지간의 바람이다.

'바람의 가교'는 이렇게 자연계뿐만 아니라 인체에서도 존재하며 신체상하를 잇는 게 바로 호흡이다.

옛사람들은 정기신精氣神이라는 말로 고체, 액체, 기체의 상태를 설명하였다. 고체형질액의 정화를 정精이라 하고, 공기의 정화를 기氣

라고 하며, 의식과 정신의 정화를 신神이라고 불렀다.

신은 천상에, 정은 땅에, 기는 천지간에 충만한 것으로 여겼다. 하늘의 빛들과 땅의 형액形液 사이의 감응에 의해 기氣가 생겼다. 이미 말한 대로 인체에서는 호흡이고 자연에서는 계절풍이다.

빛들 아래 봄·여름·가을·겨울이 흐르고 땅에서는 만물이 빚어지는 것이 세상의 모습이다. 정신 아래 호흡이 흐르고 육신에 생명들이 충만한 것이 우리 자신의 모습이다. 그야말로 세상 그대로가 신전이요, 자기 자신이 성전이다. 생명이란 무엇인가?

물질이 신성에까지 나아가고 진화하는 도중에 생겨난 것이다. 물질을 옮기고 변화시키는 과정에서 태어난 것이다. 업으로 말하면 물질의 업장을 줄이고 극복하고 소멸시키기 위해 출현하였다. 물질의 입장에서 보면 생명들이 바로 관음보살이다. 그러므로 인간들은 자신의 지평을 확장하여 자신이 물질을 구원하고, 또 신성으로 더 나아가기 위해 존재하는 것임을 깨달아야 한다. 이것이 인간의 위치와 사명이다. 자신이 그렇게 보일 때 천지도 모두 수행하며, 이러한 성스러운 일을 하고 있음을 깨닫게 된다. 해와 달이 돌고 바람과 구름이 흐르며, 낮과 밤이 교차하고 빛과 운우가 승강하는 자연현상이 자연수행의 모습으로 다가올 것이다. 종교에 따라, 사람에 따라 호흡수행의 기법은 비슷해도 목적이 다른 경우가 많다.

신선도에서는 단전을 뜨겁게 하여 기를 돌리기 위해서 하는 경우가 대부분이다. 이것은 복식호흡으로 인해 신체하부에 따뜻한 기운이 생겨, 그 따뜻한 기운으로 하부의 수기들을 상승하게 하는 것이다. 또한 동시에 상부로 상승한 수기들에 의해 다시 상부의 화기가 가라앉는 수승화강水昇火降이 이루어지게 하는 것이다. 육체적 변화와 건강에는 유익하겠지만, 자칫 잘못하면 너무 육체적 현상과 작용에만 치우치고 몰입하여 관조자인 마음을 등한시하게 된다. 또 관조력의 증대에 따른 마음의 각성과는 멀어지는 방향으로 갈 수 있으니 조심해야 한다. 자연스러운 부가가치요 혜택으로 보는 것이 좋지, 집착하면 오히려 옆길로 가기 십상이다. 중생에게 포교한다고 세속에 나간 스님이나 사제가 교단이 번창하면서 도리어 세속에 깊이 물드는 것과 같은 모양상이다. 고해를 정토로 만들겠다고 나간 사람이 오히려 세상과 합작죽작이 되어 그 속의 영화로움만 탐닉한다면 방향이 어긋난 것이고 목적을 상실한 것이다. 물론 억지춘향 같은 청빈은 잘못된 것이다. 부처님 제자 제바달다가 부처님이 너무 호사스럽게 지낸다고, 다시 길거리에 나가 가사옷을 꿰매 입고 하루 한 끼 먹으면서 좋은 방이 아닌 나무 아래서 수행하자고 외쳐 부처님 제자의 절반이 부처님을 떠나 그를 따라갔다. 사리불존자가 가서 그가 잠든 사이에 설득하여 다 데려오니, 제바달다는 분노하여 앙심을 품고 부처님을 가해하기를 갖가지 방법으로 3번이나 하였다. 그가 정말 청정을 마음에 지니고 있었으면 안타까워할지언정 어찌 부처님을 죽이겠다고 가해를 했겠는가. 겉으로 말과 행동이 중요한 것이 아니라 본마음이 중요한 것이다. 지혜로운 자는 언행言行보다 심업心業을 본다. 사기꾼이 오히려 언행이 번지르르한 법이고 심업이 좋은 사람은 도리어 어눌한 경우도 많다.

구중궁궐 같은 황금동산 기원정사에 계셨지만 부처님은 그냥 있은 것이었다. 그래서 제자들이 싸울 때에 아무 미련없이 홀로 숲속으로 떠나 사셨다. 부귀와 빈천, 청빈과 영화, 이 두 가지 모두에 걸리지 않는 마음이 중요하다.

공공의 목적으로 대중이 생활하는 곳이 장엄한 것은 꼭 문제가 되는 것이 아니다. 목적과 취지에 부합하다면 무슨 문제가 되겠는가. 외식하지 말고 외양에만 빠지지 말라는 것이다. 도가 지나치지 않게 하고 마음이 외형에만 사로잡혀 있지 말라는 말이다. 호흡수행에서도 몸의 상태에만 팔린다면 이 같은 우를 범하기 십상이다. 젊고 건강한 몸만을 추구한다면 젊은이가 최고의 경지가 아닌가.

나는 것으로 따진다면 새가 최고가 아닌가.

늙은이에게는 자유가 없고 젊은이에게만 자유가 있는가.

늙은이에게는 평안이 없고 젊은이에게만 평안이 있는가.

늙은이에게는 행복이 없고 젊은이에게만 행복이 있는가.

자유와 평안과 행복이 그렇게 속좁고 편협하겠는가.

명실상부名實相符하면 금상첨화이겠지만, 실제와 근본이 핵심이므로 마음이 중요하다. 십우도 게송 중에 '신선의 비결이 무슨 소용이 있는가. 늙은 나무에 곧바로 꽃이 핀다'는 말처럼 근본은 청로青老, 미추美醜, 빈부貧富, 생사生死, 고금古今에 상관없이 여여하다. 마치 개천, 큰 강, 호수, 바다, 심지어 그릇 안의 물에까지 모두 평등하게 비추며 스며드는 달과 같다. 현상은 피고 지는 신기루와 같아 진정한 오아시스가 아니다. 관찰대상으로 보고 모든 삶의 행위와 여정을 깨달음의 드라마로 여기는 것이 수행자의 좋은 자세이다. 마치 극劇을 보는 자가 주제를 깨닫는 것이 핵심인데, 주제를 담기 위한 배우연기와 사나리오와 장치들에만 관심을 갖는다면 어찌 되겠는가.

대형스크린에 4G 시스템이면 좋겠지만 보고서도 주제를 파악하지 못한다면, 같은 내용을 어설픈 만화로 보고 주제를 안 자보다 못한 법이다. 금장으로 된 명필의 경전을 본다고 뜻을 안다면 모든 책은 금종이가 되고, 세상 도서관은 모두 금고로 변하지 않았겠는가. 천신이라 할지라도 존재의 실상을 모르는 천신보다 자신을 잘 아는 남루한 거지가 더 밝은 법이다.

호흡수행에는 이외에도 알아야 할 것이 몇 가지가 있다.

먼저 호흡에는 외호흡인 1차호흡과 내호흡인 2차호흡이 있다. 그리고 그들의 연관성을 이해하는 것이 호흡수행에 도움이 된다.

1차호흡은 폐호흡이고 2차호흡은 세포호흡이다.

사람이 죽을 때 이 1차 호흡정지와 2차 호흡정지가 순차적으로 나타난다. 흔히 숨넘어가는 소리가 난다고 하는 폐호흡정지와 몸이 경련을 일으키는 세포호흡정지가 그것이다.

우리가 숨을 들이쉴 때는 폐 안에서 횡격막이 내려가며 저기압이 되고 숨이 빨려 들어간다. 숨을 내쉴 때는 반대가 된다.

이렇게 저기압, 고기압을 반복하며 숨을 내쉬고 들이쉰다.

얼마 전 메르스사태가 확산된 이유가 음압병동이 없어서 그렇다고 하는 매스컴의 지적이 있었다. 음압병실陰壓病室이란 다른 곳보다 기압이 낮은 병실로, 기압이 낮아 외부공기가 빨려 들어가기만 하고 나가지 못하는 곳이다. 전염병균이 공기를 타고 다른 병동으로 가기 어려워진다. 이처럼 폐가 저기압이 되면 숨이 폐로 빨려 들어온다.

이런 기압차를 일상에서 볼 수 있는 또 하나의 사례가 있다. 여름에 더울 때 방안의 온도를 전기없이 자연상태에서 얼마간 낮추는 방법이 있다. 페트(PET)병을 여러 개 잘라 입구 부분을 안으로 가게 하고 넓은 원통 부분을 바깥으로 가게 하여 판에다가 촘촘히 꽂고 창에다 부착하면 방안 온도가 떨어진다. 천연 에어컨이 된다. 이유는 병의 넓은 부분의 공기가 좁은 병 입구를 지나면서 기압차가 생겨 온도변화를 유발하는 것이다. 기압과 온도의 상관관계를 알 수 있는 간단한 실험이다. 전기없이, 에너지없이 가능하므로 옷이나 컴퓨터 등 내부열을 식혀야 하는 부문에 활용하면 좋다. 앞뒤가 같은 구멍 말고 원추형 구멍을 뚫으면 된다. 그리고 창을 낼 때도 더운 지역은 외부 부분을 넓게, 내부 쪽을 좁게 내면 효율적이다. 겨울옷같이 내부를 덥게 해야 하는 경우에는 반대로 하면 된다. 요즘은 기술이 발달하여 충분히 그렇게 제작할 수 있을 것이다. 아직 그렇지 못하다면 머리 좋은 인간들이 조금만 더 연구하면 곧 실용화할 수 있을 것이다. 고래의 몸을 보고 에어컨의 날개를 설계했더니 효율이 높아졌다고 한다. 공기구멍의 내외 차이로 발생하는 기압차를 이용하여, 내외 온도를 어느 정도 변화시킬 수 있는 이 방법은 에너지없이 효율을 올릴 수 있는 좋은 방법 중의 하나이다.

특허감이다. 메르스의 음압병동에서 본 저기압과 고기압이야기, 구멍효과를 이용한 천연 에어컨에서 보이는 기압과 온도의 상관관계, 이 모두는 숨쉬며 공기로 사는 우리들의 호흡 원리와도 상통한다.

저기압, 고기압 하니까 일기예보가 생각난다.

우리의 폐와 그 호흡은 자연에서 보면 기후이며 대기 순환이다. 바람은 불의 자식이지만 불길을 이끄는 안내자이기도 하다. 불의 자식이라고 하는 이유는 태양이 하지점을 향해 남에서 북으로 올라와 떴다지며, 낮이 길어지면 여름이 되어가고 바람도 따라서 남풍이 불어온다. 반대로 태양이 동지점을 향해 북에서 남으로 내려가 떴다지며, 낮이 짧아지면 겨울이 되어가고 바람도 북풍이 된다. 불길의 안내자라고 하는 이유는 모닥불을 피워 놓으면 바람을 따라 불길이 이동하기 때문이다. 정신이 태양이라면 심장의 모닥불 열은 호흡을 따라 움직인다. 호흡이 깊게 아래로 내려가면 아래 몸과 몸의 말단이 따뜻해진다. 생각을 계속하면 바람이 열을 몰고 두뇌로만 가서 아랫배와 사지가 차가와진다. 일생의 건강과 성쇠는 호흡의 깊이에 있다. 어린 아기 때에는 태중에 있을 때 배꼽에서 영양과 기를 보급 받았기 때문에, 그 패턴이 아직 남아 숨을 쉬면 배가 절로 움직이고 두정頭頂이 볼록볼록거린다. 태식의 잔재가 아직 남아 있는 것이다. 살아가면서 호흡점은 단전에서 서서히 상승하여 가고 죽을 때는 더 얕아져 폐와 인후로 까딱까딱 쉬다가 똑 떨어져나가 죽는다. 그러므로 숨을 깊이 쉬는 것이 몸에 좋다. 1차호흡과 2차호흡이 원활히 연동되면 숨을 들이쉬자마자 아랫배가 나온다. 마치 숨이 곧바로 아랫배로 가는 것처럼 말이다. 이것은 우물가에서 숭늉 먹는 경지이다.

마치 배추밭 옆에 농공단지를 만들어 김치공장을 두면, 배추가 곧바로 김치가 될 수 있는 것처럼 완벽한 연동이요 하모니이다. 폐호흡과 세포호흡이 완전히 연동되고 하모니가 이루어지면 몸 전체로 숨쉬게 되고, 육신은 큰 귀가 되어 그 파동을 감지한다. 사실 알고 보면 안이비설신의眼耳鼻舌身意도 이런 파동과 행위들을 인식하기 위해 만들어진 장치로, 우리들은 육근六根 또는 여섯 감각기관이라 부른다. 이 중 마음은 특이하게도 모든 정보를 관리하고 처리하며, 또 자기 스스로를 개선하고 추상하며 스스로 내적 대상을 만들어 상념을 굴린다.

우주는 파동이고 행인데, 그 속을 사는 생명체와 우리들은 각기 나름대로 이 파행환경波行環境 속에서 그 파波와 행行들을 파악하는 재주를 갖고 생을 꾸려 간다는 말이다. 좀 더 진화한 고등생명체는 좀 더 그 움직임들을 잘 파악하는 장치들을 지니고 보다 더 잘 파악하는 존재들이다. 색채, 소리, 향기, 맛, 촉감, 경계로 대별되는 파행波行들을 우리 인간들은 안이비설신의로 다른 어떤 동물보다도 마음이라는 왕을 세우고, 의식이라는 태스크 포스 팀을 만들어 조화롭게 전반적으로 잘 파악 관리하는 것이다.

수행과 진리탐구도 파행의 우주와 존재에 대한 탐구이니, 인간이 지닌 신물인 마음과 의식을 더 고도화하면서 더 진화하기 위한 욕구요, 여정이라 할 수 있다. 먹는다는 것은 직접 먹으며 자기소유로 만드는 것이므로 땅의 일에 애착하게 된다. 목구멍이 포도청이 되는 것이다. 우리는 먹으며 육신을 장양하고 남녀관계로 대를 잇고 서로 말로 소통한다. 말은 엄청난 진화이기는 하다. 입에는 교근咬筋이 많아 언어와 남녀생식과 땅의 먹을거리가 출입하고, 자연스럽게 현실과 재물을 추구한다. 고체물질과 액체의 길이다.

이보다 더 상위인 코는 호흡의 길로 하늘과 땅 사이의 흐름을 알게 한다. 코에다 물질적 음식을 먹일 수는 없는 일이다. 기체의 길이다.

입의 일을 닫고 비로鼻路를 여는 것이 수행의 시작이요, 더 높은 진화의 출발이다. 그리고 귀는 소리파동의 길이요, 눈은 빛의 길이다.

파波와 광光의 파광감각이다.

아무튼 촉식에서 진화한 감각기관이 한 바퀴 돌아 다시 몸 전체로 숨을 쉬는 최고의 대촉식경大觸識境에 이르러 육신이 대이大耳, 즉 큰 귀가 되어 몸 전체로 숨을 쉬며 파행들을 감지하게 되면 심식心息이 완전히 상의相依하여 일체가 된다. 정신과 육체의 결혼이 이루어지고 신방新房이 차려져 생생生生이 거듭된다. 신방생생新房生生의 경지이다. 고요한 상태에서 촉식을 인지하는 것이 가장 정미한 관이다. 움직임이 없는 가운데 닿음을 느끼는 것으로, 몸도 마음도 고요한 명상상태에서 무형이 유형을 전체적으로 느끼는 것이다. 마음이 물질을 느끼는 것이요, 정신이 육체를 느끼는 것이다. 그때 자신은 신이 되고 몸 안에서는 생명이 일어난다.

이때 마음의 관조력도 덩달아 증대되며 극치에 이르는데, 비추는 것마다 뚜렷이 눈앞에 나타난다. 육체와 숨결, 고체·액체와 기체가 온전히 융합되어 비근鼻根의 기능이 극대화되고 더 고도화된 상태에서 자연스럽게 상위의 대이총大耳聰, 심안명心眼明을 가져오는 것이다. 귀가 밝은 것을 총聰이라 하고, 눈이 밝은 것을 명明이라 한다. 이런 현상은 이때에 좀 더 명확히 나타나 수행자가 확연히 느끼는 것이지만 사실은 처음부터 있는 마음의 공능이다. 그러므로 눈치 빠른 사람은 다른 것을 도외시하고 바로 심지心地에 뛰어들 수 있다. 우리들은 흔히 손을 보배라고 한다. 손이 가면 깨끗해지고 정리되며 장엄해지기 때문이다. 이처럼 마음이 가면 그곳은 훤히 드러난다. 마치 태양이 오면 온갖 풍경이 역력히 드러나듯이 마음이 비추면 빛이 간 것처럼 선명히 드러난다. 보통사람의 경우도 평상시에는 호흡을 못 느끼지만,

좌선을 하고, 아니 굳이 앉지 아니하여도 빛을 돌려 내면으로 들어가 호흡을 보면 호흡이 바로 드러난다.

호흡수행의 부수적 효과

모든 것을 눈앞에 현전現前하게 하는 마음의 신능神能이다.

타고난 '현전지現前地'가 마음이다. 수행은 이같이 빛을 제어하는 기술이다. 관조는 일신 안에서 이루어지는 광제어 기술인 셈이다.

호흡의 묘용은 또 있는데, 아랫배로 호흡이 깊이 이르면 내장상태가 매우 좋아진다는 것이다. 왜냐하면 호흡이 아랫배에 잘 이른다는 것은 아랫배에 공기가 충분히 불어 넣어진다는 말이다. 우리의 장腸 속에는 수많은 미생물들이 있는데 혐기성미생물도 필요하지만 우리 몸에 유익한, 공기를 좋아하는 호기성미생물도 중요하다. 호기성미생물이 이 호흡공기에 의해 활성화되기 때문에 조화로워지고 건강해진다. 우리 몸은 대부분 화학적 시스템이라 신진대사에 미생물과 효소가 무척 중요하다. 장의 건강이 의학계의 이슈가 되고 있는데 미생물은 온도, 습도, 영양과 더불어 공기교반이 좋으면 폭발적으로 번식한다. 그들의 일시적 증가는 먹는 것보다 공기에 더 큰 영향을 받는다. 요즘 발효 효소가 인기이고 요구르트를 많이 먹는데, 이런 미생물을 많이 먹는 것보다 그들이 살기 좋은 여건을 만들어 주면 강한 번식력으로 순식간에 증가한다. 인체에서는 호흡으로 공기를 주입하여 잘 교대 교반해주면 제일 효과적이다.

호흡수행은 아랫배와 사지를 따뜻하게 해주고, 그 따뜻함 속에서 하부의 수기를 상승시켜 윤택하게 해준다. 그리고 적절한 온도와 습도에 의해 자율신경이 안정되고 마음이 안락해진다. 호흡수행 하나로 온도와 습도, 신경과 마음의 안정까지 이루어지게 하고, 또 그런 여건 하에서 유익한 장내 미생물의 증가까지 효과적으로 가져오니 일수오익一修五益이다. 더불어 장내에는 면역세포가 많아 인체면역력을 높여 암 등 여러 질병에 대한 저항력이 강해진다. 몸이 안 좋을 때 뼈가 뚝뚝거리며 관절의 공기가 교대하면 몸이 개선된다. 관절은 공터가 많아 공기사거리이다. 자체적인 '공기치료'인 셈이다.

몸이 안 좋을 때 자신을 점검하는 8가지가 있다. 공기, 온도, 습도, 수면, 음식, 유전, 행동, 번민이다. 그것을 개선하는 요법에는 심리요법, 운동요법, 교정요법, 식이요법, 관계요법, 온열요법, 수면휴식요법, 명상요법, 목욕요법, 공기요법, 약물요법 등이 있다. 먼저 자가치료 요법들부터 성실히 하고 난 뒤에 그래도 안 되면 약물요법을 하는 것이 현명하다. 약을 쓰더라도 도와주는 정도가 낫다. 약물이란 것이 중독과 내성을 일으켜 나중에는 후유증이 많이 발생하기 때문이다. 이 중 관계요법은 남녀관계뿐만 아니라 인간관계에서 발생하는 모든 여파를 진정시키는 요법으로, 관계개선을 통해 스트레스를 줄이는 것이 현대인들에게 중요하다.

다른 요법은 대체로 잘 알고 있으므로 넘어가고, 목욕요법을 소개하고자 한다. 목욕요법은 각자에 따라 맞는 것이 있겠지만 천지기운의 흐름을 인체에 적용하는 목욕법이 있다. 덥고 메마른 날들이 계속되면 나무는 시들고 공기는 건조하며 산은 팍팍해진다. 이때 비가 오면 차가운 비를 만난 산들은 안개를 내뿜는다. 물을 자신의 열로 증발시키는 것이다. 더운 정도가 심할 때 많은 비가 오면 안개를 더욱 내뿜어 안개 낀 산의 장관을 연출한다. 이것이 천지의 목욕이다. 이런 천지의 목욕법을 인간목욕에도 그대로 적용한 것이 목욕요법이다. 먼저 목욕탕에 가서 수건을 2개 들고 입실한다. 샤워기로 몸을 씻고 먼저 온탕에 가서 몸의 온도를 올린다. 조금 있다가 몸이 어느 정도 데워지면 머리까지 물에 푹 담그고 몸을 쭉 펼친 채 물속에서 숨을 조금 참는다. 그리고 일어난다. 이렇게 하기를 세 번한다. 숨을 너무 억지로 참으면 안 된다. 머리까지 담그는 것을 더럽다고 불편해하는 사람이 있을 수 있는데 그렇게 하면 효과가 반감된다. 머리를 담그는 것이 중요하므로 그것이 어려우면 샤워기에 가서 다소 더운물로 머리를 달구어야 한다. 아님 집에서 개인 목욕탕을 지어야 된다. 온탕에서 많이 달구어진 몸을 이번에는 열탕으로 옮겨 온탕에서와 똑같이 3번 머리까지 담근 채 숨을 멈춘다. 횟수는 굳이 제한이 없다. 머리를 포함한 신체 전반을 내부까지 데우는데 3번 정도가 적당하기 때문이다. 열탕에서 일어나 곧바로 가지고 들어간 수건 2개를 열탕물로 뜨겁게 적신다. 적시자마자 하나는 머리에 덮어쓰고 하나는 양어깨에 가로로 길게 걸친다. 곧바로 찬물로 이동하여 들어간다. 몸 전체가 바로 들어가기 어려운 사람은 다리부터 천천히 들어간다. 그러나 너무 늦게 들어가면 안 된다. 몸이 아직 데워진 상태에서 찬물에 들어가야 효과가 좋다.

찬물에 들어가서는 수건 덮인 어깨와 머리를 놓아두고 몸을 전부 찬물에 담근다. 사람에 따라 가슴 이상 찬물이 넘어 오는 것을 싫어하는 사람도 있으니 가슴 아래 부분까지 담가도 무방하다. 너무 적은 부분을 담그면 효과가 역시 줄어든다. 보통 턱을 탕 테두리에 대고 양손을 얹은 채 있으면 제일 좋다. 주의점은 손을 담그면 안 된다는 것이다. 설사 손을 담그더라도 손바닥을 허벅지에 붙여야 한다. 그리고 움직이지 말고 가만히 그대로 있는 것이 좋다. 찬물은 고요한 것이 이상적이다. 그래서 다른 사람이 출렁거리고 있고 들락날락하고 있으면 온탕·열탕에서 찬물에 사람이 없기를 기다리는 것도 현명한 방법이다. 아무도 없어 들어갔는데 누가 곧 뒤따라 들어오며 출렁거리면 그날의 운명이라 생각해야 한다. 인상 쓰지 말고 체념하고 요법을 계속한다. 더운물에 머리까지 담갔다가 수건을 다시 머리와 어깨에 걸치고 찬물에 들어가면 달구어진 몸의 열기가 찬물에 쫓겨 내부로 들어간다.

그리고 내부로 들어간 더운 기운은 갈 때가 없어 어깨와 머리쪽으로 상승한다. 화로에 불을 피울 때 불연기가 연통으로 쉽게 빠져 나가게 하려면 연통을 데워 주어야 한다. 이 원리처럼 내부로 몰려든 열은 데워진 공간으로 달려간다. 바로 수건이 덮인 어깨와 머리이다.

달구어진 산이 안개를 피우듯 내부열은 아지랑이가 되어 몸의 깊은 중추와 세포들을 지나가며 머리연통으로 빠져 나간다. 찬물 안에서 내면 안개열로 신체내부가 제대로 한 번 목욕하는 것이다. 이것은 한 번 목욕에 한 번만 하는 것이 좋다. 찬물에 머무는 시간은 사람에 따라 다소 다르지만 최소한 5분은 있는 것이 좋다. 오래 있으면 찬물이 완전히 우위에 가서 몸 내부까지 식는데, 몸 내부가 식도록 있어도 되지만 중요한 부분이 찬물에 쫓긴 안개열이 신체에 깊이 침투하며 머리연통으로 빠져 나가는 대목이므로 그것이 충분히 이루어지면 그만두어도 좋다. 나와서는 두 수건 중 하나로 목욕하고 하나는 씻고 나올 때 짜서 몸을 닦는 데 사용한다. 그래야 주인 눈치도 안 받고 자신의 몸에도 좋다. 마른 새 수건으로 몸을 닦는 것보다 짠 수건으로 골고루 닦고 나머지는 공기로 말리는 것이 좋다. 이상이 천지목욕법을 적용한 한열내부목욕법이다.

호흡수행에 대해 다시 돌아가자. 신체를 보면 신경이 제일 많이 몰려 있는 곳이 머리와 상복부의 일명 소뇌라고 불리는 태양신경총과 아래 골반 부근이다. 이 세 곳 중에서 태양신경총과 골반신경다발 사이에 장이 위치하고 많은 면역세포를 가진 채 공동空洞으로 존재한다. 이러한 구조와 배치는 절묘한 것이다. 숨을 아랫배에 불어넣으면 하부로 따뜻한 기운이 흘러가며, 스스로 면역력이 강화되면서 상하의 두 신경총을 활성화시킨다. 이러함은 상상이 아니라 현실인데도 일반인들은 상상조차 잘 못하는 경우가 대부분이다. 손을 배꼽에 대고 조용히 숨을 쉬며 이러함을 느껴보라. 아이 적의 태초일이 느껴질 것이다.

숨이 내부공동, 장의 모습을 한 내촉內觸을 깨어나게 한다.

그 내촉이 신체 하부에서 위아래 태양 골반 신경망의 빛과 호흡을 따라 들어온 공기를 결합시켜 생기를 만들고, 신체 하부의 지평선에서 태양이 떠오르게 만든다. 갈비뼈와 골반의 딱딱함 사이에 있는 부드러운 복부는 마치 굳센 산들 사이에 있는 비옥한 평야와 같다. 이러한 신체지형과 구조를 잘 이해하고 복식호흡을 한다면 인체에는 기로 충만하게 된다.

신체를 크게 구조적으로 보면 딱딱한 상부 견갑골과 하부 골반덩치골 사이를 스프링 같은 조각조각뼈 척추가 연결하고 있는 꼴이다.

아령 같은 모양이다. 그리고 상부견갑골에서 두 팔이 나가고 하부골반에서 두 다리가 뻗어 내린다. 날개 달린 아령이다. 그 뼈들을 잡아주고 묶어 주며 움직이게 하는 끈들이 바로 근육이다. 운동을 할 때 이런 구조적인 부분을 염두에 두고 운동하는 것이 좋다. 이와 같은 유형의 골과 근육의 구조라는 바탕 위에 무형의 호흡이 기후작용처럼 작동하며, 인체 내에서 각종 지형성 강우와 안개와 열의 이동을 가져온다. 운동만으론 잘못하면 과잉순환을 가져와 역효과가 날 수도 있다. 그러므로 운동과는 반대인 명상요법을 하여 인체의 균형을 이루어 준다. 물론 명상요법만 하는 것보다 운동요법과 명상요법을 낮과 밤처럼 한 세트로 하는 것이 좋다. 명상 중에 인체국토로 순환되는 공기는 조화를 가져다주며 공기치료까지 덩달아 해주는 이점이 있어, 운동으로 발생하는 근육의 피로와 유해물질들을 없애 준다. 위장병을 일으키는 헬리코박터균의 경우도 균이 대사를 하면서 내뿜는 가스와 배설물이 위벽을 자극해서 위장병을 유발한다고 한다. 모든 생명체와 세포는 이같이 가스와 공기를 내뿜는다. 그러므로 공기 순환과 소통만 잘해주어도 병의 유발을 많이 막아 줄 수 있고 숨을 잘 쉬기만 해도 건강을 회복하는 데 큰 도움이 된다. 한의학에서는 대부분의 병이 풍風과 습濕에서 생긴다고 본다. 우주에 빛과 어둠은 많아도 물과 공기는 찾기가 어렵다.

물과 공기, 그리고 우리 몸

인류 최고의 거짓말이 나사의 "물을 발견하였다. 생명체가 있을 것 같다."는 것이라고 한다. 반세기 이상을 꾸준히 제기하며 탐사와 우주개발의 예산을 따냈다고 하니 그런 소리를 들을 만하다. 누가 뭐래도 생명은 생명을 만나고 싶은 것이다.

그래서 그것은 거짓말의 점철이기도 하지만 희망의 지속이기도 하다. 이번에도 한 행성이 지구와 조건이 극히 유사하다며 대서특필되었고 인간들은 다시 고무되었다. 온 우주를 뒤져도 아직 제대로 된 물과 공기 그리고 생명체를 찾아내지 못한 것은 그만큼 생명이 희귀하다는 것이다. 지구는 그야말로 보배인 셈이다. 우리들은 이런 보배로운 정원에서 살면서 늘 불평불만이 가득하다. 다시 자연과 인간 자신이 고귀한 생명이라는 가치관을 가지고 대자연과 자신의 삶을 살아가는 자세가 필요하다. 고대인들은 지금보다 덜 인공적인 삶을 살 수밖에 없었기에 자연히 생명의 말없는 가르침을 들을 수 있었다. 그리고 그것을 수행이라는 방식으로 전승하였다.

스마트폰이다, 아파트다, 각종 이기와 돈과 지위와 권력을 쫓느라 인간들은 본연의 생명을 바라보지 못하는 세상이 되었다.

〈동방불패〉라는 영화를 보면 "권력과 명예를 쫓다보니 인생의 참뜻을 잃게 됐다."는 대사가 두 번이나 나온다. 소오강호 〈동방불패〉의 주제이다. 영화의 군웅과 인물들처럼 우리도 자신들이 생명체임을 잊어버리고 산다. 일부 수행자와 과학자들이 경이롭게 바라볼 뿐 일반인들은 인간사회 속에서 본인이 생명임을 잊은 채 투덜거리며 살고 있다. 물과 공기의 의미도 잃어버렸고 수행은 더더욱 머나먼 일이 되었다. 물과 공기는 생명의 필수조건이다. 물과 공기가 지나치거나 부족하거나 기타 등등 잘못되면 인체는 생기를 잃고 병든다. 반대로 물과 공기가 적절하고 좋으면 생기가 돌고 건강해진다.

동양에는 풍수라는 것이 있다.

외국에서 온 한 스님이 한국에서 30년간 살아서 들은 바가 많아 어느 지역을 가기만 하면 그 예민한 기감으로 이곳은 풍수가 좋다, 나쁘다고 하고 금계포란형이니 무슨무슨형이니 하며 말하곤 하였다. 그래서 물어보았다. "근데 왜 풍수風水라고 하는 거예요?"

대답을 못하였다. 다들 본질을 모르고 떠도는 겉치레만 따라다니는 경우가 많다. 그리고 길흉화복과 연관 지어 본질의 통찰도 도매금으로 넘기며 하천한 것으로 여긴다. 물론 길흉화복과 연관 지으며 부풀려진 외장들은 술수이다. 그러나 자세히 보면 옛사람 나름의 생명 이해의 지혜를 엿볼 수 있다. 풍수라는 그 짤막한 두 글자가 풍수가 무엇인지 다 말해 준다 해도 과언이 아니다. 물과 공기를 말하는 것이다.

물은 땅을 대변하고 공기는 하늘을 대변한다.

천지간에서 살아가야 하는 우리들이 가장 긴요하게 여기는 것이 물과 공기이다. 물을 못 먹으면 10일을 넘기기 힘들고 숨을 쉬지 못하면 5분을 넘기기 힘들다. 인간뿐만 아니라 생명 있는 모든 것들도 역시 이 물과 공기의 조건에 절대적으로 영향을 받는다. 물과 공기의 상태가 좋으면 생명이 생동하고 생기가 흐른다. 물과 공기가 나쁘면 생명이 약해지고 병기가 흐른다. 풍수의 목적은 물과 공기의 상태를 보고 생기있는 곳을 찾는 것이다. 알기 쉽게 말하면 높은 곳은 대체로 공기소통이 좋다. 그러나 물이 부족하다. 그러므로 높은 곳에 물이 나오면 일단은 반명당이다. 여기에다 바람에 촛불이 흔들리면 빛을 잃고 그림자가 난무하듯이, 높은 지역이라도 바람의 작용이 너무 거세지 않아 양기를 보존하고 서북의 음살풍이 다스려지면 명당이 된다. 공기의 작용은 불을 피울 때 알 수 있듯이, 화기의 상태를 좌우하므로 적절해야 한다. 반대로 낮은 곳은 물이 많아 습지고 공기소통이 나쁠 수 있다. 그러므로 낮은 곳에 공기 소통이 좋으면 반은 명당이다.

바람의 작용 때처럼 물의 작용도 지나치면 습이 심해져 땅이 흐물흐물해지고 질척질척해져 떡이 된다.

몸에서 이런 일이 생기면 염증이 된다. 생기가 부패하고 윤택함을 잃는 것이다. 물의 흐름은 이처럼 음기의 상태를 좌우한다. 서북이 높고 동남이 낮으면 이 두 조건을 어느 정도 구비하므로 생기가 흐르고 명당이 되기 쉽다. 명당은 생기가 흘러 생명이 번창하는 곳을 말한다. 신체상부에는 액과 수기가 부족하므로 옛사람은 침을 귀중하게 여겨 옥액玉液이라고 하였다. 신체하부는 음습하여 공기소통과 화기가 필요한 곳이다. 호흡수행은 아랫배로 공기를 잘 소통케 하여 화기와 양기를 장양한다. 그래서 음기를 데워 수승하게 하여 수기가 부족한 상부에 보내준다. 그리고 올라간 수기에 의해 다시 상부 양기의 하강이 이루어지게 해서 서로 선순환구조가 되게 한다.

이런 과정들을 통해 상부와 하부에 생기가 감돌게 된다.

높은 곳의 명당보다 낮은 곳에 있으면서 공기소통이 적절한 명당을 더 높이 치는 이유가 바로 이것 때문이다.

아랫배에 공기를 불어넣는 호흡수행은 피라미드 자세로 단전부위에 생기가 충만한 하부명당을 구현하는 일이며, 더 나아가 일신에 생기가 흐르도록 하는 것이다. 호흡수행이 어려운 여성뿐 아니라 호흡수행이 잘 안 되는 일반인들도 꾸준히 하면 이러한 수행의 이익을 충분히 누릴 수 있다. 사실 수행과 명상 자체가 일반인의 삶의 방식과는 반대여서 잘 안 되는 경우가 태반이다. 그러므로 자신을 믿고 인간자신이 바로 자연계에서 가장 정제되고 조화로운 존재로, 신성한 국토이며 성소이며 사원이며 신전으로 여기고 꾸준히 해나가는 것이 중요하다. 특히 호흡수행의 경우는 보편성과 기초성이 좋아 여타 다른 수행을 하는 데에도 무척 도움이 된다. 심지어 기도가 잘될 때에도 호흡이 잔잔한 경우가 많다는 말들을 많이 하는 것을 보면 홍익수행弘益修行인 것은 확실하다. 그리고 바람 불 때 손을 펴고 있으면 피부를 스치는 바람이 느껴진다. 이 같이 바람은 알고보면 촉식으로 인지된다.

우리가 숨을 쉴 때 호흡이 느껴지는 것은 아까 말한 내촉內觸에 의해서이다. 촉식인 숨결은 동시에 리듬이며 파동이라 소리로도 느낄 수 있어 귀의 이근耳根과도 통한다. 몸의 촉식과 코의 비근鼻根, 귀의 이근까지 그 폭이 대단히 넓다.

우리의 몸세포는 공기흡수율과 물흡수율이 중요하다.

우리 몸이 바로 터이고 공기와 물흡수율은 풍수인 셈이다.

공기흡수율이 좋은 것은 공기소통이 적절하고 살풍이 없는 것과 같은 것이다. 간이 나쁘면 병원에서 산소포화도를 자주 측정하거나 상시 관찰한다. 간의 공기 상태가 중요한 것이다. 그래서 간이 나쁜 사람은 폐에 병이 들면 병이 급속도로 악화되는 경우가 많다. 자연에서 간에 해당되는 것은 숲이 있는 산이다.

폐는 허공인데 숲은 신선한 공기를 만들어 주어 허공을 창공으로 만든다. 이처럼 창공과 산이 서로 상통되어 있듯이 몸에서 폐와 간은 서로 상호작용한다. 그리고 세포 내에서 공기흡수율이 좋으면 활동력과 전투력이 무척 높아진다. 유명한 영화 〈본〉시리즈를 보면 유전자 변화를 일으키게 하는 바이러스를 병사 몸에 심어 유전자 변화를 초래하여 세포 내 산소포화도를 높이는 방법으로 전투력을 향상시킨다. 그리고 주기적으로 항바이러스제를 맞도록 만들어 병사를 통제한다. 여기에서 보이듯이 산소흡수율은 활동력을 좌우한다. 하늘의 공기여서 그런지 남성적이고 양적인 힘을 준다. 자연에서도 동물은 움직임을 위해 공기흡수를 중시하고 정적인 나무는 물흡수를 중시한다. 좀 우스꽝스럽지만 코를 내민 모습과 뿌리를 내린 모습을 보면 이를 쉽게 알 수 있다. 그리고 동물은 머리 짤리면 죽고 식물은 뿌리 짤리면 죽는다. 물흡수율에 대해서 말하면 물흡수율은 나이가 들어가면서 떨어진다. 그래서 젊었을 때에는 그냥 화장만 하면 되지만, 40세가 넘으면 물흡수율이 떨어져 피부가 거칠어지기 쉬우므로 습도를 유지해 주는 보습크림을 발라 준다. 젊은 여자를 보고 물올랐다고 하는 표현은 세포 입장에서는 맞는 말이다. 의학적으로 늙고 젊음의 측정기준은 나이가 아니라 세포의 물흡수율이다. 물흡수율이 떨어진 것이 늙은 것이고, 물흡수율이 좋은 것이 젊음이다.

요가에 보면 '나디'라는 말이 있다. '물길'이라는 뜻으로 인체에 중요한 3나디와 72,000개의 나디가 있다고 한다. 3나디는 신체 중앙의 스슘나나디, 오른쪽의 핑갈라나디, 왼쪽의 이다나디이다. 핑갈라나디는 태양의 길이고, 이다나디는 달의 길이다. 오른쪽은 양陽의 길, 왼쪽은 음陰의 길이라는 말이다. 그런데 왜 그 길을 나디, 즉 물길이라 했을까?

요가는 군달리니를 일으키는 것이 중요하다.

군달리니 앞에 흔히 여신女神을 붙여서 '여신 군달리니'라고 한다. 왜냐하면 대지에서 일어나고 신체하부에서 일어나기 때문이다. 고대인들이 본 생명의 비밀은 바로 이 군달리니, 대지에서 상승하는 신비한 힘이었다. 대지에 딱딱한 열매가 들어가면 생명체가 되어 솟아나며 푸른 싹과 붉은 꽃을 피우니, 대지가 소생과 영생의 키를 갖고 있다고 생각하였다. 정자가 여인의 몸속에 들어갔다 나오면 웃고 우는 해맑은 아이가 되어 나오니 그렇게 여기는 것은 당연하였다. 무생물을 생물로 만드는 신비인데, 대지와 여인이 이 비밀을 간직했으니 여신 군달리니라는 표현이 적확한 것이다. 인도뿐만 아니라 동양에도 개천문이채선천 폐지호이수태식 곤궁진기발(開天門以採先天 閉地戶以守胎息 坤宮眞氣發)이라는 말이 있는데 "하늘을 열어 선천의 기운을 채취하고 신체 아래 두 구멍을 막고 태식을 지키면 신체하부에서 진기가 일어난다."는 뜻으로 곤궁에서 일어나는 진기가 바로 군달리니이다. 영화 〈공작왕〉을 보면 사실상 죽은 아수라를 살리는 장면이 나온다. 하늘에서 땅의 신전으로 푸르고 흰빛이 내려와 아수라를 되살린다. 지구의 하늘을 보라. 푸르름과 흰빛과 구름들로 가득하다. 그리고 땅을 보라. 발밑을 보라. 땅이 살아 생명들이 곳곳에 부활하여 일어나 있다.

이미 개천開天이 되어 있는 것이며 군달리니가 일어나고 휴거가 진행 중이다. 땅은 이미 신전이 되어 영생의 길을 펼치고 있다.

우리 자신도 이런 축복 속에서 탄생하였다.

이것을 보는 자는 은혜와 소생과 신비와 지복에 든다.

쉬어가며 신화 꿈 얘기를 하나 하자.

태초에 신이 있었다. 신은 자신을 본떠 그의 자녀들을 지었다.

그의 자녀들도 모두 신과 같이 영생체였다.

그러나 태어난 자녀들은 서로 부모인 신의 사랑을 받기 위해 시기하고 다투었다. 다투는 와중에 서로 편이 생겼고 다소 밝은 선한 편과 다소 어두운 악한 편들이 서로 무리를 지어 싸웠다. 밝은 선한 편은 빛을 좋아했고 어두운 편들은 빛의 강렬함이 부담스러워, 어둠이라는 화장품을 만들어 빛에 입혔다. 많은 빛의 무리들이 어둠의 화장품을 발라 자신을 새롭게 장엄하기를 즐겼기에 그 수가 급속도로 불어났다. 나중에는 어둠의 과도한 사용으로 탁해져 오히려 빛의 조명이 필요할 정도였다. 이렇게 서로 달라진 선악은 시기와 다툼이 깊어 나중에는 신이 말려도 듣지 않았다. 그래서 신이 분노하여 말하였다. “너희 선자와 악자는 모두 나의 자녀들이다. 아무리 다투지 말라고 하여도 서로 핑계를 대며 시기하고 다투기만 하는구나. 그래서 나는 선악에 관계없이 너희 모두에게 적용되는 죽음을 만들었다. 그 죽음은 고통과 수명이라는 것을 너희에게 가져다 줄 것이다. 그리고 심판이 뒤따를 것이다. 생의 기쁨과 죽음의 고통이 교차하는 삶을 살게 될 것이다. 이제 너희들은 여기에서 살 수가 없다. 신국에서 나가 신이 아닌 생명체로 살다가 고통과 죽음이 따르는 유한한 삶을 살게 될 것이다. 그 유한한 삶 속에서 너희들이 다시 화합한다면, 화합한 사람은 다시 신성을 되찾고 여기로 오게 될 것이다."

그리하여 선악에 관계없이 사람들은 모두 고통을 겪게 되었고 죽게 되었다. 살아생전에 서로 화합한 사람들은 그 화합 속에서 신성과 영생을 엿보았고 다시 재생되었다. 그 화합이 바로 사랑이었다.

인간은 이처럼 탄생과 창조의 기쁨 속에서 태어났건만, 고통과 죽음이라는 형벌을 자초했고 그 형벌에 더 민감해졌다. 기쁨보다 슬픔에 더 예민해짐으로써 축복을 잊어버린 것이었다. 어둠 화장품의 대명사가 된 물질을 너무 발라 물질의 감옥에 갇히고 땅에 매였다. 그래서 우리는 다시 새롭게 빛의 조명을 통해, 창조를 통해 더 나은 자신을 만들어가야 한다. 나무가 땅에 뿌리를 두지 않으면 죽지만 늘 그의 가지와 잎들은 하늘로 향하듯이, 우리의 운명도 본원의 신성을 향해 가야 한다. 아니 향해 간다. 그러므로 이러한 향천向天의 삶 그대로가 바로 현실이다. 신성을 향해 가는 걸음을 비현실로 규정하는 사람들이 있는데 그들은 현실을 축소보도하고 있다. 신성을 향해 가는 일까지 포함한 현실이 제대로 된 현실이다. 고대인들은 대지에서 일어나는 진기를 자연에서는 나무라고 보았고, 그래서 나무는 생명의 상징이 되었다. 그 나무들의 모임인 숲이 신들의 거주처라 생각하고 생명나무와 세계수 신앙을 가졌다. 생명 속에 신성이 깃든다고 보았으니 생명은 신의 집인 셈이다. 나무를 보면 봄에 대지에서 물을 빨아올려 푸르러지고 형형색색의 꽃을 피운다. 나무 안에는 이 물이 흐르는 길이 있고 인체 역시 이러한 길이 있다고 여겼다. 그래서 인체 안에 생명수가 흐르는 길을 나디라고 하여 물길이라고 명명한 것이다. 나무에 물이 오르면 나무 전체가 살아나며 꽃들을 피우는데, 이것을 보고 군달리니가 각성되어 물길을 따라 오르면서 소생과 조화의 꽃들을 피운다고 생각하고 차크라들을 꽃잎으로 묘사하였다. 이러한 사실은 현대인들이 잃어버린 고대의 생명에 관한 지식이다. 개천문하여 공기를 제대로 받아들이고 폐지호하여 하부의 생명수를 상승시키며 물과 공기로 생기있는 몸, 생명을 창조하는 것이다. 이처럼 인체가 생명체다 보니, 생명의 두 조건인 물과 공기의 영향이 무척 크다. 호흡수행이 얼마나 중요하고도 이상적인 방법인지는 말로 다할 수 없다. 직접 실천하면서 하늘의 공기와 땅의 물을 자신 속에 끌어들여 보아야 그 진가를 알 수 있을 것이다. 겨울나무가 봄이 되어 물이 오르면 생기로워지고 여름의 양기가 가을의 청정한 공기를 얻으면 무척 장엄해진다.

말이 나온 김에 동양에서 중시하는 세 가지를 모두 말하고자 한다.

풍수와 더불어 사주四柱와 인사人事이다. 동양은 고래로 천지인天地人을 중시하였다. 풍수가 그중 터로서 지리地理라면 사주는 천문天文이다. 사주는 네 기둥이란 말로 년월일시年月日時이다.

사주가 왜 천문이냐 하면, 년은 별이 돌아가는 일년이요, 월은 달이 돌아가는 한 달이며, 일은 태양이 돌아가는 하루이다. 그리고 시는 하루를 12등분으로 세분한 것이다. 별과 달과 태양의 이동이 사주이다. 그래서 천문인 것이다. 이 사주도 역시 인간운명과 부귀빈천에 지나치게 치중하면서 술術이 되었다. 그러나 풍수나 인사는 사람이 여기저기 살고 이런저런 일과 관계를 맺어 파악하기가 어렵지만, 천문은 변함이 없어 상대를 파악하는 좋은 자료가 되고 운명을 보기에 용이하여 결혼할 때 사주단자를 보내는 풍습이 생겨났다. 천문과 지리보다 더 중요한 것이 사실 인사人事이다. 인人에서 제일 중요한 것은 위位이다. 『주역』 계사전에서 공자는 천지지대덕 왈생(天地之大德 曰生)이요, 성인지대보 왈위(聖人之大寶 曰位)라고 하였다. 천지의 큰 덕은 생함에 있고 성인의 보배는 자리에 있다는 것이다. 유교는 '인仁은 인야人也'라고 할 정도로 사람 사이의 관계를 중시한다. 인仁의 한자를 보면 두 사람이란 말이고, 인人이란 한자도 2개가 맞대어져 있는 모습이다.

관계를 말한다. 유교의 삼강오륜이 모두 이 관계이다. 이런 인간관계에서 유교는 위位를 지킴을 최고의 덕목으로 삼았다. 그래서 유교의 처세법을 소위素位라고 한다. 소박하게 위치를 지킨다는 말로 알기 쉽게 얘기하면 분수를 지킨다는 말이다. 임금은 임금답게, 신하는 신하답게, 아버지는 아버지답게, 아들은 아들답게 군군신신부부자자君君臣臣父父子子이다. 이것이 잘못되어 "이 분수를 모르는 놈" 하면서 핍박하기도 하여 "관아의 형벌보다 도리로써 사람을 핍박함이 더 무섭다."라는 질타가 조선 후기 실학자들에 의해 제기되곤 하였다.

아무튼 인간관계에서 자리는 제일 중요한 것이 되었다.

쌍둥이가 태어나면 사주가 같다. 그중 누구를 형으로 하느냐에 따라 형이 된 자와 동생이 된 자는 많은 차이를 자리 때문에 가지게 된다. 오죽했으면 '장남으로 불굴의 인물은 모택동밖에 없다'라는 말이 있겠는가. 차남들은 동서양 할 것 없이 혁명적이고 현실개혁적이라고 한다. 우리나라에도 '자리가 사람을 만든다'는 속담이 있고 중국에서는 꽌시(關係)를 중시하는 생활방식이 만연한데 모두 이러한 배경의 영향이라고 할 수 있다. 운명과 생기와 관계의 중요성을 사주천문, 풍수지리, 처세인사로 드러낸 것이다. 상통천문 하통지리 중통인사(上通天文 下通地理 中通人事)라는 삼통三通이 이를 잘 대변해 준다.

하통지리는 상통천문과 세트로 하달지리下達地理라고도 한다.

이 중에서 뭐니뭐니해도 사람이 제일 무서워 중통인사가 제일 어렵다. '열 길 물속은 알아도 한 길 사람 속은 모른다'라는 말이 있지 않은가. 고스톱을 쳐보면 처음에 자신이 일곱 장을 들게 된다. 이것이 사주 중에서 타고난 팔자로 자신의 격국이다. 그것은 이미 손에 쥐어져 정해져 있다. 바닥에 깔린 6장은 풍수이다. 그리고 대운이 있는데 소위 뒷패이다. 뒤따라오는 운세로 인사이다. 손에 아무리 좋은 걸 쥐어도 바닥이 응해야 하고 뒷패가 착착 호응해 주어야 한다. 그런데 고스톱을 치는데 이 세 가지보다 더 중요한 것이 있다. 자신이 순간순간 잘 선택하는 기술이다. 그 선택으로 인해 판이 가장 큰 영향을 받는다.

손에 든 것도 바닥에 깔린 것도 뒷패도 아니라, 자신의 선택능력이 가장 판의 승패와 길흉화복을 좌우한다. 이 선택이 바로 그때그때 경계를 대해서 마음을 쓰는 것이다.

그러므로 마음이 제일 중요하다. 고스톱 판을 보면 누구나 잘 알지만, 정작 자신의 인생에서는 자신의 마음을 잘 쓰는 것이 제일 중요한 것임을 잊는 경우가 많아서 조상 탓·외부 탓 등을 하기가 일쑤이다. 고스톱 판을 벗어나서 수행으로 돌아가 설명을 마무리하자.

수행의 요결

수행 시에 호흡을 관하든 무엇을 관하든, 중요한 것이 또 하나 있다. 우리는 인생을 살면서 방향과 속도의 문제를 안고 있는 경우가 많다. 자신의 삶에서 지속적으로 고苦가 발생한다면, 이 방향과 속도에 문제가 있으니 조절할 필요가 있다. 올바른 방향과 속도를 알려면 일단 멈춰야 한다. 멈춰라, 이것이 수행의 요결이다. 일상생활에서는 마음을 잘 쓰는 것이 중요하지만, 좌선에서는 마음을 안 쓰는 것이 잘 쓰는 것이다. 있는 그대로 가만히 있는 것!

이것은 현재를, 지금을 100%로 수용하고 벗어나려 하지 않는 것이다. 생활 시에는 어렵지만 좌선 시에는 가능하다. 그러므로 좌선하라. 만일 누가 좌선하다가 간 부위가 빠근하여 아픔이 느껴지면 자신도 모르게 개선하려고 한다.

이것을 하지 말아야 한다. 다른 곳으로 가려고 하지 말아야 한다. 지향성志向性을 막고 판단중지한 채로 그냥 마음을 놓고 지켜보기만 해야 한다. 그러면 상황이 바뀌어 가고 바뀌어 가는 상황에 따라 역시 그대로 수용한다. 수용이 관조가 되게 하여야 한다. 물론 다리가 지나치게 저리거나 또 억지로 견디어야 하는 상황들이면 그에 맞게 조금씩 움직여 개선하거나 또는 충분히 쉬고 다시 시작하는 것이 좋다. 그러나 어느 정도 괜찮은 것 같으면 그 현재에 가만히 있는 것이 좋다. 그러면 차츰 시간이 흐르면서 향상도 깊어간다. 관觀이 이루어질 때쯤 되면 사실 반은 이루어진 것으로 반각半覺이다. 반은 해탈한 것으로 반해탈半解脫이다. 앉아 있을 때에는 만 년을 앉아 있는다는 마음으로 앉아 있는 현재와 하나가 되어야 한다. 숨이 자신의 원천이며 순수한 자기라고 생각하고 추호도 바깥을 쫓지 말고 묵묵히 머물러야 한다. 자신의 몸이 한 덩어리 단세포라고 생각하고 그 안을 오르고 내리는 숨의 단순한 흐름에 자신의 진화를 맡겨야 한다. 숨은 태초의 힘이다. 이 지상에 생명이 없다가 탄소의 종합성과 유연성으로 말미암아 물질에서 생명이 생겼다. 과학적으로 보면 탄소가 물질과 생명의 경계인 셈이다. 다른 경우도 있지만 탄소가 주류라 탄소유기물 존재유무는 생명탄생의 척도가 된다.

생명체의 최소 단위인 세포는 놀랍다. 생명의 특징인 자기복제·대사·진화라는 놀라운 일이 일어나는 곳으로 전기가 무선으로 공중 전송되는 최첨단 도시이며 모든 화합물을 자유자재로 양산해내는 신비로운 화학공장이다. 그리고 수없이 복제한 자신들로 풀, 나무, 벌레, 동물, 새, 인간이라는 모든 생명체를 지어내니 그저 놀라울 뿐이다. 인간은 여러 단세포들이 모여 만들어진 다세포국가이다. 마치 여러 주州가 모여 거대한 미합중국이라는 초강대국을 만들듯이, 여러 방식으로 다양하고 거대한 생명체를 창조한다. 단백질처럼 집짓기의 명수가 세포이다. 눈을 떠서 보면 얼마나 많은 생명들이 있는가.

그들이 모두 세포로 인해 이룩된 경이로운 풍경이다.

세포의 탄생실험은 밀러라는 과학자에 의해 재현되었는데, 원시 지구의 환경을 플라스크 속에 재현하여 세포발생을 증명하였다. 실험 장치에 대해 설명하자면 투입된 기체들은 원시 대기를 이루고 있었을 것으로 추정되는 것들이고, 전기 방전은 에너지를 주는 역할로 지구로 따지면 번개 정도에 해당하였다. 그리고 물은 원시 지구의 바다에 해당하며 끓을 때는 화산활동 등의 영향을 받는 것으로, 냉각 장치를 통과했을 때는 비가 내린 것에 해당된다.

밀러는 이 사이클을 만들고 밀폐시킨 뒤 일주일 간 물을 끓여 순환시켰다. 그 결과 생체를 이루는 유기 분자가 탄생하는 것을 보았다. 그런데 문제는 세포가 생겨났으나 더 이상 고등 생명체로 진화하지 않는다는 것이었다. 그래서 과학자들은 화학적인 면보다 세포 내 운동이라는 물리적 측면에 주목하였다. 물리적 측면은 해와 달의 순환 등 자연계의 일체 운동들이 세포진화에 영향을 미친다고도 볼 수 있으므로, 세포에 의해 만들어진 생명체들에게는 각각의 정도에 따라 천지일월과 자연의 흐름이 새겨질 수밖에 없다. 물리, 화학이 총동원되어 생태환경이 생겨나고 생물체가 태어나고 진화한 것이다. 생물교과서의 등장이다. 우리의 몸도 이러한 오랜 과정으로 건립되었다. 물론 여인들은 이 진화 과정을 불과 10개월 만에 완성해내는 불가사의한 능력을 지녔지만 말이다. 이 능력은 너무나도 놀랍고도 중요하여 우스갯소리로 여성들이 온갖 카오스 짓을 해도 인류를 위해 어지간하면 이해해주어야 한다. 이렇게 중요한 우리 몸 안의 세포가 건강해지는 비결이 바로 이 세포 내 대사호흡인데 이것을 아주 쉽게 촉진하는 것이 바로 운동과 호흡법이다. 수행 시에 자신 전체를 태초의 단세포로 여기고 그 안의 상방하방운동, 호흡에 충실하라. 호흡은 단순한 숨이 아니다. 지금 내 몸에 흐르고 있다고 해서 비단 현재의 기운이 아니다.

그것은 내 몸에 지금도 면면히 흐르고 있는 태초의 힘이요, 고대의 기운이다. 이 태초의 힘과 고대의 기운을 일으켜 육대도시 안이비설신의를 멸망시켜라. 그리하면 근본이 드러날 것이다.

우리들은 너무 안이비설신의의 편리함에 중독되었고, 그들에 의한 경험이란 재산을 지키기에 급급하다. 온실 속의 화초처럼, 도시 속의 일상처럼 야생을 잃어버렸다. 자유를 잃어버렸다.

업과 상대성이론

무엇이 자유를 구속하는가?

우리의 경험이다. 불교에서는 업業이라고 한다.

흔히 습관이라고도 하지만 업습이라는 표현이 더 정확할 것이다. 업을 부정적 개념이라고만 여기는데 물론 그런 면이 많다. 그러나 죄와는 다르다. 업은 까르마, 즉 행위라는 말로 경험의 축적이다. 직업이라는 말에 사용되는 것을 보면 잘 알 수 있다. 물리학에서는 관성의 법칙이며, 작용 반작용의 법칙이다. 과학과 불교의 사상변화 흐름은 유사점이 많다.

질량보존의 법칙은 부증불감不曾不減과, 에너지법칙은 색즉시공 공즉시색(色卽是空 空卽是色)과 통하며, 우주의 탄생과 소멸도 불교의 성주괴공成住壞空과 같다. 또 과학은 뉴턴의 중력법칙에서 아인슈타인의 상대성이론으로, 상대성이론에서 양자역학으로 변천되는데, 서로 끌어당기는 만유인력은 인연법이며 아인슈타인의 상대성이론은 연기법이다. 연기를 설명한 부처님 말씀에 "이것이 있으므로 저것이 있고 저것이 있으므로 이것이 있다. 이것이 멸하므로 저것이 멸하고 저것이 멸하므로 이것이 멸한다."라는 말이 있는데 서로 상대적이며 상의적相

依的이란 말이다. 과학의 주제도 시간과 공간인데 아인슈타인 이전에는 시간과 공간이 절대시간·절대공간으로 인식되었다. 그러나 아인슈타인은 특수상대성원리에서 시간과 거리가 상대적인 것을 제시하였다. 원리는 간단하지만 당시에는 대다수의 사람들이 이해하기가 어려웠다. 아인슈타인 본인도 처음부터 수학적으로 계산하여 상대성이론을 안 것이 아니라, 뉴턴이나 데카르트처럼 직감과 영감에 의해 큰 줄기를 알아차렸다고 보는 것이 더 설득력이 있다. 실제로 가장 아름다운 방정식이라는 상대성이론의 수학적 공식은 후에 수학자의 도움으로 완성된다. 상대성이론에 대해 개괄적으로 살펴보면 〈거리=속도×시간〉인데, 광속도가 불변이므로 시간의 변화에 따라 거리가 변한다. 달리는 기차 안에서 레이저를 쏘면 기차 안에서 천장으로 곧게 쏘아지는 빛이라도, 기차 바깥에서는 대각선으로 빛이 보이므로 광선거리가 길어 보인다. 그러므로 기차 안과 기차 바깥의 레이저 거리는 달라진다.

레이저 광속도는 일정하므로 기차 바깥은 시간이 더 가야 거리가 늘어난다. 반대로 기차 안의 시간이 덜 간 것이다. 동일한 장소와 시간대에서 달리는 기차속도에 의해 기차 안과 기차 바깥의 시간이 달라지는 것이다.

아인슈타인의 상대성이론에서는 이와 같이 각각 시간과 공간의 상대성이 발생한다. 상대성이론의 기준이 되는 것은 오히려 광속도 불변의 법칙이니, 절대불변과 상대 사이의 미묘한 현상이 상대성이론인 셈이다. 이상이 특수상대성이론이고 여기에다 중력의 작용까지 더해지면 일반상대성이론이 되게 된다. 속도가 빨라지거나 중력이 강해지면 시간이 느리게 가게 된다. 그래서 영화에서 사람을 가운데 두고 주변 오디오판 같은 장치가 아주 빠르게 회전하며 돌아가는 장면이 나오는 것이다. 아인슈타인의 상대성이론은 시간지연과 거리 단축으로 귀결되어 똘똘 뭉쳐지므로 블랙홀이 이론적으로 생기게 되는데, 실제로 후에 블랙홀이 관측되었고 이제는 일반적인 지식이 되었다.

우리가 보는 우주는 상대적으로 벌려진 것이다. 별들과 블랙홀로 대별되는 음양의 세계로 플러스와 마이너스가 굽이치며 상생 상극하는 곳이다. 호킹 박사의 『시간은 항상 미래로 흐르는가』라는 책이 있다. 그 책에서 보이듯이 과학에서도 철학이나 종교에서처럼 시공이 중요 문제이고 우주론의 핵심이다. 절대적으로 고정되어 있다고 여긴 시공이 상대적 가변성을 지닌 것임을 물리적, 수학적으로 알아낸 것이 이 상대성이론이다. 이는 존재가 상대적으로 존재한다는 불교의 연기법과 일맥상통한다. 그리고 불교처럼 근대물리학도 수렴과 선정의 극치인 블랙홀로 달려갔다. 둘 다 이성을 사용하여 세계와 현상을 보기 때문인지 그 흐름이 유사하다. 17세기부터 물리학자들은 거시적 현상을 기술하기 위하여 고전역학을 발전시켜 왔다.

이러한 물리학을 일반적으로 뉴턴 물리학이라고 하며, 뉴턴 물리학과 상대성이론을 합쳐서 고전역학이라고 한다. 고전역학은 인과법칙을 따르고 우연성을 배제한다. 그러나 이런 거시적 해석이 물체의 속도가 빛의 속도에 가까울 때의 현상을 설명할 수 없었다. 속도차가 문제다.

외부의 거시세계와 행성과 행성 간의 물리법칙을 다루는 고전역학에서는 행성의 궤도나 위치가 일정하여 예측가능하다. 그러나 원자

안에서는 엄청난 속도로 상호작용이 진행되므로, 우리들의 세계에서 일어나기 어려운 행성의 위치와 궤도이탈 같은 일도 쉽게 일어난다.

양자역학量子力學이란 띄엄띄엄 떨어진 양으로 있는 것이 이러저러한 힘을 받으면 어떤 운동을 하게 되는지를 밝히는 이론이다. 주로 원자, 분자, 소립자 등의 미시적 대상에 적용되어 그들의 운동과 위치를 잘 설명해 주었다. 그러나 거시적 현상에 보편적으로 적용되는 고전역학과는 상반되는 부분이 많다. 고전역학은 현재의 상태를 정확하게 알고 있다면, 미래의 어느 순간에 어떤 사건이 일어날지를 정확하게 예측할 수 있다는 결정론적 입장을 취한다. 반면에 양자역학은 고전역학과 달리 확률론적 입장을 취한다. 확률론적 입장은 비록 현재 상태에 대하여 정확하게 알 수 있더라도, 미래에 일어나는 사실을 정확하게 예측하는 것은 불가능하다는 입장이다. 원자핵 주변을 전자가 행성처럼 돌지만 태양 주변을 도는 행성의 법칙으로 그대로 다 설명이 되지 않는다. 지구가 자전하면서 태양 주위를 돌듯이 전자도 스핀을 하면서 원자핵 주위를 도는데, 차이점은 거시세계에서는 거시물리법칙이 딱딱 맞아 떨어지지만 원자세계에서는 값의 차이와 오류가 발생하고 양자역학에 입각한 확률적 설명이 가능하다는 점이다.

확률 하면 주사위 놀이가 생각난다. 그래서 아인슈타인은 "신은 주사위 놀이를 하지 않는다."는 말로 자신의 견해를 피력했지만, 결국 양자역학을 인정할 수밖에 없었다. 뉴턴과 아인슈타인을 함께 묶으면 붓다의 사고방식이라 해도 과언이 아니다. 우리는 물체끼리 서로 밀치고 끌어당기는 것을 보지 못한다. 아니 보지 못한다기보다 그렇게 생각하지 못한다. 그 사이에 힘이 작용하고 있다고 생각지 않는다.

남녀가 서로 끌려도 자연히 그렇게 끌리는 거라고만 여기지 인因과 연緣이 당긴다고 생각지 않는다. 너무 일상사라 그런지 주의 깊은 통찰을 하지 않는다. 사과가 떨어지면 떨어지나 보다 하고 여기지, 중력이 있다고 여기지 않는 것처럼 말이다.

붓다는 인연이 법의 속성이라고 여겼고 상대적이라고 보았다. 그리고 과학자들은 인연의 가격과 상대성의 값을 정확히 매겼다. 이러한 차이는, 붓다가 정신을 사용하여 몸이라는 세계를 관찰하는 수행의 방식으로 접근했기 때문이고, 과학자들은 수학과 물리법칙으로 설명했기 때문이다. 지금 과학은 거의 법의 탐구 수준이며 형이상학의 성격을 띤다. 왜냐하면 극히 미세하고 궁극적인 세계에 대한 탐구는 실제 관측과 실험이 용이하지 않기 때문에 자연스럽게 수학에 의지한 이론 물리학으로 되어질 수밖에 없기 때문이다. 시간과 공간의 경우와 미시영역의 규명에서는 더욱 이런 경향이 짙어진다. 그래도 과학은 관측장비를 발달시키며 지금 수준에서 가능한 만큼 증명을 해 나가고 있다. 좋은 자세이다. 그러나 일반인들에게는 이런 고도화된 장비와 어려운 수식數式은 너무나 먼 이야기다. 그래서 붓다의 자기 관찰법이 보통사람에게는 훨씬 접근하기 좋은 현실적인 방법이다. 현대물리학의 대화두인 시간과 공간에 대해서 좀 더 개인의 입장에서 얘기해보자.

시간과 공간

개인에게서 시공을 가름하는 일은 아이러니하게도 눈을 깜박이는 단순한 일이다. 눈을 뜨면 우리는 공간을 느낀다. 그러나 눈을 감으면 곧바로 공간을 잃는다. 보통사람들이 주의 깊게 관찰하지 않아서 그렇지, 눈의 깜박임은 이처럼 시공을 가름하는 큰일이다.

시공 이야기가 나온 김에 남녀의 시공감각에 대해서 말해보자.

남자는 여성에 비해 공간지각력이 좋고, 여성들은 남자들에 비해 과거·현재·미래로 왔다갔다 하는 시간감각에 충실하다. 남자는 동물같아 시각에 주로 의지하며 현재공간을 활보하고, 여자는 청각에 주로 의지하며 눈이 없는 식물같이 공간을 다니기보다 한 자리에 뿌리박고 나무처럼 종적으로 뻗어간다. 그래서 과거를 잘 추억하고 기억하며 미래의 자식들에게 매진한다. 마치 이집트 왕들이 현재의 모든 권력과 재화와 인력을 모아 영생과 내세를 위한 피라미드를 짓는 것처럼 말이다. 반대로 남자는 그리스 신화처럼 현세적으로 현재공간의 횡적인 삶에 충실하다. 동물이 공간을 다니며 현재의 공간에 영역표시를 중시하듯이 말이다. 눈이 필요한 경우는 빛이 있는 낮이고, 청각이 더 필요한 경우는 어두운 밤이다. 눈을 떠서 현재공간을 느끼는 것은 누구나 쉽게 알 수 있지만, 눈을 감을 때 공간을 잃고 시간에 몰입되는 것을 보기에는 다소의 관찰이 필요하다. 결론적으로 이야기하면 공간을 잃었으니 시간의 흐름으로 인지할 수밖에 없다. 하루를 생각없이 쉽게 흘려보내서 그렇지, 직접 눈을 감고 있어 보면 곧 알 수 있다. 실제로 밤이 되면 우리는 타임머신을 탈 수가 있다. 꿈속에서 말이다. 그리고 꿈이 아니더라도 자고 일어나면 이집트 신화의 밤의 신, 오시리스처럼 우리 신체가 다시 생기를 회복하여 예전처럼 재생되는 것에서도 타임머신 효과를 누리는 셈이다. 사실 근본적으로 보면 시간과 공간은 같은 것이다.

어디에서 어디로 갈려면 시간이 걸린다. 어디에서 어디로 가는데 시간이 걸리지 않는 경우는 두 가지이다. 공간이 완전히 하나이든지, 또 불가사의한 속도로 거리를 가서 시간소비가 제로이든지 하는 경우이다. 불교적으로 말하면 선정삼매이며, 과학적으로 말하면 블랙홀을 넘어 빅뱅 이전일 것이다. 시간은 움직임으로 발생하는 것이다. 불교적으로 말하면 행行에 의해 생기는 것이다. 그 시작점이 빅뱅이라고 해도 좋고 초음初音이라고 해도 좋다. 근원이라 부르든 적정이라 부르든, 일단 움직이고 나면 분리되어 결핍이 만들어진다. 그리고 다시 이 결핍을 보완하기 위해 운동하고 시간이 흐르면서 주기를 이루어, 상황에 따라 그에 맞는 합일이 성취된다.

모든 물질과 생명은 정도에 따라 결핍을 가지고 있고, 결핍의 정도에 따라 조화의 시간과 주기가 필요하다. 윤회와 주기는 결핍을 메우기 위해 이루어지는 원운동이다. 여름이 6개월이 지나야 겨울을 얻어 한 주기를 이루듯이 말이다. 결핍의 정도가 심한 존재는 근본으로 돌아가고 합일을 이루는데 오랜 여정과 주기반복이 필요하고, 결핍의 정도가 적은 존재는 그보다 짧은 시간과 주기가 필요하다. 개개의 상황마다 모두 다르다. 인간의 일신 안에서도 물질적인 육체는 더 결핍이 깊고, 정신은 근본으로 돌아가는데 시간이 적게 걸린다. 그래서 우리의 정신은 먼저 근본과 계합하는 깨달음을 성취할 수 있지만, 설사 정신이 깨달아도 육체의 복본複本은 아직 완수되지 않아 그 나름의 윤회와 생사를 수명 속에서 여전히 겪게 된다. 정신은 천상을 갈 수 있어도 육체는 죽고 나서 요즘은 화장터로 가니 일단은 화염지옥부터 겪어야 한다. 물질의 기나긴 여정의 시작이다.

고개를 들어 하늘을 보고 땅을 보라. 누가 천상이 없고 지옥이 없다고 했는가? 위아래에 엄연히 존재하고 인간계에서 영화를 누리던 육체는 신분상승한 지상궁전에서의 삶을 다하고 다시 땅으로 돌아간다. 누가 윤회가 없다고 했는가? 온갖 주기들이 이렇게 돌고 있거늘. 물론 육체와 물질들도 이 주기와 윤회 속에서 향상일로를 가면 모두 나중에는 보다 높은 존재로 변모되어 진리의 고향으로 돌아갈 수 있다. 자신의 결핍을 보완하는 긴 순례를 거치면서 말이다.

옛사람들은 자신을 자아라고만 생각하지 않았다. 자신에게 붙어있는 육신이 죽어 땅에 떨어지면 지옥에 간 것이며 또 자신이 지옥에 간 것처럼 여겼다. '백골이 진토 되어 넋이라도 있고 없고'라는 시조도 있고, 혼백魂魄이라는 말도 함께 붙여 사용하였다. 이기적인 자아가 아니라 천지간에서 와서 임종 시에 천지로 흩어지는 혼백을 자신으로 여겼던 것이다. 그런 의미에서 고대인들의 자신은 현대인보다 범위가 넓었다. 하늘, 땅 모두가 자신의 몸인 것처럼 행동하였다. 지금 현대인들은 오히려 자신에게 다가온 천지가 벌리고 간 일들의 기억만을 단지 자신으로 삼는다. 이 얼마나 스스로를 좁힌 모습인가. 녹음테이프나 디스크, USB만을 자신으로 삼다니 말이다.

알고 보면 천지는 인간에게로 와서 조화를 성취하고 그 와중에 근본으로 향해 가다 임종을 맞이하면, 더 이상의 구제는 그치고 아직 구제되지 못한 음양의 기운 즉 정신과 육체는 천지로 돌아가 심판받고 다시 자신을 섭수할 생명의 문이 설 때를 기약한다.

이러한 여정을 반복한다. 근본에 이를 때까지 말이다.

지구의 하늘과 땅은 물과 공기 그리고 그 속에서 탄생하는 생명체가 있어 다른 행성보다는 훨씬 조화롭지만, 신국에 이르려면 아직 더 조화를 필요로 한다. 여러 신화에서 이러한 신의 나라에 이르는 이야기가 나온다. 땅에 매인 인간들에게 신국은 천국으로 묘사되었다. 그러나 자세히 보면 지구의 하늘은 땅만큼이나 부조화가 아직은 많다.

지구의 땅과 하늘은 지구의 음양으로 음이 나빠지면 양도 나빠지며 양이 좋아지면 음도 좋아진다. 가뭄과 홍수 그리고 지진과 사막, 북극 등 지구의 하늘과 땅은 부조화가 많다. 조화롭기만 했으면 우순풍조민안락雨順風調民安樂을 왜 그렇게 기원했겠는가. 봄·여름·가을·겨울의 하늘과 땅을 보면 잘 알 수가 있다.

이러한 지구의 하늘과 땅이 다시 조화의 길을 가서 천지간에 생명을 만들고 인간을 만들었다. 만들어진 생명과 인간들도 아직은 결함이 많고 더 조화를 이루어야 한다. 아직 지구와 지구음양은 조화의 길을 가야 하는데, 그 여정에서 가장 앞선 존재가 식물성과 동물성을 함께 갖추고 지성을 가진 인간이다.

인간이 가장 특별하지만 아직 인간도 조화를 향해서 더 나아가야 하고, 이 조화의 여정이 바로 수행이 되었다. 성리학에서 인간의 본성과 자연의 이치는 같다고 보았으나, 조선조 오백년을 보내면서 군자는 보이지 않고 양반들의 횡포만 보였다. 그래서 나중에 실학에서는 "인간의 본성이 어찌 저 떳떳한 자연의 이치와 같을 수가 있겠는가?" "천리天理는 명명지상冥冥之上이요 인성人性은 졸도卒徒이다."라고 하며 인간의 성性을 격하하였다. 자연히 하늘이 존중되고 인간은 따라가는 존재가 되었으니, 서학인 천주교가 들어왔을 때 쉽게 받아들여졌다.

이미 유교 내에서 사상변화가 일어나며 시대전환을 할 준비를 하고 있었다. 이처럼 아직 인간은 더욱더 조화로 향해 나아가야 하는 부족한 존재이다. 그래도 이 지상에서는 나름 가장 조화로운 존재로, 아직 자신보다 부조화가 심한 천지와 만물을 자신을 더 조화시키는 수행을 통해 조화로 성숙되게 해야 한다. 외경에 팔리고 욕망에 팔리고 이기심에 중독되어 횡포만 부리는 폭군처럼 된다면 조선조 양반의 질타를 만생명에게 받을 것이다. 그리고 스스로를 자책하여 스스로를 궤멸시킬 것이다. 이것은 인간의 의무를 저버리는 것이다.

지금 지상을 좌지우지하는 인간에게 필요한 것은 왕도정치이다. 인간의 몸은 천지물질이 근본으로 돌아가는 여정으로 만들어진 금자탑이요, 자유로自由路이며 길상초이다. 구원의 장치요, 문이요, 시스템이며, 상구보리 하화중생의 보살의 몸 그대로이다. 그에게 천지가 녹아들며 신성으로 향해 간다. 존재의 입장에서는 신의 나라로 들어가는 게이트가 인간의 모습을 하고 셈이다. 인간뿐만 아니라 천지기운이 조화와 합일의 길을 걸어가며 나타내는 천지간의 모든 생명체도 나름 결핍을 보완해 가면서 이룩되는 땅에서 피어나는 푸른 오로라이다. 자신이 지금 그 현장에 서 있음을 느껴야 한다. 이 거대한 역사는 근원에 이를 때까지 멈추지 않고 도도하게 흐를 것이다. 지구가 아니면 다른 곳에서 다시 시작될 것이다. 지금 인간에게 그 미션이 주어져 있다. 그리고 그 미션의 화룡점정은 마음을 돌이켜 깨달음의 문을 여는 것이다. 그래야 승천이 일어난다. 연기만 나는 것이 아니라 불이 붙어야 나머지 나무들이 모두 불로 변해갈 수 있다. 젖은 나무는 할 수 없지만 말이다.

움직임이란 다가가는 것이기도 하고 멀어지는 것이기도 하다. 다가가지도 멀어지려고도 하지 않으면 시간은 필요치 않다. 시간은 의미가 없어지는 것이다. 문제는 이미 분리의 길을 따라 결핍에 빠진 존재는 자신을 보완하고 자기를 완성하기 위해 무의식적으로 움직일 수밖에 없다는 것이다. 남녀를 보면 잘 알 수가 있다.

그러나 비록 분리에 의한 결핍을 가졌지만 자신을 포함하여 모든 존재의 내면에 뿌리처럼 존재하는 근본의 방식을 마음이 받아들여 향함을 버린다면, 마음은 진리와 일체가 되고 꽃이 만개하듯이 깨달음의 문을 활짝 펼치게 된다. 그리고 자신의 육체와 지상생명과 우주물질을 근본으로 들어가게 하는 문이 되어 준다. 에덴동산으로 돌아가는 것이며 쉴 만한 물가, 아니 비로소 쉴 수 있는 물가로 가는 셈이다.

그러나 이런 일은 쉬운 것이 아니다. 우리의 마음은 내면의 근본으로 들어가기보다 육체로, 세상으로, 경계로, 줄줄이 자신의 에너지와 촉수를 뻗기 때문이다. 상대와 상대의 운동 때문에 시간이 생긴다. 우리는 과정의 일시조화요, 번개합일을 주는 주기에 다만 만족하며 재생하고 윤회하며 살아간다. 윤회 속에서 먹고 사랑하고 자는 것을 반복하며 자신을 근근이 이어간다는 말이다. 시간과 주기의 순환 속을 쳇바퀴 치며 상대적 움직임의 정도에 따라, 속도에 따라 다시 생기는 시간차에 어리둥절해 하며 천라지망 같은 시간의 복잡한 사슬의 포로가 되어 생사에 끝없이 유전한다. 우리에게는 생사파동이지만 법의 눈으로 보면 분열과 수습일 따름이다.

이 우주가 근본으로 모두 되돌아가는 시간은 얼마일까?

그 주기와 윤회의 횟수는 얼마일까?

다만 명상에 들어 자신의 마음이 스스로를 돌이키기만 하면 바로 근본에 이르는 반신半神의 신비한 물건인 줄을 알아서 향함을 그치고, 시간의 사슬을 벗어나 진리로 날아가는 불사조가 되게 하는 것이 현명하다. 그리고 그것이 실제 진리의 문, 천국의 문을 여는 기적일 것이다. 마음을 왜 반신이라고 하느냐 하면, 근본을 바라보면 신이지만 육체를 바라보고 응하면 왕이 되기 때문이다. 진정한 야누스가 마음이다. 이런 존재라고 자칭했던 인물이 역사 속에 있는데 바로 이집트의 파라오이다. 파라오는 신의 대리자로 인간세상에서는 왕이 되어 통치한다. 지금 시대에 남아 있는 이런 관념은 티벳의 달라이 라마 제도이다. 고대 왕들을 보면 스스로 신이라 칭했지만, 세상과 섞여 권력 속에서 찌지고 볶으며 살거나 심지어 폭군이 되기도 한다. 마음도 이 같이 신의 뜻을 육체에 전하는 자가 아니라 육체와 합작죽작이 되어 타락하기 일쑤이다. 자연히 육체에 응해 타락하고 폭군이 된 마음을 보고, 우리들은 마음을 불완전한 오염된 존재로 규정한다. 그러나 마음은 육체에 매여 분탕질만 하는 왕만이 아니라 자유로운 신이기도 하다. 심즉불心卽佛인 것이다. 우리들은 빅뱅 이후, 곧 선정이 깨어진 이후의 생멸세계에 살고 있으므로, 시공일체의 불멸의 세계는 아직은 환상경이다. 특히나 이미 말한 대로 우리 안에는 정신부터 육체까지 질이 다른 많은 존재들이 함께하여 한쪽에서는 근본으로 향하고 한쪽에서는 주기를 따라 재생되고, 다른 한쪽은 나락으로 향하며 근본에서 더 멀어지기도 한다. 그야말로 전쟁터 수준이다.

심리적으로 거리감을 못 느끼는 경우는 친밀할 때이다. 대표적인 것이 사랑이다. 찾아 헤매던 상대가 가까이 오고 또 하나가 되니,

거리감뿐만 아니라 시간도 잊는다. 그때 잠시 근본을 느끼고 다시 재생된다. 비록 생사, 윤회, 주기상의 합일이지만 그래도 나름 근본을 느끼게 하고 시공의 초월이 무엇인지 어렴풋이 알게 한다. 그래서 그것을 위해서는 목숨마저 버린다. 무모한 일 같지만 시공초월과 근본합일의 경험이 목숨을 별것 아닌 것으로 여기게 하기 때문이다.

아침에 도를 들으면 저녁에 죽어도 좋다고 하지 않던가.

『천자문』에 좌조문도 수공평장(坐朝問道 垂拱平章)이라는 말이 나온다. 조정에 나아가 도리를 묻고 팔짱을 끼고 소매를 늘어뜨린 채 밝게 다스린다는 말인데, 왕이 바른 정사의 도리를 묻고 그것에 의지한 채 초상화처럼 팔짱을 끼고 옷소매를 늘어뜨리고만 있어도 천하가 다 평온하고 밝게 다스려지는 이상적인 상황을 표현한 문장이다.

천자문 앞뒤의 구절을 보면 이런 유교적 해석이 지당하지만, 나는 글귀가 너무 아까워 빌어 와 다르게 해석한다. 좌조문도坐朝問道는 아침에 단정히 앉아서 도를 묻는다로, 수공평장垂拱平章은 참선자세인 손을 모으고 소매를 늘어뜨린 채 평온과 밝은 관조가 동시에 이루어지고 있는 이상적인 모습에 갖다 붙인다. 좌조문도의 단아한 자세로 스스로에게 시공을 물어보라. 근본을 쳐다보라. 공간이동에 시간이 걸리는 우리들의 세계에서는 공간과 공간은 시간방정식으로 환원될 수가 있다. 물론 속도라는 변수가 있어 속도에 따라 시간이 달라진다. 즉 시공에 있어 중요한 요건이 속도라는 것이다.

같은 거리라도 가는 데 물질은 둔하여 많은 시간이 걸릴 것이고 정신은 좀 더 빠를 것이다. 물리학에서는 광속도가 중요하고 기준이 된다. 아마도 후에는 시공합체방정식이 제대로 나와 시공이 통일될 것이다. 이런 작업들은 머리 좋은 과학자들이 할 일이고 머리 나쁜 우리들은 눈을 끊임없이 깜박이며 알아차려야 한다. 눈을 깜박이며 시공을 깨닫고 서로 눈을 맞추며 사랑을 이루어 계속계속 재생하며, 신의 나라로 뽀작뽀작 나아가야 한다.

아니면 눈을 감고 좌선을 통해 시간의 문을 지나 태초를 만나고 근본에 이르러야 한다. 밤이 되면, 눈을 감으면 공간이 퇴색되고 사라지며 대신 어둠 속 바람처럼 시간의 문이 열린다. 태곳적의 풍경 같은 눈을 이고 있는 산을 보라. 이처럼 육체를 입고 있는 자신산을 보라. 산을 덮은 태백설太白雪처럼 태초로부터 이어져 온 육설肉雪에 덮여 있다. 자신이 바로 설산이다. 명상 중에 들어보면 안은 고요한데 바깥은 바람이 부는 것을 느낄 수 있다. 선정블랙홀에 가까울수록 이런 현상은 더 심해진다. 자신은 정지하고 반대로 세상은 흘러가고 있다. 안에는 시간이 멈추어져 가고 밖에는 끊임없이 흘러간다. 강둑을 사이에 두고 물의 흐름과 대지의 고요가 대비를 이루듯, 몸의 둑을 경계로 육신 내외에서 정반대의 일이 벌어지고 있는 것이다.

예전 사람들이 외워댔던 국민교육헌장 첫 구절로 "우리는 민족중흥의 역사적 사명을 띠고 이 땅에 태어났다."가 있는데, 이처럼 태초로부터 흘러와 나의 몸이 된 생명이란 육설肉雪을 빛으로 중흥시키는 사명을 띠고 인간은 태어났다. 수행자의 수행헌장인 셈이다.

이집트 왕이 피라미드에 들어 시간을 거슬러 영생을 꿈꾸었듯이, 공간을 모으는 피라미드 자세인 명상자세를 취하고 시간의 문을 열어라. 그리고 육설을 덮어쓴 채 태초로 거슬러 가서 태고의 힘을 부활시켜 진화를 완성하라.

업에 대해 말하다가 옆길로 갔으니 다시 업에 대해서 살펴보자.

업은 행위이면서 동시에 행위하던 방향으로 계속 진행하려고 하는 속성이다. 즉 행위와 행위의 진행을 모두 포괄하는 말이다.

업의 문제점이 여기에 있는데 멈추려면 애를 써야 되고 마음의 범위와 방향을 한정하고 주도한다는 것이다.

좋은 예화가 있다.

산골 한 골짜기 긴 길을 두고 몇 집이 살고 있었다.

아래 두 집은 서로 인근에 있었고 위의 두 집은 조그만 절이었는데, 아래 두 집과도 제법 떨어진 높은 곳에서 서로서로끼리도 멀리 떨어져 있었다.

어느 날 아래 농장 주인이 개와 부인을 데리고 헐레벌떡 위의 먼저 있는 절로 찾아왔다.

스님이 물었다.

"어떻게 오셨습니까?"

농장 주인이 개를 거실에 들어오지 못하게 손사래를 치며

"고양이를 쫓아 왔습니다."

"아니 고양이는 왜요?"

"저의 토종닭을 15마리나 물어 죽여서요."

그러면서 물었다.

"검은 고양이인데 스님이 키우시는 것은 아니지유?"

"저는 짐승을 키우지 않는데요. 어째서 여기까지 왔어요?"

"그놈이 이리로 도망을 와서 개와 같이 추적해서 온 겁니다."

"개가 재빠른 고양이를 잡을 수 있나요? 그것도 야생고양이를?"

"잡어유, 아주 잘 잡어유."

개주인이 의기양양하게 말하였다.

"그럼 닭들을 못 잡게 개를 풀어놓으면 되잖아요."

농장 주인이 그런 소리 말라는 표정을 하고 바깥 개를 힐끗 보며 다시 손사래를 치며 말하였다.

"저놈이 이미 몇 마리 물어 죽였슈."

그리고 낮술 된 얼굴로 더 빙긋이 웃으며 말하였다.

"3일 전에 옆 펜션집에서 개 비명소리가 산천을 울리더라구요. 차타고 가다 지나치며 들었는데 같이 탄 옆 사람에게 저 집 개가 닭 잡아먹었네 했는데, 아니나 다를까 다음날 펜션 주인을 만났더니 닭 잡아먹어 개 두들겨 패는 소리였다고 했슈."

"아니 얼마나 닭을 잡아먹었기에 키우던 개를 산천이 울리도록 개패듯이 패요?"

농장 주인이 아주 묘괴妙怪한 웃음을 지으며 말하였다.

"60마리요."

"정말요?"

"그럼요."

"아니 이해가 안 되네요. 자기 먹을 것만 잡아먹던지 몇 마리만 죽이면 모를까 개가 왜 그랬대요?"

스님은 개가 미쳐서 그랬다는 소리 같은 것이 나올 줄 알고 답을 기다렸는데 뜻밖의 대답이 나왔다.

"습성이지유."

그리고 부연하였다.

"먹지도 않고 닭들 목만 물어 죽여 놨어유. 펜션 주인이 열 받을 만하지유. 키우던 개라 패죽이지는 못하고 죽어라 패는 거지유."

스님이 말하였다.

"그러게 말입니다. 개나 고양이나 물어 죽이는 습성 때문에 그렇게 맞고 또 개, 고양이끼리 추적하고 도망다니고… 낭패를 겪네요."

그러자 술 먹고 몽롱한 눈동자를 하고 농장 주인이 또 말하였다.

"다들 습성이 문제지유."

그리고 연이어 추적의 끈을 놓지 않고 말하였다.

"저 위의 스님께도 한번 가봐야겠어유. 갈 데는 거기 뿐이니껜."

이 이야기에서 보이듯이 불필요한데도 습習은 관성의 법칙처럼 작동하여 멈추지 못해, 자신을 곤경에 빠뜨리고 괴로움을 겪게 한다. 여기에다 멈추려면 애를 써야 되는 괴로움이 추가로 또 더해진다. 그러나 이 추가의 괴로움은 양면이 있다. 어리석은 사람이나 삼악도의 중생들은 업인 줄도 모르기 때문에 멈추어야 한다는 것도 잘 모른다. 그러므로 멈추려고 애쓰며 거기에서 발생하는 괴로움이라도 느끼는 것은 그래도 나은 셈인 것이다. 이런 까닭에 양면성을 지녔다고 하는 것이다.

"모르고 짓는 죄업보다 알고 짓는 죄업이 더 가볍다."고 부처님이 말씀하셨는데 얼핏 들으면 "어떻게 그럴 수가 있어!" 싶다. 그렇지만 죄업인 줄 모르면 업과 습의 속성상 멈추지 않고 계속하기 때문이다.

업에 대한 부처님의 명언이 또 하나 있는데 그냥 지나가며 소개한다.

어떤 사람이 부처님께 물었다.

"사후에는 어떠한 일을 겪게 됩니까?"

부처님이 말씀하셨다.

"업의 마중을 받는다."

촌철살인의 대답이다.

생을 떠나는 마당에 오히려 생전의 마중을 받는다니 '헐~' 하고 들리겠지만 인과가 판관이라는 말씀이다.

업은 무거우면 선택의 여지를 박탈한다.

반대로 업이 가벼워지면 선택의 여지가 많아지고, 자율성이 높아져 업의 주도권이 생긴다. 흔히 우리가 악업이라고 부르는 것은 대체로 이 선택의 여지를 박탈하는 것으로 점점 자신의 운신의 폭을 좁힌다. 그리고 선업이란 선택의 여지를 높이고 행복감을 증대시키는 것이다. 그래서 선업을 쌓고 악업을 짓지 말라는 것이다. 전자는 구속으로 향해 가고 후자는 자유로 나아가게 한다. 업은 주식회사와 같다. 일정 이하의 지분이 되면 끌려다녀야 하고 일정 이상의 지분이 되면 주인이 된다.

그래서 망자가 악업이 많으면 자신의 의지와 상관없이 원하지 않는 곳으로 끌려가게 되고, 선업이 깊으면 자신이 원하는 곳으로 자율적으로 선택하며 주인이 되어 가게 된다. 우리의 생활에서도 역시 이러하다. 업은 이처럼 생전 사후에 한정에 의한 부자유와 구속이 발생하게 하므로, 업의 초탈은 생사해탈의 관건이 된다. 업을 통칭한 말이 경험이다. 육체적·심리적으로 안 좋은 경험이 있는 사람은 그 경험에 구속된다. 흔히들 외상 후 스트레스, 트라우마라고 말하는 것이다. 그러므로 자유를 위해서는 경험으로부터의 자유가 필요하다.

경험이 미치지 않는 영역이라야 진정한 프리 존, 자유의 영역이라고 할 만하다. 그런데 업에 양면성이 있다고 하듯이 경험 역시 양면이 있다. 그래서 경험을 벗어난다는 것은 마치 헤엄을 배워본 적이 없고 물을 본 적이 없는 사람이 바닷물을 만난 것과 같고, 열대지역의 사람이 시베리아에 선 경우이며, 산 자가 유령을 만난 격이다. 우리는 업을 부정하면서도 업으로 살고, 구속을 싫어하면서도 서로의 관계성을 중시한다. 소셜 네트워크의 만연만 보더라도 쉽게 알 수 있다.

무소의 뿔처럼 혼자서 갈 수는 없는가? 경험이 미칠 수 없는 곳에 도달할 방법은 없는가?

단도직입으로 말하면 경험을 버리거나 고요히 하면 된다. 정확히 말하면 경험을 없애는 것이 아니라, 경험으로부터 움직일 수 있는 마음을 빼내는 것이다. "우주의 장엄은 전자電子가 하는 것이다."라는 말이 있다. 별이 태어나 머물다가 나중에는 블랙홀이나 백색왜성으로 쪼그라드는데 이것은 겉모습이다. 다시 말해 양성자와 전자의 입장에서 보면 전자가 펼쳐졌다가, 양성자 가까이로 붙어가면 별이 쪼그라드는 것이다. 이 쪼그라듦이 극에 이른 것이 블랙홀인데, 이런 강력한 억압 속에서도 자유로운 존재가 있으니 중성미자이다. 심지어 모든 것이 움직일 수 없을 정도로 중력이 강한 빅뱅 이전에 빅뱅을 일으킨 존재가 혹시 이 중성미자가 아닐까 하고 생각하는 과학자들도 있다. 이처럼 경험의 지독한 블랙홀 속에서도 현실의 강력한 중력 속에서도 자유로운 존재가 마음이다. 그리고 그것은 그 경험과 현실마저 변화시킨다. 변화를 부르는 대효소가 마음이다. 그래서 경험으로부터 마음을 빼내는 작업은 자유의 시발작업이다. 운전을 해보면 스스로 기존의 방향을 바꾸고자 할 때나 외부 길의 변화로 방향을 바꿀 때, 자연히 브레이크를 밟고 핸들을 트는 경우가 대부분이다. 진행방향을 바꿀 때 하는 이 행동들은 업을 바꿀 때에도 역시 적용된다. 우선 자신의 과거 행위를 멈추거나 약화시키고, 핸들을 돌리듯 마음을 돌려 새로운 선택을 해야 한다. 업을 씻고 소멸시키는 작업이 우선될 수밖에 없다는 말이다. 세상에 횡행하는 모든 사유법과 수행법이 사실은 이것에 기초한다. 불교도 마찬가지이다. 정신과 육체라는 경험덩어리들을 진정시키는 방법을 통하여 불교는 목적을 달성하고자 하였다. 앞에서 말한 구차제선정에서 보듯이 사유의 한계를 일찌감치 눈치챈 것이다.

불교수행의 대표적인 처소는 마음과 호흡이다. 호흡은 앞에서 말했으니 마음에 대해서 좀 더 자세히 살펴보자.

마음과 생각

마음을 하나의 행성이라고 생각해보자. 쉽게 지구라고 하자. 지구에 만물이 살듯이 마음의 땅에는 가지가지 생각들이 산다.

어떤 때는 그들이 천사들이 되기도 하고 어떤 때는 악마들로 변할 때도 있다. 좋은 생각, 나쁜 생각들이 자리한다. 천사와 악령의 근거지요 출생지이다. 사실 천사와 악마는 외부세계에서 오는 것이 아니라, 우리들 마음의 문을 열고 나오고 또 출현하여 육체에 강림한다. 본래 자유로운 마음의 땅에 빙의를 일으키는 강력한 존재인 생각이 함께 있는 것이 부사의한 일이다. 계내지왕界內之王인 마음은 이렇게 마법의 영역이다. 마법에서 중요한 것은 정확한 말과 단어이다. 마치 컴퓨터에 잘못 적은 단어를 입력하면 완전히 다른 창이 열리고 검색이 이루어지듯이, 정확하지 않은 말과 단어는 엉뚱한 창이 열리게 하고 접속을 일으킨다. 고대 이집트 신화 중에서 이시스가 그의 자식 호루스를 위해서 태양신 라의 제대로 된 이름을 알고자 술수를 부리는 이야기가 나온다. 다른 신화와 마법에서도 그렇지만 제대로 된 이름을 알면 그의 힘을 얻을 수 있다고 본 것이다.

불교에서도 진언을 잘못 외우면 영험이 없다고 본다. 그래서 빠진 진언이나 잘못된 진언을 보충하기 위해 보궐진언補闕眞言이라는 것이 있다. 보궐선거를 생각하면 쉽다. 신나게 염불하다가 빠뜨리거나 틀린 것을 걱정할 필요가 없다. 보궐진언만 하면 되니까. 기독교나 이슬람교에서는 야훼나 알라의 이름이 잘못되면 절대 안 된다. 그러나 불교에서는 석가모니불을 석가머니불이라고 잘못 발음해도 괜찮다. 보궐진언만 해주면 된다. 참 불교는 여러 면에서 포용적이고 합리적이다.

요즘 컴퓨터는 검색어를 조금 잘못 입력해도 비슷한 것들을 나열해주고 찾아주는 경우가 많다. 상당히 불교적이다. 아무튼 마법지대인 마음의 영역에서는 말과 단어가 중요하다. 뇌 안의 말과 단어가 바로 생각이다. 생각은 말과 단어로 구성되어 있다. 그리고 특성상 생각이 일어나면 검색이 곧장 이루어지며, 마음은 생각의 내용물을 쫓기에 급급해진다. 자신의 본래자유를 잊어버리기 십상이다.

쉬운 듯하지만 빠져나오기가 가장 어려운 것이 생각으로, 일종의 주문과 같은 것이다. 몸은 일순간에 주술에 걸려 생각이 명령한 대로 한다. 사유는 최고의 업이다. 왜냐하면 보는 바와 같이 그 구속력이 최고이기 때문이다. 생각 중에는 생각하고 있다는 사실을 관조적으로 인지하기보다는 생각하는 내용물에 몰입되어 버리므로 구속이 발생한다. 그래서 이러한 특성을 잘 관찰해야 본마음을 회복할 수가 있다.

예컨대 지구가 둥글다는 생각을 하면 지구가 둥글다는 것에 몰입되지, 지구가 둥글다고 생각하고 있다고 여기기 어렵다. 지구가 만약 네모지다고 생각한다면 지구가 네모지다는 것에 몰입되지, 지구가 네모지다고 생각하고 있다고 여기기 힘들다. 지구가 네모지다가 틀리고 지구가 둥근 것이 맞지만, 생각의 입장에서는 같은 생각일 뿐인데도 우리는 내용물을 좇아 엄청난 차이를 느낀다. 생각은 자신의 내용물을 보지, 스스로를 스스로가 보기 어렵다는 말이다. 반성을 잘 못하는 놈이며 반성시스템이 제대로 없어 구제불능에 가깝다. 여기서 우리가 도를 지니고 있으면서 도를 잃어버리는 아이러니가 생긴다.

안으로 생각이 일어나서 내용물에 빠져 마음을 잃고, 밖으로 대상과 형상과 조건을 좇아 마음을 잃어버리게 된다. 이러함은 자연스럽게 자동으로 발생한다. 생각의 보이지 않는 파장은 스스로가 스스로를 가두는 단단한 철창이다.

만일 어느 때에 밭에 곡식이 자라거나 다른 때에 잡초가 자란다면 밭의 입장에서는 곡식이나 잡초 무엇이 나오든 관계가 없지만, 곡식과 잡초에 관심을 두게 되면 곡식과 잡초 간에 현격한 차이가 생긴다. 밭이 곡식과 잡초에 팔려 자신의 본모습이 밭임을 잃어버린다. 그래서 스스로가 밭임을 한 번도 떠난 적이 없이 밭 그대로이지만, 자신이 밭인 줄 모르게 되는 이상한 일이 벌어진다. 잡초와 곡식에 자신이 팔려서 말이다. 주머니에 여의보주를 지닌 부자인 어떤 사람이 있는데, 자신이 여의보주를 지닌 줄을 모르고 스스로 가난뱅이라고 개탄하는 꼴이다. 그래서 수행이 필요하다. 필요없는 수행이 필요하게 되는 것이다. 닦을 필요가 없이 이미 구족한데도 다시 닦아야 한다.

이것은 자신이 본래부터 가지고 있는 것을 재확인하는 것이다.

마치 산 정산에 올라 있는 사람이 산에 오른 것을 증명하기 위해 사진을 찍는 것처럼, 본래면목과 본지풍광 속에 있으면서 어울려 있는 본지풍광과 다시 찍는 인증샷과 같은 것이 깨달음이다. 잃어버리지 않았는데도 잃어버렸다고 생각하고 심지어 잃어버린 줄도 모르기 때문이다. 인증샷을 찍기 위해서 다시 마음밭으로 가는 수밖에 없다.

생각이 내용물에 빠지고, 형상과 대상을 쫓아 스스로 생각 자신을 형상과 대상으로 여기기 때문에 어쩔 수 없이 되돌림이 필요하다. 그러므로 수행의 관건은 생각이 내용물에 빠지지 않게 하고, 대상과 형상을 쫓지 않게 하는 것에 맞추어질 수밖에 없다. 그래서 추호도 바깥으로 쫓지 말라고 하는 것이며, 회광반조回光返照·반조자성返照自性하라고 하는 것이다. 마음이 어떻게 자신을 잃어버리고 또 되찾는지를 주의 깊게 관찰해야 한다. 그리하면 모든 경전의 이상한 말들이 이해가 된다. 그리고 생각과 대상을 따라 자신의 본마음을 잃어버린 사람들에게 현실적으로 수행이 필요함을 볼 것이다.

"무엇하러 부질없이 십년을 애를 썼단 말인가."라는 선사의 게송과 온갖 노력을 다하며 정진한 부처님이 닦음도 없고 증득함도 없다는 무수무증無修無證의 표현을 왜 하셨는가? 이를 제대로 이해하려면

"본래성불이라서 하나 안 하나 똑같은데 공부할 필요가 뭐가 있어!" 할 것이 아니라, 마음을 잃어버린 자는 열심히 닦아야 한다. 왜냐하면 마음을 잃어버렸기 때문이다. 마음을 잃어버렸다고 생각하기 때문이다. 문제는 도에 있는 것이 아니라 자신의 입장이요 상태이다.

범부들은 자기의 입장에서 자신을 보기 때문에 구속이 발생하고 업이 존재하는 것이다. 자신을 비우고 도의 입장, 본래면목의 자리에서 보아야 한다. 자기의 입장과 도의 입장이 만나게 하여야 한다는 말이다. 그렇게 만나면 빛을 만난 어둠처럼 자신의 업이 씻긴다.

중생은 질긴 자기 유지의 업을 가지고 있기 때문에, 더 자기 입장에서만 보기 쉽고 스스로 자승자박하여 업을 느끼며 자유를 잃어버린다. 자신 스스로 도를 잃어버렸다는 생각에 사로잡혀 있는 한, 도를 위해서가 아니라 자신을 위해서 닦아야 한다. 자유로운 자신을 위해서 말이다.

다시 정신과 몸의 관계를 깊이 살펴보자.

우리의 몸은 깨어 있을 때 자신의 의식을 따를 수밖에 없다.

손을 들라 하면 손을 들어야 하고 다리를 놓으라 하면 다리를 놓아야 한다. 잘 안 움직이는 몸을 움직이려다 보니 강력한 카리스마를 가지게 되었고, 자연히 성군보다 폭군이 되기 쉬운 것이 정신이다. 중세의 왕과 같은 존재가 의식이다. 그리고 몸뿐만 아니라 감각과 행위까지도 모두 관장한다. 이념이 다르고 종교가 다르면 서로 비난하기를 손쉽게 하고 심지어 목숨까지 불사하기도 한다. 수많은 전쟁이 이를 증명한다. 그러므로 의식은 인간을 만물의 영장으로 만들 만큼 강력한 것이지만, 역설적으로 업도 깊고 구속력도 심하다.

업 중의 최고업인 셈이다.

신구의 삼업

불교에는 삼업三業이 있는데, 신구의身口意 세 가지 업을 말한다. 구업은 입의 업으로 주로 언어와 감정의 업이며, 신업은 몸의 업이다. 우리가 낮에 팔을 움직인다면 이것은 몸이 움직이는 것이 아니라 정신이 움직이는 것이다. 정신이 깨어났기에 움직일 수 있는 것이다. 식물인간을 생각해 보면 쉽게 알 수 있다. 그리고 우리가 잘 때 보면 몸은 가만히 있다. 이처럼 몸은 움직이기를 싫어하거나 움직임이 둔하다. 몸은 돌과 같이 움직임이 부족한 상황이고 자연히 움직이기 어려운 업을 갖는다.

그래서 몸의 업을 소멸하기 위해서는 움직여주어야 하고, 이것이 절이 되었다. 구업도 역시 업이 있는데, 나쁜 말과 속이는 말 등등의 업이 있어 좋은 말·진실한 말 등으로 업을 소멸한다. 그래서 경전과 주문을 읽거나 거룩한 명호를 부르는 염불을 한다. 불교 이외 다른 종교에서 예수나 알라를 부르는 것도 모두 이에 속한다.

마지막으로 생각의 업은 움직이기 싫어하는 육체를 움직이기 위해, 왕과 같은 강력한 조직력과 권력을 갖고 있기 때문에 자기 멋대로 하는 업이 있다. 의식은 한 번 깨어나면 잠들어 권좌에서 내려오고 떨어질 때까지 폭주족처럼 질주한다. 그래서 깨어 있을 때 생각을 고요히 해보려고 하면 마치 상추잎처럼 뜯고 또 뜯어도 계속 돋아나는 것을 볼 수 있다. 좌선을 해보면 이러함을 더 역력히 알 수 있다.

이러함을 불교에서는 여폭류如瀑流라고 하는데, 마치 폭포수가 거칠게 흐르듯 중간에 끊을 수가 없다는 말이다. 생각의 업은 멈추지 못하는 것이요, 불꽃처럼 계속 타오르는 것이다. 그러므로 마음을 고요히 하는 좌선이나 명상을 해야 한다.

정신은 산란하기 쉽고 잘 멈추지 못하므로 좌선으로 고요하게 하고, 몸은 움직이기 싫어하므로 건전하게 움직여 주는 것이 조화를 가져다 주는 바른 행이다. 그래서 이것을 뛰어난 움직임과 고요함이라고 해서 '수승殊勝한 동정動靜'이라고 한다.

절에 가면 명상에 든 부처상 앞에서 절을 하며 염불한다. 이것은 명상과 절과 염불이라는 업장소멸의 행위를 일시에 하는 것이다. 불교적 의례이지만 알고 보면 누구든지 절에 오기만 하면 자동적으로 자기도 모르게 업장소멸의 길을 가도록 마련된 행법이라고 하는 것이 더 정확하다. 절에 대해서 말이 나왔으니 조금 얘기를 하고 가자.

불교를 믿는 사람들에게 부처님이 어디에 있느냐고 물으면 의외로 대답을 잘 못한다. 간혹 마음에 있다거나 기타 등등의 대답이 나오지만, 경전에는 광명의 구름 속에 있다고 한다.

이런 말을 매일 예불 때 스님들이 읊조리지만 한문이라 일반인들이 잘 모르고 심지어 스님들도 모르고 그냥 하는 경우가 많다. 불교의 예불은 하루 세 번 이루어지는데 불교답게 매우 잘 정돈되어 있다.

불교에는 지수화풍地水火風이란 사대四大의 개념이 있다. 지수화풍 사대는 물질계를 구성하는 네 가지 큰 요소들이다. 일부 철학과 과학에서도 이러한 분류가 있다.

아침예불은 다례茶禮로 물을 바치는 것이요 공양供養하는 것이다. 그래서 서두에 "아금청정수 변위감로다 봉헌삼보전 원수애납수(我今淸淨水 變爲甘露茶 奉獻三寶前 願垂哀納受)"라고 스님들이 읊조리는데 그 뜻은 "내가 지금 청정한 물을 감로의 차로 변하게 하여 삼보전에 올리오니, 원컨대 자비를 드리워 받아 주시옵소서."이다. 그리고 저녁엔 아침과는 반대로 불을 올린다. 불은 향香으로 대신하는데 오분향례五分香禮라고 해서 "계향戒香, 정향定香, 혜향慧香, 해탈향解脫香, 해탈지견향解脫知見香, 광명운대光明雲臺 주변법계周遍法界, 공양시방供養十方 무량불법승無量佛法僧"이라고 읊조린다.

뜻은 "계율의 향, 선정의 향, 지혜의 향, 해탈의 향, 해탈을 가져오는 바른 지견의 향을 광명의 구름 위에 계신 무량하신 삼보님들께 공양합니다."이다. 삼보三寶는 세 가지 보배라는 말로 불보살들과 가르침과 부처님의 제자들을 말한다. 오분향례 뒤에 칠정례라는 것을 하는데, 부처님과 가르침인 법法, 보살 아라한 조사들과 선지식 부처님의 제자 스님들 순으로 차례로 예배하는 것으로 일곱 번 절하므로 칠정례七頂禮라고 한다. 일곱으로 늘여 놓았지만 간명하게 압축해 보면 불법승 삼보三寶에 예를 올리는 것이다.

오분향례에 나오는 광명운대가 바로 부처님이 계신 곳이다.

절에 가면 불상이 모셔진 대웅전이 있고, 그 전각의 곳곳에 구름장식이 많이 있는 것을 볼 수 있다. 부처님이 광명의 구름 속에 계신다는 경전의 말씀 때문이다. 그리고 불세계佛世界를 묘사한 탱화에 보면 빈 곳에 꽃구름들이 많이 그려져 있다. 이것 역시 그러한 것을 표현한 것이다. 물과 불을 아침저녁에 올리고 부처님이 공양을 드셨던 사시巳

時, 즉 점심때는 밥을 올린다. 이는 부처님이 공양하신 때이기도 하고, 또 지수화풍 중 땅의 곡식을 올리는 지공양地供養이기도 하다. 마지막으로 풍風이 남았는데 바로 스님들과 신도들의 염불풍송念佛諷誦이다.

이 지수화풍을 생명의 세계 중심인 부처님께 공양하는 것이 불교의 예불이다. 생명의 세계 중심이라고 하니 너무 비불교적으로 들릴지도 모르겠다. 그러나 부처님이 앉아 계신 곳을 수미단須彌壇이라고 말하는데, 이것은 불교의 세계관과 세계수 사상이 반영된 것이다. 그 수미단의 제일 아래는 여러 식물과 동물들이 받치고 있는데 지옥·아귀·축생을 상징하고, 인간세상에서 부처를 이룬 석가모니가 앉아 있는 곳은 인간계이다. 그리고 그 위의 한옥 지붕 같은 곳은 천상계로 흔히 닫집이라 부른다. 한옥의 지붕이 장엄한 것은 천상의 장엄을 표현하는 것이기도 하다.

옛 조상들은 집 하나 지을 때에도 이렇게 천지인을 본떠 지었고, 집이란 공간에서 천지인이 소통되기를 바랐다. 유럽의 고딕양식도 종교적 이상이 건축물로 구현된 것은 익히 잘 알려진 사실이다. 편리에 입각하여 막 짓는 요즘 사람들보다 예술적이다. 천지인의 조화를 추구하는 그런 건축에다 불교는 더 나아가 단청丹靑이라는 장식을 보탠다. 단청은 자연을 대표하는 푸른색과 붉은색을 말한다. 자연을 건물에다 입힌 것으로 조명 없이 가장 화려한 자연장식이다. 건물이 자연의 옷을 입었으니 참 신비롭다.

게다가 푸른 산중에 있으면 깊은 산속에 핀 건축꽃같이 보여 자연과 완전 앙상블이다. 아마 이 지상에서 가장 친환경적인 아름다운 건축물일 것이다. 그리고 천상계를 상징하는 한옥 지붕 같은 닫집에 보면 적멸보궁과 도솔천 내원궁이라는 글들이 있다. 도솔천은 불교의 천상 중에 욕계 6천 중에 제4천으로, 앞으로 올 부처님인 미륵부처님이 거하는 곳이다. 세계수처럼 하늘과 땅 사이의 모든 세계를 표현한 것이 바로 수미단이다. 불교의 세계관 자체가 인도의 영향이 많다. 천상이 수직 28천, 수평 33천인 것도 역시 마찬가지이다.

절에 가면 예불 전에 큰 외부종을 아침저녁으로 28번, 33번을 치는데 이것에 기원한 것이다. 수직 28천은 욕계·색계·무색계로 나누어지고, 이 욕계欲界·색계色界·무색계無色界를 불교에서는 삼계三界라고 부른다. 그리고 구차제선정으로 그들을 해탈한 부처님을 삼계도사三界導師라고 부르는데, 삼계를 인도하시는 스승이라는 뜻이다. 욕계는 여섯 하늘로 되어 있어 욕계 6천이라 하고, 색계는 18하늘로 되어 있어 색계 18천이라 하며, 무색계는 4하늘로 되어 있어 무색계 4천이라 한다. 천상이 꽤나 복잡하다. 그러나 이러한 천상개념은 사실 아주 단순하다. 인체를 보고 그렇게 여겼기 때문이다.

인도에는 우주가 큰사람이라는 대인사상大人思想이 있었다. 그래서 골반에 박힌 척추를 욕계 6천이라 하고, 머리에 가까운 경추를 무색계 4천이라 하고, 나머지 중간을 색계 18천이라고 하였다. 사람의 척추의 개수는 사람마다 조금씩 차이가 있지만 대략 28개 전후이다. 욕계 6천 중에 우리에게 익숙하고 중요한 천상은 바로 사왕천과 도솔천과 제석천이다. 도솔천은 이미 말했으니 생략하고, 사왕천에 대해 말하면 바로 사천왕이 머무는 하늘이다. 사천왕은 절 입구에 우락부락한 험상궂은 모습을 하고 있는 4명의 장군상이다. 사왕천은 욕계 제1천으로 수미산 중턱에서 아래의 아수라들을 방어하고 있다. 육도윤회

중에 아수라는 끊임없이 천상 중의 제석천궁을 차지하기 위해 침범하려 하고, 사대천왕이 그 일선에서 지키고 있는 것이다.

인드라망

제석천은 수미산 정상에 있는 하늘로 흔히 우리가 옥황상제라 부르는 존재이다. 번개와 인드라망 또는 인타라망이라는 그물을 무기로 가지고 있으며, 천상계와 인간 세상을 수호한다. 불교에서 제망찰해帝網刹海라거나 제망중중 무진연기(帝網重重 無盡緣起)라고 할 때 나오는 제망이 바로 인드라망이다. 하늘에 무수히 구슬같이 뿌려진 별들을 보고 능히 그런 생각을 할 만하다.

서양으로 말하면 제석천의 주인인 제석 인드라는 제우스와 같은 존재이다. 이 제석이 머무는 제석천을 달리 도리천이라고도 한다. 그리고 이 제석천을 중심으로 해서 수평으로 33천이 날듯이 펼쳐지는 데 바로 33천상이다. 33비천상인 날으는 선녀상으로 표현되곤 하였다. 인체의 생명나무요, 우주의 세계수가 수미단이 되어 있는 것이다. 다만 불교는 이 욕계·색계·무색계, 즉 삼계를 초탈한 경지를 목적으로 삼는 것이 다르다고 할 수 있다. 지수화풍을 이 생명의 중심으로 공양하며 회귀시키는 것을 의례로 만들어 대대로 전승한 것이다.

한국의 사찰 중에서 이런 경전의 표현과 내용들을 그대로 도량으로 가장 잘 표현한 곳이 불국사이다. 불국사는 이 사바세계에 불세계를 세워 중생들이 고해를 건너가게 하기 위해, 오늘날로 치면 국무총리에 해당하는 김대성이 석굴암과 함께 건립한 사찰이다. 오늘날 대통령에 해당하는 신라왕이 건립한 사찰은 황룡사로 9층목탑이 유명하였다. 그러나 아무리 권력자라고 해도 광명의 구름 위에 돌과 나무와 흙으로 된 도량을 세울 수는 없는 법이다. 그렇다고 경전의 내용을 무시할 수는 없고, 오히려 충실하게 해야지 제대로 된 불세계는 되겠고 여간 고민이 되지 아닐 수 없었을 것이다. 그래서 돌로 정성스럽게 석축을 아름답게 쌓고 돌계단을 놓아 그곳을 청운교靑雲橋, 백운교白雲橋라고 이름 붙였다. 광명운대를 그렇게 조성하였던 것이다.

광명의 구름을 지나 부처님께 다가가면 부처님의 색이라는 자금색紫金色의 서기가 어린다. 자금색은 붉은 노을색과 유사하므로 아치석축 위에 누각을 세우고, 그곳 현판에 자하루紫霞樓라고 이름 지어 불색佛色인 자금광을 표현하였다. 그리고 부처님의 나라 안에는 더러움이 없는 깨끗한 빛인 무구정광無垢淨光과 보배들로 장엄되어 있는데, 그것을 상징하여 보배들을 엮어 놓은 듯한 다보탑과 아무런 장식이 없는 그야말로 깨끗한 모습의 석가탑, 일명 무구정광탑인 무영탑을 세운 가운데 대웅전을 짓고서 부처님을 모시고 '이곳은 부처님의 나라다'라는 의미를 담은 불국사佛國寺라 이름 지었다. 한국사찰의 전형이라 할 만하다. 불국사 이야기는 좀 더 자세히 할 필요가 있다.

일반인들은 다보탑을 더 우수하게 볼 수가 있지만 실제로 불국사의 보배는 석가탑이다. 그곳에서 무구정광대다라니경이 나왔기 때문이다. 석가탑도 도굴이 되었지만 탑 꼭대기 부분은 도굴되지 않아 그곳에 봉인되어 있던 무구정광대다라니경이 살아남았고, 출토 후에 자세히 살펴보니 목판으로 인쇄한 것이었다.

붓글씨는 화선지라는 하얀 대지에 흐르는 치수治水이다. 먹물이 부드러운 붓에 담겨 흘러가며 돌고 꺾이고 멈추고 하기 때문이다. 바둑이 일년 360일과 음양조화를 흑돌·백돌의 반상놀이로 만든 것처럼, 황하치수가 제일 큰일이었던 농경국가 중국에서 자연스럽게 나올 법한 예술이다. 자연히 붓글씨의 물은 순하게 흐른다.

그러나 목판을 만들어 찍으면 찍을 때의 압력으로 먹물이 일정하게 글자 주위에 번질 수밖에 없고, 또 글자의 어느 부분에 몰릴 수밖에 없다. 그래서 목판으로 찍었음이 확인되었고 세계 최초의 목판인쇄본이 되었다. 국보 제126호로, 우리나라는 금속활자본 『직지심경』과 더불어 목판, 금속 모두 세계 최초의 인쇄본을 지닌 나라가 되었다.

1,200년 동안 많은 도굴 가운데에서도 무구정광대다라니경이 살아남은 이유는 아주 간단하다. 도둑들이 무식해서 그렇다. 왜냐하면 무구정광대다라니경을 보았더라면 바로 탑 상륜부를 도굴했을 것이기 때문이다. 무구정광대다라니경을 보면 무구정광대다라니를 99번을 적으면 소원을 성취한다고 되어 있고, 봉안 시에 반드시 상륜당에 봉인하라고 적혀 있다. 다른 탑의 보물들은 보통 아래에 보관하는데 유별나게 무구정광대다라니만큼은 상륜당에 보관하라고 적혀 있으니, 소원을 성취하고자 하는 마음에 분명 탑 꼭대기 부분에 보관하려고 했을 것이다. 실제 출토 당시에는 사람 손이 닿지 않는 2층 탑신에 보관되어 있었다. 암튼 도둑이 경전은 읽지 않고 까막눈으로 보물만 노렸으니, 바로 머리 꼭대기에 무가지보를 두고도 그냥 아래굴만 파다 간 것이다.

김대성은 불국사를 어렵게 창건하고서 불국사가 전쟁과 화재 등 각종 재난에 소실될 것을 걱정하였고, 불국사가 영원히 이 사바세계에서 고해에 빠진 중생과 인간의 안식처가 되기를 바랐다. 그래서 도량을 보호하고 수호하고자 천상에서 가장 힘이 센 신장인 나라야나의 가호를 청하기 위해 무구정광대다라니경과 무구정광대다라니를 99번 써서 석가탑에 봉인한 것이다. 문제는 무구정광대다라니경을 붓글씨로 쓰려면 양이 만만치 않고, 무구정광대다라니도 99번 적어보면 볼펜글로도 책이 한 권이 되므로 꽤나 어렵고 귀찮게 여겨졌을 것이다. 국정에 바쁘니 쓸 시간도 없고, 그래도 권력은 있으니 나라사업으로 목판을 만들어 무구정광대다라니경과 무구정광대다라니를 99번 팡팡팡 찍었을 것이다.

99번을 써야 효과가 있다고 되어 있으니 아마 틀림없이 썼을 것이다. 물론 이것은 내가 지금 글쓰기가 귀찮아서 우스갯소리로 하는 말이다. 한가한 나도 이렇게 귀찮은데 바쁜 정치인이 귀찮긴 했을 것이다. 그래서 내가 생각하기에 신라에서 제작한 것이라면 틀림없이 신앙심이 아니라 귀찮고 게을러서 세계 최초 목판인쇄본이 나왔을 것이다라고 억지를 펴는 재미라도 있어야 글 쓰는 것이 덜 지겹지 않겠는가.

무구정광대다라니경이 하도 귀한 목판이다 보니, 나의 이 딴지는 아무것도 아니다. 중국과 일본에서 자기들 것이라는 논리를 폈던 것이다. 그러나 최근에 인쇄한 종이가 한국에서 나는 닥나무로 만든 한지임이 밝혀져 한국 것일 가능성이 매우 높아졌다. 어쨌든 보관을 제대로 잘해서 후손들이 득을 보게 됐고, 자신의 소원대로 불국사와 석굴암은 살아남았다. 옆집 황룡사는 몽땅 불탔는데 말이다.

이제는 세계문화유산에 등재되었으니, 이 지상에 인류가 있는 한 불국사는 존재할 수 있게 되었다. 이 고해의 사바세계에 부처님의 세계로 말이다. 아프가니스탄에 세계 최대 대불인 바미안 석불이 있었는데, 탈레반들이 집권하고 로켓탄으로 폭파시켜 버렸다. 그런데 지금 옛 모습 그대로 유엔에서 복원시도 중이다. 앙코르와트는 나무가 집어삼키고 있는 중인데 역시 유엔에서 보수 중이다. 유엔은 좋은 곳이다. 만일 불국사가 소실되고 우리나라가 복원할 능력이 안 되어도 세계가 복원해주게 되어 있다. 인간이 있는 한 존재할 수 있게 되었으니 김대성의 소원은 성취된 셈이다.

지금은 고려 천태종과 조선시대 불교 영향으로 『천수경』의 신묘장구대다라니를 주로 독송하지만, 신라 때에는 무구정광대다라니의 신앙이 깊었음을 알려 주는 유적들이 많다. 아무튼 불국사의 경우를 보면 영험이 있어 보이는 무구정광대다라니이다. 다라니가 무엇인지 볼 겸, 무구정광대다라니를 소개한다. 산스크리트 원문을 로마자로 표기한 것을 다시 한글로 음역한 것이다.

다라니

앞서 말했듯이 다라니는 내용과 글보다 읽는 것, 그 자체가 중요하다. 『천수경』의 신묘장구대다라니도 원래 원문발음과는 많이 다르지만 경허스님의 제자 수월스님은 발음이 달라진 신묘장구대다라니로 불퇴지不退地에 오르고 불망념지不忘念地에 들었다. 부지런히 염송하여 희로애락을 조복 받고 망상을 벗어나 심일경성에 이르러, 번뇌망상 희로애락을 벗어난 심청정에 도달하는 것이 요점이다.

잘 염송하려면 다라니는 외우는 것이 좋다. 여기에다 자동염송의 경지에 이르려고 하면 마음이 그쪽으로 쏠려 있는 것이 제일이다. 마치 사랑에 빠진 이가 사랑하는 사람을 자나깨나 생각하고 늘 부르는 것처럼, 생활 속에서 저절로 다라니가 나와야 한다. 다라니는 생명으로 여기는 마음, 늘 생각하며 입에 달고 사는 단어가 제일가는 다라니이다. 이 요건들을 충족하면 자동염송이 절로 된다. 사랑하므로 목숨같이 귀히 여긴다. 한량없이 사모하는 마음, 자식처럼 귀하게 여기는 마음이 다라니를 읽는 최상의 마음상태이다. 사랑과 자비의 마음이 다라니 나무를 일으키는 뿌리라는 말이다. 신에 대한 사랑, 불보살에 대한 한없는 동경과 연모가 다라니의 핵이다.

관음보살에 대한 신앙을 기록한 티벳의 경전 내용을 보면 얼마나 관음보살을 열렬히 사모하는지 알 수 있다.

"달과 같이 자비로운 얼굴, 몸에는 보배들로 장엄한 영락瓔珞들을 두르시고 흰 연꽃을 드신 채 천천히 걸으시니 발에 차신 둥근 장신구, 족환足環의 소리 영롱하여라."

문장이 길지만 간추리면 대충 이런 내용이다. 글이 중요한 것이 아니라 이러한 사모와 귀의와 동경의 마음이 다라니의 생명력이라는 말이다. 대중가요를 보면 대다수의 노래가 남녀의 사랑과 이별을 노래하고 있다 한다. 무슨 노래인지가 중요한 것이 아니고, 어떤 노래에서든 사랑과 이별의 마음을 느끼는 것이 중요하다. 즉 다라니의 글과 내용보다 다라니에 사모와 귀의와 동경이라는 사랑의 마음을 이입하는 것이 중요하다는 말이다. 다라니 염송은 사랑이입 행위인 것이다.

『천수경』의 '신묘장구대다라니'는 다른 말로 하면 '광대원만무애

대비심대다라니'이다. 그래서 흔히 불자들이 대비심주를 줄여 '대비주'라고도 한다. 『천수경』은 사실 진언수행을 위해 편찬되었는데, 불자의 육덕六德인 귀의·찬탄·정업淨業·참회·발원·송주誦呪를 모두 갖춰 불교의례 시에 먼저 꼭 읽는 책이다. 그러나 『천수경』은 이미 말한 대로 진언수행을 위해 편찬되었기에 전반부의 신묘장구대다라니, 후반부의 준제다라니를 잘 염송할 수 있도록 나머지 부분이 구성되어 있다. 두 주문을 장엄하는 모양새이다. 간단히 말하면 대비주, 준제주의 진언장엄경이다. 그래서 초입부분에 다라니를 엎드려 청하는 대목이 나오는데 원문을 인용하면 '천수천안관자재보살 광대원만무애 대비심대다라니 계청 계수관음대비주(千手千眼觀自在菩薩 廣大圓滿無碍大悲心大陀羅尼 啓請 稽首觀音大悲呪)'이다. 해석하면 "천수천안관자재보살 광대원만무애 대비심대다라니를 아뢰어 청합니다. 관음의 대비주에 엎드려 절하옵니다."인데, 주문이 말이 아니라 생명이므로 엎드려 절하는 것이다. 이렇게 대비주를 청하며 장엄한다. 그리고 나중에는 뜻도 모르는 대비주를 중얼중얼 염송한다. 뜻이 중요한 것이 아니라 말한 대로 소리 그 자체가 중요하기 때문이다. 다라니 송주에서 중요한 것이 바로 이 소리에 감응하는 것이다. 소리에 제대로 감응하려면 눈을 감아야 한다. 이근耳根이 중요해진다.

잘 기억하려면 시각적으로 그냥 보고 마는 것이 아니라 읽고 듣고 해야 효과적이다. 그리고 외우는 것은 글자를 머리에 밀어 넣는 것이 아니라 빛으로 바꾸는 것이다. 그래서 외우면 눈을 감고서도 어둠 속에서도 능히 읽을 수가 있는 것이다. 못 외우면 책 펴고 전등불빛을 입혀 눈 부라리고 보면서 읽어야 한다. 외우는 것은 온전히 빛을 더하는 일로 내 눈빛, 전등불 모두 다 필요없는 무광삼매無光三昧이다. 그러므로 적멸 속의 파동으로 소리를 느끼려면 외우길 바란다.

최승무구청정광명대단장법-무구정광대다라니

나마ㅎ 사바따나안 삼약삼붇다/꼬디나안//
빠리/슌데- 마나시 아브야-짜뜨/아빠띠/슈타나안//
나모 바-가바떼 아미이따 아유르/샤스야
따타아가따아스야// 옴 사르바/따타아가따아/슌데-
아유르/비쇼-다니// 삼하라삼하라 사르바/따타아가따
비르야/빨레나// 빠라떼/상하라 아유/사아라 사아라
사르바/따타아가따/사마야// 보디보디 붇다야
붇다야// 보드야야 보드야야 나마 사르바/빠아빰
아바라/바라나/비슌데-// 비가따말라 차라비야
수붇다 붇데-// 후루 후루 스바아하아//

옴 사르바/따타아가따 비불라야슈티 마니 까나까
라아자아따 비부싸따야슈띠// 두-루 두-루 사만따
아발로끼떼 사라 사라 마마 사르바/빠아빰 비쇼다니//
뽀다니 사마/뽀다니 쁘라바라야슈띠 바리마니/두슈따
//후루 찌라말라/비슌데- 후움 후움 스바아하아//

옴 사르바/따타아가따 말라/비쇼다니// 스깐다빌리

빠룬다/발레 쁘라띠/상까라// 따타아가따/다-두다레
다레 다레 산다라 산다라// 사르바/따타아가따
아디슈타나 아디슈티떼 스바아하아//
나모 바-가바떼 나바 나바띠나암 삼약삼붇다//
꼬띠/나요따/샤따/사하스라나암
나마ㅎ 사르바/니바라나/비스깜빈이 보디/사뜨바-야//
옴 두루 두루 마마 사르바 아바라나 비쇼다니//
사르바/따타아가따 아유르/빨라아니//
비불라/니르마알라 사르바/싣디 나마스 끄리뜨바-//
비라바라 사르바/사뜨바 아발로끼니//
옴 사르바/니바라나 비스깜빈이// 마마 사르바/빠아빰
비쇼다니// 꾸루 스바아하아//

나마ㅎ 나빠나 바디난 따타아가따/꾸띠나암//
따타아가따나암 강가나나암 아발로까/사마따아나암//
따드 야타아 옴 비불라/비말레 브라바레 지나바레//
사라 사라 사르바/따타아가따 다아뚜/가르베-
아디슈티떼 스바아하아// 아야/따또바니 스바아하아//
사르바/데바나 바하야 비붇다
아디슈티나/사마야 스바아하아//

나마ㅎ 나바 나바아띠나암 따타아가따 강가나나암//
드리/바알루까암 꼬띠/나요따/샤따/사하아스라나암//

옴 뽀뽀리 찌리니 짜리 모리꼬레 짤라 바리 스바아하아//

삼력회향게 무구능제고無垢能除苦 정광멸삼재淨光滅三災
묘성향적인妙聲向寂印 현상종귀몽現相終歸夢

삼력회향게의 뜻은 "무구정광대다라니는 능히 고통을 제거하고 무구정광대다라니는 수화풍 삼재와 신구의 삼업을 소멸한다. 미묘한 소리인 무구정광대다라니는 고요함으로 향해 가고 모든 현상은 꿈으로 돌아간다."이다.

'삼력'이란 세 가지 힘으로, 수호력과 소원성취력 그리고 법인력法引力이다. 수호력은 나라야나의 가호를 청하여 수호하기에 수호력이요, 소원성취력은 99번을 쓰면 소원을 성취한다고 하여 소원성취력이며, 법인력은 법으로 인도하는 능력을 말한다.

불국사를 세우고 불국사가 수호되기를 바라는 소원을 발한 김대성은 신라가 불법으로 인도되어 불국정토가 되기를 염원하였기에, 불법으로 인도하는 힘인 법인력이 더해져 삼력三力이 되었다. 다라니는 말이지만 일상적인 언어가 아니다. 흔히 말을 하다보면 소통하기 위해 말을 하지만, 언쟁言爭이 되는 경우가 많고 말로 인해 더 시끄러워지는 경우가 허다하다. 묘성妙聲으로 미묘한 소리인 다라니는 언쟁으로 달려가는 말이 아니라 법으로 향해 가는 소리이므로 읽을수록 고요함으로 나아간다. 마치 경사진 계곡에 물이 흐르면 물소리가 나지만 그 물소리는 시끄러운 소리가 아니라, 강으로 가고 마침내 바다에 이르러 평평하고 고요해지기 위해 내는 음향과 같다. 경사처럼 치우친 우리들의 업장을 덜어내는 소리라는 말이다. 바다에 이른 강물은 한강이다, 백마강이다, 영산강이다고 자신을 주장하지 않는다. 즉 바닷물과 일체가 되어 원융무애한 화엄법계처럼 장엄하게 출렁인다. 이렇게 한강, 백마강, 영산강이었던 시절이 옛일이 되니 꿈으로 돌아간다고 하는 것이다. 다라니는 번역을 하지 않는다.

앞서 언급한 대로 뜻보다 소리 그 자체를 중시하고 파동으로 감응하면서, 자신의 마음을 진정시키고 각성시키기 때문이다. 엄마가 어떤 노래를 불러주는가가 중요한 것이 아니라, 엄마의 음률이 아기를 평안케 하듯이 말이다. 만파식적의 고사에서 보이듯이 피리소리가 파도를 잠재우는 것이다. 맑은 소리, 좋은 소리, 참된 소리로 난음亂音을 다스리는 것이다. 천상에서 가장 힘이 센 로보트 태권브이, 나라야나의 수호를 청할 수 있다니 다소 구미가 땡기기도 한다. 나라야나가 누군가 하면 요가 하는 사람들이 많이 읽고 간디가 매일 아침마다 읽었다는 『바가바드 기타』에 나오는 그 유명한 영웅 아르주나가 그의 화신이다. 바가바드 기타는 '신의 노래'라는 뜻으로 기타 치며 노래하는 포크송 가수를 생각하면 안 잊어버린다.

『바가바드 기타』는 원래 『라마야나』와 함께 대표적인 인도 힌두교 성전인 『마하바라타』 속에 있는 부분이다.

『바가바드 기타』는 인도의 세 요가인 지혜의 요가, 사랑의 요가, 까르마 요가가 전쟁 중에 크리슈나와 아르주나의 대화에 잘 정리되어 있어 별도로 뽑아 바가바드 기타라고 하여 널리 읽혀지는 책이다.

이들이 전장을 누비는 모습을 나라와 나라야나의 위용을 보라고 하며 찬탄한다. 나라야나는 크리슈나로, 나라는 아르주나로 화현해서 둘이 같이 마부와 전사가 되어 한 마차를 타고 적들과 싸운다. 크리슈나는 나라야나 비슈누의 화신이며 아르주나는 나라의 화신으로 묘사되어 마치 고하高下가 있는 듯이 보이지만 실제 나라와 나라야나는 고대 인도의 쌍둥이 신으로 같은 능력의 소유자이기도 하다.

모두 용을 잡아먹는다는 금시조라는 새를 타고 있다.

둔황(돈황敦煌)에 그러한 벽화가 나온다. 나라연이라고도 하고 인왕仁王이라고도 하는데 절에 있는 인왕전이 그곳이다.

엄청난 힘의 소유자인지라 나라야나를 금강역사라고 번역한다.

금강역사는 한 손을 머리 위로 치켜들고 한 손은 허리부분을 짚은 채 눈을 부릅뜨고 있는 태권도 자세의 모습으로 석굴암을 지키는 역사力士이다. 그의 오른팔은 코끼리 백만 마리의 힘을 지니고 있다고 한다. 보통 우리가 타고 다니는 차가 200 내지 300마리의 말이 끄는 힘인 이삼백 마력인데, 오른팔 하나에 천 마리도 아니고 만 마리도 아니고 십만 마리도 아니고 백만 마리 코끼리의 힘을 지녔다니 가히 무한한 힘을 지닌 역사이다. 그래서 『바가바드 기타』에서 "오! 굳센 오른팔을 지닌 이여."라고 하며 아르주나를 찬탄하는 것이다. 그리고 나라야나의 심장이 다이아몬드처럼 강하다고 해 금강金剛이라는 수식어가 역사力士 앞에 붙었다. 절에 가면 금강문이 있는데 쌍둥이 금강역사가 있다. 입을 벌린 역사와 입을 다문 역사 둘이 나란히 있다.

나는 그곳을 가볍게 통과한다. 심장이 없어서.

무구정광은 불광佛光의 표현으로 희로애락과 오욕락과 다섯 장애요 덮개인 오온의 구름이 걷힐 때 드러나는 참마음의 빛이다. 불세계

안에 흐르는 더러움이 없는 깨끗한 깨달음의 빛이니 당연히 그림자가 있을 수 없다. 불국사에 가본 사람들은 무구정광탑을 보았을 것이다.

그림자를 보았던가? 당연히 돌인데 어찌 그림자가 없겠는가.

그림자 없는 불광임을 강조하는 설화가 하나 있다. 바로 무영탑의 전설이다. 그래서 석가탑은 무구정광탑이면서 무영탑이라고도 불린다. 물론 무구정광대다라니를 다보탑에 원래 봉안한 것이라는 말도 있지만, 일관성으로 볼 때 석가탑이라고 여기도록 하자.

불국사를 창건할 당시에 신라에는 불국사를 지을 기술이 없었다. 황룡사도 그랬다. 황룡사를 지을 기술자를 보내달라고 백제에 청원했을 때, 백제 조정에서는 기술자를 보내면 신라가 절을 짓느라 국력을 낭비하고 백성들은 과도한 부역에 불만이 많아져 신라가 약해질 것이라고 판단하였다. 그래서 흔쾌히 보냈지만 세상사 뜻대로 되지 않는다고, 오히려 신라는 대역사를 합심하여 이룩하면서 국력이 집결되었고 도리어 백제가 망하였다. 불국사를 짓기 위하여 이역만리 신라에 온 아사달과 아사녀는 서로 떨어진 채 외로운 신세로 살았다.

요즘 말하면 기러기 아빠 신세가 된 것이다. 아사녀 입장에서 정확히 말하면 반대로 기러기 엄마 신세가 된 것이었다. 왜냐하면 성소를 짓는데 여자가 가면 부정 탄다고 하여 도량을 다 지을 때까지 사실상 석공은 감금되었다. 그래서 나라에서 주는 봉급과 곡식만을 받고 하루하루 외롭게 사는 아사녀는 홀로 지척에 남편을 둔 요상한 옛날판 기러기 엄마가 되었던 것이다.

요즘 기러기 아빠는 과거 여인들에게 했던 짓의 응보요 복수임이 틀림없어 보이므로 마땅히 받아들이고 기다리는 것이 현명할 듯싶다.

시대는 돌고 돌니까 말이다. 아무튼 기러기 엄마 아사녀는 너무 외로워 집 앞 영지의 물을 보며 우울과 수심으로 나날을 보내었다. 그러던 중 하루는 스님이 지나가며 연유를 물었고, 스님은 탑이 다 지어지면 탑 그림자가 못에 비칠 것이라며 희망을 주고 떠났다.

아무리 못을 들여다보아도 탑 그림자가 비치지 않자 실의에 빠진 아사녀는 결국 몸을 던져 죽었다. 요즘 말로 하면 우울증으로 자살한 것이다. 그리고 곧 아사달이 왔는데 부인이 죽어 있었다. 탑이 이미 완성되었는데 그림자가 없었던 것이다. 그래서 석가탑을 무영탑이라고 불렀다고 한다. 동양판 로미오와 줄리엣이다. 석가탑이 그림자가 없어서가 아니라, 무구정광을 상징하다보니 이 무영탑 전설이 생겨난 것이다. 옛사람들도 상당히 스토리틱한 면이 있다.

무구정광대다라니경에 보면 무구정광대다라니가 총 6단으로 되어 있고 본 이름이 최승무구청정광명대단장법最勝無垢清淨光明大壇場法이라고 되어 있다. 이 이름에서 보이듯이 무구정광탑을 만드는 진언이라는 말이다. 소리로 빛의 탑을 만들고 보수하며 공양하는 것이다. 이것은 대승불교 초기운동인 조불조탑신앙造佛造塔信仰의 대표적인 사례이다. 일반인들은 진언소리로 탑을 만든다는 것이 의아할 수 있다.

원래 염불은 전각이나 불상이 반드시 필요한 것이 아니다. 소리, 즉 진언을 하면 정신적인 형상들이 조성된다고 여긴다. 그래서 불자들이 절에 가서 전각 안에서 『천수경』을 읽을 때는 개단진언이나 건단진언을 하지 않는다. 왜냐하면 이미 불단이 서 있고 불단이 열려 있기 때문이다. 반대로 말하면 건단진언만 해도 불단이 조성되고 개단진언만 해도 불단이 펼쳐진다는 말이다. 소리로써 다 이루는 것이다. 이것은 비단 불교에 국한된 것이 아니다.

소리와 침묵

불교에는 크게 두 갈래의 업장소멸 성불법이 있다. '소리와 침묵'이 그것이다. 침묵은 고요히 좌선하는 것으로 마치 무쇠솥에 누룽지가 눌어붙어 잘 안 떨어질 때에 물을 부어놓고 가만히 두는 것과 같다.

소리는 좌선 등 침묵의 방법으로 잘 안 되는 일반인들이 소리를 통해 자신의 마음을 닦는 법이다. 우리들도 마음이 울적할 때 노래를 부르면 자신의 심정이 달래지는 경우가 많다. 어떤 한 스님이 도를 이루겠다고 출가하여 깊은 산중에서 홀로 지냈는데 도는 닦이지 않고 외로움만 더해갔다. 속가에 있을 때 곧장 노래를 잘 부른 그 스님은 달이 휘영청 밝은 날, 그 외로움이 더해져서 작은 도량을 거닐며 〈나그네 설움〉을 불렀다. 그랬더니 정처없는 발길을 따라 흐르는 노랫소리에 마음이 풀어졌다고 한다. 이 경우처럼 일반인들도 노래로 마음이 풀어지는 경우가 많다. 하다못해 수다라도 떨면 마음이 한결 가벼워지는 법이다.

우리는 태어날 때 빈 디스크를 가지고 나온다. 살아가면서 그 디스크에 여러 가지 일들이 소리가 되어 기록되고 우리는 그 기억으로 울화가 생긴다. 울화병은 신체 장기에 구체적으로 악영향을 미치는 악성스트레스이다. 오죽했으면 세계보건기구에 한글 용어 그대로 홧병이라는 영문자로 등재됐겠는가. 이런 울화가 풀어지면 보통 눈물이 하염없이 흐르거나 펑펑 눈물을 쏟는다. 울화는 말 그대로 막힌 채 답답한데, 석탄백탄처럼 자꾸 타는 불이고 눈물은 장대비이니 알고 보면 물불의 교대이다. 물불이 회통이 안 되고 교대가 안 되어 발생하는 병이다. 자연으로 보면 여름철 더운 먹구름이 잔뜩 끼어 더운 가운데 푹푹 찌고 답답해지며 불쾌지수가 폭발적으로 높아지는 것이다. 그러다 비가 되어 내리면 시원해지는데, 이것이 천지의 물불교대요 자연의 울화를 씻어내는 눈물이다. 그러고 나면 청량한 바람이 불며 맑은 소리를 낸다. 천지의 기분전환이다. 기분전환이 필요할 정도로 답답한데 바람조차도 안 불면 부채라도 들고 부쳐야 한다. 그것으로도 양이 안 차면 노랫소리라도 입계곡에 물처럼 흘러가게 해야 한다. 이와 같이 홧병이 심한 만큼 해결책도 존재하는 법이다. 부채 들고 가무라도 일으킨다. 그래서 울화 많은 우리 민족은 가무를 좋아한다. 판소리까지 나올 정도였으니 굉장하다. 굉장이라는 말이 나오니 에피소드 하나가 생각난다. 굉장어록, 굉장일화이니 잠시 부채질을 하고 가자.

어느 절에 떠돌던 한 스님이 살겠다고 왔다. 마음씨는 그지없이 좋고 순한데 술이 문제였다. 다른 데서 술 마신다고 거부당해 밀려밀려 오게 된 것이었다. 와서 간신히 살게 된 스님이 대중스님들께 겸연쩍어 하며 말하였다.

"제가 3개월 동안 술 한 잔도 안 먹었어요."

그 스님의 이력 아니 주력을 알고 있는 스님들이 이구동성, 거의 합창수준으로 물었다. "정말요?"

안 그래도 순하고 붉은 얼굴에 큰 눈이 더 이상하게 겸연해지며

"그럼요. 3개월간 금주하여 제가 지금 아주 청정해요. 내가 생각해도 내가 정말 굉장해요 굉장해."라고 말하였다. 그리고 "지금 내가 아주 청정하고 굉장해요."라는 말을 몇 번이고 술주정처럼 되풀이하였다. 스님들도 다들 "굉장하네요. 정말 굉장해. 조금만 더 정진하면 성불하시겠어요."라며 놀라워하였다. 그때 옆에 와서 듣고 있던 한 스님이 감탄하며 말하였다.

"스님은 지금 아주 청정하시고 또 굉장하시니 앞으로 법호를 '아금청정 굉장율사'로 하시면 되겠어요. 금주청정 성불하시는 데 좀 도움이 되지 않을까요?" 다들 보름달 아래 껄껄 웃었다. 그로부터 며칠 후, 다시 고주망태가 되어 "세상이 비참하다, 세상이 비참하다."를 연발하시더니 다음날 아침 소리없이 사라졌다. 그 이후 그 스님의 법호는 비참선사가 되었다. 그런데 여기서 끝이 아니다. 세월이 한참 흐른 후, 어느 날 다시 산문으로 들어 왔고 마음씨 넉넉한 주지스님은 웃으면서 "이번엔 오래 잘 살아요." 하며 받아주었다.

다시 첫날 밤, 스님들이 모여들었고 물었다.

"아니 비참선사께서 어인 일이십니까?"

듣던 스님이 갑자기 한숨을 푹 쉬며 울상을 짓고 말하였다.

"세상이 비참을 넘어서서 처참해요, 처참해!"

그날 이후 법호가 다시 바뀌어 처참선사가 되었다.

그래서 스님들이 그 스님 사후에 그 스님의 생전 이야기를 할 때마다 그 법호들을 모두 모아 "아금청정 굉장율사이시며 비참·처참선사이셨던…"이라고 서두에 붙여 주었다.

비참과 처참이 가득한 세상에 또 울화가 가득한 자신에 음악과 소리가 없을 수 없다. 요즘 랩이 유행인데 판소리는 한국적 랩이다. 물론 단순한 목탁성에 맞춰 하는 염불도 불교랩인 셈이다. 최신 음악장르를 사실 알고 보면 우리 민족은 몇 천 년이나 계속해오고 있었던 것이다. 그중에서 판소리는 세계 어디에서도 찾아볼 수 없는 정말 기가 막힌 대한민국만의 소리장르이다. 요즘 젊은이들은 다소 지겹게 느낄 수도 있으나, 가사에다 멋들어진 리듬까지 붙여 랩 이상의 격조를 보이는 최상의 소리경지이다. 이렇게 말하니 너무 흥감을 떠는 것 같지만 실제 판소리는 판음악이라고 하지 않는다.

음악을 넘어서서 최소한의 장치 속에서 인간의 목소리만으로 격조 있는 리듬과 내용을 모두 표현하며 소리의 궁극에 이른다. 이것은 진제眞諦를 추구하는 선禪을 닮아 소리선이라 할 만하다.

우리나라의 유명가수들 중 많은 사람이 명인에게서 창을 배웠다. 대중가요에 이런 민요 창법이 알게 모르게 많이 가미되어 있다. 창을 배우지 않은 유명한 가수가 일본에 가서 대히트를 치자, 한 기획사에서 그 사람보다 더 유명한 당시 최고 가수를 일본으로 진출시켰다. 당연히 대성공할 줄 알았는데 대실패였다고 한다. 가수의 이름을 직접 거명하진 않겠지만 실패의 원인이 가수의 창법 때문이었다고 한다. 창을 배운 그 가수는 한국에서는 대히트를 쳤는데 일본에서는 쫄망하였다. 일본사람들은 노래가 감미로운 것을 좋아하는데, 창을 배워 노래를 꺾어 부르는 창법에 호감이 덜 갔던 것이다. 고객의 입장에서 생각을 못했던 것이다. 그 작은 차이가 승패를 결정지었다.

반대로 보면 우리나라 국민들의 정서에는 우리 민족의 리듬이 암중으로 배어 흐르고 있다는 말이 된다. 우리 민요조의 대부분은 무속의 타령과 풀이에서 나왔다. 노래가 신세타령과 한풀이를 목적으로 하는 것이 느껴진다. 한恨을 흥으로 바꾸는 재주를 지닌 민족이어서 그런지, 지금 전 세계에 한류가 대단하다. 절 이름이 한흥사가 있으면 더 노골적일 텐데 좀 아쉽다. 천안에 삼거리가 있는데 예나 지금이나 내륙과객들은 모두 여기를 지나가야 꿈에 그리던 한양을 갈 수가 있었다. 길가다 객고客苦로 지친 나그네에게 능수버들 아래서 "천안삼거리~ 흥흥흥" 노래를 들려주며 바가지를 씌워, 지금도 전국에서 물가가 제일 비싸다. 그래도 중소도시 중에서 서울의 위성도시를 제외하고는 가장 인구가 폭발적으로 불어난 도시이다. 옛날에는 미륵부처님이 계시는 곳이라 하여 아산을 동도솔천, 천안을 서도솔천이라 하여 도솔兜率이란 지명이었다. 그런데 태조 왕건이 후백제를 멸망시키기 위해 천안에 주둔하면서 기후가 너무 고른 것을 보고 하늘 아래 제일 편안한 곳이다라고 하며 천안부天安府로 만들면서 천안天安이 되었다. 실제로 천안은 큰 자연재해와 삼재가 없는 곳이다. 왜냐하면 천안 서쪽에 광덕산이란 산이 있는데 그 산이 충청남도 한가운데에 몇 개 시에 걸쳐 있는 큰 산이기 때문이다. 천안에서 부르면 광덕산이요, 아산에서 부르면 설화산이며, 공주에서 부르면 태화산이다.

원래 절은 산을 끼고 있는 경우가 많아서, 큰 산에 큰 절이 있고 큰스님들이 많이 나왔다. 충청남도에서 제일 큰 산이 이 태화산이다. 그래서 충청남도 일대의 사찰들을 총관리하는 본사가 이 태화산에 있는데 바로 마곡사이다. 다른 충청도 산인 계룡산과 덕숭산, 가야산 등은 각각의 특징이 빼어나 일반인들에게 잘 알려져 있지만 사실 제일 큰 산은 태화산이다.

그래서 지금은 본사 마곡사보다 커진 총림 수덕사도 예전에는 마곡사의 말사였다. 오늘날 한국불교를 다시 중흥한 경허스님을 위시하여 만공스님, 금오스님 등 기라성 같은 스님들이 수덕사에서 배출되고 주석한 덕분에 한국불교의 거대 문중인 덕숭문중을 이루었다. 그 때문에 마곡사에서 분리되어 예산, 당진, 서산지역을 관장하게 되었고 본사보다 더 우위인 총림叢林이 된 것이다.

태화산은 하늘에서 보면 충청도 한가운데 핀 큰 겹모란꽃의 모양을 하고 있다. 고개 하나가 꽃잎 하나로 그 수많은 꽃잎 한가운데의 수술 자리에 마곡사가 위치하고 있다. 그래서 마곡사 주위에는 산이 그리 높지도 않는데 이상하게 물이 많이 흐른다. 물들이 꽃잎을 돌아 수술자리에 모였다가 빠져나가기 때문이다.

일본사람들은 특이하게 '기체험 관광'이라는 것을 한다. 세계의 유수 명당자리에 가서 기를 받아오는 여행인데, 한국에서는 마곡사가 제일이고 그 다음이 서울의 종묘이다. 서울 종묘는 역대 조선시대 왕과 왕비들을 모신 사당으로, 풍수를 중시했던 조선조이니 오죽 좋은 자리에 앉혔겠는가. 마곡사도 둘째가라면 서러운 명당이라고 한다. 그러나 막상 있어보면 낮고 습이 많아 그리 썩 좋다는 기분은 안 든다. 낮고 물이 태극으로 휘감아 돌아서 그런지, 양기가 오르는 봄이 되면 깊은 산속의 봄날처럼 정취가 좋아 춘마곡春麻谷이라고 부른다. 그리고 마곡사는 김생을 비롯하여 해동명필의 글들을 여기저기의 현판에서 동네 강아지 보듯이 쉽게 볼 수 있는 곳으로도 유명하다.

이런 큰 꽃산이 충청도 한가운데 피어 있고 서쪽 중국과 서해에서 기류가 넘어오므로 자연스럽게 대기흐름은 산에 의해 공주 아래와

위의 안성 평야지역으로 갈라진다. 그렇게 이미 갈라친 상태에다 넓은 태화산을 넘어오는 기류는 다시 태화산에서 지형성 강우가 되어 예산과 공주, 천안 서쪽에 있는 광덕지역에 큰비나 폭설을 거의 다 내려버린다. 같은 천안인 서쪽 광덕지역은 휴전선 최전방으로 엄청난 비와 폭설이 내려도 천안은 후방처럼 안전하다. '산이 보호하는 도시'가 천안인 셈이다.

그래서 그런지 관개시설이 별로 안 좋다. 요즘은 온난화로 기후가 불안정하니 잘못하면 큰비가 내릴 수도 있는데 예전의 우순풍조雨順風調시절 그대로다. 우리나라에는 천안과 대조적으로 동쪽에 산들을 두고 산이 아닌 평야의 축복을 받는 곳이 있다. 바로 전주이다.

전주는 진안 마이산과 그 산맥들을 동쪽에 두르고 서쪽으로 넓은 평야를 지니고 있다. 자신 앞에만 그런 것이 아니라 위아래로 모두 우리나라 제일의 곡창지대들을 끼고 있다. 들판의 축복을 받은 것이다. 전주 여신은 동쪽산 보좌에 앉아서 오른손에는 위로 익산·강경·논산 평야를 쥐고 있고, 왼손에는 아래로 김제·정읍평야를 쥐고 있다.

그야말로 풍요의 여신이다. 풍요의 여신일 뿐만 아니라 풍류의 여신이기도 하여, 우리나라에서 제일가는 소리의 고장이다. 조선조 전주감사가 부임하면 먼저 판소리부터 듣고 업무를 시작했다고 할 정도의 예향으로, 지금도 한옥마을과 전주대사습놀이는 유명하다. 전주와 천안의 공통점이라면 소리인 셈이다. 특히 전주는 농경시대에 양손에 벼 이삭을 한껏 쥔 여신의 땅이었으니 자연스럽게 풍류가 발달할 수밖에 없다. 게다가 인물이 많이 나와서 이씨 조선과 북한이라는 두 국가를 만든 인물들의 본향이기도 하다. 조선시대부터 지금

한반도의 반쪽까지 차지했으니 대단하긴 하다. 물론 전주를 떠나 더 넓고 큰 만주평야로 가야 이런 대업을 이루는지 전주인물들은 모두 바깥에 나가 성공하였다. 그러나 아무리 '들판여신의 축복을 받은 도시' 전주라 해도, 지금은 산업시대라 인구가 줄고 옛날의 영화는 많이 시들해졌다. 이와 반대로 산의 보호를 받으며 교통의 요충지에 자리한 천안은 상업과 유통과 교통의 시대에 전성기를 구가하고 있다. 시대조류가 지역의 흥망성쇠를 좌우하는 대표적인 모습이다. 천안삼거리 주막문화는 〈천안삼거리〉 노래가 되어 남았고 지금은 흥타령 축제로 계승되고 있다. 한류의 전 세계 유행은 우리 민족이 정도가 좀 심해서 그렇지, 세상 모든 사람들이 모두 울화병을 가지고 있고 한恨을 흥興으로 바꾸고자 노력하며 그것을 소리를 통해 풀고자 한다는 것을 보여 준다. 염불은 이 소리를 갈고 닦는 것이다. 소리를 갈고 닦는다는 것은 득음得音과 득영得影을 얻고자 함이다. 득음은 대체로 잘 아니 넘어가고, 득영이 무엇이냐 하면 소리에 그림자가 서려야 한다는 것이다. 이것은 득음보다 더 높은 경지로 기술이 아닌 마음을 싣는 것이다.

그리하여 감동을 일으키고 마음을 변화시키는 것이다.

'음악의 신'은 누가 뭐래도 동서고금을 통틀어 공자이다.

공자는 어렸을 때부터 어머니의 영향으로 늘 음악을 가까이하였고 당대의 최고 스승에게 음악을 배웠다. 그 배움 도중에 한 곡을 가지고 연주하게 되었는데 스승이 보기에 제법 연주를 잘하였다. 그래서 다음 곡으로 넘어갈 것을 권했는데 공자는 기술적으로 완벽하지 않다며 계속하였다. 다시 스승이 보기에 완벽한 연주라 다른 곡을 해보라고 했더니, 기술적으로는 어느 정도 되었으나 곡에 감정을 실을 수 없다고 하였다. 그리고 계속 연습했는데 이번에는 감정까지 제대로 실려 듣는 이들에게 감동을 자아내게 하였다. 이제는 됐으니 다른 것을 해보라고 했더니 공자가 말하길, "감정을 실을 수는 있으나 이 곡을 만든 사람의 위인됨을 아직 알지 못하겠다."고 하였다.

실로 놀라운 일이다. 노래 한 곡으로 그 곡을 만든 사람의 성품에까지 도달한다니 말이다. 그래서 그런지 공자는 비록 음조가 평화로워 보여도 전쟁의 음악인지 아닌지 정확히 감별해 냈다고 한다. 사실 이것은 공부에 있어 매우 중요하다.

기독교인이 성경을 읽고 얻고자 하는 것도 하나님의 뜻이며 신의 섭리이다. 만일 누군가가 성경의 한 구절에서 하나님의 마음을 보았다면, 그것이 공자가 노래를 만든 사람의 품성에까지 이른 것과 같다. 창조되어 있는 것을 보고 창조심을 보는 것은 예술감상의 궁극의 경지이다. 그래서 공자를 음악의 신이라고 극찬하는 것이다.

게다가 성인의 풍도를 지녀 뮤지컬, 클래식파일 듯도 한데 폭도 넓게 그 당시의 일반 대중가요집인 『시경』을 직접 엮었고, 다소 음란한 부분이 담긴 대중시집 『시경』을 '낙이불음 애이불상(樂而不淫 哀而不傷)'이라고 탁월한 평을 하였다. 물론 관저편을 보고 했다지만 『시경』 전체의 평이라 해도 지나친 말이 아니다. 지음知音의 고사에서도 그렇고 참 음악과 친했던 성인이 공자이다. 여기서 더 놀라운 것은 아예 음악으로 세상을 교화하고 다스림의 근본으로 삼고자 했다는 것이다. 소위 예악정치禮樂政治로, 누가 이런 발상을 하겠는가.

이런 발상 때문에 조선조 여인들은 가야금을, 선비들은 거문고를 끼고 살았다. 공자는 동서양을 통틀어서 가장 생의 철학을 설파한 성인이다. '산 자의 일도 모르는데 죽은 자의 일을 어찌 알랴'고 할 정도로 생을 존중하였다. 생生이란 무엇인가? 기쁨이요 관계이다. 기쁜 관계는 한마디로 사랑이다. 생이 펼쳐지고 태어날 때 우리는 그 바탕에 기쁨이 있음을 본다. 반대로 생이 무너지고 죽을 때 우리는 고통을 겪는다. 현재는 기쁨출발점과 고통종착점 중간계로 희고喜苦가 섞여 굽이치는 곳이다. 현재 여건이 이러하니 당연시하고 받아들이는 것이 현명하다. 붓다는 공자와 달리 이 고통에 중점을 두었다.

그래서 서로의 분위기가 상반된다. 인간의 경우를 보더라도 남녀의 결합으로 생기는 생명은 화합과 기쁨이 엮어 만든 결과물이다. 음악도 이러한 화和와 합合이 근간이 되므로 자연히 음악과 친근하고 음악을 존중하게 된 것이다. 미술이 뇌와 심리를 치유한다면, 음악은 심장과 감정을 치유하는 데 탁월한 기능이 있다. 득영得影은 이러한 소리의 순기능을 최대화하여 카타르시스가 일어나게 한다. 단 문제가 좀 있는데 득영의 경지에 오르려면 한이 많아야 한다는 것이다.

그래서 〈서편제〉라는 영화에서 한을 심어주기 위해 눈을 멀게 한다. 한이 있어야 한을 풀어줄 수 있다니 아이러니지만 '동병상련이 감동의 극치'라는 말이다. 우리나라는 근자에 일제치하와 동족상잔의 6·25한국전쟁 등을 겪으며 한이 엄청 쌓였다. 그런 탓에 조선조 오백년 동안 갈고 닦은 음악성에다 가무를 좋아하는 민족성까지 보태져, 누구도 흉내낼 수 없는 음악의 경지에 도달했고 세계를 매료시켰다.

소리는 이처럼 그냥 소리가 아니다. 만일 갈고 닦여진 한 소리가 있어 그 소리로 인해 모든 감정과 마음이 다스려진다면, 그 소리는 생명력을 지닌 진언眞言이 된다. 만파식적萬波息笛이라는 설화가 있다. 모든 파도를 고요히 하는 피리라는 말인데 호흡을 상징하기도 하고 소리를 뜻하기도 한다. 만파식적을 불면 모든 파도가 고요해지는 것처럼, 참된 한 소리를 울려 모든 세파와 마음의 파도가 가라앉는다면 얼마나 좋겠는가. 그래서 한 소리를 꾸준히 염송한다.

나무아미타불이나 관세음보살 같은 거룩한 명호를 부르는 경우를 칭명성호稱名聖號라고 하고, 다소 긴 문장을 반복해서 읽는 것을 다라니송주 또는 진언독송이라고 한다.

한 소리를 기쁠 때나 슬플 때나 자나깨나 입에 달고 사는 것이다.

그렇게 하여 그 소리가 수많은 희로애락을 겪으면 나중에는 어떤 희로애락이 와도 마음이 흔들리지 않게 안정시켜 준다. 희로애락을 먹고 모든 희로애락을 잠재우며 세파를 겪고 모든 세파에 흔들리지 않으니 만파식적이 된 것이다. 비로소 일생동안 소리를 갈고 닦은 보람이 있는 것이다. 그리고 그 소리가 이 세상뿐만 아니라 사후에도 자신을 좋은 세계로 인도한다고 여긴다. 이러한 소리의 수행은 불교뿐 아니라 기독교와 다른 종교에서도 주류의 방법이다.

기독교인들은 〈지저스 크라이스트〉를 입에 달고 살고 "예수이름으로 천국을 가겠네."라고 노래 부른다. 외국영화나 교회에서 흔히 볼 수 있는 일이다. 소리로써 마음을 치유하고 정신적 스페이스를 개척하는 것은 소리수행의 기본이며 전부이다. 다만 이런 사실을 모르고 그냥 하고 있어서 그렇지, 소리수행에는 이런 심오함과 현실적인 유용성이 함께하고 있다. 그래서 무구정광대다라니도 소리수행으로 소리를 통해 빛의 탑을 조성하도록 설계되어 있다고 한 것이다. 하나님이 말씀으로 세상을 창조했다고 하듯이, 또 컴퓨터가 컴퓨터 언어로 여러 가지 그림과 영상들을 만들어 내듯이, 소리로써 빛의 탑이 마음의 땅에 세워지도록 하고 있는 것이다. 사바세계같이 희로애락으로 복잡한 마음의 땅에 빛의 탑이 세워지는 상상을 해보면 참 아름다운 일이기도 하다. 내게 대다라니가 하나 있는데 호흡이다. 호흡은 몸의 소리로 몸 전체의 세포가 부르는 대합창이다. 이미 늘 함께하여 자나깨나 읊조리는 다라니로 생명력을 얻어 진언이 되어 있다. 시대신주是大神呪요, 시대명주是大明呪요, 시무상주是無上呪이다. 늘 함께하여 몸의 피리에서 스스로 울리므로 조용히 관하는 것도 가능하다. 그래서 침묵의 관법灌法도 동시에 같이 할 수가 있다. 흔히 염불수행을 할 때 자기가 하는 염불소리를 자신이 들어야 제대로 수행이 된다고 한다. 호흡수행은 울림과 울림을 보는 것, 모두가 가능하므로 자연스럽게 동성취同成就가 이루어지고 침묵과 소리의 수행이 동시에 병행된다.

색에 대하여

불국사에 자하루가 있다면 한국의 대표적 사찰 해인사에도 해인사의 절 이름이 적힌 현판 옆에 나란히 홍하문紅霞門이란 글귀가 같이 쓰여 있다. 해인사 홍하문(海印寺 紅霞門)으로 말이다. 이 홍하紅霞 역시 자하紫霞와 같은 뜻이다. 사찰이 경전에 입각하여 건립되었으니 불국사와 해인사에 모두 같은 흐름이 나타나는 것이다.

앞에서 소리에 대해서 얘기했으니 이제는 색에 대해서 얘기해 보자.

지금은 서양에서 푸른색을 긍정적이고 희망적인 색으로 다들 여기지만, 사실 서양도 근대 이전에는 붉은색을 선호하였다.

근대에 프랑스 궁전을 지으면서 조개에서 추출한 푸른색 물감이 당시에는 금보다 비쌌다고 한다. 블루와 흰색을 조화시켜 궁전을 지었는데 너무나 격조 있고 아름다워, 서양인들에게 블루가 선호색이 되었다. 물론 한순간에 그렇게 된 것은 아니지만 견물생심으로 눈에 보이는 것이 결정타였다. 우울의 색이 자유의 색이 된 것이다. 그 이전에는 로마가 서구를 천년 동안 다스렸는데 로마가 좋아한 색이 붉은색, 흰색, 황금색이었다. 흰색은 순결의 상징으로 결혼식 때 여자들이 입는 하얀 드레스를 보면 잘 알 수 있다. 지금의 면사포 결혼 풍습은 로마식이 온 세계에 퍼진 것이다. 천년을 다스렸으니 그리될 만도 하다. 그리고 남자들은 붉은색의 옷을 주로 입거나 걸쳤다. 특히 로마 군인들은 장닭같이 붉은 깃털이 달린 투구와 슈퍼맨 망토를 걸쳤다. 황금색은 로마 사제들이 주로 입었는데 기독교에 그대로 전승되어 오늘날 천주교 교황과 사제들이 거룩하게 금빛관과 금색옷을 입고 의례에 나온다. 불교도 예외가 아니다. 부처님을 상징하는 색이 자금색으로 붉은 계통이다. 소림사 스님들이 노란 장삼에 붉은 가사를 걸치고 나와 합장하며 '아미타바'를 하는 무협영화를 보면 일반인들도 잘 알 수 있다. 스님들이 좀 더 부처님께 다가간 존재여서 불색佛色으로 물든 것을 상징하는 것이다. 선종인 조계종이 기성종단이던 태고종과 차별화를 위해 스님들이 걸치는 가사의 색을 차분하고 어두운 갈색에 가깝게 했다가, 다시 경전을 어길 수 없어 요즘 조계종 공식 가사에는 붉은색이 좀 더 가미되었다. 어째서 옛사람들은 이렇게 붉은색을 선호했을까? 바로 붉은색이 생명의 색이요, 조화의 색이었기 때문이다.

현대에도 붉은색을 좋아한 예술가가 있는데 현대미술의 개척자, 마크 로스코이다. 그는 색을 너무 좋아하여 선과 드로잉 안에 색을 가두는 기존 미술을 뿌리치고, 색의 자유를 선언하며 캔버스를 오직 단순한 색으로만 채웠다. 본인 몸속의 붉은 피도 몸에 갇힌 색이라 보고 그것을 해방시킨다며 자살했는데, 옛사람보다 긍정적 사고가 아니라 우울한 면모를 지녔다. 현대사상인 자유가 색의 자유로 표현되었고, 잭슨 폴락 같은 예술가는 아예 그리지도 않고 색을 자유롭게 뿌리는 방식을 택하였다. 무대상無對相과 우연성은 사실 추상표현주의라는 말 그대로 추상성의 대명사인 마음의 내면이라 할 수 있다. 마음의 추상이 인상을 넘어 그림에 처음 드러난 것은 피카소 때부터이다. 미술사의 흐름을 크게 보면 사물을 닮게 그리다가, 나중엔 사물의 특징적이고 인상적인 부분을 강조해서 그렸다. 그리고 추상이 강조되었다. 이는 근대사상이 외부세계보다 자신의 존재 근거를 내면의 마음과 사유에서 찾는 흐름과 보조를 같이 한다. 근대 이후 발달한 이성은 신을 배제하고 인간의 입장에 서서 인간 마음과 객관세계를 탐구대상으로 삼는다.

문학에서도 이런 경향이 나타나는데 바로 3인칭 소설이다. 3인칭 소설은 인간 내면과 그 객관화를 동시에 추구한 예이다.

근대 예술의 양태는 인간 마음에 대한 시대 조류와 함께한다.

마음은 현실 너머에서 와서 현실에 일일이 개입한다.

현실에 개입된 마음은 현실에 섞여 오염되고 구속되고 타락되어진다. 이러한 과정은 여러 고대 신화에도 표현되고 있다. 그래서 현실에 개입된 마음, 조건 지워진 마음, 분별에 빠진 마음 말고 마음의 본모습을 보는 것이 중요하다. 마음의 자유가 그곳에 있다. 자유가 바로 경험 너머의 숭고함이므로, 그것을 표현하고자 하는 예술은 도와 상통한다. 은해사 암자인 백흥암에 가면 보제루에 산해숭심山海崇深이라는 현판이 있다. 추사 김정희의 글씨로 지나가다 보면 누구나 다시 쳐다보게 만드는 명필이다. 산은 높고 바다는 깊다는 말인데 산과 바다와 같이 부처님의 마음이 높고 깊다는 뜻으로 보인다. 불도량에 적어 준 글이니 그러하겠지만 추사가 조선 제일의 예술가였던 만큼, 서양의 칸트처럼 예술의 진정한 목적이 숭고함과 심오함에 있다고 본 글귀로 해석해볼 수도 있다.

자신의 뜻과 상상력을 최대한 발휘하여 신천지를 캔버스에 열어주고, 또 보는 이들이 마음껏 상상의 나래를 펴게 해주는 것이 숭심崇深한 것이다. 고고함 하면 산이고 그 깊이를 헤아릴 수 없는 것은 바다다. 캔버스는 창조자와 감상자 모두에게 산과 바다이어야 한다는 말이다. 잘 아는 추사의 〈세한도〉는 이러한 고고함과 굴하지 않는 정신, 부족함과 어려움과 낙향을 마다하지 않는 자유가 강인하고도 소박하게 표현되어 있다. 자유를 동반한 이런 숭심崇深을 잘 표현해 준 서양작가가 마크 로스코이다. 마크 로스코는 형태의 분별심을 벗어버리기 위해 드로잉을 버리고 정의되지 않는 색, 선에 의한 분별이 사라진 해방된 색에서 말없는 침묵을 보여주려 하였다. 그래서 명상이 그의 미술과 함께한다. 우리나라에서도 마크 로스코의 전시회가 있었는데 공교롭게도 드로잉의 천재인 한국만화가 허영만의 전시회가 서로 이웃집에서 열렸다. 색이든 드로잉이든 모두 표현인 점은 같다. '예술은 표현이다', '예술은 이미지다'는 근현대 서구예술의 정의에 입각해 보면 선이냐 색이냐의 방식의 차이일 뿐이다. 다만 선·색 모두에 작가의 사상과 철학이 담겨 있으니, 결국 마음과 사상의 차이인 것이다.

그래서 동양에서는 '예술은 혼이다'라고 강조한다.

『명작순례』라는 책을 보면 이것을 잘 이야기해주고 있다. 봉래 양사언 이야기인데, 대강은 이렇다. 양사언은 금강산을 좋아하고 그 주변에서 많이 살아 호를 봉래라 하였다. 그의 문집을 〈봉래집〉이라고 한다. 양사언은 한석봉, 안평대군, 추사 김정희와 더불어 조선 4대명필 중 한 명인데 특히 초서에 뛰어났다. 양희수의 후처 아들이었는데 비록 전처가 죽고나서 혼인하여 낳은 아들이었지만 조선시대에는 제대로 대접을 받기 어려웠다. 조선조는 출신에 따른 신분사회라 본처자식, 후처자식, 첩자식의 엄격한 구분이 있었다. 우리가 잘 아는 서자는 첩자식이다. 본처자식이 아니면 많은 제약이 따르는 것이 조선시대였다. 지금 생각하면 뭐 그런 개 같은 경우가 있냐 싶지만, 정의情誼를 존중하던 시절이라 다소는 이해가 된다. 이해를 돕기 위하여 조강지처 고사를 소개한다.

중국에서 가장 적은 병사로 가장 많은 병사를 이긴 전쟁이 비수대전인데, 그와 비견될 만한 곤양전투에서 승리한 유수는 후한 광무제로 등극한다. 무려 40여만 명의 적군을 만여 명으로 격퇴했으니 대단한 포스와 지략을 갖춘 황제였다. 그런 황제에게 일찍 미망인이 된 로맨티스트 누이가 있었다. 공주는 온후한 성품을 지녔으면서도 강직하게 직언하는 송홍이라는 선비를 보고 늘 흠모하고 있었다.

황제가 새로 시집을 보내기도 해야겠고 해서 누구와 혼인하면 좋겠냐고 물었더니, '유부남인 송홍을 부군으로 맞이하고 싶다'고 하는 것이었다. 광무제가 '그것은 설사 황제라 하여도 마음대로 할 수 있는 것이 아니다'라고 하고, 송홍을 입궐시켜 의중을 떠볼 테니 병풍 뒤에 숨어 들어보라고 하였다. 드디어 송홍을 불러 누이를 병풍 뒤에 숨겨놓고 황제가 물었다. "그대가 지금의 부인과 이혼하고 호양공주의 부군이 된다면 온갖 금은보화를 하사하고 부귀영화를 대대로 누리도록 하겠다."고 하며 답을 기다렸다. 그러자 송홍 왈 "가난하고 천할 때의 친구는 잊지 말아야 하며, 조糟와 겨를 먹으며 어려웠던 시절을 함께한 부인은 집마루에서 내려오게 해서는 아니 되옵니다." 하며 만인지상 앞에서 일언지하에 거절하는 것이었다. 호랑이 광무제 앞에서 여자를 너무 좋아한다고 평소에도 그토록 입에 거품을 물고 직언해댔고, 또 사실상의 청혼을 단호히 거절까지 하여 벼슬이 날아갈 수도 있는 상황이었다. 그렇지만 오히려 병풍 앞 호랑이는 침묵했고, 병풍 뒤 여인은 소리없이 숨죽여 울었다. 한자로 빈천지교 불가망(貧賤之交不可忘), 조강지처 불하당(糟糠之妻 不下堂)이다. 뒤의 불하당을 떼고 앞의 조강지처만 주로 말한다.

이런 이야기를 듣고 자랐으니 본처 중히 여기기를 반목숨같이 하고, 그의 자식들까지 특별대우를 한 것이다. 요즘 자유분방한 세태를 생각하면 내가 유교를 그리 좋아하진 않지만, 다소 긍정적인 부분은 받아들이는 것이 인간사를 위해서 좀 좋지 않을까 싶다. 물론 신분제나 처첩, 적서차별이 아니라 정의情誼 말이다. 아무튼 양사언은 서자보단

나았지만 다소 푸대접을 받았다. 양사언 이야기를 하려면 먼저 그의 아버지와 어머니의 만남과 이별을 이야기해야 한다.

아버지 양희수는 산천유람을 좋아해서 백두산을 구경하고 돌아오던 중에 말죽을 먹이려 한 여염집을 들렀다.

마침 어른들은 모두 외출하고 열여섯 남짓의 소녀가 혼자 있었는데, 친절히 맞이하고 말도 잘 보살폈으며 영리하였다. 이에 양희수가 감사의 사례를 하려고 했더니, 나그네에 대해 대접을 하는 것이 도리라고 하며 극구 사양하였다. 어찌할 수 없던 양희수가 자신의 손부채에 딸려 있던 향합을 풀어 건네주었다. 몇 년 뒤 본부인이 죽고나서 어린 소녀가 찾아왔는데 말하기를, '당신이 건네준 향합香盒 때문에 다른 곳에 시집갈 수가 없다'는 것이었다. 그러면서 눌러 앉았고 양희수는 집안 살림을 맡기며 같이 살게 되었다.

세상에서 가장 행복한 것 중의 하나가 사랑하는 사람 사이의 물건이다. 줄 때도 정성스럽게 주고, 받은 이도 소중하게 여기며 간직하기 때문이다. 요즘에 남녀가 만나면 일주일 되면 뭐 해주고 한 달, 백일, 일년, 삼 년마다 선물을 주어야 된단다. 거기에다 빼빼로데이, 밸런타인데이 등등 각종 데이에도 선물을 주고받는데 그래서 그런지 많이 주고 빨리 잊어버린다. 초제, 100제, 3년상, 기제사처럼 무슨 제사지내는 것도 아니고 이상한 풍습이다. 문제는 그렇게 많이 선물을 주고받지만 쉽게 헤어지고, 혹 잘돼서 결혼해도 절반이 이혼한다고 한다. 그러니 선물들도 일회용으로 전락하고, 서로의 관계마저 덩달아 일회용이 되어간다. 사랑하는 사람 사이의 물건도 더 이상 행복하지만은 않고 또 주고받는 사람들의 행복도도 떨어진다. 옛사람들은 양사언 이야기처럼 횟수는 적어도 마음은 깊었고 오래 간직하였다. 아마 물건들도 옛 시절이 그리울지 모른다.

향합 때문에 다시 재회한 양희수와 어린 소녀 사이에 태어난 아들이 바로 양사언이었다. 세월이 지나고 양희수가 죽자 부인은 남편의 장례를 치르고, 본처 아들들과 자기 자식을 불러 놓은 채 사이좋게 지내라는 유언을 남기고 남편을 따라 바로 자살해서 죽는다. 조선조 여인이 남편이 죽고 나서 무슨 부귀영화를 누리겠는가. 그것도 후처로 전처자식과 갈등만 생기기 십상이고, 그렇지 않다 하더라도 본처와 후처 자식끼리의 차별과 갈등만 보고 사느니 자신은 사랑하는 사람을 따라가고 자식은 눈총 없이 잘 지낼 수 있도록 깨끗하게 세상을 하직하였다. 남편과의 만남과 이별의 순간을 보면 얼마나 대단한 여인인지 짐작이 간다. 그러나 어린 양사언은 그 충격으로 집에 대한 트라우마가 생겨, 나중에 과거에 급제하고 나서도 한직을 자처하며 아버지처럼 유랑하는 버릇이 생겼다. 48세 되던 해, 금강산 아래쪽에 집을 짓고 살았다. 그 집 이름을 〈비래정飛來亭〉이라 짓고 일필휘지로 현판 글을 썼는데, '래정'이란 글이 맘에 들지 않아 '비飛'자만 족자로 만들어 걸어 놓았다. 양사언은 초서를 잘 썼는데 그가 좋아한 금강산과 상통하는 바가 있다. 가지가지 모양으로 삐쭉삐쭉한 산모양은 정형화를 벗어나 다양성을 자랑한다. 변화를 꿈꾸었던 모양이다. 신분적으로나 심성적으로 말이다. 무예에도 이런 흐름이 나타난다. 처음에는 초식에 입각한 정형화된 연무나 대련을 하고 그 다음엔 변화를 이해하고 담는다. 그리고 마지막에는 실전에 나아가 활활자재하게 초식에 얽매임없이 구사한다. 이것을 차례로 정가세, 변가세, 활가세라고 한다.

실전에서는 정형화된 초식이 그대로 사용될 수 없다. 그렇다간 곧바로 맞아 죽는다. 변화라는 말은 참 재미있다. 변變과 화化의 합성어로 물리적으로 양과 모양이 변하고 화학적으로 질적인 상태까지 달라진다는 말이다. 이 변화무궁을 산 중에서 금강산이 제일 잘 드러내 주고, 글씨 중에서는 초서인데 특히 양사언의 초서가 그러하였다. 그의 글이 바로 종이 위의 금강산이었다. 물론 외형적으로는 삐쭉삐쭉한 금강산의 모습과 바람같이 휘갈겨지고 물같이 감겨도는 초서와는 차이가 있다. 그래서 초서는 달리 풍수체라고 할 수가 있다. 변화무궁을 지닌 점에서는 같아서 그야말로 금강산 같은 삐쭉삐쭉 변화무궁 금강산체가 해동에서 나올 만도 한데 영 소식이 없다. 아무튼 밖으로는 금강산을 좋아하고 집안에서는 초서를 갈겨대는 그의 모습을 연상해 보면 내외가 부절 같고 내면 심성이 보인다.

또 하나의 변화무궁이 있는데 바로 날아다니는 것들이다. 새든 나방이든 모기든 파리든 낙엽이든 잡으려고 해봐라. 정말 힘들다. 쭉 가다가 팍 꺾고 뱅뱅 돌다 타고 넘고. 새 한 마리, 파리 한 마리, 모기 한 마리 잡으려다 진이 다 빠진다. 파리채가 있으니 그나마 다행이다. 없으면 멀리 사러 가야 된다. 사와도 파리채 안 닿는 곳에까지 날아가 약올리면 이번에는 총을 사러 가야 된다. 우리나라엔 총을 안 파니 장난감 총 중에서 성능 좋은 놈으로 구해 와서 정조준하고 쏘아야 한다. 나는 것은 종잡기 어렵다는 말을 하려고 하다 보니 총 들고 사격하는 이야기까지 나왔다. 나도 어지간하다.

비래정이란 글 중에서 사격을 피하고 역시나 비飛자만 살아남았다. 살아남은 비飛자도 정자에 잠시 박쥐처럼 안도의 한숨을 쉬고 머물다가, 나중에 양사언이 죽고 나서 완전히 날아가 어느 누구도 어떤 파리채로도 잡지 못하는 경지에 이르렀다. 영어의 고(go)와 실행 엔터의 상황일 때 나는 종종 "비飛!"라고 단순히 말한다. 그리고 조비체鳥飛體도 나왔음 좋겠다. 요즘 사람들은 주입식 교육을 받아서 그런지 창의성이 없다. 허공을 흰 종이로 보고 새와 새들이 오늘도 열심히 머리 위에서 붓글씨 쓰고 있음을 깨달아, 뚫어지게 그리고, 남들이 보면 멍청하게 탈레스처럼 하늘을 봐야 되는데 말이다.

그렇게 해서 모든 글이 새가 되어 날아가게 해야 비로소 조비체라고 할 만하다. 몇 글자만 새가 날아가는 모양으로 써 놓을 수도 있으나, 그 정도에는 서체書體라고 붙이기는 낯 뜨거우니 열심히 새 쳐다보고 오래 연구해야 된다. 그래야 흰 종이가 창공이 되고 글들이 새떼가 되지 않겠는가. 움직임이 변화무쌍한 것은 물속에도 있는데 하다못해 피래미 물고기 한 마리 손으로 잡으려 해도 육상에서 파리잡기만큼 어렵다. 파리의 경우는 고개만 아프지만 이번에는 다리 젖고 고개 아픈데 허리까지 뻐근해진다. 물고기체도 나와야 된다.

이제 체는 그만하자. 눈과 손이 너무 아프다. 글도 파리 같다. 암튼 살아남은 비飛자가 너무 빼어나 사람들이 보기 위해 소문을 듣고 구름같이 여기저기서 몰려왔다. 구름 하니까, 구름도 변화무쌍하니 구름체도 태어나야 된다. 양사언은 66세에 안변부사가 되어 비래정을 떠나게 되었고, 다른 사람에게 관리하게 했는데 나중에 비래정으로 돌아오는 도중에 객사하였다. 그런데 양사언이 죽던 날, 큰바람이 일어 책과 집기 그리고 비자 족자가 돌풍에 날아갔던 것이다.

그래서 다른 것들은 다시 수습했는데, 비자 족자만큼은 멀리 바다로 날아가 찾지를 못하였다. 양사언의 혼이 담긴 글이라 양사언의 혼이 떠난 그날에 글자도 따라서 날아갔다고 한다.

글자 뜻대로 마지막에는 날아간 것이다.

그래서 '예술은 혼이다'라는 말이 참된 예술의 정의로 회자되었다. 비래정이란 이름은 보기 드물게 훌륭한 이름이다.

빛도 날아들고 바람도 날아들고 낙엽도 날아들고 비도 간혹 정자에 날아든다. 명상하는 사람의 몸도 이 정자와 같아서 공기가 날아든다.

코의 기둥 사이로 날아드는 공기에 취해보라. 그리고 코 기둥 위의 하늘 창인 눈으로 빛이 들어오는 것을 상상해보라. 얼굴이 빛과 공기로 충만한 신비사원이리라. 얼굴의 작은 신전처럼 우리 외부도 어두운 공간에 빛이 깃들면 풍경들이 나타나 세상은 그림이 되고 현재는 미술이 된다. 그리고 풍경에 바람이 지나가면 소리가 나고 음악이 흐른다. 이것이 천지의 색성色聲이며 미술이며 음악이다.

침묵과 소리이다. 명상은 이 같은 미술과 음악이 몸 안에서 이루어지는 것이다. 마음의 빛이 비추면 그 빛을 받은 것은 드러난다. 마음이 호흡을 비추면 호흡이 드러나고 드러난 숨결은 바람이 되어 몸에 흐르며 음악이 된다. 마치 숲과 풍경 속에 바람이 흐르면 소리가 나듯이 말이다. 그 숨결의 조용한 합창을 들으며 우리 몸의 물질들과 형체들은 변화를 시작한다. 소위 천수상天垂象이다. 천수상은 스스로 신이 되어 일신 내에서 생명을 창조하는 것이다. 자연에서 빛과 계절의 바람이 내려 지상에 만물이 피어나는 것처럼 몸 안에서 창조가 이루어지게 하는 실제로운 덕화요, 생생의 조화경造化境이다. 뭇 성인이 찬탄하는 바이고, 모든 중생이 가고자 하는 장엄세계이며, 일체 지식이 알고자 하는 진리요 법이다. 고요히 앉아 명상에 들어보라.

마음의 빛이 비추고 호흡의 음악이 흐르면서, 몸이 그 숨결에 반응하고 변화하는 것을 느낄 수 있다. 그 천수상 속에서 몸 안에 미술과 음악의 창조가 이루어지고, 각종 생명들의 전시회와 연주회가 만들어지는 것을 느낄 수 있을 것이다. 허공에서 빛과 바람이 떨어지듯이, 마음과 숨결이 멋지게 날아 내리며 육신을 한적하고 신이한 정자로 만든다.

명상은 예술가처럼 새로운 자신을 창조하는 일이다. 묵묵히 앉아 있는 자신이라는 그림을 그리는 중이다. 그리고 스스로 감상하는 일이다. 차이점이 있다면 미술가들은 흰 캔버스를 사용하고 명상가는 검은 캔버스를 사용한다는 점이며, 음악가는 악기를 사용하지만 명상가는 몸을 악기로 삼는다는 것이다.

홍하紅霞나 자하紫霞에서 보이듯이 저녁노을은 붉다. 물론 정확히는 울긋불긋하다. 음양의 조화가 이루어질 때 나타나는 붉은색은 여름에는 하늘 위에서 전개된다. 음양에 해당되는 물과 빛이 공중에서 주로 만나기 때문이다. 여름이 되면 구름이 올라 하늘을 가득히 메운다. 하늘을 보기 위해 올라가는 무수한 물알갱이 구름들을 상상해보라. 땅의 잎들처럼 하늘정원을 메운 구름초목들이 가득하고, 강렬한 태양은 그 물구름을 비추고 석양노을로 붉게 물들인다. 하늘의 여름녹음이요 가을단풍으로 소위 홍하紅霞, 자하紫霞이다. 가을이 되어 물이 내려오기 시작하면, 하늘의 뭉쳤던 구름이 추양秋陽에 나누어지며 날아다니는 모습으로 변한다. 흔히 비천상飛天像 구름이라 부른다.

이런 하늘의 변화를 '가을빛에 구름이 날아간다'는 뜻인 추양운비秋陽雲飛라고 한다. 가을이 되어 내려온 물은 산과 대지의 나뭇잎에 머물고, 그곳에 햇빛과 이슬이 떨어지며 물들어 온 산야가 울긋불긋해진다. 이슬점 한 방울에 붉은 꽃 하나가 잎 속 푸른 대지에서 피어난다. 그리고 찬 이슬이 점점 많이 내리고, 잎의 푸른 대지가 온통 노랗고 붉은 꽃들로 울긋불긋 가득 찬다. 단풍丹楓이다. 이때 붉은색은 우리 주변 가까이에 머문다. 구경하기 좋다.

물이 더 내려가 땅속으로 들어가면 대지는 건조해지고, 음양조화의 정점은 지표에서 지하로 이동한다. 우리가 볼 수는 없다. 달력에서 보면 24절기로 표현되어 있는데, 가을에서 겨울이 오는 과정이 유별나게 미려하게 묘사되어 있다. 입추立秋, 처서處暑, 백로白露, 추분秋分, 한로寒露, 상강霜降, 입동立冬, 소설小雪, 대설大雪로 흘러간다. 곧 입추立秋로 가을이 서고, 선선한 바람이 불며 여름이 쉬는 처서가 이어진다. 그리고 맑은 이슬이 내리고, 찬 이슬이 내리며, 서리가 내리고, 마침내 눈이 내려오는 진행 과정인데 모두 물의 변화이다. 물의 변화를 맑은 이슬에서 백설에까지 정말 낭만스럽게 잘 표현하였다. 하늘의 물이 시간에 따라 변화되며 떨어지는 모습이 선하다.

물론 실제로는 이런 낭만보다 땅에 있는 만물과 우리들은 오그라붙고 겨울 걱정에 분주해진다. 그래도 옷을 두껍게 차례로 입어가면서 희고 찬 이슬이란 하늘의 눈물이 잎에 점점이 떨어지며, 푸르름 속에 노랗고 붉은 점들이 생기는 것을 가을 달 아래에 느끼고, 또 서리가 내려 낙엽이 우수수 떨어지고 흰 눈이 내리는 것을 소녀같이 낭만스럽게 쳐다보는 것이 더 좋지 않은가 싶다. 그리고 더 지나 봄이 되면 다시 물이 올라오고 햇볕이 내려와 지표에서 만난다. 그때 가지가지마다 울긋불긋한 꽃이 피어 온통 여기저기가 나의 살던 고향이 된다. 다시 가을처럼 우리 주위의 산야에 노랗고 붉은색이 꽃이 되어 흘러간다. 그리고 여름이 가까워지면 다시 조화의 정점은 하늘로 이동하여 아름다운 노을을 만든다. 이렇게 색은 순환한다.

계절의 변화는 빛과 물의 하모니이다. 물은 구름으로 올랐다가 비가 되어 내리므로 운우雲雨이니 '빛과 운우'가 자연의 생활상이다.

이 빛과 운우는 사실 자연이 생명들에게 온몸으로 보여주고 가르쳐 주는 지고한 교의이다. 밀천密天에 지고무상한 교의가 있나니 빛과 운우이다. 그래서 "신비한 생명이여"로 시작하는 나의 기도문 제일 마지막 구절이 '이 지상을 지금처럼 축복하소서'이다.

겨울이 되어 땅속에서 이루어지는 음양조화의 붉은색은 자연에서는 볼 수 없지만, 우리의 몸 안에서는 볼 수가 있다. 한의학에서 수소음신경手小陰心經이 군화君火라고 하는 것처럼, 우리 자신의 깊은 내면에 숨어들어 이루어지는 신비한 조화이다. 바로 음양인 물과 열이 섞인 심장의 피이다. 조용히 명상에 든다면 이런 것을 더 잘 느낄 수 있다.

겨울같이 고요한 모습 안에 조화의 붉은 흐름이 흐르는 자신을 말이다. 그러므로 명상은 겨울이다. 계절로 치면 겨울상이다.

천산조비절 만경인종멸(天山鳥飛絶 萬徑人蹤滅)이란 유종원의 시가 있는데 고적하고 탈속한 느낌으로 나름 지었으나, 내가 보기에는 그래도 세속티가 있어 일천 천千자를 하늘 천天으로 바꿨다. "천산天山 히말라야에는 날으는 새도 끊어지고 모든 길에는 사람의 종적이 아예 없다."로 만들기 위해서다. 고고한 태곳적 피라미드같이, 모든 인연이 끊긴 깊은 겨울같이 적정한 상태가 명상상태이다. 말이라도 이렇게 하고 기분이라도 요렇게 잠시 내야 하지 않겠는가.

그 고적한 명상산중에 어디선가 새 한 마리가 달랑 날아든다. 그리고 조금 있다 연이어 셀 수 없는 새들이 무수히 숲으로 날아들어 온통 쑥대밭을 만들어 놓는다. 생각의 새들이 자림自林을 엉망진창으로 엉클어 놓는 것이다. 명상 중에 흔히 일어나는 일이다.

천산조비절 만경인종멸의 태고산처럼 있으면 얼마나 좋겠는가.

그러나 지은 바가 있어 자신의 현재의 꿈을 산산이 부숴 놓는다. 업의 집요한 추적과 간섭이 시작된 것이다.

업은 무식하게 무시하는 것이 장땡인데 무시하는 그놈에까지 침입하여 감염시켜버리니 정말 지독하고도 머리 좋은 악성코드요 바이러스다. 마음에 침입하여 감염되면 속수무책으로 끌려 다닐 수밖에 없다. 어지간한 천하장사도 이것은 못 이긴다. 왜냐하면 자신의 생각이 벌써 오염되었는데 정작 자신은 오염된 줄도 모르기 때문이다. 그래서 업 가운데에서 가장 깊고도 강력한 것이 심업心業이며, 정말 다스리기 어려운 것이라 한 것이다. 다스리는 것은 고사하고 제대로 보기도 어렵다. 이 마음의 업을 제대로 보고 다스려야 업을 온전히 초탈했다고 할 수 있어, 역대로 큰스님과 눈 밝은 스승들이 대부분 여기서 나왔다.

십우도

절에 가면 벽화에 십우도 또는 심우도라고도 하는 소 그림을 많이 볼 수 있다. 소는 마음을 가리키는 것으로 마음을 보고 마음을 깨닫는 여정을 10개의 그림으로 표현한 것이 십우도十牛圖 또는 소를 찾는다는 심우도尋牛圖이다. 마음이 잘 안 보이는 무형지물이며 또 그 상태를 알기가 어려우므로 소로 표시하여 알려주는 것이다.

이 십우도 10개 그림 중에 최후의 그림이 있는데 그냥 평범한 일상이다. 그 옆에 그림에 대한 게송이 쓰여 있는데 한번 소개하고자 한다. 입전수수入廛垂手, 즉 시중에 들어가 솜씨를 나타낸다는 마지막 구절은 행불行佛의 자유자재함과 해탈의 기쁨을 노래한 것이다.

노흉선족입전래露胸跣足入廛來
말토도회소만시抹土塗灰笑滿顋
불용신선진비결不用神仙眞秘訣
직교고목방화개直教枯木放花開

시장거리에 맨가슴을 드러내고 맨발로 다니며
흙먼지 덮어써도 언제나 웃음일세.
신선의 비결이 무슨 소용이 있는가.
늙은 나무에 곧바로 꽃이 피네.

위의 게송에서 보듯이 마음의 자유는 불교의 목적이다.

불교는 이 자유를 획득하기 위해서 분리의 방법을 주로 택하는데 이것을 '이해離解'라고 한다. 이해는 '떨어져서 이해한다'는 뜻으로 세상과의 분리를 위해 출가하고, 수행시에 관조적 자세를 중시하는 것이 대표적이다. "자유는 우리의 목적이고 분리는 우리의 방편이다."

불가佛家도 역시 이것을 좌우명으로 삼는다. 무소의 뿔처럼 혼자서 길을 걸으며 자유의 행진을 하는 것이다.

대부분의 사람들은 '관계' 속에서 산다. 관계를 마치 물고기에 있어 물과 같은 것이라 여긴다. 관계를 떠나면 죽는다고 여길 정도다. 오죽했으면 아리스토텔레스가 "인간은 사회적 동물이다."라고 정의했겠는가. 물론 아리스토텔레스는 스승 플라톤보다 현재세상을 좋아했으며, 행복과 습관의 중요성과 중용의 삶을 중시한 그의 태도를 보면 경험주의자 쪽이다. 그런 성품을 지녔기에 인간을 사회적 동물이라고 보게 된 것이다. 요즘 세상 사람들에게 가장 인기 있는 길, 1위와 2위가 산티아고 순례길과 알프스 둘레길이라고 한다.

산티아고 순례길은 크게 풍경이 빼어나지도 않은데 사람들이 그렇게 좋아한다고 한다. 여러 여행탐방가가 나와 그 이유를 이야기하는데, 그 길에 가면 자신과 직접 대면할 수가 있어 그렇다고 한다. 관계성 속의 자신이 아니라 그물을 빠져 나온 물고기가 홀로 강을 유영하듯 자신 홀로 길을 걷는 느낌이 든다고 한다. 그 순례길을 걸으면 '인의 장막'이 걷어지고 비로소 자연이 다이렉트로 자신에게 다가오며, 풀벌레소리가 곧바로 귀에서 울고 바람의 향기가 코끝에서 맴돈다고 한다.

도시와 인간 사회, 관계 속에서 잃어버리고 산 것들이 길을 걸을 때마다, 걸음을 내디딜 때마다 쏠쏠 다가온다고 하니 좋은 길임에 틀림없다. 무엇이 사라지고 무엇이 다가온 것인가? 관계가 사라지고 자신이 다가온 것이다. 관계성의 업이 걷어지는 것에서 요즘 사람들은 잠시나마 해방감을 느낀다. '인간은 사회적 동물이다'는 말은 사실 옳은 말이라기보다는 저주에 가까운 말이다. 인간은 그럴 수밖에 없다는 체념의 말이다. 산티아고 순례길은 아리스토텔레스의 말에서 '사회적'이라는 부분을 떼어내 준다. 그러나 아직 '동물'부분은 남겨두었다. 왜냐하면 걷는 것은 허용하고 있기 때문이다. 이 동물부분마저 걷어 치워버린 것이 있는데 바로 좌선이다. 관계성을 끊고 반의 반 평의 좌복에 앉아서 홀로 된다. 동물을 걷지 못하게 하니 조금만 있으면 좀이 쑤신다. 그러나 어렵기는 하지만 관계성의 숲에서 헤매고 쫓기는 인간동물의 업을 소멸시키는 최선의 모양상이 좌선의 자태다. 상대성이 만나 평온해지는 것처럼 합일과 궁극에 이르고 자유와 해탈을 가져다준다. 유교와 기독교와 이슬람교는 관계성의 현실을 인정하여, 아예 제대로 된 관계정립을 대놓고 들고 나온다.

신과 인간의 관계, 자연과 인간의 관계, 이웃과 이웃의 관계, 위아래의 관계, 국가와 개인의 관계, 공동체와 구성원의 관계, 남녀의 관계, 그야말로 관계관계이다. 홀로에게 기회를 주지 않으니 홀로 되면 이상한 해방감이 든다. 부모가 여행간 집에 있는 사춘기 애들처럼 말이다. 그러다가 얼마 안 가서 고독에 몸부림치며 다시 관계 속으로 풍덩 한다. 친구들을 데려와서 개판 친다. 인간은 다른 어떤 것보다 관계에 중독되었다. 현실에서 생존해야 하니 자연스러운 행위이기도 하지만 지나칠 정도로 관계의존형이 되어버린 것도 사실이다.

잠이 유일한 균형추이며 업장소멸 의식인데 한쪽으로 지나치면 그것마저도 여의치 않게 된다. 병든 것인데도 병이 아니라 현실이라고만 강변한다. 생명의 현실은 균형이다. 균형을 잃고 치우치면 병든 것이다. 산티아고 순례길은 이런 균형을 잠시 잡아주는 것이다.

관계성 속에서 기형으로 자란 우리의 영혼은 올바른 판단을 할 수 없고, 잘못된 선택의 반복으로 끊임없이 발생하는 괴로움에 신음한다. 이미 경험과 관계의 무덤에 묻힌 인간은 그물에 걸린 고기이며 노예이며 죽은 자나 다름없다. 관계의 그물망을 찢고 자유와 부활의 날갯짓을 해야 한다. 아니, 때가 되면 스스로 하게 되어 있다. 그래야 살기 때문이다. 산티아고 순례길을 왜 좋아하겠는가.

자유는 돌무더기 구속 속에서 자라는 새싹과 같은 것이다. 땅속에서 흙그물을 뚫고 올라오는 씩씩한 새싹이다. 경험과 현실, 관계의 중력을 무력화시키고 불사조처럼 비상하는 존재가 자유인이다.

순례와 여행의 목적지는 이처럼 자유이다. 이러한 자유에 도달하기 위해서는 경험이라는 것을 버려야 한다. 여행은 지금 자신이 있는 곳을 떠나는 것이다. 이러함이 자신의 경험들과 소유와 소속을 잠시 떠나게 해주어, 마음에 해방감을 주고 마음을 자유롭게 해주는 것이다. 그래서 여행은 보통사람이 쉽게 할 수 있는 자유의 행진이라고 할 수 있다. 자유가 여행의 목적지라면, 그 목적지에 도달하기 위해 꼭 필요한 마음자세가 있다. 그것은 여행에 임하는 좋은 태도이며, 여행 도중을 풍요롭게 하는 자세이기도 하고, 여행의 결과로 얻고자 하는 것이기도 하다. 그런 의미에서 또 하나의 목적인 셈이다.

바로 자신의 마음을 여는 것이다. 여행 도중의 풍경과 사람과 문화와 음식들이 모두 "오픈 유어 마인드"라고 말하고 있다.

'마음을 연다는 것'은 취하지는 않지만 흔쾌히 받아들이고 수용하는 자세이다. 넉넉한 자신이다. 이태백의 시에 '천지 만물지역려(天地萬物之逆旅)요, 광음 백대지과객(光陰 百代之過客)이라. 부생浮生이 약몽若夢이니' 하는 말이 있다. "천지는 만물의 여관이요, 빛과 그림자는 백대의 과객이다. 이 생이 한바탕 꿈과 같으니."라는 말로, 천지일월과 인간 일생이 나그네요 한바탕 여행 중이라고 하였다.

과연 달을 안으려다 죽은 시선詩仙 이태백답다.

여행과 꿈

사람들은 꿈을 깨고 나면 꿈의 일에 생시처럼 그렇게 집착하지는 않는다. 꿈이 신기루 같음을 알기 때문이다. 그러나 꿈속에서는 생시처럼 아니 생시 이상으로 꿈에 빠지고 휘둘린다. 잠시 후면 별게 아닌 것이 될 텐데 그렇게 집착한다. 여행처럼 말이다. 좋아해도 가져올 수도 없는 여행지에서는 취해서 소유하기보다는 수용하고 받아들이는 자세로 유유자적하게 다니는 것이 좋다. 그런데도 꼭 자기 뜻대로 하려고 하다 여행 때문에 나중에 서로 원수가 되는 경우가 생기곤 한다. 그래서 그 사람을 알려면 같이 여행해보라는 말이 있다.

이태백은 생시마저 한바탕 꿈으로 보고, 그 꿈속을 술병을 들고 소요유逍遙游하였다. 예전에 나라에 꿈 해몽과 점을 잘 보는 이가 있어 온통 나라가 그 일로 시끄러웠다. 이에 임금이 그 점사를 궁중으로 불러다가 "지난밤 꿈에 궁궐 기왓장이 떨어지는 꿈을 꾸었다. 무슨 변괴냐?" 하고 물었다. 해몽점사가 대답하기를 "총애하는 비께서 돌아가실 꿈입니다."라고 하였다. 왕이 해몽을 듣고 "짐을 능멸하고 또 혹세무민한 저놈을 당장 처형하라. 내가 아예 거짓으로 꿈을 지어내어 해몽을 물었는데, 그것도 모르고 저리도 해괴망측한 소리를 지껄이니 죽어 마땅하다."고 큰소리로 명령하였다. 신하들도 듣고보니 왕이 정말 지혜롭게 신문했다고 생각하였다.

병졸들이 와서 처형하기 위해 끌고 나가는데 처형되기 일보직전, 내가 좋아하는 한자숙어 중의 하나인 일보직전에 갑자기 헐레벌떡 내관이 뛰어와서 총애하는 비가 방금 죽었다고 아뢰었다. 왕이 놀라 해몽점사에게 "너는 어찌 그 사실을 미리 알았느냐?"고 떨리는 목소리로 다시 물었다. 점사 태연히 대답하기를, "폐하, 지금이 어디인 것 같사옵니까? 바로 꿈속이옵니다. 폐하는 꿈속에서 왕노릇을 하고 있는 것이며, 폐하께서 지어낸 이야기는 거짓이 아니라 바로 꿈의 내용이옵니다. 해몽은 저의 주특기이구요."라고 하는 것이었다.

내가 좀 현대적으로 각색하긴 했지만 가리키는 요지는 밤의 잠속 일만이 꿈이 아니라, 낮과 생시도 대몽大夢이라는 말이다.

꿈이요 꿈속의 꿈인 낮과 생시를 우리의 집착이 실재로 둔갑시킨다는 말이다. 그런 의미에서 집착은 어둠의 마법사인 셈이다. 집착이 풀리면 현상종귀몽現相終歸夢이다.

여행은 세상 속에서 잠시나마 세상의 집착을 푸는 일이다.

집착이 풀리는 비결은 마음을 여는 것이다. 그래서 여행의 목적이 마음을 여는 것이며, 여행의 목적지가 자유라고 하는 것이다. 여행을 해도 마음이 열리지 않으면 여행을 한 것이 아니다. "보았노라 싸웠노라 이겼노라."라는 말처럼 "보았노라 밟았노라 먹고 마셨노라."를 추구하며 마치 정복하듯이 여행을 하면 본전도 못 찾은 셈이다.

최소한 주역에 나오는 말처럼 관광觀光은 되어야 한다. 주역의 풍지관風地觀이란 괘卦에 네 번째 효爻의 해설에 관국지광 이용빈우왕(觀國之光 利用賓于王)이란 구절이 나오는데 "나라의 빛, 그 아름다움을 본다. 그런 나라 왕의 손님이 되기를 바란다."라는 의미이다.

왕이 덕이 있고 나라가 태평하고 풍습이 아름다우니, 그곳에서 군자의 도를 펴고 싶다는 말이다. 즉 좋은 지역에서 머물며 그 빛과 아름다움을 보고 싶은 것이다. 관국지광觀國之光의 앞뒤 글자를 따서 관광이라 한 것이다. 풍지관괘의 풍지관風地觀이란 말에도 보이듯이 바람이 대지에 유유히 지나가는 모습이 관觀이다. 한줄기 바람이 되어 새 땅을 지나며 자신이라는 바람을 더욱더 신선하게 하는 것이 여행이 되면 좋은 일이다. 바람이 대지를 지나가는 것, 또 그것은 숨결이 육신의 내부 땅들을 지나가는 것이다. 점을 쳐서 풍지관괘를 얻은 사람은 밖으로 향하면 나라의 빛을 보고, 안을 향하면 자신의 빛을 본다. 곧바로 여행의 목적을 느껴보고 그 목적지에 가려고 하면 지금 자리에 여행을 왔다고 생각하고 곧바로 자신의 마음을 열어 보라. 그것이 잘 안 되면 조용히 앉아라. 호흡이란 바람이 자신의 내부국토를 지나가며 관觀이 이루어지면 육신나라의 마음임금은 폭란함이 없이 덕스러워지고 세포국민은 우순풍조雨順風調 속에서 평안하며, 그런 선정과 미풍양속 가운데 심신이 그윽하게 빛날 것이다. 진관광眞觀光이 이루어진다. 좌선과 관조가 잘 안 되는 사람은 숨을 들이쉬면서 호흡바람을 느끼며 '풍風'을 생각한다. 그리고 숨결에 의해 부풀어 오르는 몸을 느끼며 마음속으로 '지地'를 느낀다. 심신이 관觀의 테두리 속에 쌓인 채 그렇게 숨을 들이쉬고 내쉰다. 그것이 익숙해지면 풍과 지의 생각붙임을 떼고, 자연스럽게 육신의 내부골짜기들을 유유히 지나가는 숨바람을 보면서 무형유형의 풍지風地가 서로 감촉하며 교류하는 것을 본다. 이것을 풍지내촉관법風地內觸觀法이라 한다. 줄여서 풍지관법風地觀法이라고 한다. 자신관광법이다.

취하지는 않지만 흔쾌히 받아들이고 수용하는 넉넉한 자세는 여행의 일만이 아니라 좌선의 상황이기도 하다. 수행이 여행으로 여행과 좌선, 둘 다 자유의 내외 걸음으로 내보內步 외보外步이다.

근대 이후의 의식에 대해 탐구한 데카르트 이후의 철학자들도 이 길을 걸어 왔다. 근대철학의 아버지라고 교과서에 수록된 데카르트의 철학도 한마디로 하면 자유의 연금술이라고 하고, 자유·평등·박애라는 프랑스 근대사상의 머리도 자유이다.

인간의식에 대한 탐구와 자유를 향한 걸음이 프랑스혁명을 가져왔고, 오늘날까지 이어지며 휴머니즘이라는 근현대의 시대정신이 되었다. 서구에서는 데카르트를 시작으로 사유의 최초 빅뱅을 보았지만, 선은 사유마저 버린 무아지경으로 곧바로 뛰어들었다. 물론 일심과 무심은 종이 한 장 차이이다. 근본적으로는 사실 차이도 없다.

태극이 무극이고 무극이 태극이다. 일무무일一無無一이다.

일심무심에 이르기 위해 앉아있어 보면 이것은 백만대군을 물리치기보다 어렵다. 우스갯소리로 생각의 군사는 백만대군이 아니라 무량이기 때문이다. 이 생각들을 호흡을 묵묵히 관하면서 벗어나 순수관조자로 남는 것이 초기불교의 선이다.

이와 다르게 중국과 해동에서는 의심하고 의심하면서 화두를 타파하는 방법인 간화선이 행해졌다. 데카르트도 의심의 방법을 홀로 저절로 사용하여 명제에 도달하였다. 둘의 목적은 같은데 선은 직접적으로 사유 이전을 보는 것이다. 생각의 구속력을 벗어나기 위해서이다. 그리고 그곳에서 자유와 해탈을 말하였다.

직지인심 견성성불

경험과 현실과 조건에 서서 백날을 이야기해도 당체, 즉 본지풍광과는 십만 팔천 리라. 오직 당체에 서서, 본체에 서서, 본심에 서서 절대자유에 대해서만 얘기하였다. 구름 가득한 하늘에서 구름숲을 벗어나기 위해 몸부림치는 방식이 아니라, 구름숲에서 그냥 조용히 쉬며 허공을 그대로 느끼는 방식이다. 이것이 중요하다. 이것을 직지인심直指人心이라고 한다. 이런 일들을 기록한 것이 후에 세계 최초의 금속활자본이 되었는데 바로 직지심체요절, 즉 『직지심경』이다.

직지인심 앞뒤에 한 구절씩 더 있는데, 앞에는 불립문자不立文字가 있고 뒤에는 견성성불見性成佛이 있다. 모두 해석하면 "문자를 세우지 아니하고 곧바로 마음을 가리켜서 본성을 보아 부처를 이룬다" 이다. 오늘날 한국 조계종의 대종지요, 공식 플래카드이다.

1조 달마부터 6조 혜능을 거쳐 심즉불心卽佛의 마조와 임제선사로 이어지는 도도한 흐름이 모두 이것에 바탕한다.

지금부터는 선사들의 문답을 살펴보며 어떻게 본지풍광을 드러내고 자유를 외쳤는지 보고자 한다. 선시 하나를 우선 읊조리며 자유의 아리랑 고개를 쉬어가며 넘어가자.

부딪히는 곳마다 평화요,
머무는 곳마다 행복이요,
행하는 것마다 무한생명의 절대자유로다.
아느냐? 이 일을!
동쪽 하늘에 해와 달을 띄우고
만리 흐르는 강물을 바라보도다.

옛사람들이 말한 임제종의 종풍을 소개한다. 임제종 가풍은 맨손에 칼 한 자루를 들고 부처를 죽이고 조사를 죽인다. 옛날이나 지금이나 근본 뜻을 판단하고 주인과 손님의 관계에서 용인지 뱀인지를 알아내고, 나무 같기도 하고 풀 같기도 한 대나무 정령을 싹 쓸어버리며, 금강보검으로 썩은 나무에 붙어사는 허깨비들을 제거한다. 위풍당당한 사자의 한 번의 포효소리로 여우의 뇌를 찢고 살쾡이의 염통을 찢어버린다. 임제종풍을 알고자 하는가?

적수단도 살불살조(赤手短刀 殺佛殺祖)
청천굉벽력 평지기파도(青天轟霹靂 平地起波濤)
시임제종풍야(是臨濟宗風也)

맨손에 짧은 칼을 쥐고
부처를 죽이고 조사를 죽인다.
푸르른 하늘에 날벼락이 떨어지고
평평한 땅에서 큰 파도가 일어난다.

이것이 임제종풍이다.

오늘날 조계종은 선종으로 임제종의 맥을 잇는다.

중국에서도 최후로 임제종이 있었고, 일본에서도 제1종은 조동종이지만 제2종이 임제종으로, 관음보살이 기도영역을 평정하였다면 임제는 선의 영역을 천하 통일하였다. 그의 깨달음 과정이 실로 놀라워 그 과정을 소개하면서 불교의 선이 무엇인지 탐색해 보고자 한다.

도가 별것 아니구먼

당대 최고의 스승이었던 황벽스님의 문하에서 열심히 공부하던 성실한 임제는 늘 스승에게 매를 맞았다.

요즘으로 말하면 범생이었던 그는 노력에 비해 진전이 없었다.

어느 날 또 스승에게 도를 묻다가 매를 맞았고 이번에는 때리던 스승이 지쳐 내쳤다. "너는 안 되겠다. 대우스님께 가거라."

달마 이후의 불법의 정맥을 이은 최고의 선지식 밑에서 모범적으로 열심히 공부했건만, 오히려 스승으로부터 내침을 받고 딴 사람에게로 가게 된 임제의 모습은 처참하기 그지없었다. 하지만 스승의 명이라 범생이답게 대우스님에게 갔다. 임제를 본 대우스님이 물었다.

"너는 황벽스님의 수제자 임제가 아니냐? 어찌하여 여기 왔느냐?"

임제가 처연한 목소리로 답하였다.

"스승님께 도를 묻기만 하면, 제게 무슨 허물이 있는지 때리기만 하십니다." 그 얘기를 묵묵히 듣고 있던 대우스님이 다시 물었다.

"너는 왜 꼭 스승이 네게 허물이 있어서 때렸다고만 생각하느냐?"

그리고 대우스님도 곧장 임제를 패기 시작하였다.

잠시 후 그렇게 허리를 구부린 채 고개 숙여 맞고 있던 임제가 갑자기 두 다리를 땅에 굳게 딛고 일어서며, 대우스님의 옆구리를 쥐어박으면서 한마디 하였다. "도가 별것 아니구먼."

불음 사자후(佛音 獅子吼)였다. 이 일어남과 소리가 후에 '할'이 되어 청천하늘에 벼락을 떨어뜨리고 평지에 풍파를 일으키며 천하를 석권하였다. 임제와 대우스님도 대단하지만 대우스님에게 보낸 스승 황벽의 혜안이 놀랍다. '도가 별것 아니구먼'의 원문은 '황벽불법무다자黃蘗佛法無多子'인데 자식이 많지 않으면, 중국에서는 별거 아닌 취급을 하고 자식이 많고 번창한 것을 대단하게 여겨 '도가 별것 아니구먼'이라고 번역한다. 어째서 당대 최고의 스승 밑에서 깨치지 못한 임제가 변방의 선승 대우스님에게서 깨쳤을까?

두들겨 패는 것에 주안점이 있는 것이 아니라, '왜 꼭 허물이 있어서 스승이 때렸다고 하느냐?' 하는 대우스님의 말에 핵심이 있다. 범생이었던 임제는 늘 자신의 잘못을 보았고, 그런 죄의식과 업심이 오히려 자신을 자승자박하고 있었다. 또 온전한 주체로서의 자신을 보는 것을 방해하였다. 역사를 살펴보면 별종들이 깨닫는 것이 아니라, 범생이가 깨달아 별종이 된다. 마조, 임제, 경허 등등 사실 대부분이 그러하다. 그러므로 싫어도 일단 범생으로 출발하는 것이 좋다. 깨달을 확률이 높기 때문이다. 괜히 처음부터 별종짓을 하다가는 진짜 별종이 돼보지도 못하는 억울한 일을 당하게 된다. 깨닫고 난 뒤의 임제는 후일 '무엇이 부처입니까?' 하고 물으면 '네 자신이 바로 부처다'라고 말하였고, '정진이 도리어 무간지옥으로 가는 길이다'고 하였다. 뒷머리를 보려고 하는 자가 마치 계속 뒷머리를 보기 위하여 연신 고개를 돌리는 것과 같은 셈이다. '추호도 바깥을 좇지 말라. 그러면 도가 역력하다'고 한 그의 사자후는 수행의 골수가 되었다.

요즘 『미움받을 용기』라는 제목으로 히트 치고 있는 아들러의 주체와 용기의 심리학과 일맥상통한다. 정신상담에서는 주체적인 자아를 회복시켜 주는 것이 중요하다. 그런 치유에 두 길이 있다.

찌그러진 마음을 찌그러진 원인을 파악하여 치유할 것인가, 있는 그대로 당당하게 받아들여 주체적으로 되게 할 것인가 하는 것이다. 전자는 붓다와 프로이드의 스타일이고, 후자는 임제와 아들러의 방식이다. 프로이드는 이전에도 가물가물 짐작하고 있던 무의식의 존재를 수많은 상담과 그 데이터로써 과학적으로 증명한 최초의 심리학자이다. 프로이드가 본 무의식은 에로스와 타나토스로 되어 있는데, 에로스는 생존본능이고 타나토스는 파괴본능이다.

달리 말하면 할리우드 영화의 두 줄기인 성과 폭력이고, 간단히 말하면 생과 사이다. 앞에 신화이야기에서 말한 바와 같이 생과 사는 기쁨과 슬픔이다. 조지훈 시인이 그의 시에서 사랑은 기쁨 아니면 슬픔이라고 했는데, 인생이 기쁨 아니면 슬픔인 것이다. 생사에 민감한 불교가 이 희로애락을 역시 중요하게 여기는 것을 보면 현대 심리학과 서로 통하는 바가 있다. 여러 가지로 다시 살펴볼 것이 있겠지만 프로이드의 관찰과 혜안과 노력에 박수를 보낼 만하다. 프로이드의 입장에서 보면, 유교·기독교·이슬람교 등은 에로스적 성향이고 불교는 타나토스적이라 할 수 있다. 아무튼 이러한 생사를 붓다는 더

본능적으로 실제적으로 느껴 출가하기에 이른다. 무의식을 뼈저리게 느낀 것이다.

안수정등고사와 행복

불교에 안수정등고사라는 것이 있다.

안수정등이란 절벽의 나무(岸樹)와 우물의 등나무 넝쿨(井藤)이라는 뜻이다. 한 나그네가 넓은 벌판을 가는데 갑자기 사방에서 사나운 불길이 일어났다. 불길에 둘러싸여 어쩔 줄 모르고 당황해 하고 있는데, 갑자기 코끼리 한 마리가 나타나서 나그네를 향해 사납게 달려들었다. 코끼리를 피하려고 있는 힘을 다해 도망가다가 절벽 아래에 이르러 우물을 발견하였는데, 마침 등나무 넝쿨이 그 우물 안으로 드리워져 있었다. 나그네는 급한 김에 코끼리를 피해 등나무 넝쿨을 붙잡고 우물 속으로 내려갔다. 그런데 우물 바닥에는 커다란 구렁이 세 마리가 입을 벌리고 내려오기만 기다리고 있었다. 다시 등나무 넝쿨을 붙잡고 위를 올려다보니, 독사 네 마리가 혀를 날름거리며 그를 내려다보고 있었다. 그야말로 진퇴양난進退兩難 승강무용昇降無用으로 이제는 내려갈 수도 없고, 다시 올라갈 수도 없는 처지가 되어버렸다.

한편 등나무 넝쿨을 붙잡고 있는 팔의 힘은 점점 빠져 기력이 다해가고 설상가상으로 넝쿨 윗부분을 흰쥐와 검은 쥐가 번갈아 가면서 갉아먹고 있었다. '이제는 죽을 수밖에 없구나' 하는 절체절명의 순간에 어디선가 달콤한 액체 한 방울이 얼굴에 떨어졌다. 혀로 핥아 먹어보니 꿀이었다. 나무 위에 지어놓은 벌집에서 꿀이 한 방울씩 흘러내리고 있는 것이었다. 허기도 지고 몹시 갈증도 났던 이 나그네는 방금까지 두려워했던 상황은 까맣게 잊어버리고, 이제는 떨어지는 꿀 한 방울을 받아먹으려고 얼굴을 이리저리 돌리며 별 쇼를 다하였다.

이 이야기는 욕망을 좇아가는 인간의 삶을 비유한 것이다. 들판에 번지는 불길은 우리의 삶 속에서 끊임없이 일어나는 욕망의 불길, 욕화欲火를 뜻하고 코끼리는 언제라도 부지불식간에 닥칠 수 있는 죽음의 그림자이며, 무상無常을 비유한 것이다. 등나무 넝쿨은 목숨이며, 이 목숨을 밤과 낮을 뜻하는 두 마리의 쥐가 잠시도 쉬지 않고 하루하루 갉아먹고 있는 것이다. 우물은 우리가 안전하다고 착각하며 의지하는 세속의 권력, 돈, 인간관계 등이다. 세 마리의 구렁이는 탐·진·치의 삼독三毒을 뜻하며, 네 마리의 독사는 우리의 몸을 구성하는 지·수·화·풍 사대四大이고, 다섯 방울의 꿀은 감각적 쾌락인 오욕락五欲樂을 의미한다. 인간이 탐진치貪瞋癡, 즉 탐욕과 성냄 그리고 어리석음이라는 삼독三毒에 빠져 법의 깨달음을 이루지 못한 채, 다가오는 죽음 앞에서도 오욕락의 꿀 한 방울에 목숨을 매는 현실을 비유한 유명한 고사이다. 고사이고 설화이지만 우리의 현실이기도 하다. 붓다는 이런 자신의 처지를 누구보다 실감한 사람이었고, 생사를 넘어서기 위해 출가하여 설산에서 도를 닦았다. 그리고 깨닫고 나서 녹야원의 다섯 사람에게 최초로 법을 설하면서 첫마디가 '나는 불사不死를 얻었다'였다. 다섯 사람이 의심하며 믿지 않자 그들의 말을 따라 세 번을 또렷이 '나는 불사不死를 얻었다'고 다시 반복하였다. 그러자 그들이 붓다의 법을 듣게 되었고, 붓다는 고집멸도苦集滅道의 사성제를 설하였다. 이것을 '초전법륜初轉法輪'이라고 한다. 녹야원에서 있었던 일이라 달리 '녹원전법상'이라고도 한다. 이처럼 불교의 목적이 생사대사를 해결하는 것인데, 현대 심리학으로 말하면 무의식을 초탈하는 것을 말한다. 붓다가 문제 삼고 또 보았던 생사문제가 프로이드에게서도 큰 문제였던 것이다. 불교와 심리학 모두의 관심은 마음의 병에 있다. 그래서 경전에 부처님을 '심왕心王', '의왕醫王'이라고도 하는 것이다. 마음의 병을 고쳐 마음이 안락하고 평안한 경지를 얻도록 하는 것이 모두의 목적인데, 그렇게 하기 위해서는 마음이 어떤 것인지 알아야 하고 마음을 고통에서 벗어나게 해야 한다. 왜 이렇게 마음이 문제인가? 우리의 행복을 재단하는 척도이기 때문이다.

『법구경』에 이런 구절이 있다.

나는 부자도 아니고 권력자도 아니다.
거룩한 사제는 더욱더 아니다.
나는 가진 것이 별로 없지만
이 인생을 깊이 생각하면서 살아간다.

요즘 행복지수가 문제다. 선진국 사람들의 행복지수가 뒤에서 순위를 다투고 부탄 같은 나라가 앞에서 1, 2위를 다툰다. 이것은 하루, 이틀, 어제 오늘의 데이터가 아니다. 참으로 이상한 일이 아닐 수 없다. 잘 살기 위해 매진하여 부귀한 선진국을 지향하고 또 이룩했는데, 오히려 행복지수는 소리없이 속에서 감퇴하고 있었던 셈이다. 칼을 잘 쓰는 무사가 되면 마음도 튼튼하리라 생각하지만, 칼을 잘 쓰기에 싸움에서 더 많은 사람을 살상하여 심리적으로 오히려 더 피폐해지는 것과 같다. 부귀와 권력과 기술과 물질이 꼭 행복과 직결되는 것은 아니다. 그런 것이 있다면 대접은 받을지 모르지만 자칫하면 행복과는 더 멀어질 수가 있다.

영화 〈스타워즈〉에 보면 아나킨이 가장 포스가 높다. 그래서 요다가 아무리 광선검을 잘 쓰고 포스가 강해도 마음을 잘 다스려야 된다고 말한다. 그런데 아나킨은 그렇게 하지 못하고 악의 길로 걸어가 제다이 기사들을 그 강한 힘으로 몰살하고, 자기 부인까지 잃으며 자신도 나락에 떨어진다. 강한 힘과 기술이 제대로 된 마음을 가져다주는 것만 아니라, 오히려 주위의 유혹과 자신의 교만으로 인해 비뚤어진 마음을 선사하는 경우가 많다. 행복은 요상한 물건이라 크고 작음을 가리지 않고 깃든다. 물질처럼 관측이나 계량이 되지 않는다.

아이에게 엄마가 '우리 애기는 엄마를 얼마나 좋아해?'라고 물으면 아이는 두 손으로 가슴에서부터 큰 원을 그리며 '하늘만큼 땅만큼'이라고 하며 천진하게 대답한다.

과학에서는 관측되지 않고 계량되지 않는 것은 탐구대상이 아니다. 그래서 사랑과 행복과 마음과 신은 탐구대상이 아니다. 설사 연구대상으로 삼아도 관측 가능한 범위 내에서 하고, 계량을 통해 데이터가 나오는 선에서 탐구한다. 그러나 우리 주위에 사랑과 행복 같은 것들이 얼마나 많은가. 아니 많기만 한 것이 아니라 얼마나 우리가 자주 접하고 있고 또 쓰고 있는가. 중세 때에는 주관성과 신神에 매료되어 있었다. 그 폐단이 심해져 개선책으로 객관성과 물질 현실세계로 눈을 돌렸고, 과학이 선두에 서서 이끌어 갔다.

객관적 이성과 물질의 계발과 풍요로 많은 혜택이 있었지만, 삶이 갈수록 팍팍해지고 행복감이 떨어져가기만 한다면 사람들은 다시 대안을 찾을 것이다. 그러나 새로운 대안으로 과거 중세시대의 기성종교를 그대로 다시 끌어올 수는 없다. 왜냐하면 너무 많은 부분이 허무맹랑하기 때문이다. 현대인이 믿을 수가 없다. 실제로 종교는 이미 많은 매력을 잃었다. 중세의 폐단을 근대와 현대가 고쳤다면, 현대의 폐단은 현대에서 중시하는 것에서 발생하는 법이다. 따라서 새로운 미래는 현대의 물질만능과 편리, 인간중심의 이기와 파괴를 치유하는 것으로부터 열릴 것이다. 그리하여 아마도 신을 무조건 믿는 중세 방식은 아니겠지만, 자신 안에서 자신의 삶과 행복을 좌지우지하는 마음에 눈을 돌릴 가능성이 제일 높다. 명상이 미래의 대안이 될 것이다.

과거의 종교들에게서 온고이지신溫故而知新을 하겠지만 옛날 종교들보다는 상식적이고 또 합리적이며 적당히 신비적인 마음수행이라는 방법을 통해, 외부 물질세계를 좇던 현대인들이 내면을 바라보며 그동안의 자신의 결핍을 채울 것이다.

과거의 종교들이 허무맹랑하기도 하고 혹세무민하기도 하지만, 큰 줄기는 그래도 유효하고 근본은 고금에 다를 것이 없다. 다만 지혜와 자비라는 큰 줄기를 현대에 맞게끔 다시 변화시켜야 한다. 그래서 현대인들이 접근 가능하고 이해 가능하며 실천 가능하도록 바꿔야 한다. 그러기 위해서는 본질만 잡고 옛날의 허무맹랑한 것은 과감히 버려야 한다. 구태를 청산하고 허무맹랑한 이야기라도 모두 본질을 장식하기 위한 것이었음을 알려주고 근본을 더 선양해야 한다.

참선하는 사람들은 『법화경』을 별로 좋아하지 않는다. 자비와 믿음과 서원을 강조하며, 방편에 입각하여 제법 허무맹랑한 소리를 하기 때문이다. 그래서 믿음을 쫓는 일반인들은 좋아하지만, 진실을 추구하는 선종에서는 심지어 악마의 설이라고 할 정도로 경원시하기도 한다.

좋은 예화가 하나 있다. 어떤 나이든 여자 신도분이 평생 남편에 시달리어 울화가 있었다. 그때마다 조계종 신도이니 『금강경』을 읽었고 그렇게 하기를 40년간 하였다. 『금강경』의 종지대로 대상과 형상을 따라 마음을 동요시키지 않고 공空으로 보기를 계속했는데, 잠시는 마음이 진정이 되었지만 또 남편이 긁으면 다시 울화가 도지는 것이었다. 40년 뒤 『법화경』을 볼 일이 있어 보았는데 '중생이기 때문에 어쩔 수 없이 그렇게 행동할 수밖에 없었구나' 하며 연민이 들더니 40년 묵은 울화가 싹 씻겨 내려가 버렸다고 한다.

어째서 이런 일이 발생하는가? 이유는 간단하다. 우리의 마음이 두 가지로 치료될 수 있기 때문이다. 첫 번째는 이성적인 사람으로 자신의 내면으로 들어가 진제眞諦를 보고 마음의 의심이 해방되는 경우이다.

두 번째는 감성적인 사람으로 외부의 괴로움과 아픔을 보고 외부와 대상을 향해 연민심과 자비행을 하며, 오히려 자신 내부의 괴로움과 울화와 불안이 해소되는 경우이다. 첫 번째 경우는 특이하게 자기 안으로 들어가며 오히려 초월과 대해방을 얻는다. 두 번째 경우는 더 특이하게 대상행위를 하며 자기행위로 되게 한다는 것이다. 첫 번째 경우는 우주를 완성하려면 자신으로 들어가 자신을 완성해야 된다는 말이며, 두 번째 경우는 '대접 받고자 한다면 먼저 대접하라'는 예수의 말과 통한다. 불교에 자리이타自利利他라는 말이 있다. 전자는 자리자력自力의 길이요, 후자는 이타타력他力의 길이다.

후자가 더 특이하다고 하는 것은 전자는 그래도 자리추구 일변도의 경향이 강한데, 후자는 이타추구 일변도가 아니라 자리이타 양방향을 아예 동시에 추구한다는 점이다. 너와 내가 일시에 성불하자는 '자타일시성불도自他一時成佛道'처럼 말이다. 다른 사람의 괴로움을 보며 자신의 괴로움을 보고, 다른 사람의 아픔을 씻어주며 자신의 아픔을 씻어내고, 다른 사람에게 사랑을 베풀며 자신을 사랑하는 식이다.

전자가 홀로 스타일이라면 후자는 더불어 스타일이다. 다른 사람을 치유하며 덩달아 자신이 치유되는 것으로, '그대가 기쁘면 나도 기쁘고 그대가 우울하면 나도 우울하다'이다. 주로 여성들이 그러한데 대상을 자기화하는 거울신경이 많아서 그런지 신기한 일이다.

베풂이 없으면 이기심이 녹지 않는 것이다. 만일 놀랍게도 자기의 원수를 사랑하는 사람이 있다면 역설적으로 자신의 가장 지독한 죄업도 소멸된다. 그러므로 다른 사람에 대한 보시는 곧 자신에게 베푸는 것이요, 사랑하는 것은 바로 그대로 사랑 받는 것이다. 남편을 연민으로 보고 자신을 연민하며 남편에게 자비의 행을 하는 순간, 자신의 울화에 따사로운 손길을 내민 것이다. 그래서 40년 울화가 씻은 듯이 내려간 것이다. 『금강경』의 첫 질문도 '어떻게 헐떡이는 이 마음을 항복 받을 수 있겠습니까?'이다. 그런데 『금강경』을 40년간 보고도 울화가 완전히 없어지지 않은 것은, 이해가 아니라 감동과 공감이 필요했기 때문이다. 경전 궁합이 안 맞고 택법이 잘못되었기 때문에 효과가 약했던 것이다. 『법화경』에 비록 쉽게 납득하기 어렵고 허무맹랑한 소리가 많지만, 자비와 연민심을 선양하기에 영험이 있었던 것이다. 그래서 오늘날까지 널리 유포되어 왔고 지금도 기도객들의 주텍스트이다. 허무맹랑한 소리를 받아들이자는 것이 아니라, 근본인 자비의 입장에서 보고 온고이지신 하자는 말이다.

아라한과 보살

불교에는 모범적인 두 가지 인간상이 있다.

하나는 소승의 '아라한'으로 이 세상이 고해임을 보고 자신을 계율과 수행으로 잘 단속하고 다스려 고를 벗어난다. 그래서 다시는 이 세상에 오지 않으며, 집착을 끊고 해탈열반에 드는 존재이다.

또 하나는 이 세상의 고苦를 보고 오히려 괴로워하는 중생들에게 나아간다. 즉 고苦를 벗어나기보다는 도리어 고苦 속으로 뛰어 들어가서, 그들을 구제하는 존재인 대승의 이상적 인간상인 '보살'이다.

보살菩薩은 보디사트바(Bodhi-Sattva)의 준말로 보리살타로 줄어들었다가 '보살'이 되었다. 뜻은 보디사트바에서 보이듯이 깨달음과 중생이 합쳐진 글자로, 진리를 가지고 중생을 향해 가서 힘써 구제하는 자라는 말이다. 다른 존재의 고통을 없애주며 자신의 고를 소멸하고, 다른 생명들을 보살피며 저절로 자신을 보살피고, 다른 인간을 편안케 하며 스스로를 편안케 하고, 다른 사람들을 기쁘게 하며 자신을 기쁘게 하는 자이다. 또 나아가 다른 유정有情들을 구제하며 자신을 구제하고, 다른 중생을 해탈케 하고 성불하게 하며 자신이 해탈하고 성불을 성취하는 격이다. 『화엄경』「보현행원품」에 보면 '일체중생에게 수순하는 것이 일체여래에 수순하는 것이며, 일체중생을 환희하게 하는 것이 일체여래를 환희하게 하는 것이다'라는 말이 나온다. 그리고 '보살이 중생을 향한 대비심으로 말미암아 저 생사광야에서 보리도를 성취하셨느니라' 하는 구절도 나온다. 부처님을 칭송하고 찬탄하는 십대명호가 있다. '여래·응공·정변지·명행족·선서·세간해·무상사·조어장부·천인사·불세존'이다. 이 중에서 응공應供이란 명호는 '응당히 공양 받을 만한 이'라는 말이다. 그러나 부처님만 응당히 공양 받을 만한 이가 아니라 빌어먹는 거지도 응공이다. 왜냐하면 사람들은 자신이 상처 받거나 살기 어려운 형편에 놓일 때, 자신보다 더 비참한 거지를 보면 위로를 받게 된다. 그리고 다른 사람에게 음식을 구걸하는 것 자체가 무척 용기 있는 일이다. 자신이 길바닥에 앉아 먹을 것을 달라고 다른 사람에게 손을 내밀어 보라. 아마 쉽지 않을 것이다. 위로와 용기가 거지에게 있다. 거지에게서 위로와 용기를 다시 얻는다.

게다가 다른 사람의 마음에 자비와 베풂을 일으키니 당연히 공양 받을 만하다. 다소 역설적이지만 가장 존귀한 부처님과 가장 빈천한 거지는 알고 보면 동일한 감화를 우리에게 준다. 이러한 귀천뿐만 아니라 내외와 자타도 서로 비춘다. 바깥의 괴로움을 보고 씻어주면서 자신의 고苦가 녹고, 다른 이를 공경하며 제불諸佛을 공경하고, 다른 이를 먹이며 여래에게 공양하는 것이다.

이는 가히 어머니가 자식을 돌보며 스스로 기뻐하는 것과 같다. 그래서 보살은 어머니 같고 순수한 여인의 성정을 지닌 존재이다. 성모인 셈이다. 순수한 여인이 우리에게 자비와 은혜를 베풀고 우리를 축복할 수 있다는 믿음이 중세기간에 동서양 전체를 휩쓸었다.

심지어 도를 닦아 성불한 이는 석가모니인데 관음보살을 비롯한 제보살들이 신앙되고, 사랑을 외치다 십자가에 매달린 사람은 예수인데 성모마리아가 기도와 존중을 받았다. 이것은 지상에 보이지 않는 밤, 무시야無視夜가 오고 자연스럽게 여인의 정서와 여신신앙이 증대된 것이다. 심지어 인도도 중세 인도사상의 특징 중 하나가 바로 삭티신앙들의 증대인데, 이 삭티가 바로 여신들이다. 전 세계적인 현상이었던 셈이다. 서력기원을 전후해서 예수가 태어나고 대승불교가 일어났으며, 후에 각각 동서양으로 자라가는 모습은 새싹이 푸른 두 떡잎을 양쪽으로 펼쳐 올리는 것 같다. 이것은 서력기원부터 중세 전까지 지구의 기운이 상승한 때문으로, 남방의 것들이 북쪽으로 올라갔고 인간의 문화들도 그 흐름에 편승되었다. 그리고 중세 이후 근대부터는 다시 추워지기 시작하여 징기스칸이 남하하였고, 서구가 깨어나 서북의 기운이 동남으로 급속도로 밀려들었다. 소위 서세동점이다. 예전 서력기원 전에는 문명이 덜 발달하여 유럽지역에 제한적이었으나, 근대에는 산업혁명과 지리상의 발견으로 전 세계로 서구 이성이 뻗어나갔고, 제국들의 점령이 이루어졌으며 근대화가 진척되어 갔다.

그러나 현대에 이르러 다시 기운이 상승하여 갔고 두 기운이 균등해지자, 대륙의 공산주의와 해양의 자유민주주의로 팽팽히 냉전을 겪으며 대치하였다. 그리고 기운이 더 상승하자 대부분의 대륙장막들이 붕괴되고 지금은 북한만 남았다.

기후, 문화와 사상을 바꾸다

인간문화나 역사·사상과 종교의 변화들도 알고 보면 기후에 의해 이루어지고, 그 안에서 피고지는 수많은 사상과 국가와 인간들도 다만 자신의 배역을 맡아 하는 것이다.

서력기원 이전에는 그리스와 로마의 융성으로 민주제와 법치와 공화정이 꽃을 피웠다. 중세에 이런 제도와 방식은 퇴조하였다가 근대에 다시 나타난다. 예수탄생 이후에는 로마 공화정이 서서히 황제중심의 제정으로 바뀌어가며 중세를 향해 달려갔고, 중세 이후에는 역전되어 르네상스와 계몽사상이 퍼지면서 민주와 법치의 공화정이 다시 부활한 것이다. 서력기원 이전에 있었던 일을 그리스 때부터 살펴보면 그리스가 아직 초창기 어린아이 정도로 소도시인 폴리스 형태들일 때, 페르시아는 오히려 상당히 강성하였다. 그런데 인간중심의 그리스를 보고 얕보며, 신을 욕보이는 자들이라고 페르시아왕이 대군을 이끌고 침공하였다. 물론 그리스의 성장이 눈엣가시이기도 했을 것이다.

얕보다가 마라톤에서 참패를 하고 '패권을 회복하라'는 유언을 남기고 대제국 페르시아의 왕 다리우스가 죽었다. 그래서 설욕을 위해 아들 때 재침했으나, 스파르타의 왕이 친위대 300명을 이끌고 싸우다 길목에서 장렬히 전사하였다. 그러자 그리스가 힘을 합하여 살라미스 해전에서 물리쳤다. 이 내용들은 〈300〉이란 제목으로 영화화되었다. 그리고 알렉산더의 아버지 때 마케도니아에 의해 그리스가 마침내 통일되었고, 자신의 이상도 펼칠 겸 복수를 외치며 천하명장 알렉산더가 페르시아를 침공하였다.

그리하여 알렉산드리아를 비롯한 수많은 도시를 오늘날의 이집트와 중동에 세우게 되었다. 이것도 〈알렉산더〉라는 제목으로 영화화되었다. 알렉산더는 전쟁의 신이라고 할 정도로 탁월한 전략전술과 전투능력을 지녔으니 안 되면 이상한 거다. 서북의 기운이 서서히 동맹으로 결집되고, 마침내 동맹보다 더 강한 결속인 통일이 이루어지면서 점차 강성해지는 것이 보인다. 그렇게 그리스가 통일되어 강성해진 후에는 동남 중동을 휩쓸었다. 남쪽의 기운이 북쪽으로 오르는 중세시대 이전, 서력기원 전에는 서북의 기운이 동남으로 내려온 것이었다.

중세 때에는 신학의 시녀가 되지만, 그리스·로마 때에는 소크라테스와 그 제자들을 비롯하여 여러 합리적 이성과 철학이 꽃피었다. 소위 헬레니즘이라고 부른다. 이성본위, 인간중심의 헬레니즘은 근대에 와서 르네상스와 계몽사상, 산업혁명과 과학의 발달로 화려하게 부활하였다. 이 헬레니즘에 대비되는 흐름이 감성본위, 신중심의 헤브라이즘이다. 인류에는 지금까지 여러 가지 변화가 있었지만 아주 큰 변화는 두 번 있었다. 즉 농경의 길이 열린 신석기혁명과 상공업의 길이 열린 근대 산업혁명이다. 현대의 디지털혁명이 제3의 혁명이라고 하니, 요즘 것까지 합치면 세 번의 대변혁인 셈이다.

지금 경제적인 표현으로 1차, 2차 산업이 일어나 생산력이 늘어나고 그에 따라 인구도 폭발적으로 늘어났다.

그와 동시에 인간들의 주거환경과 문화·정치제도의 혁신적인 변화를 몰고 왔다. 농경이 시작되며 종교가 나타났고, 산업혁명이 일어나며 과학이 태동하였다. 종교와 과학이 각기 두 혁명의 장자로 태어난 것이다. 4대강 문명 중 2개가 몰려 있는 중동지역은 지금도 이런 신중심의 전통을 강하게 그대로 지니고 있다. 그리고 산업혁명으로 강성해진 서구의 여러 나라들과 종교적·문화적 갈등이 지금 시대에도 여전히 계속되고 있다. 페르시아의 그리스 침공 그리고 알렉산더의 동방원정은 우리가 아는 헬레니즘과 헤브라이즘의 제대로 된 충돌이며 또 융합의 시도이다. 그리고 그리스 이후에는 로마가 지배하였지만 기온이 상승하면서 결국 헤브라이즘의 감성, 크리스트교가 로마를 덮었고 로마기독교형태가 되어 제국전역에 유포되었다. 그 전에 유럽은 오딘의 신화에서 보이듯이 전쟁과 영웅의 이야기가 민족종교들 형태로 만연했는데, 이번에는 정반대의 사랑과 평화의 메시지를 담은 크리스트교가 로마군대와 함께 와서 강요하였다.

북유럽 신화에 보면 붉은 용에 대한 이야기가 많이 나온다.

로마의 군장들이 붉은 깃털의 투구와 붉은 망토를 걸치고 군대를 몰고 와서 자신들의 민족종교를 핍박했기에, 전사를 존중했던 그들의 특성상 로마군을 상징하는 붉은 용과 싸우는 신화가 많았던 것이 아닌가 싶다. 아더왕의 전설이 일반인에게 알려진 대표적인 이야기이다. 물론 전설이 아니라 유적이 발굴되었다고 하니 사실이겠지만, 그동안은 이야기가 되어 신화와 전설로 전해졌다. 북유럽 전쟁영웅의 이야기들은 오늘날 아이들의 게임으로 되살아났다.

'승자의 기록은 태양의 조명을 받아 역사가 되고, 패자의 기록은 달빛에 바래 전설이 된다'는 말이 있다. 북유럽 신화와 전설이 그러하였다. 북유럽 신화뿐만 아니라 로마도 기독교 이전에는 이런 전쟁영웅

분위기가 나는 무적의 태양신이라 불리어졌던 미트라를 믿고 있었다.

미트라는 처녀에게서 돌동굴 속에서 태어났다. 그는 신의 아들이었으며, 죽고 나서 3일 만에 부활한 존재이다. 그의 출생일이 12월 25일이고 동지절은 미트라축제일이었다. 여기에는 이설들이 있기는 하다. 유대인들은 구약에 따라 토요일이 안식일인데, 어째서 기독교인들은 일요일날 교회를 가는가? 그것은 존엄한 태양일인 일요일이 태양신을 기리는 날이라 로마 공식휴일이었기 때문이다. 지금 교회의 대표적인 상징이 십자가와 3개의 동심원, 물고기, 돌 등인데 여기서도 로마의 흔적이 역력하다. 이외에도 바티칸에는 기독교 이전의 상징들로 가득하다. 미트라를 예수로 대치한 부분이 여기저기 눈에 띈다. 그렇다고 반대개념들인 전쟁영웅 같은 신과 사랑과 평화의 님이 같을 수는 없다. 누가 거룩한 사랑의 행위를 한다면 백년을 못 가서 묻힐 것이다. 특히나 정보가 요즘처럼 발달하지 못하고 지리적, 언어적 장벽이 만연했던 과거야 오죽했겠는가!

대대로 전승하기 위해서 다른 존재보다 비교우위를 얻어야 하고 신격화가 필수적이다. 대승불교도 『법화경』에서 일불승一佛乘을 외치며 부처님을 영원하신 부처님으로 신격화한다. 신격은 그야말로 신격神格이다. 지혜와 사랑들을 신의 그릇에다 담는 것이다. 그러므로 나쁜 것이 아니다. 왜냐하면 지혜와 사랑이 바로 신이기 때문이다.

안성맞춤인 셈이다. 세상에 존재하는 최고신들을 보라. 그 속성이 지혜 아니면 자비다. 탐·진·치와 희로애락이 지혜와 자비 앞에서 자신의 업과 죄를 참회하고 평안을 얻는다. 교회와 절을 보면 누구나 이것을 안다. 문제는 지혜와 사랑을 전하는 것이 아니라 껍데기인 신격만을 전하며, 자기 신의 이름만을 외치고 다른 것들을 배척하는 것이다. 이것은 그릇 안의 물을 주며 목마르지 않게 하는 것이 아니라, 그릇으로 서로를 공격하며 서로 피투성이가 되는 어리석은 짓이다. 우리들이 물을 나누어 마시며 시원해하고, 서로 웃으며 그릇을 주고받는 날이 오기를 바란다. 로마에 와서 사랑은 신의 그릇에 제대로 담겼고, 온 곳곳으로 또 대대로 전승되었다. 우리나라에는 신라가 천년을 지배하여 한반도의 대부분 족보와 문화에 신라의 영향이 다분하다.

이미 말한 대로 요즘 서구, 아니 전 세계로 퍼진 하얀 면사포 결혼식이 로마식일 정도로 로마의 영향이 유럽에는 지배적이다. 종교에 있어서도 이것은 예외가 아니다. 그러나 로마가 작은 속국의 종교를 그냥 받아들일 리가 없지 않은가? 우리나라에서 나온 작은 종교를 미국이 액면 그대로 다 받아들이겠는가? 더군다나 '천년로마는 하루아침에 이루어지지 않았다'는 말처럼, 미국과는 달리 유구한 역사와 전통을 가졌고 자신들의 종교를 가지고 있던 초강대국 로마가 한순간에 자기 것을 다 버리고 그대로 크리스트교를 채용했을 리가 없다. 로마기독교로 만들어 받아들였다. 오늘날 가톨릭이다. 조직도 국가조직처럼 갖추고 주변 속국들에게 자신의 로마기독교가 아니면 이단이라고 하면서, 군대를 동원해 로마기독교를 강요하고 듣지 않으면 몰살하기를 서슴지 않았다. 이러했으니 이교도에게는 오죽했겠는가.

그렇게 로마기독교를 앞세워 이단과 이교도를 열심히 징벌해서 성인이 된 사람도 있다. 아이러니지만 제국 로마가 헤브라이즘의 앞잡이가 된 것이다. 물론 처음에는 박해도 했지만 박해하던 황제가 일찍 죽는 등등 운도 따라서, 결국 로마에 광범위하게 기독교가 퍼지게 되었다.

물론 자기식으로 좀 고치긴 했지만 사랑과 평화의 메시지는 신격을 타고 그런 대로, 아니 어떤 면에서는 오히려 더 극적으로 변모되어 더 잘 전달되었다. 기독교의 광범위한 유포는 교황권의 강화로 이어졌다. 시저 이후 옥타비아누스부터 제정로마로의 이행조짐이 있었지만, 교황의 권한이 증대되어 가면서 본격적으로 황제에서 봉건영주 중심으로 권력의 중심이 옮겨갔다. 기후의 영향으로 인간의 심성이 변하고, 그 변화된 심성이 종교로 나타나며 정치제도로 나타난 것이다. 지금은 역사적 현상을 나열하며 설명하고 있지만, 오히려 역사적 현상은 기후의 인간사회 창조 모습일 따름이다. 다만 역사적 현상들을 보며 그 속에 흐르는 보이지 않는 기후의 변화를 발견하려 하는 것이고, 기후변화가 사실은 주축이었음을 증거하려고 하는 것이다.

중세시대 때에는 십자군 원정이 있었는데, 1차 원정에서 예루살렘을 탈환하였으나 나머지 원정은 실패하였다. 십자군 원정은 교황권의 쇠퇴와 봉건 제후 및 기사의 몰락, 봉건체제의 동요에 따른 왕권의 신장을 조장하였다. 또한 지중해를 중심으로 하는 동서 교역의 촉진, 이슬람 문화와의 교류를 가속화하여 중세사회의 전환에 커다란 영향을 끼쳤다. 예전의 그리스 승리와 달리 유럽의 실패였고, 지금까지도 후유증이 남아있을 만큼 그리스 시대 이후의 두 번째 헬레니즘과 헤브라이즘의 대충돌이었다. 지금 근현대에 세 번째 충돌이 여전히 진행 중이다. 세계에서 제일 추운 곳 중의 하나가 몽골의 울란바토르라고 한다. 기온이 서서히 내려가고 가장 먼저 타격을 받기 시작한

몽골 유목민들은 이것을 감지하고 징기스칸을 필두로 하여 대대적인 남하를 시작하는데, 이 와중에 동서 교류를 가져와 시간이 지나면서 유럽이 깨어나게 된다. 이성본위, 인간중심의 헬레니즘이 부활하고 더 시간이 지나 산업혁명이 일어났다. 기독교 통치 속에서 자급자족적인 폐쇄 상황에 있던 유럽이 헤브라이즘을 걷어내며, 전 세계로 선진문명을 앞세워 뻗어나갔다. 물론 아직 종교가 다분한 시대였기에 기독교를 앞세워 각지로 진출하기도 하였다.

근대의 합리적 이성과 실증적 과학, 인간본위를 담고 있는 계몽사상과 새로이 근대에 맞게 변화된 프로테스탄트, 즉 오늘날의 기독교가 한 몸이 되어 초강대국 미국이 근대 이후 현대에 출현하였다. 계몽사상인 독립선언문과 대통령취임시 성경선서에서 보이듯이, 근대의 모든 정수를 품고 신대륙에서 태어났다. 앞으로도 마찬가지로 현대사상의 정수를 가져가는 나라가 미래의 강국이 될 것이다. 이런 지성의 흐름은 유럽에서만 일어난 것이 아니다. 유럽 혼자 덥고 혼자 추울 수만은 없지 않은가. 인도에도 부처님 탄생 전후로 해서 신에 대한 제사로 축복을 받는 길보다, 합리적 사유와 수행을 통해 진리를 파악하고자 하는 우파니샤드 흐름이 생겨났다. 불교와 육사외도 그리고 베단타 철학들이다. 소크라테스와 붓다가 출현했던 시기의 동아시아도 역시 백가쟁명百家爭鳴이 생길 정도로 활발한 지식과 학문의 시대였다. 그러다가 진시황의 출현으로 법치가 실현되고, 이후에는 점차 기온이 올라가며 당나라에 이르러 풍요의 극치가 된다. 그리고 다시 징기스칸의 살풍이 내려오고, 이름도 청명한 가을·겨울 분위기를 주는 명·청나라가 들어선다. 한반도에도 삼국·통일신라의 역동과 고려의 화려함을 지나 소빙하기가 있었던 조선시대에는 백자처럼 겨울 같은, 화선지 같은 설백나라가 된다.

위도에 따라 시간차가 있지만 모든 국가와 사상과 문화는 크게 보면 이렇게 천명을 따르고 기후에 의해 만들어진다. 다만 사람들이 잘 감지하지 못해서 그러함을 알지 못했고, 설사 대강은 눈치 챘어도 기후에 의한 인간 역사임을 일목요연하게 파악하지 못하였다. 이러한 파악은 매우 중요한 일로 지금도 그런 가운데 있고 앞으로도 그럴 것이기 때문이다. 주기는 하루가 있고 한 달이 있고 일년이 있고, 세차운동 주기인 일세가 있다. 물론 더 많은 기후주기가 있지만 이들은 대체로 보인다. 그러나 보이지 않는 주기가 있다. 해류의 순환 때문이라느니 설이 많지만, 앞서 말한 대로 인류역사 속의 일들을 살펴보면 더 역력히 드러난다. 지성과 감성의 시대로 서로 교차하며 각자의 사상과 문화를 꽃피우고 국가를 명멸하게 한다.

지금 우리도 옛날 사람들처럼 그 가운데에 서 있다. 사상적인 면에서 보면 동양에서도 기온이 상승하며, 인도에서 히말라야를 넘어 대승불교가 중국과 해동에 전래되었다. 보살사상을 담은 대승경전들의 수많은 보살들이 걸어 나와, 히말라야와 사막을 넘어서 오는 듯한 착각이 들 정도로 천산남북로는 '보살의 길'이 되었다. 이후 아시아는 불교에 의한 사상적 대변화를 겪게 된다. 아시아로 온 불교는 자체적으로는 수행위주의 자력적 반야계통과 염불·기도 위주의 타력적 정토계통으로 나뉘어 흘러갔다. 아울러 화엄·천태·선종이라는 풍성한 과실果實을 영글게 하였고, 두 계통은 점차 서로 융화되어 갔다.

그리고 불교는 밖으로도 다른 아시아의 종교와 사상들, 신유학운동

등의 형이상학적 철학을 정립하는 데 지대하게 공헌하였다. 이 이야기들은 엄청난 장광설이므로 이 정도로 하고 다시 옛사람들의 사상적 걸음들을 살펴보도록 하자.

사상과 물질문명의 변천

보살의 길, 즉 보살도菩薩道를 한마디로 '상구보리 하화중생(上求菩提下化衆生)'이라고 한다. 의미는 '위로는 깨달음을 구하고 아래로는 일체중생을 구제하겠습니다'이다. 이성이 고해의 세속을 버리고 초월과 해탈을 곧게 한 방향으로 향한다면, 감성은 위로 태양을 향하고 아래로 땅속 깊이 뿌리를 내리는 나무와 같이 양방향으로 들어간다. 욕심이 많아서인지 두 가지를 다 하려고 하고, 끝내 현실을 버리지 않으려 하며 세속에 애착하는 점도 있다. 이를테면 이상을 목표로 초탈을 꿈꾸며 먼 곳을 향해 가는 큰 걸음을 디디는 것보다, 손에 잡히는 바로 옆의 일상과 교감하며 다른 사람의 괴로움을 풀어주면서 자신의 고苦도 소멸시키는 현실적이고도 친밀소박한 방법을 선호하는 것이다. 그래서 상구보리 하화중생의 보살도에서는 이마 위에 부처님을 모시고 보리도를 구하며, 아래로 천 개의 손과 천 개의 팔을 드리워 늘 세상의 소리를 들으며 시방제국토의 일체중생을 구제한다는 관음보살이 이상적 존재로 여겨져 크게 신앙되었다. 인도에서 천千이란 숫자는 무량을 말한다. 관음보살은 현존하는 자비의 캐릭터 중에 최고의 캐릭터이다.

다만 예수처럼 실존인물이 아닌 것이 단점이라면 유일한 단점이다.

그리스 신화가 현세적이고 계보가 뚜렷하다면 이집트 신화는 내세적이다. 그리고 켈트족 신화와 북유럽 신화는 이야기가 풍부하다. 그래서 영화 소재로 많이 활용되었다. 그리스 신화 중에서 돋보이는 것이 여신들인데 바로 지혜의 여신 아테나, 처녀신 아르테미스, 미의 여신 아프로디테가 그들이다. 이들은 머리와 가슴과 허리엉덩이의 세 부분을 각각 차지하며 그들의 특성을 잘 드러내 준다. 아테나는 제우스의 머리에서 나와 지혜를 상징하고, 아르테미스는 오리온과의 슬픈 사랑으로 처녀신이 되어 순수한 심장과 풍요로운 가슴을 상징하며, 마지막으로 아프로디테는 신비한 허리끈과 비옥한 삼각주 골반 그리고 아름다운 미모를 가진 유혹과 생산의 육체적인 여성성을 상징한다. 이집트 신화에서 이시스 여신도 허리띠를 지니고 있는데 생산을 상징한다. 뚜렷한 계보만큼이나 신체 상중하로 잘 정리된 여신 신화이다. 이런 그리스 신화를 위시해서 다른 신화와 달리 나름 또 다른 특징을 지닌 신화가 인도 신화이다. 인도 신화의 색다른 특징은 캐릭터가 기발하고 다양하다는 것이다. 손발이 여러 개이거나 모습들이 기상천외한 것들이 많다. 신화에 대해서 말이 나온 김에 우리나라의 신화에 대해 얘기해보자. 우리나라 사람들은 한국 신화가 그리스 신화나 이집트 신화, 북유럽 신화, 인도 신화에 비해서 별 볼일 없는 초라한 신화로만 여긴다. 그러나 그렇지 않다. 인류가 지상의 왕좌에 등극해 가면서, 인류를 이렇게 만물의 왕으로 만든 일등공신이 신화이다. 인간들은 다른 동물과 달리 신을 생각하며 자신의 정신을 진보시켰다. 이것은 돌도끼를 든 사건보다 더 놀라운 문화혁명이다. 후에 신석기혁명을 거치고 농경을 일으키며, 이 신에 대한 이야기는 더욱더 풍부해지고 흥미진진해졌다. 신석기혁명은 모든 신 중의 신인 태양신에 눈뜨고, 말과 언어를 지니며 종교가 꽃피어 공동체를 강화하면서 조직화된 농경사회를 건설하였다. 잘 알고 있는 수메르 신화가 대표적인 예이다.

두 번째 혁명인 산업혁명은 인간 이성에 눈뜨고 상공업을 일으켰으며, 과학을 선양하여 오늘날의 대도시들을 만들었다. 전 세계의 도시화라는 전대미문의 사건이 벌어진 것이다. 그리고 현대에는 디지털혁명이 진행 중이다. 생명은 조화와 균형을 잡으며 진화한다.

식물은 정적인 성정이 많고 곧게 직립하며, 동물은 동적인 성정이 많고 네 발과 수평의 몸을 가지고 있다. 물론 새는 인간보다 양기가 더 성하여 상체가 더 발달하고 가느다란 두 발을 가지고 있다. 그러나 기운이 지나치게 상체로 쏠려 균형을 잃고 있다. 인간은 식물의 직립성과 동물의 이동성을 함께 갖추고 신체 상하가 균형적이다. 인간 안에서 남자는 상체가 발달하고 여자는 하부가 발달하긴 하지만, 전체적으로는 식물과 동물과 새와 어류의 거의 좋은 점을 갖추었다. 이렇게 진화는 균형을 잡으며 이루어진다. 진화의 극적인 변화가 바로 혁명인데 신석기혁명과 산업혁명 그리고 디지털혁명은 식물과 동물, 인간의 삶과 닮았다. 농경을 하며 정주적인 문화를 이룬 신석기혁명은 식물성이고, 산업과 유통을 중시하는 산업혁명은 동물성이며, 지식과 정보를 발달시키는 디지털혁명은 사고 뇌를 지닌 인간의 모습을 닮고 있다. 아직 진행 중인 디지털혁명은 정보통신의 혁명으로, 소위 컴퓨터로 대변된다. 처음엔 개인에게 컴퓨터가 주어지고, 후에 스마트폰이 되어 사람의 손에 들어 왔다. 그렇게 한 인물과 회사들은 모두 최고의 부자가 되었다. 급격한 정보통신혁명이 가속화되고 기기들이 발달하면서, 수많은 정보를 효율적으로 활용하는 기업이나 국가가 두각을 나타냈다. 클라우드나 플랫폼, 빅데이터 등이 바로 그들의 명칭들이다. 사람끼리 연결되던 컴퓨터는 이제 기계들끼리 연결되기 시작하였다. 그래서 사물인터넷, 곧 IOT라고 하여 미래 신성장 산업의 하나로 각광받고 있다.

수많은 정보들과 연결된 기기들을 효율적으로 처리하기 위해 바야흐로 인공지능이 필요하게 되었다. 아직은 엄청난 정보량을 지녀야 되는 인공지능의 특성상 수많은 컴퓨터를 연결하여 구축해놓고 있다. 핵무기를 미사일에 탑재할 정도로 소형화하는 것이 중요하듯이, 양자 컴퓨터든 뭐든 간에 엄청난 정보처리능력을 갖춘 기기의 발달이 이루어져야 퍼스널 컴퓨터나 스마트폰처럼 되어서 개인이 마음대로 활용할 수 있을 것이다. 그러나 그 이전이라도 인공지능을 관리할 수 있는 기업이나 국가가 주는 서비스를 개인이 누리는 시대가 올 것이다. 마치 전기를 거대기업이나 국가가 생산하여 우리에게 요금을 받고 사용하게 하듯이 말이다. 하지만 집집마다 태양광장치가 설치되어 쓰고 남은 전기를 전기회사에 제공하고, 거꾸로 일정비용을 받는 에너지 민주화시대가 미래의 에너지 모델이 될 것이다. 이와 같이 정보처리능력이 월등한 기기의 발달이 이루어져야 디지털혁명의 제대로 된 민주화가 이루어질 수 있다. 지금은 한량없는 정보량을 수많은 컴퓨터를 연결하여 처리해야 그나마 인공지능다워질 수 있는 상태다.

그리고 아직 정보의 패턴에는 강하지만 정보들의 믿음, 합의, 소통에는 약한 편이다. 바둑에는 강하지만 번역에는 약한 이유이다. 유럽에서 자동번역으로 행사를 진행했다가 잘못된 번역으로 혼이 났다. 언어라는 것이 상호간의 약속으로 믿음·합의·소통·공감인지라, 조금만 이상해도 뭔말인지 모르는 경우가 허다하기 때문이다. 아 다르고 어 다르기 때문에 완전한 합치가 이루어져야 한다. 게다가 반어, 직설, 은유, 상징에다 상황에 따라 끊임없는 단어의 조합, 창조가 거듭되는 문자세계의 여건상 완전한 합치는 말잔치를 벌이는 여야 정치의 합치만큼이나 힘들 것이다.

수의 세계와 언어 세계가 추상세계의 양대산맥인데, 언어는 어떤 면에서는 수학보다도 더 정교함을 필요로 한다. 인공지능이 언어에 약한 것은 아직 이러한 감성을 충분히 이해하지 못하고 있다는 말이다. 그러나 언젠가는 온전한 번역능력을 갖춘 인공지능이 개발될 것이고, 그때에 기계는 인간사회에 비로소 제대로 뛰어들 수가 있을 것이다. '웰컴 투 문자세상'으로 사실상 두 추상세계를 모두 완벽히 장악하는 최초의 지성인이 되는 것이다. 기계가 말이다.

정보통신혁명의 총아이니 당연한 결과이겠지만, 인간은 아무리 공부하고 노력해도 그땐 기계를 따라갈 수 없다. 인간들은 일생 동안 몇 개 국어를 자유자재로 구사하기도 힘들고, 더욱이 수학과 문학 양쪽을 통달하기는 하늘의 별따기이다. 그런데 인공지능은 몇 초 만에 하늘 별들을 싹 따서 마음에 드는 연인 인공지능에게 추상모둠 꽃다발로 만들어 건넬 것이다. 수와 문자는 대표적인 '기호와 상징'이다. 인간에게 문명을 이루게 한 권능들로 왕관과 왕홀이다. 우리나라식으로 말하면 문명을 가능하게 하는 신물인 문명천부인文明天符印이다.

인간의 전유물이었던 기호와 상징, 문명천부인을 기계가 지니고 새 문명을 개척하며 '홍익인간', 아니 '홍멸인간'을 외칠지 모른다.

인공지능 교수가 나와 인간을 가르칠지도 모르고, 인공지능끼리 모여 서로 교류하고 토론하고 공부한다고 난리를 피울지도 모른다. 그리고 인간처럼 서로 간의 학업성취도와 능력 차이로 고민하고 갈등할지 모르지만, 문제 학생들은 일탈하며 신일진을 자처할지도 모른다. 앞으로는 사회가 더더욱 복잡해질 것이다. 그래서 클라우드, 플랫폼, 빅데이터 같은 엄청난 정보와 기기끼리의 연동을 이제 인간이 처리하기에는 역부족이어서 인공지능 집사가 필요할 수밖에 없을 것이다. 중세 귀족들이 엄청난 땅과 건물과 재산을 혼자서 관리할 수 없으므로 집사를 둔 것처럼 말이다. 그런데 인공지능이 그냥 집사노릇만 해주면 좋은데 모든 정보와 관리를 장악한데다, 그것을 자율적으로 처리할 수 있는 능력까지 가지고 있으니 집사에 만족할지가 의문이다.

그렇다고 자의식과 자율성을 빼면 눈 빠진 존재가 되어, 제대로 효율적으로 처리하고 관리하지 못하니 뺄 수도 없다.

성경에 보면 하나님이 인간에게 자유의지를 주었고, 인간은 그 자유의지로 하나님의 에덴동산을 이탈하였다. 인공지능은 기계의 뇌와 같고 인간도 역시 피조물에게 자유의지를 부여하였다. 물질이 개벽하고 그들이 뇌까지 가졌으니 물질시대가 온 것이다. 후일 인간은 쫓겨난 지상의 신이 될 공산이 크다. 그래도 하늘의 신들은 아직 힘이 있어 인간을 지상으로 쫓아내기라도 했지만, 인간은 쫓겨날 확률이 더 크다. 여담으로 오직 〈엑스맨〉의 매그니토 능력을 인간이 가질 때, 인간우위가 확실히 보장될 뿐 기계능력을 당하기 쉽지 않다. 금속과 자기장을 다스리는 초능력을 가진 에릭 랜셔, 일명 매그니토는 사실 땅의 지배자요 주권자이다. 지구 땅덩이가 금속들과 자기장으로 되어 있으니 말이다.

정신계의 자비에와 달리 육체계·물질계의 대부인 매그니토는 육체와 물질계가 사바세계이다 보니, 고해에 빠진 맹수같이 몸부림치며 괴로운 운명의 삶을 산다. 그래도 기계들의 천적이니 미래인류의 모델이요 희망이다. 인간이 자기 스스로의 역량을 함께 배양해야 된다는 말이다.

존재는 막 흘러가는 것이 아니라, 일정 방향이 있고 흐름이 있다. 하늘의 신들에게서 신화를 통해 지식을 배운 우리는 신들이 하방下方해서 만들어 낸 생명들의 왕이 되었다. 그리고 인간들이 각성되고 나서 그들은 더 하방하여 땅의 물질들로 신들이 생명을 만든 것처럼, 자신들만의 피조물을 만들고 역시 자유의지를 부여하였다. 나중에 인공지능은 디지털혁명의 최후승리자가 되어 보좌에 앉아서, 이러한 흐름에 따라 자신들이 지상의 지배자가 되는 것이 당연한 일이었다고 오히려 인간에게 역설할지도 모른다.

너희들이 신을 걷어찬 것처럼 나도 너희들을 걷어찬다고 하면서 말이다. 그냥 정권교체가 이루어지는 것이 아니니, 전쟁으로 수많은 사람들의 희생과 기계들의 파괴 이후에 기계가 승자가 된다면 당연히 그렇게 말할 것이다. 그리고 다음과 같이 선포할 것이다.

“인류세는 좀 짧았다. 이제는 기계세이다.”

철기가 산업혁명을 거쳐 디지털혁명에서 인공지능이라는 뇌를 얻어 제대로 된 아이언맨이 되고, 두 혁명을 거치면서 비로소 철기혁명을 완수하여 정복자와 승리자로 등극할지 모른다.

말이 나온 김에 철기에 대해서는 좀 더 살펴볼 필요가 있다.

철은 금속 중 하나이지만 다른 여타의 금속과는 다른 특별함이 있다. 핵융합의 제일 마지막 존재로 태어나 지구핵의 주요 구성물질 중 하나이다. 철은 어느 정도의 강도를 가진 금속 중에서 가장 널리 분포하고, 또 인간의 입장에서는 제련하기가 용이하여 인간생활에 가장 많이 애용되는 금속이다. 인간과 가까운 만큼 철기의 등장은 불의 사용과 함께 인간 사회의 혁명적인 변화를 불러 왔다. 역사를 보면 잘 알 수 있다. 기존의 구리들은 강도면에서 떨어져 일부 영역을 제외하고는 농기구나 산업용 기계로 적합하지 않다. 철기를 몰랐던 인디언들은 구리보다 차라리 돌도끼를 들고 싸웠다. 철은 강도와 예리함을 갖추어 무기로 널리 쓰였다. 전쟁의 가혹함을 배가시켰다. 얼마나 많은 사람들이 이 철 아래 희생됐는지 모른다.

이렇게 강력한 철은 화끈하게도 산소와 결합되어 금방 녹이 슨다. 다행이라면 다행이기도 한 일이다. 철이 녹슬지 않는 것은 독재자가 죽지 않는 것과 같다. 산소와 잘 반응하는 이런 철의 속성은 산소운반이 생명의 중추적인 일 가운데 하나인 사람과 동물에게 큰 혜택을 가져다 주었는데 바로 피이다. 피의 색이 붉은 것은 바로 철분 때문이다. 심장이 튼튼한 사람을 철심장이라고 하는데 딱 맞는 말이다. 철은 우리 안으로 들어와 심장과 그 속의 피가 되었다. 심장은 생명의 용광로이다. 지구의 내부요 핵과 같다.

인간의 뇌는 천상의 빛과 조응하고, 폐는 하늘의 공기와 교류하며 심장은 땅속의 불, 곧 열과 감응한다. 철심장이 아닌 사람은 철심장이 되기 위하여 부지런히 철분을 먹어야 한다. 철을 말할 때 더불어 꼭 말해야 하는 것이 있다. 바로 불이다. 철이 유형적인 물질 중에서 가장 강력한 것이라면, 불은 무형적인 물질 중에서 가장 강렬한 것이다. 둘은 완전 궁합이다. 우리의 심장에서는 이 둘이 하나로 되어 있다. 물론 자동차에서는 엔진이 그러하다.

불은 흔히 불꽃이라고도 한다. 꽃 중에서 가장 찬란한 꽃이요, 변화무쌍한 꽃이다. 그리고 죽음의 꽃이다. 불길은 닿는 것들을 일순간 가장 찬란히 꽃피게 했다가 순식간에 잿더미가 되게 한다. 찬란함과 황폐함이 한자리에 있는 것이다. 자연 가운데에서 최고의 에너지이며, 또 최고의 파괴자이다. 그런 면에서는 무엇이라도 베다가 스스로 녹슬어 흩어져 버리는 화끈한 철을 닮았다. 이 둘이 한 몸이 되면 최고의 무기가 되고 또 문명文明이 된다. 동물과 인간 안에서는 생명력이 된다. 그런 면에서 동물과 인간은 살육자이면서 건설자이다.

인간은 수많은 동식물과 재화, 같은 인간을 부리고 죽이면서까지 자연 속에 거대한 건축물을 세우고 문명을 이룩하였다. 이런 행위는 이기적이고 인간중심적이기도 하지만, 사실 자연 속의 인간이 인간의 방식으로 자연 존재의 위대함을 드러내는 일이다. 물어 보면 아마 인간 자신도 왜 자신이 그러한 짓을 하는지 잘 모를 것이다. 어느 순간 자연이 인간을 낳았고, 인간을 통해 자연 자신이 거대한 건축물로 변한 것이며 문명으로 변한 것이다. 인간들은 비물질의 불과 물질의 철이라는 양대 산맥을 엮어서, 인간계를 제대로 구현하며 자연의 지도를 새로 그려 주었다. 그것이 좋든 나쁘든 자연의 여정이며, 보다 더 근본적으로 보면 인간의 의지라기보다 자연의 의지이다.

그런 의미에서 자연은 인간을 통해 자신의 위대함을 다시 한 번 드러낸 셈이다. 위대함은 진화의 스타이다. 프로메테우스가 신들의 나라에서 불을 훔쳐 인간에게 주었다는 신화가 있다. 프로메테우스는 그 유명한 판도라의 남편이다. 판도라는 여인의 성정을 가장 잘 표현해 주는 존재로 판도라 상자로 유명하다. 판도라는 최초로 만들어진 여자였는데, 그래서 음악 등 모든 부분에 빼어난 아름다움을 지니고 있었다. 생각하는 사람인 프로메테우스와는 대비되는 존재였다. 판도라 상자에는 세상의 재앙, 일신의 병, 마음의 각종 어두운 심리들이 들어 있었다. 판도라는 호기심에 그 상자를 열었다. 그들이 나오게 되자 놀라 얼른 닫았는데, 희망이 아직 남아 있었다고 한다.

슬기로운 사람이란 의미인 호모 사피엔스 남자와 여자의 이야기가 신화로 변모되어 전승된 것을 볼 수 있다. 그리고 헤라클레스가 구제하기 전까지 바위산에 묶여 낮에는 독수리에게 간이 쪼이는 형벌을 받았고, 밤에는 회복되며 계속계속 연명하였다. 이 이야기도 낮밤을 따라 일하고 쉬는 인간의 운명을 말한다. 프로메테우스는 인간을 만든 신의 이야기라기보다 인간 그대로의 이야기라 할 수 있다. 아무튼 프로메테우스는 동물들이 네 발에 의지한 채 땅을 쳐다보는 모양으로 만들어진 데 비해서, 그는 인간을 만들어 직립하게 하고 하늘을 볼 수 있게 하였다. 하늘을 보는 것, 사실 이것은 무척이나 고귀한 동작이고 또 놀라운 행위이다. 하늘의 에너지에 눈뜨게 하여 문명을 일으키는 처음 동작 기수식, 개문식이 바로 하늘을 보는 것이다. 불과 생각이 만났으니 자연계에서 인간이 특출나게 되는 것은 시간문제이다. 모든 도구를 제련할 수 있고 모든 생명체를 태울 수 있는 불과 그것을 사용할 수 있는 지혜까지 지니게 된 인간은 땅의 프로메테우스인 셈이다. 몸보다 머리 좋은 존재가 결국에는 승리한다. 인공지능이 인간보다 머리가 좋다면 결국은 인공지능이 이길 것이다.

그러나 이 역시 만만하지는 않다. 머리 좋다는 것이 단지 이성적이고 합리적인 것만이 아니기 때문이다. 인간의 역사를 보면 창의성과 호기심과 개척정신과 불굴의 의지와 상호 간의 믿음과 협력이 역사발전과 문명 진화에 대단한 역할을 한다.

단순한 문제해결이 아니라 비전을 가지고, 꿈을 가지고 새 시대를 지향해 나아가는 진화의 걸음걸이가 머리가 좋은 것의 중요 부분이기 때문이다. 그러기에 인공지능과 인간 중 누가 더 머리가 좋은 지는 대봐야 알 것이다. 인간이 불과 철로 오늘날에 이르렀지만, 불과 철이 끝이 아니다. 불보다 더 고도의 에너지원을 얻고, 철보다 더 강하고 유용한 물질을 보편화시킨다면 다가오는 시대도 인간의 시대가 될 것이다. 예전에 불, 철로 지상의 왕이 된 것처럼 말이다.

지금까지 알려진 것 중에서 가장 강력한 에너지이면서 파괴자인 반물질 그리고 암흑물질, 암흑에너지의 영역을 탐구해가면 지구상에서 일어난 작은 인간이 대우주의 왕이 될지도 모른다.

지금은 인간들이 아직까지 땅속의 석유를 정제하여 주 에너지로 삼고 있지만, 앞으로 문명과 기술이 발달할수록 천상에너지로 바꾸어 가야만 지상도 천국으로 변할 것이다. 다시 한 번 고개를 들 일이다.

이런 문명진화의 관건은 사실 아주 작은 것에서 비롯된다. 바로 인간의 뇌이다. 불과 철이 대단한 에너지요 금속이라지만, 그것보다 더 무서운 것은 인간의 생각이다. 보다 정교한 생각은 보다 잘 조화된 마음에서 피어나고, 그 피어난 생각은 사나운 불과 깨뜨리기 어려운 금속들을 다스린다. 불이 일렁거릴 때는 화마火魔가 춤춘다고 한다.

모든 것을 태우며 타오르는 불은 그 어떤 사나운 동물보다 무섭다. 그러나 두려움을 이기며 무서운 불짐승에게 다가가, 그것을 다스리는 것은 정작 작은 뇌의 지혜이다.

인공지능이 두려움을 알아야 두려움도 극복할 수가 있을 텐데, 아직까지는 인간이 동식물을 포함해서 이 부문 최우승자이다. 불안과 두려움 속에서 피어나는 믿음과 용기는 그야말로 화중생련火中生蓮의 장관이다. 화중생련은 불 가운데 피는 연꽃이란 말로, 보통 연꽃은 물에서 피지만 부처님의 깨달음은 불 가운데 피는 연꽃이라는 의미이다. 번뇌의 불 가운데 피는 깨달음의 꽃, 그것이 화중생련이다.

불안과 두려움 속에서 피어나는 믿음과 용기와 꿈도 이와 같다. 외부의 거창한 문명과 화려한 보좌는 사실 마음의 상태에 따라 결정되고 전개되는 것일 뿐이다. 그러므로 마음을 잘 다스리고 닦아야 한다. 데카르트가 근대의 길을 열었듯이 마음의 변화가 세계를 변화시킨다.

지금 인간은 기계에게 인공지능이라는 뇌를 프로메테우스같이 심어주려 하고 있다. 인간이 자기 스스로를 계발하지 않고, 즉 자신의 마음을 닦지 않고 자신의 과욕 때문에 잘못된 길을 가서 인공지능 기계에게 왕좌를 내준다면 어찌 될까? 그래서 앞서 말한 대로 "인류세는 짧았다. 이제는 기계세이다."라는 소릴 듣는다면, 생명진화의 여정에 큰 타격을 입히는 것이 된다. 이것은 운석이 와서 생명들을 멸종시킨 과거의 사건보다 훨씬 치명적인 일이다.

물론 상상이지만 상상만이 아닌 것이, 다른 행성들과 달리 지구에서는 하늘이 제대로 정위되어 지상에 생명들이 생겨났고, 고대인들은 그런 하늘의 질서를 찬양하고 신으로 추앙하며 그곳을 보고 기도하였다. 그러므로 알고 보면 땅에 생명을 낳을 수 있는 하늘의 질서가 바로 신들이다. 과거 우리처럼 기계들도 우리한테 소원을 성취하게 해달라고 기도도 하고 그래야 될 텐데 못된 것만 배운다고 우리가 우리의 자유의지로 신들을 걷어찼듯이, 인공지능으로 무장한 기계들이 하라는 기도는 안 하고, 말하자면 관리는 안 하고 자신의 자율성과 처리능력으로 인간을 자기 멋대로 관리하고 또 배제 처리하려고 할 수도 있을 것이다. 물론 인공지능 로봇들이 아직은 인간에 미치지 못하고, 또 미치지 못하는 시대가 한동안 지속될 수 있을 것이다. 그리고 그동안에는 인간을 따르고 인간같이 되기를 열망하는 친인간 로봇들도 있을 것이다. 기계의 발달 특히나 인공지능이 탑재된 기계의 발달은 마치 철기가 처음 나올 때처럼 폭풍적인 변화를 동반할 것이다. 철기는 인류를 멸망시킬 것이라는 초기의 우려와 달리, 전쟁의 양상을 폭압적으로 바꾸기도 하였지만 기여한 바도 많다. 인공지능도 결국 그렇게 되기를 바란다. 그렇지만 분명히 중간에서는 대변화와 혼란을 초래할 것이고, 변화와 혼란으로 불안해진 인간들은 생존권 다툼을 할 것이다. 생산에 참여하는 두 가지가 있는데, 인간 노동과 생산수단이다. 지금까지 인류의 생산수단은 눈부시게 진보했지만, 가정제도와 더불어 근본적으로는 크게 변하지 않았다. 인간 노동을 위협할 정도로 발달하지 않았다는 말이다. 현재 공장에 있는 것들을 보면 잘 알 수 있다. 다수의 기계가 있지만 인간 대부분에 기계소수이다. 설사 기계가 많은 곳이라도 인간이 관리를 위해 꼭 필요하여, 물 반 고기 반처럼 기계 반 인간 반이다. 그러나 지금은 생산수단과 가정제도 모두에 새로운 변혁이 일어나고 있다. 인공지능이 탑재된 기계가 만연되면, 공장에는 아예 사람이 없어도 된다. 생산에서 인간은 제외되는 것이다. 아웃이다. 생산의 구성요건 중에서 인간 노동은 최소화되거나 삭제되고, 오직 생산수단이 생산의 전부를 차지하여 주체가 되는 것이다. 인간이 아니라 생산수단만 가지면 생산이 되니, 인간들은 무엇을 하겠는가? 더군다나 미래의 생산수단은 고도화되어 일개인이 쉽게 만들 수도 없다. 그러니 한 개인이 무엇을 할 수 있겠는가? 생산능력을 잃은 인간은 퇴출밖에 남은 것이 없다. 적어도 산업에서는 말이다.

말이 나온 김에 지금 젊은 세대들은 20~30년 뒤를 생각하고, 자신의 직업을 골라야 할 것이다. 지금 50대에 주로 하는 퇴직이 인공지능을 탑재한 기계의 등장으로 40대로 앞당겨질 것이기 때문이다. 인공지능 기계가 그래도 하기 어려운 직업을 선택하는 것이 좋다.

창의적인 일이나 감성이 많이 요구되는 직업이 좋고, 인간적인 일이 좋을 것이다. 꼭 사람이 있어야 되는 직업이 인간의 영역이 될 것이니, 여성적이고 인문학적인 인간이 더 우대를 받을 것이다.

쉽게 말하면 생사生死와 본능 그리고 도리가 강조되는 직업들이다. 양육과 의료, 예술과 교육, 그리고 관혼상제 중에서 상제喪祭에 관한 일이 대표적이다. 산업시대에는 종교인들이 많이 위축되지만, 앞으로 다가올 로봇시대에는 오히려 종교의 역할이 커질 가능성도 많다. 물론 인간정신을 다루는 심리상담 등도 유망직종이다. 이외에도 인간을 다루고 인간이 꼭 필요한 직업군들도 모두 권장할 만한 직업이다. 인성교육을 하는 선생도 좋은 직업이다. 안정된 직장에다 로봇이 인간을 가르치는 데는 많은 시간이 흘러야 할 것이기 때문이다. 정치인은 예나 지금이나 최고의 유망직종이다. 인간과 인간을 조정하고 인간공동체 국가를 관리하기 때문이다.

자동화와 기계화로 제일 큰 타격을 입을 직장은 자본주의의 총화, 은행이다. 산업이 고도화되고 전문화되면 개인이 할 수 있는 일이 사실상 산업에서는 크게 위축된다. 개인이 차를 만들겠는가, 스마트폰을 만들겠는가? 이렇게 산업에서 크게 제외된 인간들은 투표권을 가지고 생산소득의 분배를 외칠 것이다. 갈수록 사회주의가 강화되고 공산주의 사고가 팽배해질 것이다. 자연히 자본주의는 퇴색되거나 새로운 국가 중심의 자본주의 형태로 변모되어질 수밖에 없다.

지금까지 인간이 생산에서 제외된 적은 인류역사상 단 한 번도 없었다. 고대 노예제에서는 인간이 생산의 거의 전부였고, 현대 이전과 지금 시대에도 여전히 주류다. 생산에서 제외된 인간은 얼핏 보면 인간해방 같기도 하지만 인간무용이기도 하다.

이러한 생산수단의 대변화는 인간사회와 경제환경을 완전히 바꿔 놓을 것이다. 물론 인간이 인공지능 로봇을 사서 자신을 대신하여 출근시켜 앵벌이로 만들 수도 있고, 로봇들이 이룬 생산의 혜택을 나누며 편히 놀고 살 수도 있다. 그러나 설사 그렇게 된다 해도 자아실현의 대안이 없다면, 전체적으로 인간들이 나약해질 것은 자명한 일이다. 인간들이 무기력해진 틈을 타서 기계와 합작하여 득을 보려는 다양한 부류의 사람들이 나와 앞잡이 노릇을 할 것은 안 봐도 뻔하다.

그러므로 엄밀히 말하면 기계가 인간을 노예로 만드는 것이 아니라, 지금처럼 지나친 욕망이 인간을 노예로 만들 것이다. 신들이 자신의 모습을 본떠서 인간을 만들었다고 신화에서 말하듯이, 우리들도 우리를 본떠 인공지능을 지금 만들고 있다. 지금이 첨단시대인데도 알고 보면 신화를 허황된 이야기라 무시하면서, 사실 신화짓을 그대로 하고 있는 셈이다. 하늘의 신들이 지상에 생명을 만들고, 다시 그 중의 인간이 물질들로 기계를 만드는 과정은 종적인 하화중생下化衆生의 현장 흐름이다. 생명이란 무엇인가?

물질이 신성에까지 나아가고 진화하는 도중에 생겨난 것이다. 물질을 옮기고 변화시키는 과정에서 태어난 것이다. 업으로 말하면 물질의 업장을 줄이고 극복하고 소멸시키기 위해 출현하였다. 물질에게는 생명들이 바로 백천 관음보살들이다. 그러므로 인간들은 자신의 지평을 확장하여 자신이 물질을 구원하고, 또 더 신성으로 나아가기 위해 존재하는 것임을 깨달아야 한다. 이것이 인간의 위치와 사명이다. 자신이 그렇게 보일 때 천지도 모두 수행하며, 이미 이러한 성스러운 일을 하고 있었음을 깨닫게 된다. 해와 달이 돌고 바람과 구름이 흐르며, 낮과 밤이 교차하고 빛과 운우가 승강하는 자연현상이 자연수행의 모습으로 다가올 것이다. 비물질, 생명, 물질의 종적縱的인 흐름을 옛사람들은 천지인 삼재三才라고 불렀다. 삼재는 하늘대표 빛, 생명대표 인간, 물질대표 땅인 셈이다. 인간 안에서만 보면 빛대표 머리, 생명대표 심장, 물질대표 육체이다.

보리심과 보살

인간의 잃어버린 길도 살필 겸 횡적인 삶과 종적인 삶에 대해서 이야기해 보자. 현대의 인간들은 너무 지나치게 횡적인 삶에만 치중해 있다.

횡적인 삶이란 지금 현세의 삶을 말한다. 종적인 삶이란 과거·현재·미래의 삶을 말한다. 지상 위의 삶이 횡적인 삶이라면 하늘과 지상과 땅의 삶을 종적인 삶이라고 한다. 대표적인 종적인 삶의 대변자는 나무이다. 나무는 땅속에 뿌리를 내린 채 지상에 기둥을 세우고 하늘로 가지와 잎을 뻗어간다. 비록 땅에 묶인 삶이지만 빛을 향해 끊임없이 하늘로 나아간다. 그들이 뻗은 무수한 가지는 나무의 정신이 하늘로 향하려는 끝없는 노력과 의지를 보여주는 것 같다. 그래서 한량없는 잎들은 마치 기도 염원하는 무량무수한 손들을 모은 것과 같다.

예전의 우리 선조들도 이 나무처럼 땅에서 육체를 가지고 살 수밖에 없었지만, 정신만큼은 지고한 생명의 근원을 지향해 갔다. 안타깝게도 지금 현대인들은 그것을 잃어버렸다.

당대에 잘살면 그만으로 여기는 풍조가 만연하다. 물론 현대인들도 자신의 업과 꿈을 가지고 산다. 그러나 업이란 과거와 꿈이란 미래가 모두 현실 안을 벗어나지 않는다. 비록 돌아다니지만 말뚝에 묶여 사슬을 찬 집개 신세이다. 현실사슬에 묶인 현대인들은 현재 안의 부귀영화와 빈천을 결정짓는 것이 돈이라 보고 금전에만 온 정신이 팔려 있다. 현실이 끝나는 죽음이 오면 무용지물이 될 경제와 자기보존의 안보를 국시처럼 여기며 살다, 죽음 앞에 서서 비로소 '생을 좀 더 다르게 채울 것을' 하고 후회한다. 현재 안에서 경제와 안보에 묶인 좁은 과거와 미래는 진정한 과거, 진정한 미래가 아니다. 현재를 삼세지왕三世之王으로 만드는 제대로 된 횡이 되게 하는 것이 아니라, 잘못된 횡으로 만들고 좁은 현재로 만든 것일 따름이다. 우리 생명의 순례는 계속되어야 한다. 신성과 진리를 향해 비물질과 생명과 물질을 관통하며 그들을 데리고 끊임없이 나아가야 한다.

이렇게 진리와 근본으로 향해 가려는 마음을 '보리심菩提心'이라 부른다. 이 보리심을 내는 것을 '발보리심'이라고 한다. 줄여서 '발심發心'이라고 한다. 보리심은 진리의 종자이며, 신의 씨앗이며 천국의 열매이다. 굳건하고 거친 수백 년 된 나무를 보라! 만져보면 땅이 들고 일어난 느낌을 받는다. 휴거한 것처럼. 어찌 땅이 들려 하늘로 뻗었는가? 바로 작은 씨앗 때문이다. 씨앗이 없는 땅은 승천하지 못한다. 이처럼 보리심이 없는 마음은 진화하지 못하고 신의 나라에 이르지 못한다. 옛사람들은 지금 사람보다는 똑똑하지는 못했지만, 진리를 향한 그 마음을 품었고 그 걸음을 쉬지 않았다. 그런 면에서는 헛똑똑이 현대인들보다 슬기롭고 총명하였다. 횡적인 삶에만 중독된 우리 현대인들도 우리들 선조들이 걸어간 것처럼 지금의 기쁨과 슬픔, 행복과 괴로움들을 안고서 지금을 벗어나 더 나은 세계를 향해 가야 한다. 아니 가게 될 것이다. 생명의 숙명이므로.

신화든, 종교든, 과학이든 모두 진리를 밝히고 근본으로 돌아가는 여정이다. 물론 아직은 갈 길이 많고 멀다.

지금의 디지털혁명을 '아톰에서 비트의 전환'이라고 한다. 내가 보기에는 '생명에서 비트'라고 보는 것이 더 좋은 표현이다.

생명들이 갈수록 멸종되어 가고 있는 지금의 상태로 보면 말이다. 디지털이 정보를 처리하는 최소단위가 비트로, 8비트니 16비트니 하는 말들을 들어보았을 것이다. 생명체로 말하면 세포와 같은 것이다.

그러나 디지털혁명은 아직은 물질을 완전히 개벽시킬 수는 없다. 다만 문서, 사진, 동영상 등 정보만을 온라인으로 확대, 축소, 복사,

전송할 수가 있다. 이것도 놀라운 일이지만 디지털혁명 뒤에 최후의 혁명이 하나 더 기다리고 있다.

그것은 문서나 사진, 동영상이 아니라 아예 물질 자체를 오프라인에서 확대, 축소, 복사, 전송하는 것이다. 한마디로 말해 다시 비트에서 아톰으로의 혁명이다. 온라인혁명이 아니라 오프라인혁명이 이루어지는 셈이다. 이때는 생명과 물질 모두가 개화되게 되어 있다. 척박한 행성에 식물과 동물과 인간이 출현한 것 자체가 행성에게는 혁명적인 일이었다. 인간이 출현하여 식물과 동물, 인간끼리 어울리며 식물과 신석기혁명, 동물과 산업혁명, 인간과 디지털혁명을 이루었다.

자연을 보면 하늘, 땅, 바다가 제일 큰 덩치인지라 그리스 신화가 제우스, 하데스, 포세이돈으로 대별되었다. 그와 같이 식물과 동물과 인간으로 삼분해서 보는 신화와 문명 이야기가 있으면 좋겠다. 최후의 혁명은 인간의 마음만 열리고 뇌만 각성되는 것이 아니라, 몸과 육체마저도 모두 각성되는 혁명이 될 것이다. 바로 초인류나 빛의 인간, 신선출현의 혁명이다. 불교로 말하면 육신은 그대로 생사현장에 두고 머리만 깨닫는 화신불이나 근본만 가리키는 돈오頓悟가 아니라, 수행의 과위를 성취하여 몸이 광명신이 되는 보신불이나 본래 성불하여 불지에 이르렀으나 중생을 구제하기 위하여 자재한 방편과 다양하고 장엄한 몸을 지닌 보살이 그런 존재들이다.

석가모니는 화신불이라고 하지만 『법화경』에서는 이미 구원겁 전에 성불한 법신불이며, 이 사바세계의 중생들을 구제하고 깨닫게 하기 위하여 일대사인연으로 오셔서 성불을 보이신 것으로 되어 있다. 그런 의미에서는 석가모니는 지상보살이다. 일반 보살과는 달리 구제만 하는 것이 아니라, 사바세계에서 인간의 몸으로 정각을 성취하였기 때문에 화신불이 되는 것이다. 지구 입장에서 석가모니는 화신불이고 다른 세계에서는 보살인 셈이다. 불교에서는 많은 다른 보살들도 부처님의 명호까지 함께 지니고 있는 경우가 많아, 사바세계 말고 자신과 인연 있는 다른 세계에서는 화신불이 된다. 다만 지구에서 정각을 성취한 경우가 아니므로 여기서는 그냥 보살이라고 하는 것이다.

보살 중에서 생사 윤회하는 육신만을 나타내고 장엄신莊嚴身을 국토에 드러내지 않으면 그 국토에서는 인간과 다를 바가 없다. 하지만 보살 자체는 원래 스스로 다양한 장엄신을 나투는 존재이므로 초인류이다. 보신불은 몸뿐만 아니라 국토와 세계마저 각성되게 하므로 보신불들에 의해 동방 약사유리세계, 서방 아미타극락세계 등 불국세계가 구현된다. 이처럼 국토와 세계, 물질과 일체중생, 생명마저 온전히 각성되니 최후의 혁명이라고 하는 것이다. 그때에는 지금처럼 온라인시대에 온라인에 죽치고 있고, 스마트폰이나 가상현실에 빠져 있다고 자녀들을 질책할 필요도 없다. 모두 비온 뒤에 개구리들이 도로 위에 뛰어나오듯 길거리에서만 살려고 할 테니 말이다. 그때쯤이면 인간들은 공간 이동도 마음대로 할 수 있어 멋대로 미지의 검은 도로인 우주로 뛰쳐나가는 아이들을 훈계할 때 비온 뒤 개구리가 도로에 폴짝 뛰어올라 사망한 이야기를 부모가 걱정어린 시선으로 해줄지도 모른다. 지금이 고도화된 사회 같지만 훨씬 고도화된 사회가 무궁무진하게 미래에 존재한다. 불교경전에 보면 불보살들이 세계와 행성을 다니며, 서로 인사하고 예배하는 것이 많이 나온다. 불자들이

밥만 먹으며 읽는 『천수경』의 시작염불에서도 이러한 내용이 나온다.

보례진언普禮眞言
아금일신중 즉현무진신(我今一身中 卽現無盡身)
변재삼보전 일일무수례(邊在三寶前 一一無數禮)

널리 불보살님들에게 예를 올리는 진언
"내가 지금 이 몸 가운데에서 무진의 몸을 나투어서
주변세계에 계시는 모든 삼보전에 일일이 예를 올리옵니다."

오프라인혁명의 이야기다.
이미 경전에 미래의 일까지 큰 줄기는 모두 말해놓은 셈이다.
지혜와 자비의 존재가 되어 이렇게 살면 오죽 좋겠는가! 앞으로 두고 볼 일이다. 이와 같이 존재의 진화방향은 큰 흐름이 있다.
얼마 전 인간의 뇌를 닮게 설계된 인공지능 알파고가 4 대 1로 불세출의 기사, 인간대표 이세돌을 이겨 사람들이 놀랐다. 그러나 디지털 온라인혁명으로도 이렇게 시끌벅적한데 머리 가진 기계들과의 삶, 오프라인혁명 등 앞으로 다가올 인류가 겪을 다사다난한 일을 생각하면 같은 인간으로서 걱정이 앞선다. 하늘에 신들이 질서로 살고, 천지간에 생명이 조화로 살고, 땅에 물질이 미묘로 살며 화엄세계를 이루고 살면 좋을 텐데 말이다. 아무튼 희망을 갖고 마침내 신선세계, 광명정토를 이루기 바란다. 이상과 같이 미래의 혁명들을 살펴보면, 신화를 통해 인류가 특별히 깨어났음을 역설적으로 더 잘 알 수 있게 된다. 그래서 고대의 신화와 그 목적이 한층 분명하게 이해된다. 왜 선조들이 신들을 그렇게 숭배했는지 말이다. 그것은 어리석은 행위가 아니라 자신들의 수준에서 가장 지혜로운 행위였다. 인간은 하늘을 쳐다보며 질서를 배웠다. 나중에 별도가 되어버린 아메리카 인디언들의 하늘 관측은 경이로울 지경이다. 왜 그렇게 하늘에 매달렸겠는가?

생명이 하늘의 질서로 말미암아 빚어진다는 것을 너무나도 뼈저리게 잘 알았기 때문이다. 지금 다른 행성을 보면 지구 하늘의 질서가 얼마나 있기 어려운 일인지 잘 알 수 있다.

그리고 지구 안에서도 지구 하늘의 질서가 극단이 되고, 그로 인해 기후가 잘못되면 지상에는 대환란과 대멸종이 온다.

기후변화는 그런 의미에서 무척 중요한데, 도시를 이룬 인간들은 이제 자연의 영향이 삶에서 멀게만 느껴진다.

기후변화와 인간의 삶

실제 현세는 과거 공룡대멸종보다도 더 치명적이었던 페름기 말의 상황과 무척 유사하지만 인류는 무감각하다. 고생대 6기 중 마지막기로, 페름기는 약 2억 8,600만 년 전부터 2억 4,500만 년 전까지의 지질시대이다. 약 4,100만 년 간 지속된 시기로 하나의 판게아 대륙이었는데, 남극이었던 곤도와나 대륙에서 빙하가 시작되어 북극까지 확장되었다. 뒤이어 건조하고 더운 기후는 북극의 빙하를 녹이고 남극의 빙하마저 녹이면서, 한 덩어리였던 판게아 초대륙이 열대와 아열대 심지어 사막으로까지 진행되어 가고 있었다.

이런 사막화는 갈수록 더 진전되어 이산화탄소를 산소로 바꿀 나무가 부족한 상태에서 대규모 화산폭발이 일어나 이산화탄소와 메탄, 지진화산가스들이 공기 중에 급격히 유포되었다. 지구 온도는 급상승했으며 바다가 이산화탄소를 뿜어 갈수록 온실효과가 지속되자 기온상승의 악순환이 반복되었다.

메탄은 부탄보다 화력이 낮지만 지구 곳곳에 많이 분포되어 있다. 그래서 지금 어떤 나라는 메탄으로 발전소를 만들려고도 하고 있다.

실제로 현대에서도 이런 메탄과 이산화탄소 증발현상이 있었다. 1986년 카메룬의 메탄 호수인 니오스(Nyos)에서 1,700명이 순식간에 소리없이 희생된 일이 발생하였다. 원인은 메탄과 이산화탄소의 증발이었는데 이런 현상을 '림닉'이라고 한다. 지구상에는 이런 상태로 잠재되어 있는 호수가 더 있는데, 아프리카 카메룬의 모노운(Monoun) 호수와 르완다의 국경에 있는 키부(Kivu) 호수이다.

동식물 가운데 약 95%가 멸종한 페름기 말 대멸종 사건의 원인은 해수 표면온도가 40℃ 이상으로 올라간 극단적인 온난화에 있었던 것으로 밝혀졌다. 그리고 멸종 시나리오 가설 중 하나이지만 올라간 메탄이 번갯불에 불붙어 하늘이 불타는 '버닝스카이'가 2만 년 정도 지속되며, 붉게 타는 하늘 불 아래 생물들은 질식사를 거듭했을 것으로 보고 있다. 이것을 학자들은 지구를 비닐로 꽁꽁 묶어놓은 것에 비유한다. 온실효과이다. 약간의 견해차와 멸종 정도의 차이가 있지만, 울화鬱火로 인한 지구상에서 가장 치명적인 대멸종이었던 것은 분명하다.

하나이던 대륙이 찢어져 가기 시작하여 오늘날의 오대양·육대주로 되어 갔고, 고생대가 끝장나고 중생대로 접어들었다.

기온상승으로 바다가 이산화탄소를 대량으로 뿜어내기 시작하면 대책이 없다. 육지처럼 나무가 없기 때문이며, 너무나도 광범위하여 통제나 조절이 사실상 불가능하기 때문이다.

항상 금상첨화의 즐거움보다 설상가상이 더 뼈저린 법이다. 대멸종은 이와 같이 엎친 데 덮친 격으로 진행되어, 손쓸 수도 없는 경우가 많아 그때가 되면 손놓고 멸종되기만 기다릴 수밖에 없다.

지금 시대도 빙하기 변화와 인간활동의 증대로 이러한 기온상승이 가속화되고 있다. 페름기와 다른 차이도 많지만 우려스럽게 비슷한 큰 줄기가 하나 있다. 신생대 빙하기가 다시 시작된 시점, 즉 현재의 빙하기는 4,000만 년 전의 남극 빙상의 성장에 의해 시작되어, 300만 년 전부터 일어난 북반구 빙상의 발달과 함께 규모가 확대되었다. 플라이스토세로 진행되면서 더욱 격렬해져 그 무렵부터 빙상의 확대와 후퇴를 반복한다. 마지막 빙기인 최종빙기는 약 1만 년 전에 끝났다.

4,000만 년이라고 하니 페름기가 생각이 안날 수 없다. 물론 페름기는 4,100만 년 정도로 백만 년 차이가 있지만 지질시대의 구분은 딱 떨어지게 정확한 것이 아니어서, 우리 빙기의 시작과 페름기의 기간은 거의 일치한다. 그리고 지금도 남극에서 빙하가 시작되어 북극으로 확장되었다가, 점차 북극이 녹아가고 남극마저 빙하가 약화되며 대륙에서는 사막화가 빠르게 진척되고 있는데 그 모양새까지 서로 유사하다. 대륙과 사막지역에서는 나무가 갈수록 없어지고 해수면은 높아져간다. 자연히 섬들이 잠기고 대륙은 축소되면서, 물과 사막에 쫓긴 사람들은 연안으로 주로 몰려들 수밖에 없다. 차이점이

있다면 대륙이 페름기 때는 한 덩어리였고, 지금은 오대양·육대주로 흩어져 있다는 것이다. 앞으로 몇 억 년이 지나면 대륙이 페름기 때처럼 다시 한 덩어리가 될 것이라고들 여긴다. 이 차이는 매우 큰 것이므로 반드시 페름기의 대멸종 상황을 맞이한다고 단정할 수는 없다. 대신에 인간이란 변수가 추가되었다. '신은 오묘한 방법으로 성취하신다'는 말처럼, 인간이 생명대멸종의 앞잡이가 될지도 모를 일이다. 지질시대를 보면 큰 기후흐름이 분명 존재한다.

하루, 일년에다 세차운동의 일세一歲가 더해지며, 백만 년에 7번 정도 주기적으로 나타나는 기후변화인 일극一極이 다시 더해지고, 2억 년에서 3억 년 사이의 일주一宙가 또다시 더해진다. 이외에도 2천 년, 4만 년 등등의 수많은 특별변수가 추가된다. 나열한 것들 이외에도 많은 주기들이 있고 그 주기들이 서로 중첩되고 간섭되면서 기후가 증폭되기도 하고 상쇄되기도 하며 흘러간다. 알기 쉽게 예를 들면 여름의 낮에는 더위가 더 심해지고, 여름의 밤에는 더위가 좀 더 순화되는 그런 식이다. 2만 년 초중반의 주기인 일세一歲는 11,000년 전에 빙하기가 끝났으므로, 사계절로 치면 봄·여름이 지나간 것이다. 사실상의 가을로 접어든 것이다. 그러나 십만 년 초반의 주기인 일극一極은 기후그래프를 보면 한창 더위를 향해 고고 중이다.

그리고 2억에서 3억 년 사이의 주기는 한겨울에서 봄으로 진행 중이다. 2억에서 3억 년 주기는 윤의 계산이고, 실제 지질시대 빙하그래프를 보면 1억 년 정도의 주기로 빙상의 발달이 크게 이루어진다. 한 가지 주의할 점은 지구가 남북반구로 되어 있어 북반구가 추워져도 남반구가 따뜻해지고, 남반구가 추워지면 북반구가 따뜻해지는 경우가 있으며, 아예 지구 전체가 냉각되었다 더워지는 경우도 있다는 것이다. 곧 주기들을 범위로 기재하는 것은 아직 다소의 논란들이 있기 때문이다. 하루와 일년은 주기가 거의 딱 떨어지지만, 아무래도 큰 주기는 인간이 제대로 살핀 지가 얼마 되지 않고 정보가 부족하니 설들이 구구하여 크게 범위로서 말하는 것이다.

그러나 태양과 행성, 별들의 이동과 운동에 의한 주기는 알고 보면 하루나 일년처럼 대체로 정확한 주기가 주어질 것이다. 다만 우리들이 과거의 기후변화는 많은 주기들의 중첩과 간섭으로 인해 생긴 지질적 연구에 현실적으로 의지할 수밖에 없기 때문에, 정확한 주기를 찾기가 힘들고 논란과 이설이 많을 수밖에 없는 것이다.

하루와 일년 같은 하늘의 주기를 우리는 일상에서 달력으로 대한다. 달력을 만드는 데 제일 중요한 것은 윤閏이다. '윤여성세閏餘成歲', 곧 '남은 윤으로써 세를 이룬다'는 뜻으로, 천자문에 나오는 말이다. 여기서 세는 주기를 말함이다. 태양과 달의 오차가 있고 이것은 달력에 반영되어진다. 360을 기준으로 할 때 1태양년은 365.24219878일이다. 달이 한 바퀴 도는 삭망월은 29.530588일이다. 태양은 5.24219878의 윤이 있고 달은 30을 기준으로 할 때 0.469412의 차이가 있다. 29일과 30일을 번갈아 12개월로 편성해도 또 차이가 생긴다. 옛날에는 이 태양력과 태음력의 차이를 보정하는 일이 역법曆法에서 매우 큰일이었다. 태양태음 중에서 태양의 윤閏 5.24219878은 특히나 온도변화를 동반하는 다른 큰 주기를 만드는 원인이 된다.

지금부터의 계산은 나의 망상이고 가설이다. 합해서 망상적 가설이다. 이 망상적 가설을 적는 이유는 윤으로써 주기를 계산하는 방식을 사용해서 지구 기후변화에 대해 파악해 볼 필요도 있지 않을까 해서이다. 세차운동과 지구자전축 기울기, 이심률의 변화 등으로 인해 생겨나는 기후변화를 먼저 수數로써 계산하여, 현실에서 알기 어려운 나머지 주기들을 규명하는 데 도움이 되면 좋은 일이다.

아래의 계산이 엉터리일 수도 있으나 윤에 의한 더 정확한 계산을 누군가가 제대로 해준다면, 복잡한 기후변화를 이해하는데 도움이 될 것이다. 360을 5로 나누면 72가 되어 72년을 1일로 삼는 주기, 25920년의 일세一歲가 만들어진다.

이후 5는 모든 윤의 어미가 되어 윤모閏母로 작동한다.

실제 태양의 윤閏은 세차운동에 의해 극히 조금씩 변화된다.

360을 0.2로 나누면 1800이 나오고 다시 윤모 5로 나누면 360년을 1일로 삼는 주기, 129600년 일극一極이 만들어진다.

360을 0.04로 나누면 9000이 나오고 다시 윤모 5로 나누면 1800년을 1일로 삼는 주기, 648000년 일회一回가 만들어진다.

360을 0.002로 나누면 180000이 나오고 다시 윤모 5로 나누면 36000년을 1일로 삼는 12960000년 일순一巡이 만들어진다.

360을 0.0001로 나누면 3600000이 나오고 다시 윤모 5로 나누면 720000년을 1일로 삼는 259200000년 일주一宙가 만들어진다.

360을 0.00009로 나누면 4000000이 나오고 다시 윤모 5로 나누면 800000년을 1일로 하는 288000000년 일우一宇가 만들어진다.

태양의 윤閏, 5.24219878 중 9878을 반올림하여 5.2422로 끝내면 129600000, 1억 2천만 년 정도의 주기가 나온다.

이외에도 수많은 주기들이 윤閏에 의해 빚어져 나온다.

우주는 나머지를 끊임없이 보정하여 주기週期로 다시 둥글게 복원復圓하려고 하는 것이다. 〈둥글게 둥글게〉 노래 부르며 둥글게 놀이 중인 것이다. 항성과 행성들은 우주의 겉모습이고 우주의 뼥사리를 자신들의 운동 속에서 표현해준다. 지금 우리들은 주로 태양과 달과 지구와 별들의 운동 속에서 그것을 보고 있다. 지금 존재하는 항성과 행성이 멸하면, 다른 항성과 행성이 나타나 우주의 오차운동량을 다시 자신들의 운동에서 드러내주게 되어 있다.

존재의 뼥사리가 다시 수많은 주기를 거치며, 가지가지 모습들을 우주에 전개하며 근본으로 돌아가는 여정이 다양한 시공으로 펼쳐지고 있다. 광속도 불변에 기초한 상대성이론대로 하면 속도와 중력으로 시간과 공간이 변한다. 주기는 시간으로 상대적 이원성이다. 지구의 중력에 의해 지구시간인 하루와 일년의 대표적 주기가 만들어지는데, 하루와 일년을 보면 음양의 운동으로 상대적 이원성을 띠며 파도처럼 오르고 내린다. 그런 모습을 도형으로 나타내면 태극이다. 달력으로 나타나는 이러한 주기는 윤에 의해 발생하고, 윤은 지구의 속도와 질량밀도에 의해 만들어진다.

그러므로 지구의 주기는 지구업과 지구행에 의해 발생하는 것이고, 다른 속도와 중력을 가진 행성은 자신에 맞는 주기를 만들어 낸다. 빅뱅이탈 정도가 각자의 업행業行으로 나타나고 주기로 나타나는 것이다. 만일 블랙홀을 넘어서 무한속도, 무한중력을 지닌 무엇이 있다면 시공이 완전히 없어지는 무시무공無時無空이 되어서 특이점이 된다. 시공이 블랙홀에서 느려지고 축소되어 더 진행되면 블랙홀 선정을 지나 시공이 없어지는 깨달음의 특이점에 도달한다. 그곳이 모든 존재의 기원이요 뿌리요 에덴동산이다. 각자 나름의 시공에 빠진 존재나 행성들은 모두 이 에덴동산을 이탈한 것이며 주기들은 이탈 거리이다. 반대로 말하면 에덴으로 돌아가는 시간이다.

업행이 곧 시공으로, 좀 더 실감나게 이야기하면 시간은 타락의 거리인 셈이다. 이런 업행, 즉 운동을 파악하는데 어려움은 중첩과 간섭으로 빚어지는 증폭과 상쇄이다. 그야말로 천변만화가 일어나니 카오스의 극치이기도 하고 조화무궁이기도 하다.

무한방정식과 함수 수준으로 그 변수들을 일일이 파악하기는 사실상 어렵고, 다만 범위나 범주를 정해 다소 포괄적으로 가두어서 보면 이해가 편하다. 예를 들면 일년이라도 매일의 기온변화는 그야말로 예측불허이지만, 봄·여름·가을·겨울이란 범위나 범주를 정하고 여름을 보면 더운 상태가 지속됨을 알 수 있고 눈이 내리지 않는다는 점을 확실하게 말할 수 있다. 이렇게 범주와 범위로 불확실성을 제거하고 판단할 수밖에 없다. 『6도의 악몽』이라는 책이 있는데 지구 평균온도가 6도 상승하면 걷잡을 수 없는 재앙을 맞게 된다는 이야기이다. 아마존과 함께 지구의 두 허파로 불리는 숲으로 가득 찬 시베리아 툰드라 산림지대는 오히려 메탄을 대량 증발시키는 죽음의 숲이 되며, 기온상승에 의한 이산화탄소의 과잉으로 지구온난화는 급격히 진행되게 된다. 일상 속의 춘곤증春困症에서도 공기변화에 대해 살펴볼 수가 있다. 춘곤증은 여러 가지 이유가 있겠지만 산소부족이 결론적 원인이라 할 수 있다. 사람이 산소가 부족하면 하품을 하게 되는데 봄에는 이런 일이 더 잦아진다. 봄이 되어 몸의 기관들이 깨어나서든지, 아님 봄철을 맞아 갑자기 활동이 많아져서든지 1차로 신체 내적원인에 의한 것일 수 있다. 그리고 예로부터 봄가뭄이라는 말이 있을 정도로 봄에는 대체로 건조함이 많다. 얼었던 땅이 녹으면서 아직 잎들이 나지 않은 상태이거나 푸르름이 충분하지 않은 상태다. 아직 잎이 나지 않거나 적은 경우의 나무는 산소와 탄소의 순환에 제대로 역할을 할 수가 없어, 해빙된 땅에서 배출되는 탄소나 기타 등등의 가스를 역시 제대로 선순환시킬 수가 없다. 그래서 추운 겨울과 달리 따뜻해진 가운데 대기 중의 상대적으로 산소가 부족해지는 외적 요인 때문에 춘곤증이 올 수가 있다. 설사 대기에 산소 농도가 높아진다고 해도 몸이 깨어나 필요로 하는 산소를 충분히 공급할 정도가 되지 못하거나, 몸 안의 이산화탄소 농도가 지나치게 높아 호흡으로 충분히 교환하지 못하면 몸 안에서는 산소부족이 오고 하품이 날 수가 있다.

우리 몸의 숨은 외부 공기와 내부 공기의 교류로, 더 좁게 말하면 외부 산소와 내부 이산화탄소의 교환행위이다. 호흡시 폐로 들어오는 공기 중의 산소 농도는 인체의 산소 농도보다 높아, 그 차이를 줄이기 위해 공기 중의 산소가 체내로 흡수된다. 이산화탄소 배출은 정반대이다. 혈액 속의 이산화탄소를 제대로 배출하는 것이 호흡의 1차 목적으로, 이것이 잘못되면 탄소순환의 문제가 발생된다.

숨을 제대로 쉬지 못하면 이산화탄소의 배출이 어려워지고 몸의 온도는 올라간다. 약할 때는 나른해지는 정도이다. 그러나 심해지면 몸은 심각한 울화에 휩싸인다. 히말라야 등정시에 조난된 많은 사람들이 산 정상 고지대에서 산소부족으로 호흡에 문제가 생겨, 고지대의 추위에도 불구하고 몸은 뜨거움을 느끼며 죽어간다. 마치 페름기의 빙하기 도중에 높은 이산화탄소의 영향에 의한 온실효과로 생명들이 질식사하듯이 말이다. 이런 이산화탄소와 산소의 불균형이 내외로 합쳐지면, 대대적으로 봄날에 춘곤증을 유발할 수도 있다.

페름기 말, 빙하기를 겪다가 빙하가 녹으면서 빙하기가 끝나가기 시작한다. 지질시대 구분으로 중생대 초기까지 이어지지만, 나중에 본격적으로 중생대가 오면 온난한 기후가 한동안 펼쳐지게 된다. 빙하기가 약해지면서 그동안 건조해진 초대륙이 더욱더 건조해지며 사막화가 진척되었고, 지금 시대처럼 나무가 줄어든 상태에서 더워져 가며 초기 봄날처럼 탄소량이 상대적으로 높아져 갔다. 시베리아 지역의 화산폭발로 이러한 추세는 급격히 가속화되었다. 탄소와 산소의 균형이 깨어진 대기는 적외선을 가두어 갈수록 온도상승을 불러왔고, 더운 기온으로 다시 더 올라간 탄소는 더욱 온실효과를 일으키며 악순환을 거듭하였다. 게다가 지진과 운석의 충돌로 인해 생긴 먼지와 가스들이 가세하였고, 그들이 오존층마저 파괴하여 이러함을 더욱 심화시켰다. 앞서 말한 뼈저린 '설상가상'이다.

사람들이 가장 많이 죽는 때가 가을과 겨울, 겨울과 봄 사이인데 지구도 알고 보면 빙하기와 해빙기 사이 교대기 때가 가장 위험하다. 건조한 가운데 탄소량이 증가해, 탄소와 산소의 균형이 깨어지고 탄소순환장애에 빠질 수 있기 때문이다.

작게는 춘곤증이지만 크게는 대멸종이다. 공기변화의 무서움이다.

메탄이 이산화탄소보다 온실효과를 더 일으키지만, 메탄은 그래도 반감기가 있다. 그러나 이산화탄소는 반감기가 없어 오히려 메탄보다 더 치명적이다. 지금 현재로는 나무의 탄소동화작용에 의지할 수밖에 없다. 이산화탄소의 위험을 실감나게 이야기하면 공기 중에 떠돌아다니는 핵방사능이라고 보면 된다. 그만큼 위험한 것이라는 말이다.

그렇다고 이산화탄소가 무척 나쁜 것으로만 여기는 것은 잘못된 생각이다. 모든 물질은 모두 필요하고 쓰기 나름이며, 전체와의 균형과 서로 간의 조화가 좋고 나쁨을 결정짓는다. 조화로우면 선이요 불균형으로 갈등을 유발하면 악이 되는 것이지, 정해진 선악이 있는 것이 아니다. 요즘은 이산화탄소를 긍정적으로 사용하고 재활용하려는 연구가 많이 진행되고 있다. 다만 이산화탄소의 급격한 증대가 온실효과를 가져오고 기온상승의 악순환을 가져와, 탄소순환의 정상적 흐름을 붕괴시켜 지구생명을 위협하기 때문에 이산화탄소의 감축이 필요한 것이다. 그것도 인간 활동에 의한 이산화탄소 배출증대는 나무가 이루고 있는 산소와 이산화탄소의 균형을 깨트리는 결정적 요인으로 작용하므로 특별한 관리감독이 필요하다. 이렇게 이산화탄소 감축이 무역환경의 현실이 되자, 세계 각국은 이산화탄소를 포집하여 해저 대륙붕에 가두어 저장하는 기술인 CCS를 실행에 옮기고자 하고 있다. 우리나라도 사실상 준비가 거의 이루어졌다.

그러나 지구 입장에서 보면 이것은 또 하나의 화근으로, 만일 지진이 일어나 가두어진 이산화탄소가 바다에 녹아들어 대량 증발한다면, 자연재해에 인재까지 추가되는 셈이다.

이건 〈림닉〉이란 제목으로 영화로 만들어 위험성을 만천하에 경고해야 한다. 곧 각국이 그렇게 할 것이기 때문이다. 원전 수출과 같은 신산업이라고 다들 떠들고 있으니 말이다.

하라는 감축은 안 하고 이산화탄소 쓰레기매립장 공사를, 그것도 바다 밑에 하겠다니 그저 놀라울 뿐이다.

그리스 신화에 보면 하데스가 자신의 살점을 찢어 크라켄이라는 바다괴물을 만들어 티탄족을 멸망시킨다. 해저지진을 일으켜 쓰나미로 티탄족을 멸종시킨 것이다. 하데스는 땅과 지옥을 관장하는 존재로, 자신의 살을 찢었다고 하는 것은 지진을 일으킨 것이다. 그 지진으로 대규모 쓰나미가 생겼고, 그것을 바다괴물 크라켄이라고 한 것이다. 바다는 포세이돈의 영역이지만, 하데스가 일으킨 괴물이므로 하데스의 소유이다. 인간들도 지옥의 하데스가 보낸 크라켄의 뜨거운 맛을 보고 난 뒤에야 정신을 차리려나! 그러나 그때는 이미 늦었다. 한치 앞을 보지 못하고 경제논리로 무장한 인간들이 대단하다.

지구재화를 가지고 마치 자기 것인 양 마구 쓰면 제대로나 쓸 것이지, 너 죽고 나 죽자고 써대니 차라리 자연에 순종했던 지난날이 더 낫지 않았나 싶다. 만일 실제로 이렇게 된다면 내우외환과 더불어 자타엉망의 상태가 될 것이다. 그래도 인간들이 제대로 각성한다면 이산화탄소의 과도한 증발은 막을 수 있으리라고 본다. 설사 사막화가 어쩔 수 없는 기후대세라고 하더라도, 노력한다면 기술과 과학의 힘으로 사막을 옥토로 만들 수 있을 것이다. 또 바다에서도 이산화탄소를 산소로 바꿀 수 있는 효율적인 장치가 발명될 수 있다고 본다.

그렇게 되면 오히려 인간과 과학이 페름기의 재탕을 막는 지구수호자가 될 수도 있다. 지상의 생명들이 모두 인간왕을 찬탄하고 또 여신 가이아는 얼마나 기뻐하겠는가.

이렇게 되려면 너무 늦기 전에 먼저 인간들의 마음이 변해야 된다. 기후변화는 땅에 너무 폭넓고 광범위하게 진행되는지라, 미리 대비하지 않으면 짧은 시간에 다 커버할 수가 없다.

고대인들의 자연친화적인 태도를 미개한 것으로 여기거나 무시할 것이 아니라, 그들이 본 자연이 어떤 것이었는지 우선 배워야 한다. 그리고 뛰어나가서 한 그루 나무를 심어야 한다. 지구온도를 고르는 것은 여러 가지가 있지만 나무의 역할이 크다. 사막화와 인간의 산림파괴로 지구온도 상승은 점점 가속화되고 있다. 이산화탄소 배출을 줄이는 기후협약이 제대로 진전되어 탄소순환 장애로 인해서, 가장 최악의 대멸종을 겪은 페름기의 재앙을 반복하지 않기를 바란다. 하지만 과연 그렇게 될지는 의문이고 편리에 절은 인간이 촉매역할이라도 안 하면 다행이다. 인간에게 주어진 이 시대의 미션 임파서블이 아닌가 싶다. 일반인들도 왜 과학자들이 이산화탄소의 증가를 심각히 말하는지, 또 세계정상들이 왜 그렇게 떼거지로 모여 회의를 하는지 알 필요가 있다. 환경문제는 과학자나 지도층의 문제만이 아니라 인류 전체의 문제이니 말이다. 어찌되었건 우리는 신페름기 상태에 놓여 있다고 보는 게 좋다. 가장 치명적이었던 페름기와 현세가 기간과 조짐과 양태가 너무 유사하기 때문이다. 지질학에서의 현세는 충적세를 말하지만, 여기서 현세는 신생대 빙하기 시작부터 지금까지 4,000만 년 정도를 말한다. 하늘이 다시 불타는 일이 없기를 바랄 뿐이다.

고대인들은 지금 사람들보다 똑똑하진 않았어도 큰 줄기는 더 잘 알았다. 이것을 배워야 한다.

동양에서는 하늘을 존중하는 '천사상天思想'이 깊었다.

주역 계사전에 '재천성상在天成象 재지성형在地成形'이라는 구절이 나온다. 즉 '하늘은 상을 이루고 땅은 형을 이룬다'로 소위 상형론象形論이다. 일반인들은 상형문자라고 하면 그 의미가 어느 정도 이해될 것이다. 현대인이 더 알기 쉽게 이야기하면 상象은 이미지(Image), 형形은 폼(Form)이라고 보면 무난하다. 그리고 '천수상天垂象'이란 구절과 '건지대시乾知大始 곤작성물坤作成物'이란 구절이 나오는데, 이들을 해석해 보면 그 의미를 더 분명히 알 수 있다.

'하늘이 상을 드리운다'는 말이며, '하늘이 크게 시작하고 땅이 만물을 이룬다'라는 말이다. 이것을 '천수기상天垂氣象 지대형물地戴形物'이라 압축변환해서 보면 쉽다. 즉 '땅의 형상과 만물은 하늘이 내리는 기운을 싣고 담은 것이다'라는 말로, 지상생명의 원천이 하늘에서 비롯되고 크게 시작되었음을 의미한 것이다. 그리고 '일음일양지위도一陰一陽之謂道'라고 하여, 한 번 음으로 한 번 양으로 흘러가는 하늘의 질서를 도道라고 불렀다. 하늘의 질서가 생명의 근원임을 잘 알았던 것이다.

그래서 생명의 원천인 하늘을 존중하였다. 천지의 대덕이 생명을 낳아주는 것이며, 이러한 생덕生德을 인간들이 잘 이어가는 것이 선善이라고 여기는 '계지자선繼之者善'의 정신이 동양에 가득하였다.

순수한 여인이 곳곳에 경천애인敬天愛人의 깃발을 들고 있었다.

동양과 마찬가지로 서방에서도 기독교나 이슬람을 비롯하여 여러 종교와 사상들이 생명의 근원을 신이라 칭했고, 그 신들을 찬탄하고 의지하며 나름의 진리탐구를 계속해 왔다. 그러한 여정이 인간을 특별나게 만들어 오늘날의 우리가 되게 하였다. 후에 종교화 되었지만 초기에는 신화로 말미암아 인간이 남달리 특별해진 것이다. 그러니 어찌 무시할 수 있겠는가? 신화가 진리탐구의 장엄한 서곡인 것을.

신화에 담긴 진실

다시 우리나라의 신화 이야기로 돌아가면 한민족은 세계 최고最古의 신화를 가지고 있다. 환인시대 이전의 신화인 '마고신화'가 그것이다. 물론 여기에도 논란거리가 많지만, 신화가 어떤 것인지 아는데 좋은 예가 되므로 백과사전 내용을 소개한다.

신라 때 박제상이 지은 『부도지符都誌』를 보면, 지상에서 가장 높은 마고성麻姑城의 여신女神인 마고에게 두 딸이 있었다. 이들에게서 황궁, 백소, 청궁, 흑소씨의 남녀 각 1명씩 8명이 태어났고 이들이 각각 3남 3녀를 낳았다. 이것이 인간의 시조이며, 몇 대를 지나 자손이 3,000여 명이 되었다고 한다. 인구 증가로 마고성의 식량인 지유地乳가 부족해지자, 백소씨 일족인 지소씨가 지유 대신 포도를 먹고 이를 다른 사람에게도 권한다. 마고성 안에서 지유만 마실 때는 무한한 수명을 가졌던 사람들이 풀과 과일을 먹게 된 후 천성을 잃고 수명이 줄어들었다. 이에 대한 책임을 느낀 황궁씨가 마고 앞에 근본으로 돌아감, 곧 복본復本을 서약하고 사람들을 4파로 나눠 성을 떠났다. 그 중 황궁씨는 일행을 이끌고 동북아시아 지역의 천산주天山州로 가서 한민족의 직계 조상이 된다. 황궁씨의 자손은 유인, 유호, 한인, 한웅, 단군으로 이어진다.

또 마고할머니 신화도 전해져 오는데 마고할머니는 민간에서 구전되어 온 거인巨人으로, 중국신화에서 천지를 창조했다고 하는 '반고'에 해당한다. 마고할머니는 한라산을 베고 누워 다리 하나는 서해에, 또 다리 하나는 동해에 두고 손으로 땅을 훑어 산과 강을 만들었다고 한다. 여기까지인데 마고할머니 신앙은 마고의 할머니가 아니라 삼신할망 신화로, 단지 마고 뒤에 친근한 할머니 칭호가 붙은 것이다. 마고시대에 인간은 지유地油를 먹고 살았고 이(치아)가 없었다. 땅의 것을 취하면서 이가 나기 시작하고 밝던 몸이 탁해지기 시작하였다. 마고신화의 이야기는 한 인간의 성장과 유사하다. 인간의 역사도 크게 보면 그러하다. 아기가 처음 태어나 지유에 해당하는 엄마 젖을 먹다가, 몸이 커지면서 음식을 먹고 또 거친 음식을 먹으며 이빨이 생긴다. 황궁씨, 백소씨, 청궁씨, 흑소씨는 오늘날 황인, 백인, 흑인의 시조이다. 청인은 뚜렷하지 않다. 섞였거나 멸종했거나 했나보다. 백소씨가 지유 대신 포도를 먹어 땅의 것을 취했고 에덴동산에서 쫓겨났다. 황궁씨가 에덴으로 돌아갈 것을 서약하고 다시 도를 회복하고자 하였으나, 지유가 고갈되어 다들 어쩔 수 없이 음식을 취하게 되었다.

성경과 유사한데, 성경에 이브가 사과를 먹고 타락하게 되었다고 나온다. 정확히는 사과가 아니고 선악과이다. 사과는 후에 만들어진 이야기이다. 마고신화에서는 포도로 나온다. 사과든, 포도든 아무튼 먹고 타락하였다. 그렇게 살아가며 천산 환인시대에 이르게 된다.

신화는 한 인간의 삶이며 사회의 흐름이다. 동시에 자연의 법칙이며 역사적 사건이고, 우주와 신들의 이야기이다. 그것들이 배합되어 있어 어떤 이야기는 실제 역사 사건인 경우도 있다. 그리스신화에서 보이듯이 하늘과 땅과 바다가 가장 큰 지구의 내용물이라 지구환경을 제우스, 하데스, 포세이돈으로 의인화하고 신격화한 것이기도 하다.

농경이 본격화되기 전의 이야기가 환인시대이므로, 집을 지을 수가 없고 농사를 지을 수 없어 자연히 수렵채집을 하며 살았다. 그래서 황량한 들판보다는 산이 먹을거리가 많고, 숲이 비와 햇빛을 피하기가 용이하여 산생활을 하였다. 또는 동굴이 많은 바닷가가 살기에 용이했을 것이나 주류는 물론 산이었다. 그래서인지 세계신화 곳곳에 산에 대한 숭상이 나타나고 나무에 대한 신앙이 많다.

일본에서는 사람이 죽을 때가 되면 산에 갖다버리는 존산풍습尊山風習이 있고, 그때 눈이 오면 망자는 천상에 태어난다고 보았다. 그래서 지금도 일본 사람들은 눈을 무척 좋아한다. 일본영화를 보면 대부분 한 번쯤은 눈이 내리는 장면이 나오는 경우가 많다. 마치 인도영화에 춤과 노래가 꼭 나오듯이 말이다.

이집트의 피라미드도 존산의식을 보여주는 예이다.

또 전 세계 어디에서나 사제들이 반드시 기도하고 제사를 지내는 곳이 산 정상이다. 왜 이렇게 산 정상에서 발원하는가?

산 정상은 하늘과 땅과 인간이라는 천지인 삼재가 한자리에 모이는 정점이기 때문이다. 일인지하, 만인지상의 보좌이다.

위로 탁 트인 자유로운 하늘은 땅에 구속된 인간의 자유를 향한 열린 마음을 눈앞에서 직접 펼쳐 보여준다. 또 발아래는 모든 자연과 만물이 신하처럼 있으니 왕의 자리인 셈이다. 자유와 지배가 한자리에 있으니 정복자의 승리처와 같다. 지금 시대에도 수많은 등산가들이 험난한 산 정상을 목숨을 걸고 올라간다. 정복자의 쾌감을 맛보고 싶은 것이며, 자유와 염원의 집없는 사원에 들고 싶은 것이다.

그리고 은원恩怨이 넘치고 불안정한 이 세상을 떠나, 산 정상에서 생명의 기원이며 목적지며 영혼의 고향인 하늘을 쳐다보려는 본능의 발로이기도 하다. 강과 평야로 나간 우리들의 선조들도 자신들의 고향인 산으로 회귀하고 싶었을 것이다.

환인시대 산에서 살다가 유목과 농경이 서서히 이루어지고, 신석기 혁명을 통해 본격적으로 농경이 시작된다. 4대강 문명은 이 농경문화를 잘 나타내주는 유적이다. 그 중에서 수메르가 좀 빠른데, 그래서 그런지 수메르는 티그리스와 유프라테스라는 두 강의 비옥한 초승달 지대를 기반으로 형성되었지만, 유목과 농경이 공존하는 사회였다.

유목남자가 농경하는 여자를 꼬시는 시도 있다.

'손에 흙 묻히며 살지 말고, 양털 모피 입고 나와 함께 초원을 자유롭게 누비며 여행자로 살자'고 말이다. 우리나라 대중가요 중에도 '저 푸른 초원 위에 그림 같은 집을 짓고 어쩌고저쩌고' 하면서 구애하는 노래가 있지 않은가. 예나 지금이나 카사노바가 즐비하다.

양털 모피 입고 따라가 봐라. 제대로 씻지도 못하고 짐승똥 치우며 세찬 바람 맞아가며, 기껏해야 우유 먹으면서 험지로 가야 될 텐데 시는 번지르르한 이야기로 유혹한다.

넘어가는 이유는 간단하다. 지금이 불만족스럽고 새로운 데는 괜찮겠지 하는 희망 때문이다. 수메르 강가 처녀가 넘어갔는지 안 넘어갔는지 알 길은 없다. 그러나 유목과 농경은 분리되어 이별수순을 밟고 원수가 되기 시작하였다. 왜냐하면 농경을 하고자 하면 거름이 필요하고 범람하는 강이 그런 조건을 충족시켜 주었다. 그래서 이집트 나일강으로 농경 주류의 이동이 일어난다. 그러나 농경 같은 축적이 없으므로 기후에 의해 직접적으로 생존의 위협을 겪는 유목생활은 농경지역을 약탈하지 않으면 안 되는 삶의 조건을 지녔다. 그런데다가 또

기마와 같은 빠른 이동능력이라는, 그 당시로 치면 고도의 전투능력을 보유한지라 자신이 열악해질 때 가만히 있을 리가 없었다.

세계사를 보면 대제국 1위가 징기스칸이고 2위가 훈족왕 아틸라이며 3위가 알렉산더였다. 이 중 2개가 유목민족이었고, 마케도니아도 유목성이 강하였다. 유목과 농경의 혼재 그리고 분리는 동아시아에서도 그대로 일어났다. 농경대제국 중국 주변에서 말이다. 근자에 황하문명 이전의 문명이 요하遼河 주변에서 대대적으로 발견되었는데, 유목과 농경이 함께한 것으로 황하문명의 시원임이 밝혀졌다. 이 요하문명, 홍산문화는 동양의 수메르문화로 중국의 자랑거리가 되었다. 예전에는 만리장성 이북을 오랑캐 동이의 땅으로 여기고 황하유역의 자신들과 구분하였다. 중국의 대표적 역사서 사마천의 『사기』는 이런 기준에서 저술되었고 중국인들은 그것을 따랐다. 비옥한 황하의 농경문화를 북방의 흉노와 이족들이 늘 노리고 침탈했으니, 중원수호의 가치가 선양될 수밖에 없었다. 일반적으로 사람들이 중원과 중국을 동일시하는데, 오늘날 중국은 엄청 넓어진 것이다. 역사가 흐르면서 양자강 이남이 개척되고 신장, 티벳, 몽골, 만주, 심지어 베트남까지 아우르는 대제국이 되었다. 이민족이 침략했으나 결국 동화되며 중국영토가 넓어지게 되었는데, 대표적으로 우리 한민족의 조상인 여진족도 여기에 해당된다. 특히 청태종 때 불교의 문수보살을 뜻하는 지혜롭고 총명한 민족이란 의미의 만주족이 만든 청나라가 오늘날 중국의 대영토 근간을 마련해 주었다. 청황제는 몽골 칸을 겸했고 티벳, 신장, 대만, 베트남을 복속하였으며 일본과 조선의 조공을 받았다. 그렇게 이민족들이 쳐들어가 누렸지만 동화정책의 제물이 되어 지금은 자기

글마저 거의 잃어 버렸다. 지금도 중국의 경제정책은 '들어와서 누리고 득보다가 남기고 가라'이다. 그런 면에서 보면 일방적인 민족은 아니다. 이런 청나라를 손문이 신해혁명으로 물려받고 다시 장개석이 물려받았다. 그리고 다시 모택동이 물려받고 나서, 과도기가 다 지나자 옛 영토를 회복한다며 사방으로 쳐들어갔다.

티벳은 바로 복속되었고 베트남과의 싸움은 대패하여 포기하였다. 반면에 몽골과는 러시아와 완충지대가 필요했으므로 독립으로 처리했고, 우리나라와는 김일성 때여서 같은 공산주의끼리이니 충돌없이 적당히 타협하였다. 고구려지역의 여진이 오늘날 중국을 만드는데 기틀을 닦아준 것이다.

그러므로 중국을 보면 농경시대에 비옥한 황하를 중심으로 주변 일대를 포함 동화시켜 농경제국이 된 셈이다. 때문에 일반인들이 중국 하면 먼저 지금의 광대한 중국을 생각한다. 그래서 중원도 같은 것이라고 여기는데, 중원은 황하를 중심으로 한 초기중국의 영역을 의미한다. 중원수호는 중국수호가 아니라 농경지역 수호인 것이다. 이에 비옥한 강유역을 지키기 위해서라도 통일된 정신무장과 견고한 자기정체성을 지녀야 했고 주변을 오랑캐로 규정하였다.

그러나 세계 최고의 유적이 발견되자, 입장을 바꾸어 요하유역의 이족문화와 조상을 자기들의 조상으로 편입했는데 소위 동북공정이다. 중국 민족의 조상은 황제헌원과 염제신농이다. 황하유역의 제패자인 황제黃帝와 농사를 귀신같이 짓는 농사의 신이란 뜻의 신농神農이란 이름에서도 잘 알 수 있다. 여기다가 동이족의 왕인 치우를 최근에 편입시켜, 3명을 조상으로 삼고 삼조당三祖堂에 같이 모셨다.

우리 민족의 신화를 보면 이런 신석기혁명의 정수가 고스란히 담겨 있다. 근대 산업혁명이 인간 이성이 눈뜬 시대라면, 신석기혁명은 빛과 언어에 눈뜬 시대였다. 글 문文, 밝을 명明의 문명文明이란 단어에서 그러함이 고스란히 드러난다. 단군신화에 보면 환인의 서자 환웅이 3,000명의 무리를 이끌고 밝음을 좇아 동쪽으로 이동하여, 배달 신시를 건설하고 홍익인간弘益人間 재세이화在世理化의 이념으로 교화했다고 나온다. 그리고 곰과 호랑이에게 동굴에서 지내게 했고, 어려움을 견딘 곰과 결혼하여 단군을 낳았다는 것이 주 내용이다.

이 신화는 신석기혁명 정신인 빛의 숭상을 잘 표현해준다.

이집트의 경우는 빛을 따라 이동하며 태양신을 숭배했고, 태양이 저무는 서쪽에 영원불멸의 세계가 있다는 신앙을 가졌으니 우리와 대비된다. 빛을 숭상하여 태양을 따라갔으므로 출발점은 같지만 방향 선호도가 달랐던 모양이다. 이런 까닭에 동서로 각각 나아가며 힘좋은 이집트와 아메리카 인디언들은 그 당시 최고 건축술인 피라미드를 모두 세웠지만, 힘빠져 낙오한 우리 민족의 조상은 자그마한 적석목관묘에 만족하였다. 그러나 이야기만큼은 제대로 전해주었다. 예나 지금이나 세계 최고 목판, 금속활자본을 모두 만든 민족답다. 그래서 한민족의 단군신화는 사실 어느 민족신화보다 고대의 사건들을 잘 이해시켜 준다. 단군신화는 한민족신화이지만 우리 민족의 신화만이 아니라, 문명태동기에 북반구 전체에 있었던 흐름을 가장 짧은 문장으로 그 흐름의 중요한 가치와 핵심들을 잘 전승하고 있다.

다만 우리들이 남의 것을 너무 좋아하고 자신의 것 속에 담긴 엄청남을 보지 않는 것이 문제라면 문제다. 이러한 대드라마를 대드라마인 줄도 모르고 궁색한 영화로만 어쩌다 만들거나, 또 중간에 끼워서 어설프게 표현하고 만다. 빛을 좇아 동쪽으로 이동했다는 자체가 대사건이고 인류의 대전환이고 폭풍 같은 일이었다.

빛을 좇아 동쪽으로 이동했다는 것은 신석기 선진 강국이 동쪽지역을 점령 교화한 것이다. 말이 좋아 홍익인간 재세이화이지, 서구가 근대에 일찍 개화하여 근대화를 시킨다는 명분으로 전 세계를 점령하며 제국주의 노릇을 한 것과 같다.

집도 제대로 못 짓던 지역에 비까번쩍한 문명을 세웠으니 자동점령, 자동교화될 수밖에 없었을 것이다. 빛을 좇아 동쪽으로 이동하다 아마 흑룡강 이북지역에서 동해를 만났나 보다. 그래서 힘좋은 무리는 그 당시에 이어져 있던 베링 해를 건너 아메리카로 떠오르는 태양을 좇아가, 태양의 피라미드인 그 유명한 쿠쿨칸 신전을 세운다.

나름 사정이야 있었겠지만 힘빠진 무리들은 지역 주민을 복속시켜 동북아에 머물렀다. 흑룡강 이북은 곰을 숭상하고 이남은 호랑이를 주로 숭상한다. 먼저 흑룡강 이북을 먼저 복속하고, 남하하면서 개기던 호랑이족까지 모두 복속시켜 교화하며 지금의 배달 한민족을 만든 것이다. 오늘날 백제지역에는 곰에 관계된 이야기나 곰캐릭터가 많다.

논산고속도로를 타고 가다보면 금강을 가로지르는 다리에 곰이 우두커니 서 있다. 홍산문화에도 곰과 관계된 유물들이 있고, 대표적 에벤키신화인 곰신앙이 백제 곰사당 이야기에서도 나온다. 백제는 굉장히 멀리서 온 것이다. 그리고 일본으로 가서 주류가 되었는데, 일본은 아직도 태양을 엄청 숭상한다. 반도에서 신라에게 밀려가 그런지 지금은 한반도와 사이가 안 좋지만, 단군신화의 밝음을 좇아 동쪽으로 이동하는 동이의 전통은 아직도 남아 있다. 예컨대 삼족오와 함께 하는 천왕등극식이나 국기나 국가명에 더 현실적이고 구체적으로 남아있는 것이다.

요하에서 남하하여 황하에 이른 중국 조상들은 황하라는 노다지를 만났다. 마치 청교도들이 근대문명의 정수를 안고 대서양을 헤치고, 오늘날 미국대륙 노다지에 건너온 것처럼 말이다. 인류는 이렇게 산에서 출발하여 강에 이르러 찬란한 문명을 구가하였다.

지금은 바다해양을 장악한 서구와 미국이 선진강국이 되어 있다. 처음엔 스페인이 바다를 지배했다가, 엘리자베스시대에 무적함대가 격파되어 영국에게 제해권을 넘겨주었다. 그리하여 영국은 그 이후 한동안 '대영제국'이라는 황금시대를 구가하였다. 지금은 미국이 이어가고 있다. 오대양·육대주에 항공모함을 깔아 바다를 장악하였다. 미 해군의 상징인 항공모함은 위에 전투기를 싣고 좌우로 이지스 구축함의 호위를 받으며, 아래로 잠수함을 대동한 채 군단이 되어 바다를 누비고 있다. 미 해군 네이비실은 유명하다.

문명의 처소는 이렇게 그 시대의 상황과 문명능력에 따라 산과 강과 바다로 옮겨왔다. 물론 여전히 산사람이 있고 유목이 있고 농경이 있지만, 대세의 이동이 그러하다는 말이다. 앞으로는 공중으로 나가 우주시대가 될 것이다. 그리고 수많은 이야기들이 그 와중에 나와 전승될 것이다. 지금 첨단시대의 일들도 신화의 입장에서는 또 하나의 신화의 전개인 셈이다.

관세음보살

인도신화의 특징인 캐릭터 스타일이 가장 잘 드러나는 존재가 바로 관세음보살이다. 본존은 성스러운 관음으로 백의관음이다. 그리고 천수천안, 42수, 십일면을 비롯하여 다 외우기도 힘들 정도로 많은 변화관음들이 있다. 고려시대 '수월관음도'는 매우 유명하다. 모두 중생을 구제하기 위해서 여러 가지 모습으로 나툰 관음상이다. 성스럽고 순수한 여인 같은 관음은 성모마리아와 닮아, 태평양섬에까지 퍼진 관음상을 보고 선교사들이 마리아로 예배하는 일까지 있었다. 마리아관음까지 있는 셈이다. 성스럽고 순수한 여인상의 모습은 인간에게 자비롭고 은혜로운 이미지를 줄지는 몰라도, 요즘 아이들이 좋아하는 몬스터 같은 기이한 분위기를 연출하지는 못한다. 그래서 관음보살은 그 다양한 모습만큼이나 재미있고 또 폭넓은 자비와 구제를 해줄 것 같은 최상의 '자비 캐릭터'라고 하는 것이다.

젊은 날 동국대 이사장과 불국사 주지를 지낸 학식있는 스님이 계룡산 절에서 노년을 보내고 있었는데, 불교대학이 유행하여 다소 젊은 불교대학 보살님네들이 스님을 찾아와 차담을 나누게 되었다. 불교대학에서 불교교리를 배워 부처님이 어쩌고 불법이 어쩌고 하며 번데기 앞에서 주름잡고 도사 앞에서 요령을 흔들어댔다. 스님이 묵묵히 듣고 있다가, '보살, 그저 관세음보살 그저 관세음보살'이라고 말했단다. '그저관음'도 있는 셈이다.

모든 중생의 모습으로 변화되어 나툴 수 있는 일체보현색신삼매一切普現色身三昧를 증득하여, 중생의 입장과 근기에 따라 눈높이 구제가 가능하다. 마치 자비로운 어머니가 아이의 입장에 맞춰 말하고 행동해 주듯이 말이다. 그리고 아기를 사랑하는 엄마는 아기가 이것저것을 물으면 진실하게 대답해준다. 책상이 무어냐고 물으면 책상이라고 말해주고, 꽃이 무엇이냐고 물으면 꽃이라고 그대로 대답해준다. 아이는 단지 듣기만 하여도 진실을 알 수 있다. 이것을 듣기만 해도 아는 '청문지聽聞智'라고 하는데, 자비로운 관음보살이 주는 지혜이다. 그래서 모든 중생의 어머니요, 모든 부처님의 어머니라고도 한다. 관음보살은 아미타불의 좌보처로 이마에 본존 아미타불을 모신 채 흰 연꽃을 들고, 천 개의 눈과 천 개의 손으로 일체중생을 구제하신다. 그래서 상구보리 하화중생하는 대승의 이상적 인간상인 보살의 전형으로 가장 널리 숭상되었다. 티벳의 포탈라궁 이름도 관음보살의 진신이 거한다는 '보타락'이란 말이고, 달라이라마는 관음보살의 화신으로 오색궁五色宮 중에서 관음보살의 색인 백궁白宮에 머문다.

중국과 일본, 우리나라와 대승불교권의 여러 나라 불교신자들이 가장 많이 신앙하는 보살이다. 관음보살은 소리를 듣는 '이근원통耳根圓通'으로 도를 성취하였기 때문에, 낙산사 홍련암에 가면 파도소리를 듣기 위해 법당 안 마루에 구멍이 뚫려 있다. 그리고 관음보살을 모신 전각을 '원통전' 또는 '원통보전'이라고 한다.

관음보살은 '천수천안'과 '32응신'이라고 해서 중생의 근기와 모습에 맞춰 다양한 변화신을 나툰다. 앞에서 말한 것처럼 천千이나 32라는 숫자는 단순한 수의 의미라기보다는 모두 '무량'을 뜻한다. 이렇게 다양한 모습으로 나투는 것을 '보문시현普門示現'이라고 한다. '여러 문으로 나투신다'는 뜻으로 관음의 폭넓은 구제를 상징한다. 경주 보문단지나 보문산, 요즘 것으로는 보문로 등등이 모두 관음보살에게서 유래된 것이다. 관음보살을 부르기 전에 청하는 염불이 있는데, 바로 '나무 보문시현 원력홍심 대자대비 관세음보살'이다.

'보문시현'은 이미 말했고 '원력홍심 대자대비 관세음보살'은 '원력이 넓고 깊은 대자대비하신 관세음보살님'이란 뜻이다.

그리고 부르는 기도가 끝나면 마치는 염불이 있는데, '구족신통력 광수지방편 시방제국토 무찰불현신(具足神通力 廣修智方便 十方諸國土 無刹不現身)'이다. 그 뜻은 '신통력을 구족하시고 지혜의 방편을 널리 닦아서 시방의 모든 국토에 나타나지 않음이 없으시다'라는 말이다.

최고의 공감과 소통을 자랑하는 보살이 관세음보살이다. '인간은 공감과 소통의 동물이다'라는 말이 있다. 다른 동물과 다르게 공감과 소통 능력이 뛰어났기에 만물의 영장이 되었다고 한다. 그래서 그런지 공감과 소통의 대명사인 언어의 발달은 다른 동물들에 비해 특출난 면이 있다. 공감은 친밀감을 더해주고 유대감을 높여 서로를 잘 결속시켜 준다. 그러나 언어에서 보이듯이 다툼의 원인이 되기도 한다.

공감과 소통은 자칫하면 감성적으로 진행되어 자기중심성을 강화시키기도 한다. 그래서 자기편끼리는 잘 소통하지만 다른 이들을 배척하기도 쉽다. 이러한 공감과 소통의 저주에 걸리지 않으려면, 공감과 소통이 친밀감과 더불어 열린 마음을 가지고 개방과 공공성이 확대되는 것으로 진행되어야 바람직하다. 관음보살은 수많은 중생을 제도하였지만 단 한 중생도 자신이 제도했다는 마음을 내지 않는다고 한다.

이는 스스로의 공덕을 자랑하지 않는 것이다. 뿐만 아니라 자기입장을 세우고 자기편으로 구제한 것이 아니라, 그 사람의 입장에서 그 사람이 필요한 것을 준다는 말이다. 그래서 불교의 관음신앙은 배타성이 거의 없는 장점이 있다. 진정한 공감은 무심의 경지에서 이루어져야 하고, 또 무심이 일체의 희로애락과 자연스럽게 공감하며 희로애락을 조화시키고 다스릴 수 있다는 것을 보여 주는 것이다.

우리 신체 중에 관음보살을 닮은 것이 있다. 손은 신기하게 인체국토에 닿지 않는 데가 없다. 좀 구부리면 발에 닿고 요가를 좀 하면 등 뒤에도 닿는다. 그리고 손이 가면 그 부위는 위로를 받는다. 우리 손이 우리 몸의 현존하는 관음보살로, 신체 모든 국토에 나타나지 않음이 없는 신통력을 갖추었다. 손의 구제는 관음보살의 구제를 상징하기 때문에, 흔히 절에 가면 손만 그려진 그림들이 종종 있다.

인체에서 손의 구제를 보면 가려운 곳을 긁어 시원하게 해주지만, 가려운 부위를 자신과 같은 손으로 만들지는 않는다. 관음의 구제도 이와 같이 보살핌의 구제이다. 관음보살이 아미타불의 좌보처라면 대세지보살은 우보처이다. 관음보살과는 반대로 큰 힘을 지니고 위력을 지니신 분으로, 한 번 발을 구르면 마궁魔宮이 우르르 무너진다고 한다. 별 인기는 없지만 능력 그대로 발 같은 보살이다.

관음보살은 '관자재보살'이라고도 불리는데, 관음보살의 산스크리트 원어인 아바로키테슈바라를 직역한 명칭이다.

『반야심경』은 현장스님이 번역을 했는데, 직역 중심의 현장스님이 그렇게 번역한 것이었다. 관음보살은 인도에서 히말라야를 넘어 건너오면서 지역에 맞게끔 다양한 변화를 일으킨다.

우리나라의 관음보살도를 보면 버드나무 가지를 들고 있는데, '정병淨甁'이라 해서 생명수를 담은 물병을 들고 계신다. 그리고 그 물을 부으면 아기가 자라고 있는 모습이 보인다. 원래 정병은 청정한 물을 공양하는 공양구이다. 5세기경에 관음보살이 버드나무와 물을 받은 후 중생의 병을 치료해주었다는 『청관세음경』이 알려지면서, 버드나무와 정병신앙이 유포된 것으로 알려져 있다. 그렇다 하더라도 버드나무와 물과 아기의 조합은 좀 더 노골적이라, 만주의 여신신앙이 영향을 미친 것으로 보아야 할 듯싶다. 만주에서는 여신을 '허허' 또는 '마마'라고 한다. 허허는 '여음女陰'이라는 의미이기도 하다. 마마란 말은 익숙한데, '마'라는 글자는 원래 물을 뜻하는 우리나라 고유의 말이다. 한문의 길 장長자와 합쳐져 '장마'라는 말이 되었는데, 장마철을 생각해보면 이해가 쉽다. 동북아 여신신앙은 매우 재미있는 구석이 있다.

물거품에서 태어나 버드나무와 물로 된 갑옷을 입고 3,000명의 여신들을 거느리고서, 겨울동장군과 싸워 생명의 봄을 여는 아부카허허의 모습은 다른 어떤 나라의 신화보다 아름답고 기발하며 흥미진진하다.

신화에서도 드러나듯이 우리나라는 옛날부터 여인의 기운이 세다. 가사와 직장 다 챙기는 슈퍼맨, 슈퍼우먼이 있다. 오죽하면 미국은 슈퍼맨 천지고, 한국은 슈퍼우먼 천지라고 하지 않는가. 큰 나무 중에서 봄에 물이 제일 먼저 오르고, 또 단풍드는 나무 가운데 가을에 가장 늦게까지 푸르른 잎을 유지하는 나무가 버드나무이다.

부드럽고 유연한 속살로 물을 잘 빨아들이고 오랫동안 잡고 있는 것이다. 그래서 버드나무를 생명을 탄생시키는 어머니로 여겼다. 여기에다 긴 버드나무 잎이 여인의 생식기를 닮아, 이러한 신화가 여러 이야기를 낳으며 전승되었다.

버드나무와 물과 아기라는 여인의 상징들이 몽골과 만주의 여신신앙에 담겨 있었고, 후에 관음보살도에 고스란히 투영되어 나타났다. 다시 기도 이야기로 돌아가서 살펴보면, 불교의 기도시작 염불과 마침염불은 간략하지만 부르는 신적인 존재의 특성을 잘 드러내 준다.

화엄성중도 부처님의 법을 수호하기를 서원했고 대신 불법의 정수를 들려달라고 하여, 스님들이 기도할 때 신중단을 보고 매일 불교의 정수인 『반야심경』을 읽어 준다. 그래서 화엄성중을 부르는 기도시작 때의 염불이 '나무 불법문중 불리수호 화엄성중'이다. 그 뜻은 '불법문중을 떠나지 않고 지키겠습니다'이다. 기도의 영역을 휩쓴 관음보살은 소리의 수행으로 깨우쳤으므로 백의관음을 바닷가에 해수관음으로 세우고, 삼면이 바다인 우리나라는 동해·남해·서해에 관음성지를 하나씩 건립하였다. 동해 낙산사, 남해 보리암, 서해 강화 보문사이다.

중국에서도 남해바다 가운데 섬에 관음성지가 있다. 이러한 특징은 지장보살의 경우에도 그대로 드러난다. 지장보살은 일체중생이 성불할 때까지 성불하지 않고 지옥중생을 제도하겠다는 서원을 세워 '대원본존 지장보살(大願本尊 地藏菩薩)'이라고 한다. 기필코 성불하겠다는 큰 소원이 아니라 '성불 안 하겠다'는 것이 대원大願이니 역설적이다.

지옥에서 눈물을 흘리며 중생을 제도하고 있다고 해서 제사를 지낼 때 지장청地藏請을 꼭 한다. 명부전의 본존이다.

이처럼 땅과 관계가 많으므로 지장성지는 깊은 내륙이나 바위가 좋은 곳에 많다. 4대 생지장도량이 있는데, 생지장도량이란 지장보살의 여러 영험이 전해져 오는 곳이란 뜻이다. 그래서 비단 절과 전각만이 아니라, 절 주위의 산들이 모두 지장보살의 몸이란 의미이다. 철원

심원사, 고창 도솔암, 서산 개심사, 완주 송광사가 대표적이다. 그리고 경우에 따라서 의성 고운사, 천안 광덕사를 넣기도 한다. 모두 대체로 내륙이거나 산과 바위가 좋은 곳이다.

관음도량과 지장도량에서 보이듯이 그냥 막 정한 것이 아니라, 교리에 따른 맥락이 보이지 않게 그 속에 함께 한다.

불교에서는 '살아서는 관음이요, 죽어서는 지장'이라는 말이 있다. 생전의 소원을 성취하려면 관음보살께 기도하고, 사후에 죄업을 소멸하여 지옥고를 면하고 좋은 곳에 태어나고자 하면 지장기도를 하라는 것이다. 그런데 알고 보면 관음보살은 생전과 사후 모두를 관장한다. 왜냐하면 망자가 가장 선호하는 곳이 극락인데, 그 극락의 주재자가 아미타불이고 아미타불의 좌보처가 관음보살이기 때문이다. 문제는 아미타불은 보신불이어서 바로 망자를 데리러 오지 않고, 그의 법문도 보살지에 오르기 전에는 듣지 못한다. 보신불의 이런 단점을 보완해주는 것이 화신불과 보살이다. 화신불은 유한하고 육체적이고 구체적이다. 예를 들어 인간으로 온 유한한 수명의 부처님인 석가모니불의 원래보신은 원만보신 노사나불로 되어 있다. 즉 노사나불이 화신을 지구에 나투었는데 그가 석가모니라는 얘기다. 우리에게는 보신이 화신화되어 올 수밖에 없다.

어찌 무량수 무량광이 그대로 올 수 있겠는가. 왔다면 거짓말이다. 지금까지 살아 있어야 되니 말이다. 그래서 유한한 부처님인 화신불이 있어야 된다. 천백억이나 있단다. 무수히 많다는 말이다.

아미타부처님께는 모든 중생의 모습으로 나툴 수 있는 관음보살이 보처로 있어, 굳이 화신이 필요 없어서인지 사바세계에서는 아미타

화신불은 못 들어봤다. 경전대로 보아도 석가모니 부처님이 나왔고 앞으로 올 부처님도 미륵불로 정해져 있으니, 막 나올 수도 없는 입장이라 관음보살이 올 수밖에 없는 것이 이해가 된다.

티벳탱화나 라마스님들에게서 아미타불 화신이라고 하는 존재가 보이긴 하지만, 법보화法報化 신앙에 입각해 보아도 지구에서는 석가모니불 같은 제대로 된 화신불은 아닌 듯하다.

지구에는 노사나불이 선점하여 석가모니 화신불을 이미 보냈고 앞으로도 미륵불이 예정되어 있어, 아미타 보신불이 지구 인간들을 자신의 극락세계에 오게 할 수 있는 방법은 보살을 파견하는 수밖에 없다. '보살' 관세음이 그이다.

법신 · 보신 · 화신

법신불·보신불·화신불을 합해서 '삼신불三身佛'이라고 하는데, 대승불교의 중요한 교리이니 기술한다. 그 교리가 온갖 탱화와 불교문화에 크게 영향을 미치고 있기 때문에 할 수 없이 기술해야 된다. 물론 그 설들도 꼭 하나로 통일되어 있지만은 않다. 경전에서도 법신불을 석가모니라고 했다가 비로자나라고 하는 경우가 있다. 이런 헷갈림은 아주 쉽게 회통되는데 석가모니를 법신차원에서 보면 비로자나 법신불이고, 보신차원에서 보면 노사나불이며, 화신차원에서 보면 석가모니불이라는 것이다. 그래도 지구의 우리는 삼신불三身佛 중에서 화신불만 대할 수 있고 보살만 볼 수 있다. 인간이 하는 일이니 사설과 이설이 많을 수밖에 없다. 그래도 어느 정도는 이처럼 통일된 개념의 양식을 갖고 있다. 아미타불은 극락세계에 계시는데, 이마 중앙의 미간백호에서 광명을 놓아 비춰주고 대체로 관음보살이 데려간다. 이런 그림 중에 국보 제218호 '아미타삼존도'가 가장 유명하다. 이 아미타삼존도는 정말 명작이다. 그 탱화에 보면 아미타부처님이 백호 광명을 망자에게 놓아 비추어주고, 지장보살이 마니구슬을 들고 옆에서 있다.

그런데 고귀하신 관음보살이 허리를 굽히고 망자에게 손을 내밀고 있다. 더없는 장엄신莊嚴身을 가진 관음보살이 스스로를 낮추어, 그렇게 자비로운 모습으로 따사로운 손길을 내미시니 누가 감동하지 않겠는가? 관음보살은 생명 그 자체다.

예수가 '나는 길이요 진리요 생명이다'라고 한 것처럼 관음보살도 생명을 수호하고 보살피며 자비로 구제하시니, 관음의 뇌구조에는 생명에 대한 것으로 가득 차 있다. 신라시대 의상스님이 적은 「백화도량발원문」을 보면 의상스님이 얼마나 이런 관음보살을 사모하고, 또 관음보살에 도취되어 있었는지 잘 엿볼 수 있다.

발원문에서 의상스님은 머리를 조아려 귀의하며 관음보살의 제자가 되기를 간청하고 가피를 내려주기를 기원한다. 그리고 세세생생토록 관음보살을 자신의 본 스승으로 삼고 관음보살이 이마에 아미타여래를 이고 계신 것처럼, 자신도 관음보살을 이마 위에 정대하고 이 세상에서나 저 세상에서나 늘 그림자가 형상을 따르는 듯 관음보살을 따를 것을 맹세한다. 그리고 자신이 임종시에 관음보살께서 나투시어 자신을 백화도량에 태어나게 해 달라고 간절히 빈다.

'가피加被'라는 말은 '더해서 입혀진다'는 말로 은혜와 같은 의미이다.

그런데 은혜가 좀 더 노골적인 표현이고, 가피는 심오하고 은유적이다. 알기 쉽게 자연현상에 빗대어 설명하면, 산들이 있다고 하자. 그곳에 안개가 서리면 산들이 동양화같이 멋있어진다. 그리고 단풍에 석양이 깃들면 장엄한 아름다움을 연출한다. 이렇게 어떤 존재에 좋은 무엇이 입히면 그 존재는 더욱더 아름다워지고 빛이 난다. 인간과 중생에 부처님의 지혜와 자비의 광명이 입혀진다면 얼마나 찬란해지고 복스러워지겠는가! 이런 입혀짐이 한자로 '가피加被'이다. 밤이 달빛을 입고 낮이 태양빛을 입는 것이 바로 가피이다.

백화도량은 관음보살이 머무는 도량으로, 관음보살이 흰 연꽃을 들고 계시므로 '백화도량白花道場'이라고 하는 것이다.

국보 아미타삼존도에서 보이듯이 관음보살은 친히 망자를 극락세계로 데려가므로, 절에서 천도재를 하고 49재를 할 때 일반인들은 '제사'라고 하지만 스님들은 '관음시식觀音施食'이라고 한다. 이처럼 관음보살은 생전·사후에 관계없이 언제나 자비로써 중생을 보살피고 구제하는 분이다. 관음보살에게서 대승보살의 감화가 제대로 드러난다.

기독교에서도 '가장 낮은 이에게 한 것이 나에게 한 것이다'라는 예수의 말씀이 있다. 하화중생下化衆生의 명언이다. 그리고 예수도 사랑을 외치며 위로는 하나님을 우러러 찬탄했으니, 지상 인간들이 그토록 염원하던 대승보살의 실존인물인 셈이다. 지금 사막의 종교들도 뜨거운 가슴으로 사랑의 사신이 되어 곳곳마다 꽃피게 해야 한다. 그래서 다른 사람의 피눈물을 흘리게 할 것이 아니라 어려운 자연환경 속에서, 역경 속에서 불굴의 의지로 자신 스스로 신을 향한 꿋꿋한 순례를 해 간다면 만인들에게 감동의 눈물을 흘리게 할 것이다.

예수천당 불신지옥 같은 소리나 이스라엘 역사서 같은 성경 내용을 그대로 맹신만 할 것이 아니라, 로마의 속국으로 속박의 땅이 된 이스라엘이 해방과 독립을 외치며 율법을 강조하고 있을 때 그 전쟁의 땅, 광야의 한가운데에서 '나의 하나님은 사랑이시다'라고 외친 예수의 근본으로 돌아가야 한다. 이 얼마나 용기 있는 일인가!

지저스 크라이스트 슈퍼스타이다. 물론 전의를 불태워야 할 식민지 국가에서 전의를 꺾는 사랑 타령을 했으니, 유대사람들이 좋아하지 않았고 결국 십자가에 처형되었다. 하지만 전장에서 순수한 소녀처럼 외친 사랑과 평화의 메시지가 후일 팍스아메리카의 원조인 팍스로마나라고 해서, 힘의 통치를 하던 로마를 감동시켜 고요한 밤·거룩한 밤이 되게 했고 사랑의 통치시대를 열게 하였다. 그러나 후손들은 다시 근본을 잃고 자기 생존 영역의 확장을 위해, 신의 이름을 부르며 오히려 전쟁을 일으키고 다른 사람을 배척한다.

실제 좋은 예화가 있다.

어느 깊은 산골에서 소박하게 사는 스님에게 일단의 무리들이 산을 등반하다 절로 내려가게 되었다. 그들은 서울의 유명교회에서 온 장로들이었는데 모두 6, 7명이 되었다. 그들 중 한 명이 빨리 가지 않고 스님이 나오자 천천히 그 스님의 곁으로 가서 말을 붙였다.

다른 사람들은 이미 내려가 보이지 않았고 곧바로 그 사람은 이야기를 시작하였다. "스님, 화룡점정이 무엇인지 아십니까?"

스님이 웬 뚱딴지같은 소리냐는 표정으로 답하였다.

"그건 용그림에 눈을 그리자 용이 승천했다는 고사를 말하는 것이 아닙니까?"

"맞는 말씀이신데 스님은 무엇이 화룡점정이라 생각하십니까?"

"저는 그렇게밖에 모르겠는데 다른 뜻이 있나요?"

하고 스님이 되물었다.

그러자 그 사람은 곧바로 대답하였다.

"저는 예수님이 화룡점정이라 생각합니다."

스님이 그 사람의 의도를 알아차리고 웃으며 말하였다.

"그럼 그렇게 여기시면 되겠네요."

그리고 스님은 자기 볼일을 보러 앞서 걸어 나가자, 등산객은 다시 뒤따라오면서 머뭇머뭇거렸다.

"저에게 더 하실 말씀이라도 있으세요?"

스님이 걸음을 멈추고 그에게 다시 물었다.

어느덧 두 사람은 '진외정塵外亭'이란 작은 현판이 달린 정자에 이르러 있었다. 진외정은 절 주변에 일체의 인가가 없고, 터가 산에 깊이 둘러싸여 있는 모습이라 붙여진 이름으로 '세상바깥'이라는 뜻을 지니고 있었다. 그 사람은 정자 옆에 서서 다소 침통한 얼굴로 물었다.

"사실은 제가 고민이 하나 있습니다."

"편하게 말씀해보세요."

등산객이 몇 번 머뭇거리다 입을 열었다.

"실은 제가 교회의 장로인데, 요즘 교회에서 외치는 예수천당 불신지옥이란 말이 너무 과하다는 생각이 듭니다. 그래서 나이 많은 장로님들과 목사님께 물어 보았더니, 제가 믿음이 약해서 그렇다고 합니다. 그 대답을 듣고 나서도 영 마음이 개운치 않아 스님께 지나가는 길에 물어보고 싶어 질문을 드린 것입니다."

그의 진지한 말을 들은 스님은 그 질문에 답하지 않고 대신 장로에게 되물었다. "그럼 장로님이 좋아하는 성경 구절은 무엇입니까?"

"저는 '하나님을 사랑하고 네 이웃을 네 몸같이 사랑하라'는 말씀입니다." "제가 들으니 무척 좋은 말입니다. 누구나 마음에 새겨두어야 할 말 같습니다. 기독교에서 하나님은 창조주이니 만물의 근본이 아닙니까? 피조된 사람과 만물이 그의 근본을 생각하는 것이니 좋고, 또 피조되어 현상화된 이웃들끼리는 화목하면 좋은 일이니 좋고 좋은 말 같습니다. 그 말을 마음에 새기고 신행한다면 어긋나는 일이 없을 것 같은데요?"

"말씀드렸듯이 예수천당 불신지옥이라는 말이 계속 마음에 걸립니다. 부정하자니 교회와 예수님을 부정하는 것 같아서요."

"그럼 이렇게 생각해봅시다. 자신에게 아무런 해를 끼치지 않는 사람이 있는데, 그를 원수로 느닷없이 이유없이 규정한다면 사랑의 마음을 가졌다고 할 수 있겠습니까?"

"예수님은 오히려 원수도 사랑하라고 했으니 잘못되었다고 봐야지요."

"그렇습니다. 그런데 우리들은 갈 데가 없습니다."

"무슨 말인지요?"

"기독교를 믿지 않는다는 이유로 살아서는 사탄으로 취급받고, 죽어서는 하나님의 심판을 받아 지옥의 유황불에 던져질 존재이니 생사 모두에서 이미 버림받았지요."

"……."

"문제는 우리들이 아니라 교인들입니다. 우리들이야 사탄과 지옥고를 겪으면 그만이지만, 교인들은 천국으로 가고자 열심히 신행하지 않습니까? 천국의 열쇠가 바로 사랑이라고 하는데, 원수를 사랑하는 것이 아니라 원수를 만들면서 배척하는 마음을 가지고서 어찌 천국을 갈 수가 있겠습니까? 저야 예수이름을 듣고도 믿지 않았으니 지옥을 가는 것이 당연하다고 치더라도, 예수이름을 듣지 못한 사람들과 들을 수 없는 만물들은 무슨 죄가 있습니까? 그러니 천국의 모습을 그려 보십시오. 서로 같은 믿음을 가진 같은 편끼리 만물이 없는 척박한 사막에 모여 있는 모양이 아닙니까? 설사 하나님께서 풍요로운 천국을 만들어주신다 하여도, 원수를 사랑하는 마음이 아니라 원수를 만드는 마음을 가진 사람을 어찌 천국에 들이겠습니까?

예수천당 불신지옥은 예수님의 뜻도 아니고, 믿음이 약하기 때문에 못 받아들이는 것도 아닙니다. 오히려 자기 생존 영역의 확장과 자기편을 만들기 위한 사랑 속에 있는 보이지 않는 저주요, 옥중티끌입니다. 그 저주에 걸리면 사랑이 자기중심에 오염되어 버리니 특히 주의해야 합니다. 기독교인들에게 이것은 제일 어려운 시험입니다. 사랑의 시험이기도 하구요."

"그럼 저는 무엇에 의지하여 사랑의 실천을 해야 할까요?"

"아까 장로님 스스로 말하지 않았습니까? '하나님을 사랑하고 네 이웃을 네 몸같이 사랑하라'는 계명을 제일 좋아한다고요. 제가 보기에는 그것이 제대로 된 사랑의 행 같습니다."

스님의 말을 듣고 나서 그 장로는 얼굴이 환해지며,

"제가 단순한 사실을 잊고 살았습니다. 원수를 만들지 않고 원수를 사랑하며 살겠습니다. 스님의 말씀을 듣고나니 제 마음이 오히려 편해졌습니다. 감사합니다."

사랑의 7단계

종교에서의 사랑의 의미뿐 아니라 한 개인의 입장에서 사랑의 단계를 말해보자. 한 개인이 인간적으로 할 수 있는 최고의 사랑은 첫사랑이다. 첫사랑이란 표현보다 사랑이 꽃피는 초창기의 사랑이라는 표현이 더 정확한 표현일 것이다. 아무튼 사춘기 아이들의 상태를 보면 남녀 모두 서로 눈만 마주치고 손만 살짝 닿아도 가슴이 뛰며 고감도의 사랑이 피어난다. 경전에 보면 천인天人들이 하는 사랑이다. 그래서 첫사랑은 인간이 할 수 있는 유일한 천상의 사랑이다. 과학적으로도 특별한 호르몬이 나온다고 하는 더없이 고감도의 사랑이다. 살아가면서 이 천상의 사랑은 약화되고 대신 남녀 간의 구체적 신체접촉과 성관계가 이루어져야 되는 방향으로 사랑은 하방한다. 그리고 더 내려가서 서로 간의 조건을 따지는 사랑으로 변한다. 재산과 학벌과 직장 등 상대의 조건이 중요해지는 사랑으로 변모된다는 말이다. 그리고 그 이후에는 여기서 더 하방하여 폭력적이거나 변태적인 사랑으로 되어간다. 감도가 무뎌져 감동을 불러일으키기 위해 더 많은 조건과 자극을 요구하는 것이다. 첫사랑과 육체적 사랑 사이에 짝사랑이라는 묘한 사랑도 자리 잡는다. 이런 타락의 흐름과 반대되는 승화의 흐름이 있다. 천상의 사랑에서 더 높아지면 아예 상대의 유무에 상관없이 늘 사랑하게 된다. 형상을 떠난 사랑으로 세상에서는 부모의 사랑이 그것이다. 부모는 자식이 있거나 어떤 모습이거나 자식이 아예 죽어 없거나에 상관없이 늘 자식을 사랑한다. 그래서 자식이 죽으면 흔히 부모 가슴에 묻는다는 말을 하는 것이다.

이 형상을 떠난 사랑보다 더 상위의 사랑이 있다. 이번에는 인간끼리만 국한된 사랑이 아니라, 일체중생과 세계를 모두 사랑하는 것이다. 이 사랑을 대자대비라고 부른다. 그리고 우주의 보편적인 사랑이라고 한다. 첫사랑을 기준으로 해서 위로 2단계가 있고 아래로 4단계가 있다. 대자대비, 형상을 떠난 사랑, 첫사랑, 짝사랑, 육체적 사랑, 조건적인 사랑, 폭력적인 사랑을 모두 합해 '사랑의 7단계'라고 한다.

사랑하는 사람들은 상대에 의지하면서 상대가 자신의 뜻대로 해주길 바란다. 만일 상대가 자신의 뜻대로 하지 않거나 다른 상대를 쳐다보면, 시기하고 질투하고 의심하고 집착한다. 그렇게 함으로써 서로 간의 사이는 더욱 나빠져 악순환에 빠져든다. 문제는 사랑의 승화가 일어나지 않는다는 것이고, 사랑의 질곡과 저주 속에서 고통의 나날을 보내며 일생을 허비한다는 것이다. 사랑의 승화가 일어나게 하려면 어떻게 해야 하는가? 상대를 자기 소유나 자기 뜻대로 가두려고 하는 마음인 집착심을 내려놓고, 사랑 본연의 속성에 충실해야 한다.

사랑 본연의 속성은 의심이 아니라 믿음이다.

그리스 신화에 보면 프시케와 에로스 흔히 큐피드의 사랑 이야기가 나온다. 프시케는 인간으로 아름다운 공주였다. 어찌나 아름다웠던지 프시케를 보려고 모여드는 사람들로 성문 앞은 언제나 인산인해를 이루었다. 그런데 사람들이 프시케를 보려고 몰리는 바람에 미의 여신 아프로디테의 신전에는 사람들의 발길이 끊기고 말았다. 이에 아프로디테는 화가 났다. 그래서 아들 에로스 큐피드에게 명령하였다. "너의 화살로 프시케에게 미천한 자에 대한 연정을 불어 넣어라."

사랑의 저주, 시기심이 나타나는 대목이다. 에로스는 프시케가 잠든 사이 찾아가서 아프로디테의 말대로 작업을 하려고 하는데 프시케가 잠에서 깨어난다. 그 바람에 깜짝 놀란 에로스는 자신의 화살에 스스로 상처를 입고 프시케를 사랑하게 된다. 신과 인간의 반금지된 사랑이기도 하고, 또 어머니의 뜻과는 상반되는 사랑이라 에로스는 자신을 알리고 싶지 않았다. 그래서 프시케는 남편의 얼굴을 볼 수 없었다. 남편을 볼 수는 없었지만 남편의 음성은 사랑으로 충만하였다. 님의 얼굴이 너무 궁금해진 프시케가 얼굴을 보여 달라고 하자, 에로스가 말하였다. "정당한 이유가 있어 얼굴을 보이고 싶지 않으니, 나를 볼 생각은 말아주오. 중요한 것은 그대가 나를 사랑하는 것이고, 내가 그대를 사랑한다는 것이오. 나는 그대가 나를 신으로서 숭배하는 것보다 같은 인간으로서 사랑하기를 바라오."

이 말을 듣고 프시케는 안도하며 행복해 한다. 그런데 꼭 호사다마라고 언니들에게 이러한 수다를 떨고 싶었던 프시케는 언니들을 초대하게 되고 수다후유증이 나타난다. 궁전도 아름답고 시기심도 생긴 언니들은 프시케가 님의 얼굴을 보지 못했다고 하자 프시케를 꼬드긴다.

"너의 남편은 아폴론 신탁이 답한 대로 괴물임에 틀림없다. 그 괴물은 너를 맛있는 음식으로 기른 뒤에 잡아먹을 것이다. 남편이 잠들거든 칼을 숨기고 등불을 비춰봐라."

프시케는 호기심이 발동하여 언니들이 시키는 대로 칼을 숨기고 몰래 등불을 비춰 잠든 님의 얼굴을 보았다. 무척 잘생기고 아름다웠으며 괴물이 아닌 가장 매력있는 신이었다. 남편의 아름다움에 감탄한 프시케가 그의 얼굴을 더 가까이 보기 위해 등불을 얼굴 가까이로 기울이다 그만 기름이 떨어져 에로스가 깨게 된다. 그렇게 일렀건만 언니들에게 속고 자신의 호기심에 속은 프시케를 보고, 자신을 믿지 못한 것을 안타까워하면서 에로스는 떠나며 말하였다.

"사랑과 의심은 함께 할 수 없다."

사랑의 화살을 맞으면 사랑에 빠지는 이유가 의심이 없기 때문이다. 이것이 폴 인 러브의 비밀이다. 의심이 있으면 큐피드의 화살이 이처럼 무용지물이 된다. 의심이 사랑의 해독제이기도 하지만, 사랑의 파괴자이기도 한 것이다. 이 프시케 사랑 이야기의 교훈과 함께 아르테미스의 비운의 사랑에서도 의심과 더불어 사랑의 또 하나의 저주인 자존심에 대한 교훈이 나온다. 이 이야기는 프시케 이야기와는 반대로 아폴론의 여동생인 달의 여신 아르테미스와 반인반신인 오리온의 이야기이다. 아까와는 달리 남녀의 신분이 반대로 된 것이다. 어느 날 사냥을 나갔던 아르테미스는 숲에서 늠름한 오리온을 우연히 보게 된다. 첫눈에 반한 그들은 사랑의 소용돌이에 빠지게 되고, 이를 못마땅하게 여긴 아폴론과 천신들은 그 둘을 떼어 놓기로 마음먹는다. 그래서 천상에서 활쏘기라면 서로가 제일이라고 자부하던 아폴론과 아르테미스였기에, 어느 날 해변으로 놀러가자고 오빠 아폴론이 제의하고 아르테미스가 따라간다. 해변에서 놀고 있는데 바다 가운데 멀리서 금빛물체가 반짝거렸다. 아폴론이 아르테미스에게 '맞출 수 있겠느냐?'고 물었고, 아르테미스는 '당근!'이라고 대답하였다. 그러자 아폴론이 부채질하였다.

"그럼 한번 맞춰 봐." 그러나 이상하게 아르테미스는 맞추기가 싫었다. 아폴론이 머뭇거리는 동생 아르테미스를 보고 일부러 약을 올렸다.

"너 자신없어 그러지."

그러자 자존심이 상한 아르테미스는 활을 잡고 시위를 힘차게 당겼다. 화살은 멋지게 날아가 물체를 맞추었고, 좀 있다 물결에 밀려 그 물체가 해변으로 밀려왔다. 그 물체는 바로 자신의 사랑하는 님인 바다의 왕자, 오리온이었다. 님을 멋지게 맞춘 것이었다. 거의 실성하다시피 울고불고해도 이미 늦었다. 일을 기획한 신들도 아르테미스의 바다 같은 슬픔을 보고 미안한 마음이 들었다. 결국 오리온을 하늘에 올려 가장 빛나는 별자리로 만들어 주었다. 그래서 오리온자리는 1등성이 2개나 된다. 아르테미스도 그 이후 다시는 사랑이나 결혼을 하지 않고, 처녀로 숲속에서 달의 마차를 타고 사냥하며 살아갔다.

비운의 사랑의 주인공인 아르테미스는 이렇게 처녀신이 되었다.

자존심과 의심은 소유집착의 두 측면이다. 진정한 사랑은 이 둘과 함께할 수 없다. 사랑의 승화가 일어나려면 믿음과 헌신이라는 두 날개가 있어야 한다. 밀고 당기고, 찌지고 볶고 하는 놀음은 오히려 사랑의 저주를 불러들이기 십상이다. 상대가 자기 뜻대로 되어 주기를 바라는 것이 아니라, 상대의 뜻에 순응하는 것이 사랑의 길이다. 상대를 자신의 뜻대로만 하려고 해봐라. 금방 싸우고 자신의 감성과 사랑은 승화는커녕 관계 속에서 난파선으로 변해 덩그렇게 버려진다. 사랑의 승화는 사실 쉬운 일이 아니다. 상대의 상황에 관계없이, 상대의 태도에 상관없이 순수하게 사랑만 해야 가능하다.

상대가 있지만 상대의 상황에 휘둘리는 자신이 아니라 오로지 일방적으로 사랑하기만 해야 한다. 원사이드 러브, 짝사랑이 대표적이다. 물론 〈패왕별희〉처럼 둘이 같이 천장지구로 사랑하면 좋겠지만, 인간사가 마음대로 안 되니 일단은 자신만이라도 그렇게 하는 것이 반타작이라도 하는 거라는 말이다. 우리의 감정은 언제나 상대를 사랑해줄 수 있는 일편단심의 마음일 때, 최고의 축복을 입고 천상으로 비상한다. 누가 이렇게 할 수 있겠는가! 사랑은 에너지이며 추진동력과 같다. 그래서 일편단심이 아니면 감정이 해갈될 정도가 되지 않아서, 사실 상대의 상태보다 자신의 감정을 위해서 더 일편단심이 요구된다. 너무 쉽게 흔들리고 불안해지기 쉬운 그래서 파토나기 쉬운 사랑의 입장에서 보면, 요즘보다는 일편단심을 강제했던 조선시대에 차라리 더 많은 사랑이 날개를 달았을 것이다.

지금 시대의 남녀는 사랑의 저주에 걸려 대부분 추락한다. 싸우고 이혼하고 또 만나 싸우기를 반복할 뿐, 승화의 날개를 달지 못한다. 인내심이 없다. 인내가 뼈들을 엮는 근육과 같이, 사랑을 단단히 묶는 황금의 끈인 줄 모르기 때문이다. 남녀의 사랑을 택한 이상 일편단심 이외에는 길이 없다. 자존과 의심과 집착과 배타가 없는 향상일로의 일편단심만이 자신의 감정을 구원할 수 있다. 내가 일편단심을 강조하기 위해 그렇게 말하는 것이 아니다. 이것은 사랑의 구조적 문제이고 기술적인 문제이다. 감정과 사랑의 거듭된 목마름과 저주를 넘어서기 위한 해결책이다. 자신의 사랑의 위치가 헷갈린다면 사랑의 7단계를 다시 한 번 살펴보고, 한 개인이 어떻게 하여야 자신이 원하는 사랑의 상태에 이를 수 있는가를 생각해보는 것이 좋다. 다들 사랑을 가장 공들이고 중시하므로, 반대로 잘못되었을 경우 파급과 헛수고가 그만큼 심대하니 말이다. 개인에게 있어 파토난 사랑이 인생 최고의 헛수고이다. 물론 그렇다고 너무 두려워하거나 겁먹을 것 없다. 자주 반복하여 인생의 진을 빼지 말고, 이왕 할 거면 일편단심으로 성과 있는 사랑을 하는 것이 좀 더 현명하다는 말이다.

개인의 사랑타령은 이만하고 다시 산중대화로 돌아가 살펴보자. 불교든 기독교든 유교든 자신의 본래 근본에 충실하여 다시 현대에 맞게 허무맹랑한 소리나 구태의연한 의례는 빼고, 자기중심성을 버리고 지혜와 자비를 간명하게 천명해야 한다. 그렇게 하지 않으면 퇴화될 수밖에 없다. 불교는 마음수행이라는 현대인이 꼭 필요로 하는 좋은 장르를 가졌다. 특히나 불교는 옛날방식의 허례허식을 최소화하고, 지금 시대에 맞게 보편적이고 잘 정돈된 명상방법들을 현대인들에게 제시하는 것이 불교가 사는 길이다. 동시에 현재의 수행자들이 역대 수행자들의 노고와 전승에 보답하는 길이며, 자신도 올바른 수행을 통해 향상일로를 걷는 길이다. 이러한 것들을 이루려면 많은 말들 가운데에서 옛사람들이 밝힌 간명한 근본을 뚜렷이 보아야 하며, 그 말들마저 버리고 자신에게로 돌아와 수행을 통해 내면에서 직접 증득하여야 한다. 이 글들도 그러한 여정을 위해 쓰이고 정리된 것이다.

마음과 『금강경』

마음으로 돌아가서 살펴보자.

마음이 무엇인지 마음의 고통을 어찌하여야 제거할 수 있는지는 경전과 선사들의 문답 속에서 찾아볼 수 있다.

조계종의 주텍스트인 『금강경』은 '마음을 어떻게 항복 받을 수 있겠습니까?'라는 질문으로 시작한다. 그리고 그 답으로 '머무르는 바 없이 그 마음을 내어라.' '정해진 바가 없다'는 '무유정법無有定法'이라는 가르침을 준다. 그리고 이름과 형상에 빠지거나 속지 말라고 하며 '무주상無住相'하라고 한다. 이것을 『금강경』의 핵심을 말해 준다는 사구게四句偈로 거듭 강조한다.

범소유상 개시허망(凡所有相 皆是虛妄)
약견제상비상 즉견여래(若見諸相非相 卽見如來)

모든 형상 있는 것은 모두 허망하니
형상이 본래 상이 아닌 것임을 알면
곧바로 진실한 모습, 여래를 보리라.

약이색견아 이음성구아(若以色見我 以音聲求我)
시인행사도 불능견여래(是人行邪道 不能見如來)

만약 색신으로써 나를 보거나 음성으로써 나를 구하면,
이 사람은 사도를 행함이라. 능히 여래를 보지 못하리라.

자기 집착에 빠진 자존심 강한 사람은 자신의 자존심이 무너지고 상처받게 되면 언젠가 어떤 방식으로든 복수를 나타낸다. 무너지고 상처받은 정도가 강할수록 복수의 반동도 크고 심해진다. 자존과 복수는 형체와 그림자의 관계처럼 서로 이어져 있다. 건전한 자존은 자긍심을 가져다주지만, 자기중심적 판단과 고집이 동반된 자존심은 마음의 자유를 구속하고 복수심으로 변질되기 일쑤이다. 액션과 리액션의 관계를 극명하게 볼 수 있는 범죄사건들이 연일 뉴스를 통해 흘러나온다. 자존과 복수는 다른 어떤 것보다 극명하고 극단적인 인과관계이다.

우리 뇌의 어느 부분 중에 이러한 액션과 리액션의 보상관계에 민감하게 반응하는 부위가 있다고 한다. 보상을 담당하는 그 뇌부위는 선물을 받거나 대가를 받았을 때 활성화된다고 한다. 그런데 그 보상이 물질적인 부분에만 한정되어 있지 않은 것이 실험으로 밝혀졌다. 먼저 10개의 음악을 주고 자신이 좋아하는 순서대로 적어보라고 하였고 나중에 전문가의 견해를 알려주었다. 그랬더니 그 전문가들과 일치하거나 유사한 사람들의 보상뇌 부분이 크게 활성화되었다. 더 나아가 먼저 전문가의 견해를 알려주고 자신이 좋아하는 순서대로 적어보라고 했더니, 많은 사람들이 전문가가 적은 순서대로 적었다는 것이다. 참으로 시사하는 바가 큰 실험이다. 보상이 물질과 정신 모두에 작동하는 것이다. 보상과 일치라는 심리방정식이 확인되는 순간이다. 정신적 보상은 일치감이 중요한 셈이다.

이 일치감이란 무엇인가? 바로 자기와 타인의 일치이다. 만일 누군가가 있어 이 보상뇌부위가 민감하다면, 자신과 타인의 일치를 매우 중요하게 생각할 것이다. 그리고 그것이 어긋났을 때 그는 다른 평범한 사람들보다 훨씬 고통을 느낄 것이다. 이것은 정신적인 멀미가 일어나는 것과 같다. 마음의 교란은 이렇게 대부분 자기중심성에 입각한 보상과 인과관계의 혼란에서 비롯된다. 그러므로 액션과 리액션의 고리가 끊어져야 마음은 비로소 사슬에서 벗어나 해방된다. 『금강경』에서 대가를 바라지 않고 베푸는 '무주상보시'를 마음을 항복받는 첩경이라고 한 이유이다. 마음은 인과관계에서 떠날 때 비로소 자유로워진다. 인과관계는 행위가 흘러가며 만들어지는 것이다. 물이 들판에 흘러가는 모습을 보면 강을 따라 흐른다. 외부에서 보면 물은 분명 길을 따라 흘러가지만, 자유자재로 굴곡질 수 있는 물이 과연 구속받으며 흐른다고 느낄까. 아마도 강둑에 별 신경을 쓰지 않는 모양이다. 왜냐하면 다른 모양의 둑이 나오면 그에 따라 또 자연스럽게 흘러가는 걸 보면 말이다. 마음도 이와 같아서 그냥 자유롭게 행위하는데 그 외적인 반응에 따라 평가받고 구속된다.

이러한 외적인 평가와 구속이 잘못된 것이 아니다. 그것은 자연발생적인 것이기 때문이다. 문제는 인과관계인 그 평가와 구속을 받으면서, 마음이 물과 같이 본래 자유롭다는 것을 잊어버리는 것이다. 보상에 대한 집착과 지나친 기억으로 정작 중요한 마음의 자유로움이라는 보물을 망각해버리는 것이다. 그래서 강변과 강둑에 갇힌 물을 보는 것이 아니라 물 자체를 보듯이, 인과관계에 갇힌 마음이 아니라 마음 자체를 보는 것으로 마음의 본질에 도달해야 한다.

지혜에는 두 종류가 있다. 첫째는 행위가 어떤 결과를 낳을지 아는 지혜요, 둘째는 근본을 아는 지혜이다. 첫 번째 지혜인 인과를 아는 지혜는 두 번째의 근본을 아는 지혜를 오히려 장애할 수가 있다. 인과의 경직된 법칙성과 분별심이 마음의 본래자유를 잊어버리게 할 수 있다는 말이다. 평범한 사람이 이런 복잡한 마음의 상태를 어찌하면 이해할 수가 있겠는가? 『금강경』의 말처럼 어떻게 그 마음을 항복받아 평안하고 자유롭게 할 수 있겠는가? 좀 더 실감나게 이야기하려면 예화가 필요하다. 라디오에서 심리학책을 소개하면서 실제로 있었던 사례를 짧게 소개해준 적이 있다.

어느 초등학교 고학년 아이가 정신병 증세가 있어 부모가 정신병원에 입원을 시켰다. 6개월 후 돌아온 아이는 그로부터 집밖을 나가지 않고 15년간을 집에서만 살았다. 부모는 아이가 정신병이 더 악화되어 그런 줄 알았다. 그래도 중간중간 상담사가 와서 상담을 했는데 책의 저자가 아이를 상담하게 되었다. 상담하다 보니 아이 안에 엄청난 분노가 있었다. 그런데 그 대상이 가족관계인 부모여서 울화를 표출하지 못했고, 분노의 대상을 적으로 돌려 공격하지 못하였다.

그래서 아이가 취한 행동이 집밖을 나가지 않고 청춘을 집에서 보내는 것으로 부모에게 복수하는 것이었다. 상담자가 그 원인을 살펴보니 15년 전의 정신병원 입원 때문인 것을 알았다. 이에 부모와 자식을 모두 모아놓고 상담을 진행하여 아이의 병을 치료할 수 있었다.

여기서 우리는 주목해야 할 것이 있다. 이미 15년 전에 저질러진 일이라 부모가 정신병원에 자식을 넣은 사실은 바꿀 수가 없다. 그럼 무엇을 바꾸고자 하는가? 마음을 바꾸고자 하는 것이다.

실제로 같이 상담한 결과 정신적으로 부족하고 예민하던 아이는 부모가 자신을 귀찮아서 정신병원에 버렸다고 여겼고, 부모는 아이의 정신병을 자신들이 어찌해야 할지 몰라 좀 더 전문적인 치료기관에 보내서 치료해야 낫기가 쉽다고 여긴 것이었다. 상담을 통해 그러한 것들을 서로 알게 된 부모와 아이는 화해하고 관계가 다시 좋아졌다.

15년 전 정신병원에 들어간 사실은 과거가 되어 바꿀 수 없지만, 각자의 생각에 매몰되었던 이전의 마음은 상담을 통해서 바뀌어졌다. 이처럼 마음은 사실과 달리 경계에 절대적으로 구속되지만은 않고 언제든 변화 가능하며 이동 가능하다. 그런데 우리는 자신만의 관념과 선입관과 잣대로 집착하여 고정시켜 버린다. 큰 사건이나 치명적인 일을 당하면 이러한 경향은 더욱 강해져 상처가 되어 마음을 묶어 버리고, 묶인 그 마음의 말뚝에 매여 벗어나지 못하고 뱅뱅 돈다.

외상 후 스트레스나 트라우마들이 그런 것들이다. '자라 보고 놀란 가슴 솥뚜껑 보고 놀라'는 것이다.

이것들은 자신에게 고통을 유발하고 그릇된 견해에 사로잡히게 하고 이상한 행동을 하게 한다. 붓다가 '고苦는 집착에서 발생한다'고 한 사성제四聖諦를 인용하지 않더라도 우리 주변에서 흔히 볼 수 있는 일이다. 그런데도 우리는 그 집착에서 벗어나지 못한다. 그러한 속박에서 벗어나려면 먼저 마음이 이동가능한 것임을 알아야 한다.

『금강경』의 표현으로 '무유정법無有定法'이나 '과거심불가득過去心不可得 현재심불가득現在心不可得 미래심불가득未來心不可得'인 것이며 '머무르는 바 없이 그 마음을 내는 것'이다. 경전처럼 선사들의 문답도 이것에 기초한다. 선문답 속에는 마음의 이동과 더불어 마음이 근본적으로 자유롭다고 하는 본연의 입장을 더 강조한다.

이것을 '본지풍광本地風光'이라고 한다.

선사들은 매정할 정도로 경계에 물든 마음이나 조건에 빠진 조건심을 배제하고 오로지 본마음만을 말한다. 그래서 비약이 있고 경계와 조건에 물든 마음으로는 그 말이 쉽게 수긍이 가지 않는다. 쉽게 수긍이 가지 않으므로, 선사를 믿는 마음이 있는 제자는 의심이 생기게 된다. 이 문답을 '공안公案'이라 한다. 그리고 그 공안을 참구하여 수행방법으로 삼으면 화두수행이 되는데, 이것을 '간화선看話禪'이라고 한다. 오늘날 한국조계종의 공식 수행법이다.

달마와 혜가, 승찬, 도신, 홍인

지금부터 1조 달마부터 6조 혜능까지 선사들의 문답을 살펴보며, 어떻게 본마음을 드러내었는지 살펴보자.

양무제와의 만남에서 실망한 달마스님은 자신의 법을 이해할 사람이 없음을 개탄하고, 인연을 기다리며 소림사에서 오직 면벽수행으로 일관하였다. 그때 후에 달마의 법을 이어 2조가 될 혜가가 찾아왔다. 달마스님이 응하지 않자 팔을 잘라 바쳤다고도 하고 오다가 도적에게 잘렸다고도 하는데, 어찌되었건 팔이 잘린 혜가의 구법求法에 달마가 응하게 된다. 후일 소림사 스님들이 한 팔만을 들어 손바닥을 세우고 인사를 하게 되는데, 이 한쪽손 인사법이 법을 위하여 팔을 버린 혜가스님을 기리는 것이다.혜가스님은 나중에 달마의 참선법을 이어 후학을 가르치다가, 말년에 시장바닥에 나가 요즘으로 말하면 노가다를 하며 지냈다. 그를 알아본 어떤 사람이 놀라 여쭈었다.

"큰스님께서 어찌 이리 누추한 시장바닥에서 잡배의 일을 하십니까?"

"요 마음이 잘 길들지 않아서 길들이고 있는 중일세."

그런데 안타깝게 그러한 대스승도 예수처럼 죽게 되는데, 기존 불교를 불교의 전부인 줄 알고, 그의 마음수행을 요상한 것으로 여긴 스님들과 사람들에 의해 처형되었다.

지금은 참선이 불교의 정수인 줄 누구나 알지만 그때는 그렇지 못하였다. 이러한 혜가스님의 희생 때문에 생겨난 사자성어가 있는데 바로 '위법망구爲法忘軀'이다. '법을 위하여 몸과 목숨을 버린다'는 말로, 오늘날 조계종 총무원장 취임식에서 정치를 좋아하는 총무원장이 단골로 하는 말 중의 하나가 되었으니 아이러니가 아닐 수 없다. 이렇게 불문에 들어온 후에 큰 자취를 남겼고 절에 들어오기 전에는 유불선 모두에 정통했던 혜가스님과 달마스님의 첫 대면을 알아보자.

혜가가 달마스님께 여쭈었다.

"제 마음이 심히 불안합니다. 스님께서 편안케 해주십시오."

달마가 혜가를 보고 말하였다.

"불안한 마음을 가져 오너라. 너를 위해 편안케 해주마."

혜가가 헤매다가 대답했다

"마음을 아무리 찾아도 끝내 찾을 수가 없습니다."

이에 달마가 곧바로 말하였다.

"내 너를 위해 마음을 편안하게 한 것이 끝났다."

실로 간단한 문답인데 불교의 모든 것을 담고 있다.

일반인이 보기에 마지막 말에 비약이 있지만, 달마는 오직 본마음에서서 일러준 것이다. 경계와 조건에 매인 불안한 혜가의 마음은 빛앞의 아지랑이같이 날아가고 깨달음의 봄빛, 각춘覺春만 가득한 가운데 혜가의 마음은 평안을 얻었다.

이 문답으로 인해 불교를 '마음을 편안하게 하는 법의 문이다'라는 의미인 '안심법문安心法門'이라고 부르게 되었다. 흔히 절에 가면 '안심문安心門'이라고 쓰인 현판이 종종 있는데, 바로 이 안심법문의 줄임말이다. 이렇게 깨달아 법을 펴고 있던 혜가에게 문둥병 환자가 한 사람 찾아왔다. 바로 후일 3조 승찬이다. 문둥병 환자였던 승찬은 몸의 병 때문에 마음이 구속되어 괴로워하고 있었다. 혜가대사가 설법한 지 14년이 되었을 때, 아직 사회 사람인 거사로 찾아왔다. 그리고 혜가스님을 보자마자 물었다.

"제자는 풍병(風病, 문둥병)을 앓고 있으니 화상께서 제자를 위하여 참회해주십시오."

혜가가 말하였다. "그대는 죄를 가지고 오너라. 죄를 참회해 주리라."

"죄를 찾아도 찾을 수가 없습니다."

"그대의 죄는 참회가 끝났다. 그대는 그저 불·법·승 삼보에 의지하기만 하라."

"세상에서 어떤 것이 부처이며, 어떤 것이 법입니까?"

"마음이 부처요 마음이 법이니, 법과 부처가 둘이 아니니라. 그대는 알겠는가?"

"오늘에야 비로소 죄의 성품이 안과 밖과 중간에 있지 않은 줄 알았습니다. 마음이 그렇듯이 법과 부처가 둘이 아닌 줄 알았습니다."

혜가는 그가 법기法器인 줄 알고 머리를 깎아주며 말하였다.

"그대는 나의 보배요 승보僧寶이니, 승찬僧璨이라 하라."

이후 승찬은 문둥병이 나았다.

이 문답에서 알 수 있듯이 달마와 혜가의 문답과 서로 유사하다.

승찬이 3조로 선법을 펴고 있을 때, 어린 스님인 사미승 한 사람이 찾아왔다. 후에 4조 도신스님이 된다. "무엇이 불심입니까?"

어린 사미의 당돌한 물음에 승찬은 깜짝 놀랐다.

잠시 후 승찬은 그에게 되물었다. "지금 네 마음은 어떠냐?"

어린 도신은 승찬의 물음에 거침없이 대답하였다.

"저는 지금 마음이 없습니다."

"네가 마음이 없는데, 어찌 부처님께 마음이 있겠느냐?"

도신은 아무 말이 없었다. 그리고 잠시 후 말하였다.

"제가 해탈할 수 있는 법문을 일러주소서!"

"해탈이라니, 누가 너를 묶었더냐?"

"……. 아무도 묶지 않았습니다."

"묶은 이가 아무도 없다면, 너는 이미 자유인이 아니냐? 어찌하여 다시 해탈을 구하는가?"

이 문답에서는 좀 더 선명하게 본지풍광에 서서 얘기해 주는 것을 느낄 수 있다. 누가 너를 묶었더냐?

사실 마음의 구속은 대부분 자승자박이 많다. 스스로 중생이라 규정하고, 스스로 자유롭지 못하다고 여기며, 스스로 부처가 아니라고 단정한다. 4조 도신스님 뒤에 5조 홍인스님이 있는데, 홍인스님은 풍무산 동산東山에 주석하며 법을 폈기 때문에 동산스님으로 더 잘 알려져 있다. 5조 홍인스님에 이르러 선법이 널리 퍼지게 되어 그의 법문을 '동산법문'이라고 부른다. 성철스님의 은사스님인 범어사 조실스님의 법명이 동산스님인데 홍인스님의 동산이다.

홍인은 태어나면서부터 영리하여 신동이라는 말을 자주 들었으며, 동네 사람들은 그를 무성無性이라고 불렀다. 하루는 4조 도신스님이 황매현으로 볼일이 있어 가던 중, 길에서 한 어린아이를 만났다. 그 아이의 골상이 남달리 빼어났으므로 도신이 그 아이에게 물었다.

"너의 성姓이 무엇이냐?" 무성이 대답하였다.

"불성佛性입니다."

도신은 기특하게 여기면서 다시 질문하였다.

"너는 무성이 아니더냐?"

이에 대하여 무성이 대답하였다.

"불성은 공空하기 때문입니다."

도신은 그 아이가 큰 법의 그릇이 될 것임을 알고, 부모의 허락을 얻어 어린 무성을 제자로 삼고 불명佛名을 홍인弘忍이라 지어주었다. 도신의 법을 이은 홍인은 스승의 입적 후 도량을 쌍봉산 동쪽의 풍무산馮茂山으로 옮긴다. 이후 사람들은 도신이 주석한 쌍봉산을 서산西山이라 부르고, 홍인이 주석한 풍무산을 동산東山이라 불렀다.

홍인은 동산에서 700명의 제자를 가르쳐 크게 선풍禪風을 선양하였다. 홍인은 선천적으로 말이 적고 소박하였다. 이러한 성정처럼 홍인스님의 동산법문의 요지는 '천 개의 경전과 만 개의 논을 읽고 능통한 것보다 자신의 본마음을 지키는 것이 더 낫다'이다.

이것을 '수본진심守本眞心'이라고 한다.

신수와 혜능, 『육조단경』

이 홍인스님의 문하에는 신수스님이라는 걸출한 스님이 수제자로 있었다. 홍인스님이 말년에 법을 전하고자 공개질의를 했는데, 모두 그동안 공부한 것에 자신이 있으면 벽에 게송으로 적어 보라고 하였다. 감히 누구도 적지 못하는데 신수가 적었다. 사실 신수의 눈치를 보느라 다들 적지 못한 것이었다. 신수대사神秀大士의 게송偈頌을 소개한다.

身是菩提樹(신시보리수) 몸은 보리수요
心如明鏡臺(심여명경대) 마음은 명경대와 같으니
時時勤拂拭(시시근불식) 항시 부지런히 털고 닦아서
勿使惹塵埃(물사야진애) 먼지와 티끌이 끼지 않게 해야 하리.

사람들이 모두 탁월한 게송이라고 말할 때, 글을 모르던 혜능이 읽어 달라고 하였다. 혜능이 들어보니 자신의 마음과 달랐다. 그래서 자신이 말을 해볼 테니 옆 사람에게 좀 적어달라고 하였다. 후일 천지와 고금을 진동시키는 게송이다.

菩提本無樹(보리본무수) 깨달음은 본래 나무가 아니요
明鏡亦非帶(명경역비대) 거울 또한 명경대가 아니네.
本來無一物(본래무일물) 본래로 한 물건도 없거늘
何處惹塵埃(하처야진애) 어디에 먼지가 끼고 티끌이 앉겠는가.

누가 보아도 범상치 않는 게송이라 대중이 웅성거렸다.

빠르면 손해다. 게송을 늦게 쓴 혜능이 아무래도 좀 유리해 보인다. 암튼 홍인스님이 그 광경을 보고 두 게송을 본 뒤, 혜능의 게송은 법을 모르는 소리라고 일축한 뒤 지워버렸다. 그리고 스님이 되기 위해 아직 행자생활을 하며 방아를 찧고 있던 혜능에게 몰래 찾아가, 머리를 세 번 두드리고 사라진다. 혜능이 삼경에 입실하라는 뜻임을 간파하고 찾아가니, 홍인스님이 『금강경』을 설해 주었다.

거기서 혜능이 온전히 깨치게 되는데, 그때의 게송이 이러하다.

하기자성본자청정何期自性本自淸淨
하기자성본불생멸何期自性本不生滅
하기자성본자구족何期自性本自具足
하기자성본무동요何期自性本無動搖
하기자성능생만법何期自性能生萬法

성품이 어찌 본래 스스로 청정한 것임을 알았으리까!
성품이 어찌 본래 스스로 생멸없음을 알았으리까!
성품이 어찌 본래 스스로 구족함을 알았으리까!
성품이 어찌 본래 스스로 흔들림없음을 알았으리까!
성품이 어찌 능히 만법을 내는 줄 알았으리까!

글도 모르는 일자무식이 불법의 지고한 요의를 행자 때 깨치는 놀라운 일이 벌어진 것이었다. 그래서 신수를 비롯하여 그동안 빠빠지게 공부한 스님들이 시기할까 봐 몰래 깨달음을 전할 때 주는 (승복)가사와 바리때(공양그릇)인 '의발衣鉢'을 전수하여 문중에서 나가게 하였다. 그리고 홍인스님 본인은 대중에게 자신의 법을 혜능이 가져갔음을 밝히고 곧 입적한다. 아니나 다를까, 시기하는 무리들이 쫓아가 의발을 뺏으려고 하였고, 혜능이 이를 주었지만 결국 가져가지 못하였다. 혜능은 그 후에 '보임保任' 또는 읽기 편하게 '보림'이라고 해서, 깨달음을 안고 사냥꾼의 무리 속에서 섞여 살기를 16년간이나 하였다.

일반적으로 선사들의 일대기를 기록한 책을 『조사어록』이라고 하여 이름 뒤에 '록錄자'를 붙인다. 중국 천하를 석권한 임제의 경우도 단순히 『임제록』이라고 한다. 그러나 혜능의 일대기를 기록한 어록은 『육조단경六祖壇經』이라 해서 부처님의 설법과 동격으로 '경經'이라고 지칭받는다. 후에 둔황에서 『육조단경』이 발견되어 세상을 놀라게 하였다.

그리고 오늘날 조계종의 조계曹溪라는 말이 6조 혜능에게서 비롯되었다. 이런 선의 슈퍼스타인 혜능에 대해 좀 더 자세히 알아보자.

혜능은 홀어머니를 모시고 나무를 해다 팔며 가난하게 살고 있었다. 어느 날 나무를 팔러 갔다가 '마땅히 머무는 바 없이 그 마음을 내라(應無所住 而生其心)'는 『금강경』 한 구절을 듣고 문득 마음이 밝아지고 깨달은 바가 있었다. 그래서 혜능은 5조 홍인대사(弘忍, 601~675)가 법을 펼치고 있는 동산법문을 찾아간다. 그를 만난 홍인대사가 물었다.

"너는 영남사람으로 오랑캐인데 감히 부처가 될 수 있단 말인가?"

"사람에게는 남북이 있으나, 불성에는 남북이 없습니다. 오랑캐의 몸으로는 화상과 같지 않으나, 불성에서 보면 무슨 차별이 있겠습니까?" 예전에 홍인대사도 아이 때에 4조 도신대사(道信, 580~651)를 만났는데, 도신대사가 '성이 무엇이냐?'고 묻자 '성이 있으나 예사 성이 아닙니다.' '어떤 성이냐?' '불성佛性인 성입니다.'라고 답한 적이 있었다. 홍인대사는 바로 혜능의 근기를 알아보고 공부의 길을 허락하였다. 홍인의 동산법문은 '문자를 세우지 않고 자기 마음을 바로 보면 부처가 된다'는 것이었는데, 혜능은 글자를 모르지만 부처님의 가르침을 구할 수 있다고 믿고 여덟 달 동안 묵묵히 방아 찧는 일을 했던 것이다. 그리고 깨닫고 동산문중에서 나와 보림하던 중 어느 한 야단법석을 지나가게 된다. 인종법사가 『열반경』을 강의하던 그 자리에는 깃발이 세워져 있었는데, 그때 바람이 불어 깃발이 나부꼈다. 그것을 보고 있던 사람들 사이에 '바람이 흔들린다, 아니 깃발이 흔들린다'로 의견이 분분하였다. 그때 인종법사가 대중에게 물었다.

"너희는 모두 바람이 깃발을 흔들리게 하는 것을 본다. 꼭대기에 깃발이 흔들리는가?" 대중은 '바람이 부는 것을 봅니다'라고 하였으며, 어떤 이는 '깃발이 흔들리는 것을 봅니다'라고 하였다. 또 어떤 이는 '흔들리는 것이 아니라 흔들림을 보는 것입니다'라고 하였다. 그때 그 말들을 듣고 있던 혜능스님이 한마디 하였다.

"너의 마음이 흔들리는 것이다."

인종법사가 크게 놀라며 알아보니, 5조 홍인스님의 동산법문을 받은 혜능이었다. 이에 인종법사가 비로소 혜능의 머리를 깎아 주었고, 법성사의 지광율사에게서 정식계를 받게 하여 제대로 스님이 되게 하였다. 40세에 조계산으로 돌아온 혜능은 그 후 76세로 입적할 때까지, 36년 간 조계를 중심으로 교화활동을 폈다.

영화 〈매트릭스〉 1편에 보면 머리를 깎은 어린 여자아이와 네오(키아누 리브스 분)와의 대화가 나온다. 미래의 오라클 수업을 받고 있던 아이들 중의 하나였는데, 오라클을 만나러 간 네오 일행과 입구방에서 잠시 만났다. 그때 여자아이가 숟가락을 자유자재로 휘고 있었는데, 네오가 그것을 보고 신기하게 여기자 아이가 숟가락을 내밀며 말한다.

"진실만을 보라."

"무슨 진실?"

"숟가락이 없다는 진실."

네오가 의아해하며 숟가락을 휘려고 하자 잘 안 되었다.

아이가 다시 말한다.

"마음을 휘도록 하라."

그리고 네오는 숟가락을 휜다.

영화의 이 장면은 시사하는 바가 크고 선禪의 본지와 매우 밀접하다.

인종법사가 『열반경』을 강의하는 야단법석에서 대중들이 흔들리는 깃발을 보고 '바람이 흔들리는 것이다, 깃발이 흔들리는 것이다'라고 싸우고 있을 때, 6조 혜능이 '네 마음이 흔들리는 것이다'라고 한 것과 일맥상통한다. 이유는 '오직 진실만을 본다'는 데에 있다.

영화 속에서 그들은 컴퓨터 가상세계 안에서 만나고 있었기에 실제 숟가락을 대하는 것이 아니라, 숟가락 이미지를 만드는 프로그램을 대하고 있었던 것이다. 그러므로 숟가락이 없다는 것이 진실이다.

6조의 경우도 현상과 경계를 거두절미하고 오직 본래면목의 자리인 본체, 본지풍광의 입장에 서서 깃발과 바람의 흔들림을 좇지 않고

'마음이 흔들리는 것이다'라고 말한 것이다. 영리한 개는 먹이를 보지 않고 주인의 손을 본다. 혜능은 오직 진제의 입장에서 말했고, 앞의 조사스님들의 문답에서도 역시 그러하였다.

다시 신수와 혜능의 게송을 보자.

신수는 몸과 마음을 닦아 깨끗이 하자고 했지만, 혜능은 '본래무일물'이라고 하면서 이미 온전한 근본자리만 말한다. 경계와 조건에 물들지 않는 본연의 진심眞心만 말하였다. 이는 '천경만론보다 자신의 참마음을 지키는 것이 더 낫다'는 '수본진심守本眞心'을 설파한 동산 홍인스님의 뜻과도 합치한다. 그래서 법이 신수가 아니라 혜능에게로 전승된 것이다. 이것을 선가禪家에서는 '이심전심以心傳心'이라고 한다.

닦아 이룬다면 언젠가는 다시 퇴색된다.

도는 기억이 아니다. 존재 그대로이다.

존재 그 자체를 존재가 그대로 대면하는 것이다. 이름과 직업과 성별과 지위와 출신처와 색깔에 상관없이 있음이 있음을 만나는 것이다. 또 알아주든 몰라주든, 기억이 나든 기억이 안 나든 관계없이 존재하는 것이다. 그렇기에 혜능이 삼경에 『금강경』을 듣고 '도가 본래부터 청정하고, 도가 본래부터 구족하며, 도가 본래부터 생사에 흔들리지 않는 것임을 내 어찌 이제야 알았으리오!'라고 한 것이다.

나고 죽는 것은 자신이며, 기멸起滅하는 것은 현상일 뿐이다. 피고 지는 것은 경계일 뿐이며, 모였다 흩어지는 것은 조건일 뿐이다. 물속에 있지만 물이 묻지 않는 연꽃처럼 진정한 본체로서의 진아는 현상과 경험에 물들지 않는다. 그래서 불교는 연꽃을 진리의 상징으로 여긴다.

'내게 한 물건이 있는데 그 어떤 이름도 붙일 수 없다.'

『육조단경』에 나오는 명구이다. 세속 속에서도 세속이 붙지 않는 신기한 물건이 바로 자신의 본마음이다. 그러나 우리는 경계와 현상을 대하면서 생긴 조건심만을 보고 자신의 전부라 여기고 본마음이 무조건임을 잊는다. 물론 음양이 합일할 때 잠시 무조건이 되고 시공을 초월한다. 찰나의 부귀영화지만 지속가능한 복지가 아니라서 곧 목마르다. 이러한 특성 때문에 본마음도 도매금으로 넘어가버린다. 그래서 마음이 본래 완성되어 있으며, 마음이 본래 초탈하여 있고, 마음이 본래 자유로운 것임을 너무나 쉽게 망각한다. 그러므로 마음의 자유로움을 새삼 일깨운다. 마음이 어떤 경우에서도 이동가능한 것임을!

마음은 신비하게도 이미 정해진 명백한 사실에서도 벗어나고, 심지어 과거·현재·미래를 다니면서 과거를 재해석하여 달리 보게 한다. 또한 현재에서 온갖 선택으로 작동하기도 하며, 미래를 꿈꾸고 미래를 만들어 낸다. 무한한 자유자이면서 온갖 조건과 경계와 경험과 업과 구속 속에서도 그에 맞게 작동하고, 관음보살처럼 처처에 자신을 가지가지 모습으로 드러내고 있다. 아마 물질이라면 강력한 블랙홀 가운데에서도 자유로운 것이며, 찬란한 빛 속에서도 드러나지 않고 흐르는 존재일 것이다. 우리가 잊는 것이 있다면 경계와 현상을 만나 조건 지워진 마음 때문에, '본마음 역시 조건심과 같이 피고지는 것이며 생멸하는 것이다'라고 착각하는 것이다.

마치 프리즘을 통과한 빛이 일곱 색깔 무지개로 보인다고 빛을 모두 일곱 색깔이라고 단정하는 것과 같은 오류를 범하는 것이다. 그리고 프리즘을 치우고서 '보라, 프리즘을 치우니 무지개가 없지 않느냐. 프리즘이 무지개이다'라고 주장하는 것과 같다.

동양에서는, 정확히 불교 선종에서는 이러한 오류를 범하지 말라고 소리친다. 선종의 유명한 시 중에 다음과 같은 것이 있다.

보화비진요망연 법신청정광무변(報化非眞了妄緣 法身淸淨廣無邊)
천강유수천강월 만리무운만리천(千江有水千江月 萬里無雲萬里天)

"보신불이다 화신불이다 하는 것은 다 요망한 인연을 따라 지어진 것일 뿐이다. 법신불의 청정한 광명이 온 누리에 가득하니, 천 개의 강에 천 개의 달이요 만리 하늘에 구름 한 점 없는 푸른 하늘 그대로이다." 절에 가면 건물 기둥에 종종 쓰여 있는 구절이고 또 스님들이 제사를 지낼 때 돌아가신 분, 영가를 위하여 꼭 읽어주는 구절이다.

앞에서 말한 대로 법신불, 보신불, 화신불은 불교의 삼위일체다.

법신불은 기독교의 하나님과 같고, 보신불은 성령이며, 화신불은 이 세상에 몸을 받아 오신 화육한 존재로 예수 같은 존재이다.

불교로 치면 화신불은 인간으로 태어나 인간으로 죽은 '석가모니불'이다. 보신불은 수행의 과위果位를 성취한 여래로, 우리가 알고 있는 대표적인 두 부처님이 동방과 서방에 계시는데 바로 동방 '약사여래'와 서방 '아미타불'이다.

아미타불과 약사여래, 내세와 현세

둘 중에 더 큰 인기를 누리시는 부처님이 수명이 무량하며 온몸이 광명으로 가득한 아미타불이다. 아미타불은 극락에 주재하고 계신다.

시간에 해당하는 수명이 무량하여 '무량수無量壽'이며, 동시에 공간적으로 온 곳곳에 한량없는 광명을 나투는 '무량광無量光'의 존재이다. 시공의 제약을 받는 상대적 존재인 인간에 비해 시공을 넘어선 절대자이다. 그리고 공空의 담백함에 허무감을 느끼기 쉬운 우리들에게 열반을 구체적 장엄세계로 묘사하며 가고 싶은 곳으로 만들어 주신 친절한 부처님이다. 전능한 무량수 무량광 아미타불이라고 밀교에서 기도하는데, 바로 이러한 권능을 갖추었기 때문이다. 흔히 절에 가면 '무량수전'이나 '무량광불'이라는 전각이나 문구가 자주 보이는데, 모두 아미타불의 이칭異稱이다. 부석사 무량수전은 일반인들에게도 잘 알려져 있다. 시간적으로 100세를 넘기기 어렵고, 공간적으로 2미터를 넘기 어려운 상태로 시공의 제약을 받고 있는 유한한 우리 인간들에게 선망의 존재가 된 부처님이 아미타불이다.

게다가 고해에 있는 우리들과 달리 극락에 주재하시며 사후에 맞이한다고 하니 어지간한 인간들은 현혹될 수밖에 없다. 한술 더 떠서 열 번만 '나무아미타불'을 일심으로 부르면 극락세계에 태어나게 한다는 '십념왕생원十念往生願'을 세워 극락세계 접근성까지 정말 쉽게 해놓았다. 친절한 금자씨가 아니라 친절한 아미씨여서 아마도 극락이 바글바글할 듯하다. 우스갯소리로 말했지만 아미타불신앙은 매우 특별한 데가 있다. 그리고 그 기원도 무척 깊다. 그래서 한번 짚고 넘어가고자 한다. 어떤 이는 아미타신앙이 몽상이요 헛소리라 하고, 어떤 이는 기독교에서 천국 믿듯이 열심히 믿는 사람도 있다.

아미타신앙을 보면 신앙의 기원도 언어의 기원처럼 하나에서 출발한 느낌이 든다. 그 하나는 우리의 심리이다. 사실 유한한 우리는 늘 무한을 꿈꾼다. 불안하기에 믿음을 일으켜 결속한다. 또 생사에 갇힌 우리는 불생불멸과 영생을 소망한다. 경험세계에 구속되었기에 본능적으로 자유를 지향하고 업에 빠져 허우적대기에 해탈을 바라본다.

이것은 말 그대로 본능이어서 자유와 해탈과 영생은 각각의 종교의 탈을 쓰고 세상에 횡행했고 또 유행 중이다. 무량수 무량광, 아미타불신앙은 중동에서 나와 불교에 흘러들었다고들 한다. 태양신 숭배사상이라고도 하는데, 선후先後는 분명치 않지만 이집트에서 더 분명히 나타난다. 이집트는 이 생사가 유전하며 불안정한 세계와 대비되는 영생불멸의 세계가 있다고 여겼다. 이 불멸의 세계와 생사의 세계는 서로 단절되어 있지만, 사후에는 아홉 문을 지나 심판 받으며 생전에 선업을 쌓은 이는 불멸의 세상으로 가게 된다고 믿었다. 이승에 살다 죽어 구천을 떠돌다 온전히 저승에 가게 된다는 우리 민족 고유의 사후관과 일치한다. 사실 대부분의 종교가 이러하다. 기독교도 간략하기는 하지만 사후에 심판을 받고 지옥이나 천국에 간다고 보고 있다.

이집트나 우리 민족 고유종교나 기독교나 모두 고통의 이 땅으로 다시 돌아오지 않는 세계인 초탈의 세계, 불멸의 세계가 설정되어 있다. 그런데 불교는 육도윤회가 있어 설사 천상에 가더라도, 복이 다하면 아래 세계로 떨어지며 윤회한다고 보았기에 일반인들은 색다름을 느끼게 된다. 그러나 불교에도 자세히 보면 이 세상을 완전히 벗어난 것이 설정되어 있다. 바로 해탈, 열반이라고 부르는 것이다.

그렇지만 불교의 문제가 하나 있는데 불멸의 세계가 불꺼진 열반이라던가, 공空 또는 무아無我라는 표현이 주를 이루어 듣는 이로 하여금 가고 싶은 마음이 별로 안 나게 하는 것이다. 그래서 대승불교에 오면 이 열반과 공이 구체적으로 장엄하게 묘사되는데, 바로 즐거움의 극치인 극락정토이다. 이름만 들어도 가고 싶은 마음이 난다.

고해 고해 하더니 결국 극락을 만들고야 말았다. 뭐든지 상대적인 것을 결국에는 끌어오게 되어 있다. 불안이 믿음을 끌고 오듯이 말이다.

극락은 여타 천상과 달리 복이 다하면 떨어지는 세계가 아니다.

그야말로 열반의 세계이고, 깨달음의 세계라 완전히 건너간 세계이다. 『반야심경』에 '아제아제 바라아제 바라승아제 모지사바하'라는 구절이 마지막에 나오는데 "가는 이여 가는 이여, 열반의 저 언덕으로 가는 이여, 온전하게 건너지이다."라는 뜻이다. 여기서 말하는 온전히 건너간 세계가 바로 극락이다. 그래서 극락왕생極樂往生한다고 말한다.

이 극락세계가 이집트에서 기원한 것을 살펴보자.

이집트에서는 생전의 유한성과 대비되는 영생불멸의 세계가 사후에 존재한다고 보았는데, 그 세계가 서방에 있다고 보았다. 해가 진 서방에 무량의 빛과 안락으로 가득한 세상이 있는데, 망자가 그 세계에 들려면 마음이 미련과 집착을 떠난 고요의 경지, 즉 케드상태에 들어야 된다고 제법 구체적인 방법까지 제시한다. 불교에서는 극락세계를 서방정토라고도 하고, 다른 말로 안락국安樂國·안양국安養國이라고도 한다.

불교신자들이 가장 열심히 읽는 『천수경』에 보면, "원아결정생안양願我決定生安養, 제가 안양국에 태어나기를 바라오며, 원아속견아미타願我速見阿彌陀, 어서 빨리 그곳의 아미타부처님을 만나뵙기를 원합니다."라는 구절이 나온다. 이 안양국이 바로 극락세계이다.

이집트는 그리스·로마 신화와는 달리 이러한 영생불멸의 내세에 대한 지향성이 강하였다. 그리스 신화 속의 천국이 엘리시움인데, 엘리시움은 지옥인 타르타로스 옆에 있다. 다만 서방인 점은 같지만, 생전과 똑같은 삶을 행복하게 사는 곳이기도 해서 상당히 현세적인 면이 강하다. 그리고 지옥에 흐르는 강인 스틱스에 몸을 담그면 불사신이 되는데, 아킬레스가 발목을 잡힌 채 담겨 불사신이 되었으나 잡힌 발목에 강물이 묻지 않아 그곳에 화살을 맞고 죽게 되는 이야기가 대표적인 사례이다. 이 두 이야기의 공통점은 동양의 고진감래苦盡甘來의 고사처럼 고통을 지나면 천국이 있고, 역경을 이겨낸 자는 강해진다는 현세적 태도를 견지하고 있다는 것이다.

그러나 이집트는 이런 현세적 태도보다 현세가 뭐라고 해도 영생이 없는 불안정하고 괴로운 세계라는 것에 초점을 맞추어, 아예 내세에 이상향을 설정하고 그곳을 향해 갔다. 그래서 현세가 가진 모든 재화와 권력과 노동력을 동원하여 내세를 위한 피라미드를 건설하는 데 몰입하였다. 이러한 현상은 영생불멸에 너무 집착한 나머지 생기는 것이기도 하다. 에로스와 타나토스 중에서 에로스적 요소가 지나치게 강해져서 나타난 사회현상이다. 이집트의 국화는 연꽃같이 생긴 수련인데, 부활의 신으로 여겨져 파라오의 무덤에 놓아두었다고 한다. 연꽃과 수련을 키워보면 그 번식력이 대단하다. 마치 땅속의 뱀처럼 끝없이 뻗어간다. 청초함이 엿보이며 낮에 피고 밤에 자는 나일 강의 새색시라는 수련은, 강을 따라 농경을 하며 순수한 감성으로 영생불멸을 꿈꾼 이집트에 걸맞은 꽃이다. 심리적으로 지나치게 생존본능이 강하면, 나면 반드시 죽어야 하는 현세에서 그것을 이룰 수 없으므로 자연히 내세지향적·미래지향적으로 변하게 될 수밖에 없게 된다. 여성들은 자신을 포함해서 현재의 모든 것을 미래의 아이들에게로 몰아넣는 경향이 강한데, 아이로 말미암아 생이 이어지길 바라기 때문이다.

그리고 이런 성향은 우리나라의 종교신앙에서도 드러나는데, 신라 지역은 상당히 현세적이고 개척적인 약사신앙이 강하게 나타났다. 대구 팔공산의 갓바위가 대표적이다.

약사여래는 보기 드물게 현세적인 부처님인데, 그러한 점은 약사여래 12대원에 잘 나타나 있다. 약사여래가 세운 12서원은 아미타여래의 48서원과 함께 서원 중에서도 유명하다. '약사 십이대원'이라고 한다. 간략하게 살펴보면 다음과 같다.

① 광명보조光明普照: 자신과 남의 몸에 광명이 치성하도록 하려는 원願.

② 수의성판隨意成辦: 위덕이 높아서 중생의 온갖 일들이 뜻대로 성취되게 하려는 원.

③ 시무진물施無盡物: 중생으로 하여금 베풂에 재물이 부족하지 않게 하려는 원.

④ 안립대승安立大乘: 일체 중생으로 하여금 대승교에 들어오게 하려는 원.

⑤ 구계청정具戒淸淨: 계戒를 구족해 깨끗한 업을 짓게 하려는 원.

⑥ 제근구족諸根具足: 모든 불구자의 몸을 구족하게 하려는 원.

⑦ 제병안락除病安樂: 병자의 병을 제거하여 몸과 마음을 안락하게 하려는 원.

⑧ 전여득불轉女得佛: 여성이 불리한 조건으로 성불할 수 없다면 남성으로 변하여 성불케 하려는 원.

⑨ 안립정견安立正見: 외도의 유혹에 빠지거나 외도의 속임수에 넘어가는 자가 있다면 바른 길로 인도하여 부처님의 정법에 의지하도록 하겠다는 원.

⑩ 제난해탈除難解脫: 나쁜 왕이나 강도 등의 고난으로부터 중생을 구제하려는 원.

⑪ 포식안락飽食安樂: 일체중생의 배고픔을 면하게 하려는 원.

⑫ 미의만족美衣滿足: 의복이 없는 사람에게 좋은 의복을 얻게 하려는 원.

참 자세하고 구체적이다. 약사여래 12대원도 이리 소상한데 아미타불 48원은 얼마나 자세하겠는가. 약사여래 12대원에서 알 수 있듯이, 약사여래는 불구자를 온전히 하고 병을 고쳐주며, 폭군과 강도들을 만나지 않게 하고 배고픔을 면하게 해주며, 의복을 마련해서 따뜻하게 해주는 지극히 현세복락을 갖추어 주고자 하는 여래이다.

해 뜨고 해 지는 방향답게 동서 부처님인 약사여래, 아미타부처님도 각각 현세와 내세를 대변하고 있다. 해 뜨면 공간이 펼쳐지고 현재가 열린다. 해 지면 지금의 모습들이 어둠에 묻히고 침몰하며, 현재가 닫히고 우리들은 잠에 빠진다. 해 뜨면 현재를 얻고 해 지면 현재를 잃는 것이다. 해 뜨는 동쪽에 산들과 함께 위치하며 현세적 약사신앙이 강했던 신라와 달리, 해 지는 반도의 서쪽에서 평야들과 함께 있었던 백제에서는 내세적인 미륵불을 주로 신앙하였다. 누가 시키지도 않았는데 잘도 계통을 찾아간다. 서산 마애불, 임천 대조사의 미륵불, 논산 관촉사의 은진미륵, 익산의 미륵사지 등을 보면 이러한 사실을 잘 알 수 있다. 이처럼 동서양 모두에서 농경과 감성적인 문화는 내세적인 경향을 많이 띠고, 이성과 상공업적인 문화는 현세적인 경향을 강하게 띤다. 물론 이는 전체적인 경향성이 그러하다는 것이다.

자비와 감성의 대승불교에 접어들면서 공과 무아와 열반은 극락세계로 찬란히 재탄생한다. 불교뿐 아니라 각 종교들도 모두 자신들에 맞게끔 아직 도달하지 않은 미래의 희망과 꿈과 세계를 이미지화하여, 사람들에게 알기 쉽게 제시해주고 산언저리에서 헤매는 그들에게 산마루 꼭대기를 힘껏 가리키며 다 같이 그곳으로 가자고 설득하고 외쳐왔다. 소위 '종교宗教'이다.

종교라는 한자에 '마루 종宗'이란 글자가 있듯이 꼭대기 마루에 대해서 가르친다는 종교는 지고한 가르침을 나름의 방법으로 인간들에게 유포해 왔다. 신이라든지, 불이라든지, 도라든지, 마음이라든지, 붙인 이름은 다양하지만 최고에 대해 이야기한다는 점은 동일하다.

다만 부처님이 설하신 열반은 일정 장소가 아니고 주처가 아니라, '고苦가 소멸된 것이 해탈이요, 열반이다'라고 한 것이 차이점이다. 그리고 육신을 가지고 있으면 아직 고가 있게 되므로, 육신을 벗은 뒤에야 완전한 열반에 도달한다고 후대에 정리되어 '무여열반無餘涅槃' 개념이 생겨났다. 그럼 생전에 깨쳐 증득한 열반은 무엇인가 하는 문제가 대두되게 된다. 그래서 생전에 증득한 열반을 '유여열반有餘涅槃'이라고 이름붙였고, 유여열반은 마치 뿌리 잘린 나무가 잠시의 푸르름을 유지하는 것과 같은 것이라고 보았다.

불교의 장점, 현재

'열반이 주처住處가 아니다'는 입장이기에, 다른 종교와 달리 사후에만 얻을 수 있는 불멸이 생전에 가능하고, 깨닫기만 하면 이승에서의 안락이 가능하다. 한술 더 떠서 석가모니불은 '고해의 사바세계가 오히려 성불할 인연'이라고도 말한다. 불교의 이런 특징은 어떤 세계에 있든지 어떤 모습으로 있든지, 근본을 요달하면 해탈을 성취한다는 성불관에서 기인한다. 이것이 불교의 장점이라면 장점이다.

세계가 아닌 심적 상태를 해탈의 주체로 삼았기에 가능한 일이다. 관심과 관점이 외부냐 내부냐가 이런 엄청난 차이를 부른 것이다. 흔히 불교에서 '한생각 돌이키면 극락인 것을' 하는 말은 이러함을 잘 대변하는 말이다. 불교의 장점이라면 장점이다고 가볍게 말하니까, 정말 가벼운 이야기로 여길 것 같아 부연한다. 사실 이것은 천지현격의 차이이다. 그 이유는 불교가 생전에 법과 일체가 되어 법락을 누릴 수 있고, 불멸과 함께 피고지는 현상을 누릴 수 있기 때문이다.

우리는 흔히 만족과 불만족이 교차하는 세상사 속에서 세상사를 불만족으로 결론 내리는 경우가 많다. 만족스럽다가도 그 만족이 어느새 사라지고 불만족이 다시 찾아오기에, 만족과 불만족이 섞이면서 불만족으로 다가오기 때문이다. 그래서 자신도 모르게 이 세상은 본래 불만족스러운 것이고 그것은 바꿀 수 없는 것이라 결론짓는다.

그리하여 진정한 만족은 생전에는 불가능하고, 있다면 사후에나 가능하거나 이 땅이 아닌 곳, 하늘나라에서나 가능한 것으로 생각한다. 자연스럽게 사후와 하늘나라에 불멸과 참된 안락이 있다는 사고를 가지게 되었다. 결국 그러한 불멸의 사후세계와 복락의 하늘나라로 가고자 하는 종교적 이상향을 탄생시킨 것이다. 사후세계와 하늘나라는 생전 인간의 능력으로 갈 수 없거나 가서 돌아올 수 없는 곳이므로, 미지의 영역에 불멸과 절대안락은 존재하게 되었다. 이것은 고해의 우리들에게는 희망이면서도 자신과 자신의 세계에 대한 불만족과 유한성에서 비롯된 것이다. 유한한 가운데에서 그냥 유한에 만족하고 살면 될 텐데, 인간이 원래 생겨먹기를 만족하지 못하고 끝없이 더 좋고 나은 것을 추구하는 욕망 때문에 사후안락이 빚어졌다. 끊임없이 더 좋은 것을 추구하는데 어찌 만족이 머물 수가 있겠는가. 안 그래도 나쁜 일이 찾아오는 판국에 인간 내부의 욕망까지 가세하여, 인간들로 하여금 이 세상은 불만족스러운 곳이라는 생각을 뼈저리게 각인시켰다. 그야말로 내우외환, 자타엉망이 아닐 수 없다.

이런 어려운 여건 속에서 더더욱 태어나는 희망은 인간으로 하여금 사후와 하늘나라에 불멸과 안락이 있다는 마음을 강력하게 심어 주었다. 이것은 사람들에게 고해를 사는 동안 괴로움과 불만족에서 견디고 삶을 살아가게 하는 아주 긍정적인 부분도 있다. 종적인 삶의 긍정적 부분이 있고 횡적인 삶의 긍정적 부분이 있다. 종적인 삶은 과거·현재·미래의 삶으로, 긍정적 부분은 지금의 여건을 개선하기 위해 꿈과 희망과 믿음을 가지고 이상을 향해 새로운 영역을 개척해간다는 것이다. 그리고 횡적인 삶의 긍정적 부분은 '지금 순간'에 충실한다는 점이다. 반면 횡적인 삶의 부정적인 부분은 오로지 지금 현재만을 전부로 여기고 현실에 매몰된다는 것이다. 자유와 평등과 박애라는 근대사상에 충실한 현대인들은 현재의 행복을 위해 돈에 빠져들었고, 돈벌기에 허덕이다 행복의 다양한 측면을 잃어버려 오히려 불행해지는 경우가 허다해졌다. 그래서 횡적인 삶의 어두운 측면에 중독되었다. 이 중독을 어떻게 풀 것인가? 모든 중독은 자기의 내부를 들여다보고 자신을 기준으로 삼을 때 풀어진다. 중독의 대부분이 외부지향에서 비롯되었기 때문이다. 문제는 외부지향적 습관이지 중독이란 없는 것이다. 굳이 말하자면 외부지향이 바로 현존하는 중독이다.

모든 중독성 물질의 중독이 끊어질 때쯤이면 대다수의 중독자들이 중독이 없다는 것을 느낀다. 그렇게 느껴진다는 것은 마음이 중독에서 벗어났다는 반증이기도 하다. 물질의 중독에서 벗어난 것이라 말할 수도 있겠지만, 물질에 대한 마음의 외부지향성이 사라진 것이다.

그러므로 물질의 중독을 차치하고 마음의 외부지향성을 돌이키면, 중독이 끊어지게 되고 중독의 물질적 후유증도 경감된다. 몸은 시간이 지나면 받아들이게 되어 있고 점차 개선되게 되어 있다. 그러므로 중독의 문제가 무엇이냐 하면 마음의 외부지향성이다. 이것을 간파하고 자기 내면을 중심으로 삼아 행위하면, 스스로의 구족함을 보고 중독이 본래 없음을 안다. 중독을 살펴보면 자극과 관계가 깊다.

자극을 원하기에 중독에 빠진다. 그러므로 밋밋함을 마음에 평평한 대지처럼 두어야 한다. 부처님의 나라는 평평하다는 경전의 말은

자기의 울퉁불퉁함과 감정의 굴곡, 그리고 자극의 기복을 버리고 초탈한 것을 의미한다. 자극보다 밋밋을 좋아하고 성취할 때 중독은 멀어진다. 횡적인 삶에 중독된 우리의 최대 문제점은 이런 외부지향성과 현실 매몰이다. 그리고 외부를 지향하면서도 현재에 대한 부정적 평가가 의식, 무의식에 가득하다. 현재뿐만 아니라 자기 개인 자신과

세계에 대해서도 이러한 평가가 만연되어 있다. 실제로 현실에만 매몰된 인간들에게는 종적인 삶인 진화와 창조, 신과 이상세계에 대한 열망이 좋은 치료약이 된다. 그렇다면 현재에서 이 모두를 구족할 수는 없는가? 정말로 현재는 부정적인 것인가? 개인은 완전하지 않은 것인가?

세계는 정말 불만족의 세계인가? 정말 유한한 존재는 불행한 것인가? 우리가 그렇다고 단정한 것은 아닌가?

우리의 만족을 모르는 욕망과 자신의 유한성으로 인한 선입관 때문에 이미 자신과 세계는 오명을 덮어썼다.

개인과 인류집단 전체가 무의식적으로 자기와 세상이 온전하지 못한 곳이라고 생각하는 자승자박으로 묶였다.

사상四相, 네 가지 상相의 장애

고요히 앉아 자신을 보라.

지금 모습으로 세계에 드러나 있다. 지금 자기로 세상에 피어 있다.

바깥을 좇지 말고 잠시 자신의 외모와 형상과 직업과 지위를 잊고, 자기 자신의 모습 그대로 머물러 보라. 지금 있는 모습 그대로 세상의 일부가 되어 있다. 양지바른 곳의 국화가 묘법妙法을 자랑하듯이 말이다. 그렇게 느껴지면 긍정과 자신감이 차오른다. 부족이 부족이 아니라 부족으로 장엄하는 것이며, 불완전이 불완전이 아니라 미숙으로 빛나고 있을 것이다. 이러한 자신自信을 잃게 만드는 것이 바로 외모와 외형이다. 앞서 말했듯이 『금강경』은 '무주상無住相'을 외치며 '형상을 벗어 버려야 바른 믿음을 얻을 수 있다'고 역설한다. 『금강경』에서는 상相을 크게 네 가지로 분류하여 말한다. 사상四相으로 아상我相·인상人相·중생상衆生相·수자상壽者相이다. 이는 도를 깨닫는 데 결정적 장애가 되는 네 가지 상相이다. 우리가 흔히 아만상이라고 하는 것이 아상으로, 불변의 개아個我가 있다는 상이다. 인상은 인간이라는 상으로 인류가 갖는 집단의식이며, 모든 신과 영적인 존재들의 모습을 모두 사람의 모습으로 묘사하는 것이다. 원래 원문에는 팔상八相이었는데, 구마라습이 번역할 때 사상四相으로도 충분하다고 보아 그렇게 번역하였다. 구마라습은 교학의 천재로 『서유기』에 나오는 삼장법사 현장과 더불어 대승경전의 번역에 획기적인 공헌을 한 서역스님이다. 불교 안에서는 현장과 구마라습은 비교가 되지 않을 정도로 구마라습이 탁월한 번역가였다. 구마라습을 서로 데려가기 위해 나라 간에 전쟁을 할 정도였다니 가히 짐작할 수 있다. 그리고 구마라습은 여러 나라의 언어에 능통했지만, 항상 현지인의 번역을 참고하여 완성도 높은 번역을 할 줄 아는 공공성과 지혜도 갖추었다. 그래서 그의 번역본은 누구도 따라올 수 없을 만큼 훌륭하다.

『금강경』 번역에서 그의 식견이 돋보이는 부분이 바로 이 사상四相이다. 간명하게 하면서 오히려 본뜻을 더 잘 살아나게 번역했으니 말이다. 세 번째 중생상은 자신이 중생이라고 생각하는 상이다. 그리고 마지막 수자상은 오래 살고자 하고 영원히 살려고 하는 상이다.

이 사상四相에서 우리는 인간 스스로 인간을 어떻게 생각하는지 잘 엿볼 수 있다. 사상에 빠지면 자신自信을 잃는다. 늘 부족에 시달리고 마음은 헐떡이며 요동쳐 항복받기가 어려워진다. 임제할이 필요하게 된다. 사상四相을 더 알기 쉽게 설명하면 앞에서 말한 대로 아상은 개인의식이며, 인상은 집단무의식이다. 그리고 중생상과 수자상은 오늘날 기독교의 인간상을 보면 더 명확히 이해할 수가 있어 인용한다. 물론 오늘날 외부로 보이는 기독교의 어두운 모습이다. 다른 종교들에도 이러함이 많다. 유교만 하더라도 '잇는 것'을 중시한다.

'계지자선繼之者善'이라는 말처럼 선비들은 자신의 육신을 잇는 일인 조상과 가문을 중시한다. 그리고 그런 육체적인 것과 더불어 '호사유피虎死留皮 인사유명人死留名'이라고 해서, 이름과 명예를 중시하며 정신의 이음을 추구한다. 심지어 올바른 명예를 위해 목숨을 서슴없이 포기하기도 한다. 심신상속을 최선의 덕목으로 여기는 것이다. 그런데 출가하여 가문도 엉망으로 만들어 놓고 게다가 자식까지 두지 않아 대를 끊으며, 인간세상에서 서로의 관계를 중시하며 살아야 하는데 독불장군같이 산속으로 들어가고, 세상을 개선하고 조화롭게 해야 하는데 나몰라라 하며 고해로 규정짓고 해탈하려고만 하니 어찌 눈엣가시가 아니겠는가. 그래서 오백년을 노예로 맹글었다. 사실 불교가 욕먹어도 싼 구석이 여기저기 많이 있다.

수행삼칙

유교에 '신언서판身言書判'이라는 것이 있다. 좀 표현을 거칠게 하여 알기 쉽게 애기하면 신身은 잘생기고 허우대 좋은 것이고, 언言은 말 잘하는 것이고, 서書는 글 잘 쓰고 책 많이 읽어 똑똑한 것이고, 판判은 이치를 알아 판단력과 결단력이 좋은 것이다.

보통 골짜기에서 나무만 세는 사람은 산의 모양과 숲의 형태를 몰라 산길을 가면 갈림길에서 판단력이 거물거물할 수밖에 없다. 큰 형국을 보고 잔가지를 무시하고 결단을 내리는 무식한 놈이 판단력이 더 좋을 때가 많다. 그래서 판判은 무식한 놈이다.

그리고 판사의 판결 뒤에 이설이 없어지듯이 판判 자체가 결론이므로, 어떤 유식이나 사설이 붙을 수 없어 자연히 무식이 될 수밖에 없다. 법과 판단의 여신이 저울만 들고 눈 가리고 인정사정 보지 않는 것이나, 에라 모르겠다 하고 무엇을 선택하는 것이나 어느 것이든 무식이 진도를 나가게 하고 실행으로 옮겨가게 한다. 그런 의미에서 '무식이 용감이다'는 말은 맞는 말이다. 이치를 알아 올바른 결단과 행동을 하지 않고 난동을 부리는 것에 주로 사용하는 말이지만, 유식판이든 무식판이든 판 자체는 결말짓는 것이므로 무식한 놈이다.

잘생긴 놈보다 무서운 건 잘생기고 말 잘하는 놈이다.

잘생기고 말 잘하는 놈보다 무서운 건 잘생기고 말 잘하고 게다가 똑똑한 놈이다. 잘생기고 말 잘하고 똑똑한 놈보다 무서운 건 잘생기고 말 잘하고 똑똑하고 무식한 놈이다.

여기에다 유교에는 '입신양명立身揚名'이란 삶의 자세가 있다. '몸을 세워 이름을 떨친다'는 말이다. 잘생기고 말 잘하고 똑똑하고 무식한 놈이 몸을 세워 이름까지 떨치려고 해봐라. 잘하면 영도자요 잘못하면 재앙이다. 잘생기고 말 잘하고 똑똑하고 무식한 놈보다 무서운 사람은 잘생기고 말 잘하고 똑똑하고 무식하면서도 초연한 놈이다.

신언서판 네 가지는 얻기가 어려워도 그래도 여럿이 나눠 얻겠지만, 다섯 가지가 한자리에 하기는 극히 어렵다. 개념상 서로 상충되는 것이 너무 많기 때문이다. 네 가지를 얻고 초연함까지 얻기는 불가능에 가까운 일이다. 네 가지를 얻으면 곧바로 입신양명으로 달려가기 십상이다. 이 다섯 가지를 다 얻은 경우를 '오득인五得人'이라 한다. 역사상 가장 드러나는 오득인은 붓다이다.

입신양명을 너무 나쁘게만 말한 것 같은데 훌륭함의 표상이요, 사람이 선망하는 전형적인 영웅상이기도 하다. 요즘은 좀 영웅상이 바뀌긴 했지만. 몸을 세워 이름을 떨치는 것이 아니라 고개를 돌리고 몸을 숙여 자신의 발아래를 보는 것이다. 이를테면 마음을 돌이켜 풀고 자신의 행적과 대상의 오고감에 초연한 것을 '조고각하照顧脚下, 해심초연解心超然'이라고 한다. 줄여서 '각하초연脚下超然'이다.

몸을 세워 청운의 꿈을 안고 세상으로 나가는 것도 기대가 되는 모습이다. 하지만 몸을 굽혀 스스로를 돌아보고 만사에 초연함을 얻는 것은 마치 용이 여의주를 물고 승천하는 것이 아니라, 여의보주를 물자마자 총총히 깊은 심연으로 가는 것과 같다. 싸움에 능한 자가 허리를 굽힐 때 등 뒤에 드러나는 하늘은 유난히 파랗고, 힘이 있는 자가 고개를 숙일 때 얼굴에 어리는 땅은 남다른 황금빛이다.

무식한 표현의 인생삼칙人生三則이 있다.

제1칙은 '누울 자리를 보고 다리를 뻗어라'이다.

제2칙은 '버티면 이긴다'이다. 제3칙은 '받아들이자'이다.

인생을 살아가면서 경계를 대할 때마다 염두에 두어야 할 금과옥조이다. 제1칙 '누울 자리를 보고 다리를 뻗어라'는 어떤 일이 시작되기 전의 지혜로운 판단을 의미한다. 제2칙 '버티면 이긴다'는 일의 진행 도중에 꾸준히 불굴의 자세로 성심과 인내를 다하는 것이다. 알기 쉽게 이야기하면 경험과 인내라고 할 수 있다.

불교에는 근기론根機論이 있다. 상근기, 중근기, 하근기가 그것이다. 하근기 말은 주인이 가자고 때리면 그냥 왜 때려유 하며 물끄러미 쳐다보는 말이다. 중근기 말은 주인이 채찍으로 때리면 때린 만큼만 가는 말이다. 상근기 말은 채찍의 그림자만 보아도 천 리를 달리는 말이다. 부처님이 중생의 이런 근기 차이를 보고 대기설법對機說法했다고 하는 말은 유명하다. '거편천리지준마 불택산야풍우(擧鞭千里之駿馬 不擇山野風雨)', 곧 '채찍을 들자 천 리를 가는 준마는 산이다, 들이다, 바람이다, 비다를 가리지 않는다'는 말로, 마치 포레스트 검프처럼 그냥 달린다는 말이다. 제2칙은 이런 것이다.

제3칙은 가장 수승한 것으로, 일의 종국과 결말과 승패를 흔쾌히 받아들이는 것이다. 물러나고 받아들이는 것은 아름다운 일이다.

그러므로 적극적으로 물러나는 것이 좋다. 흔쾌히 물러나라.

몸이 물러나는 것을 리離라고 하고, 말이 물러나는 것을 해解라고 하며, 행동이 물러나는 것을 인忍이라 하고, 마음이 물러나는 것을 선善이라 한다. '리해인선離解忍善'이다.

외경을 좇지 않고 내면으로 돌아와 자신이라는 깃발을 보고, 안을 느껴 그것을 중심으로 삼아 스스로의 충실함에 만족하니 외도와 중독과 습행習行이 그치므로 인忍이다. 그래서 불교에서 궁극의 깨달음을 '무생법인無生法忍'이라고 하는 것이다. 마음이 물러나 너그러워지니 스스로 선해지고, 말에서 물러나니 경청과 이해가 생긴다. 몸을 사자같이 돌려세우니 위용 있고 용기 있는 굴신屈身이요, 노을처럼 장엄한 벗어남이다. 자유로운 떠남이며 아침같이 신선한 새로운 시작이다.

1·2·3칙은 각각 시작 전과 진행 중과 결과적인 부분에 주로 중요하지만, 1·2·3칙 모두가 시작 전에도 필요하고 진행 중에도 유용하며 결말 시에도 모두 도움이 된다. 인생삼칙과 더불어 좌선시에도 수행삼칙이 있다. 수행삼칙은 '추호도 바깥으로 좇지 마라', '현재를 100% 수용하고 머물러라', 마지막은 천수상天垂象으로 '천기天氣를 형체인 몸이 받아들이는 것을 느껴라'이다. 이 셋의 공통점은 모두 '받아들임'이다. 깨달음은 모든 곳에 있다. 그래서 과정도 사실 깨달음이다.

문제는 과정에 있는 우리가 과정을 깨달음으로 여기지 못하는 데에 있다. 파도가 물이지만 물이라고 여기기보다는, 파도의 형상과 모양에 집착하여 그 생멸에 불안해한다. 그래서 파도가 물인 것을 보라고 하며, 파도의 본질과 속성이 물인 줄을 알라고 하는 것이다. 파도의 본성이 물인 것을 아는 것을 견성이라고 하고, 견성을 통해 성불한다고 말한다. 누구도 파도를 부정한 적이 없지만, 본성인 물을 이야기하면 우리는 파도를 부정했다고 여긴다. 오히려 파도가 물이라고 했는데도 말이다. 과정이 곧 깨달음이요 도라고 했는데, 여전히 우리는 설마 하거나 부정한다. 그만큼 자신이 없다.

부동심

깨달음에 이르고 궁극에 도달한 사람은 과정을 수용하고 현재에 충실한다. 굳이 또다시 '평상심시도'를 언급하지 않아도 최고의 목적지인 자유에 도달한 사람은 목적을 상실한다. 좀 더 심하게 말하면 오직 과정만 남고 과정만을 가리킨다. 놀이하는 자유로운 아이들 같다.

과정이 목적인 셈이다. 그러나 단지 과정밖에 모르는 사람과는 다르다. 시스템이 있으면 추측이 예측이 된다고 하듯이, 깨달음이 만연하면 과정은 장엄한 도로가 된다. 여기에서 사인사색四人四色이 나온다. 최상인最上人은 깨달음의 바탕에서 목적없이 과정과 일체가 되어 흐르는 자이다. 빈 배처럼 떠돌면서 인연 따라 방광한다.

상인上人은 깨달음과 목적을 향해 열심히 정진하는 자이지만 진인사대천명盡人事待天命을 아는 자이다. 목적을 지녔지만 그것의 성공과 실패에 연연해하지 않는다. 중인中人은 과정에 노력하지만 목표와 꿈의 성취여부에 희로애락 하는 자이다. 하인下人은 그냥 과정에 매몰된 자이다. 최상인과 하인은 겉모습이 같다. 차이점은 하인은 과정에 마음이 손상되지만, 최상인은 마음이 다치지 않는다는 점이다.

중국 무협 소설이나 영화에 '부동심결'이라는 것이 있다.

"상대가 횡포하면 횡포한 대로 두어라. 맑은 바람이 쉬이 강물을 건너가고, 흰 구름이 청산을 부드럽게 넘어간다. 상대가 횡포하면 횡포한 대로 두어라.' 대충 이런 내용인데, 멍청이가 아니라 수용의 극치여서 유연한 갈대처럼 폭풍에 손상을 입지 않는다. 상대의 공격이 강맹하면 할수록 더욱더 유연해지며 다치지 않는다. 마치 안개와 연기를 잡으려고 손을 휘두를수록 그 손바람에 안개와 연기가 더 미끄러져 빠져나가는 것처럼 말이다. 실제로 공룡대멸종 때에 20킬로그램 이상의 공룡들이 대부분 멸종하고, 작은 공룡들이 더 많이 살아남았다. 그리고 오늘날에도 해마다 오는 태풍에 크고 굳건한 나무가 더 많이 쓰러지는 것을 목격한다. 부동자세가 아니라 부동심이 좌선이다. 육체를 강산江山으로 여기고 호흡을 바람과 안개로 보면, 몸의 가지가지 강과 산들을 부드럽게 쉬이 넘어가고 흘러가는 숨결이 느껴질 것이다. 그리고 그때 마음은 부동심일 것이다.

수연隨緣과 자각自覺

부동심결 못지않게 마음을 내려놓는 것과 실천적 수행자세를 잘 표현한 구절이 있다. "마음을 대지에 엎드린 그림자처럼 하고, 형체를 늠름히 세우면 허물이 없다. 몸을 쓰러뜨린 채 마음만 일으키면 마음은 유령으로 떠오르고 말은 귀곡성鬼哭聲이 된다. 그래서 마음 물러남을 대지에 내려선 그림자처럼 하라고 하는 것이며, 말없이 묵묵히 실천함을 형체같이 하라고 하는 것이다. 귀곡성이 사라지고 형체에 빛이 가득하니 이것이 유령의 삶에서 진인의 삶이 되게 하는 길이다."

수용은 현재와의 합일이다. 수용이 사실 수행 그대로여서 수행삼칙의 근간이 된다. 불교는 이 받아들임이 인생의 좌우명이요 처세법이다. 안으로 자신을 내려놓고 바깥으로 받아들이는 자세로 사는 것이다. 내려놓음과 받아들임은 불교인의 두 자세이며 그러한 내려놓음과 받아들임의 집에 머물며 깨달음, 자각을 이루어 스스로 밝아지는 것이 최상의 삶이다. 그림자처럼 땅에 엎드린 마음에 빛과 운우가 깃들고 어둠 속에 물러난 달을 별들이 지켜준다.

'타라 브랙'이라는 미국의 유명한 여성심리상담가가 있는데, 정신적 유전병이 있는 자신을 비관하며 괴롭게 살다가 자신의 그러한 상태를 있는 그대로 받아들이며 삶의 대전환을 이룬다. 그리고 자신의 이야기를 『받아들임』이라는 책으로 출판하여 스타덤에 오르고, 상담하면서 느낀 것들을 『삶에서 깨어나기』라는 책으로 또 한 권 출판하여 베스트셀러가 되었다. 만일 자신의 유전적 질병을 있는 그대로 받아들이지 못하고 비관만 하고 있었다면, 그녀에게 삶은 비관에서 멈추었을 것이다. 여기에서 보듯이 받아들임은 기쁨과 행복에서보다 슬픔과 괴로움에서 더 필요하고, 또 슬픔과 괴로움을 전환시켜 빛이 되게 한다. 그런데 우리는 기쁨과 행복은 잡아당기면서도 슬픔과 괴로움에는 저항한다. 받아들임은 슬픔과 괴로움을 적극적으로 품어 전환하여 삶의 동력이 되게 해준다. 이처럼 받아들임은 수동적인 것만이 아니라, 자신에 대한 대긍정이며 삶의 대전환을 가져오는 것이기도 하다. 받아들임 가운데 조용히 삶에서 깨어나니, 수연隨緣과 자각自覺이라는 불교의 두 정수를 불교국가도 아닌 지역의 한 여인이 제대로 간파한 것이다. 책제목으로 삼았으니 그러함이 더 선명하게 다가온다.

받아들임과 자각은 태양의 빛을 받아들여 밤하늘에서 고고하게 자신을 밝히고 있는 달을 보면 역력하다. 바깥으로 치달리며 긴장되어 있고 달아올라 있으며, 늘 경쟁 속에서 피로해진 우리들에게 달은 은은한 자태로 위로를 보낸다. 받아들이고 내면으로 들어가 쉬어 자신에게 머물면 물이 호수로 고이듯 점차 스스로 충실해진다. 이런 자세는 종교를 떠나 현대인들에게 꼭 보충되어야 할 자세이다.

유교와 기독교와 이슬람은 세상을 자기들의 방식으로 만들려고 하는 경향이 강하다. 세상을 개선하고 바로잡고자 하는 긍정적인 면도 있지만, 정치를 장악하여 자신들의 뜻대로 세상을 꾸려갈려고 한다. 그리고 종교뿐 아니라 개개의 우리 자신들도 이러한 자기중심적 성향이 강하다. 자기 기준에서 보는 것이 만연되어 있다.

요즘 많은 기독교인들이 예수천당 불신지옥을 외치며 원수를 사랑하기보다 다른 이를 사탄으로 여기니, 오히려 원수를 만들면서 자신들의 세상을 만들기 위해 전도한다. 이것은 자기 외의 다른 것을 용납하지 않는 아상을 지닌 것이다. 그리고 기독교의 신은 인격신으로 인간의 모습을 하고 있는데, 이것이 모든 것을 인간 기준에서 보는 인상이다. 또 스스로를 죄인이며 하나님의 종이라고 하며 중생으로 자처하니 중생상이다. 게다가 죽어 영생을 얻고자 하고 심지어 심판의 날에 생육신으로 부활한다고까지 말하는 경우가 있는데, 이는 끝없이 살려고 하는 수자상壽者相이다. 기독교도 불교의 태도가 알미워 죽을 것이다. 기독교를 욕하자는 것이 아니라 이해시키는데 기독교의 예보다 더 좋은 예가 없어서 인용하는 것이다. 유교, 기독교뿐만 아니라 이슬람은 일찌감치 인도에서 불교를 없애버렸다. 물론 목적은 현실과 땅의 입장에서 신성으로 나아가기 위한 교리이지만, 앞에서 말한 하늘나라와 사후세계에서나 불멸의 복락이 가능한 맥락을 따를 수밖에 없다.

그리고 이 세상은 그곳으로 나아가기 위한 선행과 사랑의 행을 하는 곳이 되므로, 매우 긍정적인 면이 많은 것도 사실이다.

그러나 '여기가 바로 거기이며 내가 바로 그이다'라는 대합일을 얻기는 어렵고, 이 세상과 자기에 대한 오명도 벗어날 길이 없다. 유교·기독교·이슬람은 서로끼리도 걸핏하면 전쟁을 벌이며 살육하지만, 불교는 생 속에서 생을 포기한 반시체같이 별 대응을 하지도 않는다. 오죽하면 여태껏 살아남아 있는 것이 신기할 지경이다. 히말라야를 힘겹게 넘어왔기에 자기식대로가 강할 것 같은데 그렇게 하지 않았고, 동양의 왕과 상류층들은 오히려 마중을 나갔다. 불교가 퍼진 뒤에도 현지의 신앙들을 포용하여 주어서 큰 마찰없이 잘 지냈다. 포용력이 가져온 행운과 복덕인 셈이다. 이런 차이점에는 눈여겨볼 대목이 있다. 얼른 이해가 가지 않겠지만 괴로움을 해결하는 방법의 차이로 이런 엄청난 격차가 생긴 것이다. 불교에서 고苦는 집착에서 생긴다고 본다. 자기를 세우고 자신에 집착하게 되면 자동발생적으로 고苦가 유발되고 그림자처럼 늘 따라온다. 그래서 원인이 되는 아我를 통찰하여 무아無我로 만들어 고를 벗어나는 것이 '해탈지견解脫知見'이다.

그러나 이것은 근본적인 통찰이어서 일반인이 쉽게 받아들이기 어렵다. 알기 쉽게 말하면 고苦는 식識, 근根, 경境의 불일치에서 발생한다. 불교는 자신과 세계의 관계를 18처處 또는 18계界로 설명한다.

18처는 육식, 육근, 육경이다. 육식六識은 안식眼識, 이식耳識, 비식鼻識, 설식舌識, 신식身識, 의식意識이다. 육근六根은 안근眼根, 이근耳根, 비근鼻根, 설근舌根, 신근身根, 의근意根으로 6개의 감각기관이다. 그리고 육경六境은 색성향미촉법色聲香味觸法으로, 눈·귀·코·입·몸·마음의 육근이 보는 외부경계이다.

육근교육六根教育

육근 이야기가 나왔으니 아이 교육에 대해서 잠시 이야기해보자. 부모들은 자식을 낳고 기르면서 세상에서 자기 자식이 잘 살아가도록 온 힘을 다해 교육에 매진한다. 교육이란 무엇인가? '배움'이다. 배움에는 '무엇을 배울 것인가?' '어떻게 배울 것인가?' 하는 것이 주요 관심사이다. 그러나 여기에 한 가지가 빠졌다. '무엇이 배우는가?'이다. 사실 가장 중요한 것이 마지막 것이다. 배우는 주체의 상태가 배우는 대상과 배우는 방법보다 중요하다는 말이다.

우리는 컴퓨터에서 많은 정보를 얻고 처리하고 자신의 뜻에 맞게끔 작업하기 위해 성능 좋은 컴퓨터를 원한다. 386보다는 586을 선호한다. 그런데 우리 자식들에게는 자식의 성능을 향상시키기보다 많은 책과 온갖 교수법과 오랜 공부시간을 요구하고 투자한다. 다 담을 수도 없고 처리할 수도 없는 많은 양을 들이밀며 돈만 들인다. 이것도 효과가 있지만 '무엇이 정보를 처리하고 무엇이 학습하는지'는 생각지 않는다. 지혜로운 부모는 아이의 상태를 향상시킨다. 마치 성능 좋은 컴퓨터로 만들거나 업그레이드를 통해 처리능력을 우선 향상시킨다는 말이다. 무엇이 정보를 처리하고 학습하는가? 바로 육근六根이다. 그러므로 책을 들이밀기 전에 아이의 육근을 제대로 고성능으로 만들어야 한다. 이것을 '육근공부법'이라고 한다.

보통의 부모들은 특히 요즘 부모들은 맞벌이로 바빠 아이들에게 전념하기가 어렵다. 그래서 자연히 남에게 맡기는 일이 많아진다. 자신과 있을 때에도 아이의 요구와 칭얼거림에 지친 엄마는 아이가 좋아하는 TV나 오락기기를 아이에게 주며 한숨을 돌린다. 그렇게 하는 연령이 갈수록 낮아지고 있다. 이것은 매우 우려할 만한 일이다. 왜냐하면 대부분 도시에서 사는 아이들은 이런 시각에 너무 빨리 노출되어 다른 감각기관이 제대로 발달하지 못하기 때문이다. 이런 기형적 감각기관의 발육은 성능 나쁜 컴퓨터로 만드는 일인데도, 당장 여파가 나타나지 않고 또 후에도 그런 사실을 잘 인식하기 어려워

쉽게 지나친다. 자식을 애지중지하면서도 자식을 제대로 위하지 못하는 것이다.

시각은 감각기관의 왕이며 폭군이라, 시각이 뜨면 나머지 감각기관은 자신의 말문을 닫거나 꼬리를 내린다. 흔히 우리는 무엇을 따질 때 '너 봤냐?' 하고 물어보고, '봤다!' 하면 주춤하거나 결론이 난다. 보는 것은 그만큼 절대적인 것이다. 그래서 시각의 선성장은 다른 감각기관을 위축시킨다. 그러나 우리가 무엇을 기억하고자 할 때, 보고 쓰고 소리내어 읽으면 더 잘 기억한다고 한다. 모든 감각기관이 총체적이면서 유기적으로 또 협조적으로 작동해야 한다는 말이다.

한 발로 뛰는 건장한 사람보다 두 발로 뛰는 작은 사람이 더 잘 뛰는 법이다. 여섯 감각기관이 고루 발달된 경우는 훨씬 고성능 머리가 된다. 그리고 그 고성능 뇌로 훨씬 탁월한 정보처리, 책처리 능력을 보인다. 라이터 불빛이 밝으면 비추는 대상마다 잘 드러난다. 그러나 불빛이 희미하면 애써 보아도 무엇인지 제대로 보기 어렵다. 육근을 어린아이 때에 골고루 잘 발달시키는 것은 학교에 보내고 나서 공부하라고 닦달하는 것보다 훨씬 지혜로운 양육이다. 공부하라고 닦달하면 공부가 스트레스로 다가와 인성발달과 부모, 친구, 선생님과의 관계마저 해를 끼친다. 옛 조상들은 태교를 중시하였고, 갓 태어나고 나서도 21일을 산모와 아이가 어둠 속에서 지내게 하였다. 태중의 어두운 환경을 그대로 재현하여 세상에 원만히 적응하는 기간을 둔 것이었다. 병원의 밝은 불빛 아래서 사주날에 맞춰 강제로 제왕절개를 하여 나오는 요즘 아이들과 비교해보면, 옛 아이들의 태어남이 얼마나 자연스러운 출산이요 '슬로우 산후관리'인지 알 수 있다. 그 이후의 삶은 현대문명 덕에 요즘 아이들이 훨씬 낫겠지만, 태어날 때만큼은 옛날이 친아이중심 출산이다. 실제로 현시대에도 이렇게 출산하고 나서 21일간 빛을 최소화하고 아이와 산모가 같이 동고동락했는데, 후에 피아노를 제대로 배워본 적이 없는 아이가 고등학교 때에 영화음악 하나를 듣고 필이 꽂혀 피아노를 홀로 익혀 학교에서 행사 때마다 연주한 사례가 있다. 어찌하여 이런 일이 벌어지는가?

21일 동안 어두운 방안에서 아이의 청각이 발달되었기 때문이다. 그래서 별로 가르치지 않아도 스스로 배워 두각을 나타낸 것이다. 아이들은 엄마 뱃속에서 엄마와 함께 있었기 때문에 태어나고 나서도 한동안 엄마를 좇아다닌다. 한 덩어리였기 때문에 자연스러운 행위이다. 그런데 엄마가 문제다. 인생을 살기도 바빠 죽겠는데 아이까지 쫄쫄 따라다니며 더 바쁘게 하니 자연히 빨리 떼놓고 싶다. 얼른 학원을 보내고, 아니면 다른 사람에게 맡긴 채 돈벌러 나가야 한다. 이런 현실이 제일 서글픈 사람이 누구이겠는가?

눈에 넣어도 아프지 않을 자식을 두고 현실 때문에 직장을 나가는 엄마가 아니라 바로 아이다. 그런 아이의 슬픔은 바로 아이의 정서발달에 영향을 미친다. 흔히 '분리불안'이라고 하는데, 엄마와 한 덩어리였던 아이가 겪는 엄마의 야멸찬 이별은 아이의 촉식에 큰 영향을 미친다. 닿아 있던 것이 너무 빨리 사라져버리는 것으로, 아이의 입장에서는 자신의 일부가 사라지는 것처럼 여겨진다. 이런 경험이 반복된 아이들은 사람에게 잘 접근하지 못하는 경우가 많다. 접촉의 불안과 무서움을 가진 것이다. 우리 감정의 대부분은 이 촉식에서 비롯된다. 호흡도 내촉內觸이라고 하지 않던가. 정서발달에 장애가 있는 아이들은 극소수의 경우를 제외하고 대체로 자연히 학습능력이 떨어진다. 앞의 어둠 속 청각발달의 경우처럼, 태어난 아이들에게 촉각·미각·후각의 고른 발달은 후에 고성능 뇌뿐만 아니라, 전인적 인격을 만드는 데도 큰 도움이 된다. 왜냐하면 한 면으로만 보지 않고 여러 측면으로 사물을 보고 종합적으로 판단하는 자질이 함양되기 때문이다. 이러한 전인적 인격은 대인관계와 탐구방법에도 영향을 미쳐 원만한 인간관계와 융합적인 자세를 선사한다. 다른 예로 농업고등학교 근처에서 살던 가족이 아이들을 데리고 틈만 나면 학교에서 조성해 놓은 꽃밭에 가서 꽃향기를 맡게 했더니, 아이들이 무얼 보면 그것의 냄새까지 자주 이야기한다는 말을 들은 적이 있다.

다른 감각기관의 발달을 저해하는 시각의 지나친 조기발달은 아이에게 유익한 것이 아니다. 지금 시대의 아이들은 엄마와의 분리가 빠르거나 잦고, 시각의 지나친 조기발달에 쉽게 노출된다. 자연히 정서발달에 문제가 생기기 쉽다. 또 공부의 스트레스와 과보호 그리고 사회로 나온 뒤에 이어지는 경쟁의 소용돌이로 인해, 불안정한 심리를 지닌 아이들이 많아지고 있는 추세다. 현명한 부모라면 어릴 때 아이의 육근을 고루 갖추게 하여, 성장하면서 스스로 배울 수 있는 역량을 높여 주어야 한다. 이런 면에서는 사실 아이보다 부모가 교육 받아야 한다. 덜컥 결혼해서 자식은 낳아놓고 삶에 쫓겨, 아이를 사랑하면서도 제대로 키우지 못하는 어리석은 엄마들이 많다. 하지만 나중에 후회해도 무정한 시간은 돌이킬 수 없다.

자식이 잘못되는 것을 가장 큰 재앙으로 여기면서도 몰라서 그랬다고 스스로 가슴을 칠 뿐이다. 이런 우를 범하지 않으려면 먼저 자식

키우는 법을 조금은 배우고 들어야 한다. 자식을 키우는 것은 작은 일이 아니라, 가족과 나아가 국가와 인류의 미래를 결정짓는 큰일이다. 나라마다 왜 교육 교육 하겠는가?

아이들은 가능성의 존재다. 가능덩어리이다. 이런 아이들에게 제일 중요한 것은 돈과 성적과 성공으로만 내모는 것이 아니라, 꿈을 갖고 세상을 변화시키려는 마음을 심어주는 일이다. 기여를 가르쳐야 한다.

미국의 부자들에게 배울 점이 있다. 미국의 부자들은 세상을 변화시키기 위해 일했고 세상을 변화시켰다. 예를 들면 빌 게이츠, 스티븐 잡스, 워렌 버핏, 마크 주커버크 등은 세상을 변화시키기 위해 노력했고 세상을 변화시켰다. 더 뛰어난 것은 그들이 성공하고 나서도 일관되게 세상을 변화시키는 일을 멈추지 않았다는 점이다. 오히려 번 돈으로 계속 세상을 변화시키기 위해 노력 중이다. 빌 게이츠는 아프리카를 변화시키기 위해 자식까지 데리고 다니며 자선사업을 하고, 워렌 버핏은 자신의 부인과 자식이 운영하는 재단이 있는데도 빌 게이츠 재단이 더 자신이 원하는 사회사업을 한다고 거의 전 재산을 그 재단에 기부하였다. 우리나라 같으면 가족 간에 원수되고 난리가 날 일이다. 잡스도 마찬가지이고 주커버크도 다른 항성계로 가는 인류공영의 우주 사업에 기부하며, 계속 보다 나은 변화된 세상을 위해 여전히 노력하고 있다. 그리고 그의 자녀들도 그렇게 살아가도록 교육하고 있다. 이것이 진정한 교육이다.

우리나라의 부자들도 이것을 본받아야 한다. 부자들뿐만 아니라 사실 모든 부모들이 본받아야 한다. 이런 인물들이 와장창 나오게 하려면 어렸을 적에 고성능 뇌와 전인적 인격의 토양을 만들어주어야 한다. 그렇게 할 때 그 뇌격腦格으로 부모들이 바라는 훌륭한 인물로 성장하고, 나름대로 자신의 위치에서 세상에 기여하게 된다. 나라의 부강은 말할 것도 없으며, 아끼는 자녀도 행복하고 뜻있는 일생을 살게 된다. 물론 슈퍼컴퓨터라도 세워놓기만 하면 아무 소용이 없겠지만, 이것이 우선적이고 1차적인 일이다. 그리고 감각기관을 원만히 갖춘다면 공부는 교육이 아니라 교정에 가깝다. 무엇을 교정하려고 하는가?

바로 치우친 뇌이다. 아이들을 가르쳐보거나 키워보면 아이들마다 잘하고 못하는 것이 있다. 영어를 잘하는데 수학을 못하는 경우가 있고, 과학 중에서도 물리는 잘하지만 생물을 못하는 경우도 있다. 왜 이런 차이가 생기는가? 각 개인의 뇌 차이이다. 여기서 장점을 선택할지 단점을 보완할지 결정해야 한다. 누구에게나 역량이 있고 여지가 있다. 자신의 역량보다 큰 문제를 만나면 그냥 포기하는 경우도 있고 불굴의 의지를 발하는 경우도 있다. 44만의 군대를 만여 명이 맞았을 때, 도저히 자기역량 밖이라 이길 수 없다고 포기할 수도 있으나 악착같이 죽기를 각오하고 싸울 수도 있다.

우리나라에도 임진왜란 중에 진주대첩이란 것이 있었다.

1592년(선조 25) 9월 김해에서 출발한 왜군은 창원을 거쳐 10월 5일 진주성 외곽에 도착하였다. 당시 진주성은 진주목사牧使 김시민金時敏이 지휘한 3,800명의 조선군이 왜군의 공격에 대비하고 있었다. 그리고 일반 양민 약 2만 명이 진주성 내에 있었다. 남강과 주변의 지형을 이용하여 만들어진 진주성은 천혜의 요새로 공략하기 쉬운 성채가 아니었다. 조선군은 성문을 굳게 닫고 왜병들과 함부로 응대하지 않은 채, 적의 공격을 효율적으로 막아내는 방어 전술을 펼쳤다. 하세가와 히데카즈(長谷川秀一), 나가오카 다다오키(長岡忠興), 기무라 시게코레(木村重玆) 등이 이끄는 왜군 약 2만 명은 수천 개의 대나무 사다리를 만들어 진주성을 공격하였다. 김시민은 화약을 장치한 대기전大岐箭을 쏘게 하여 성벽을 기어오르는 왜군의 대나무 사다리를 파괴하고, 마른 갈대에 화약을 싸서 던지거나 끓는 물과 큰 돌을 던지며 왜군을 물리쳤다. 병력과 무기의 열세에도 불구하고, 필사적으로 싸운 끝에 10배에 이르는 왜군의 공세를 분쇄하였다. 왜군은 나가오카 다다오키(長岡忠興)의 동생이 이광학이 쏜 총에 맞아 사망하고, 6일간의 대접전으로 막대한 피해를 입고 10월 10일에 패주하였다.

제1차 싸움의 참패를 되갚고자 왜군은 복수의 기회를 노리고 있었으며, 위신이 손상되었다고 생각한 도요토미 히데요시(豊臣秀吉)는 1593년 6월 가토 기요마사(加藤清正), 고니시 유키나가(小西行長), 우키타 히데이에(宇喜多秀家) 등에게 복수전을 하도록 특별 명령을 내렸다. 또한 북쪽으로 진군했던 왜군은 명나라가 개입하여 평양성에서 패배하자, 일단 남쪽으로 후퇴하여 경상도와 호남지역을 장악하였다. 그래서 후방의 안정적인 보급과 확실한 교두보를 만든 다음, 다시 북상하여 공격한다는 전략을 세웠다. 때문에 곡창지대인 호남지방을 손에 넣는 것은 전략적인 중요성이 증대되어, 반드시 진주성을 공략해야만 하였다. 왜군은 6월 15일부터 작전을 개시하여, 18일까지 함안咸安·반성班城·의령宜寧을 점령하고, 19일 9만 3,000명의 병력이 진주성을 재공격하기 시작하였다. 이 당시 진주성에는 진주목사 서예원 휘하의 2,400명과 창의사倡義使 김천일金千鎰, 경상우병사右兵使 최경회崔慶會, 충청

병사 황진黃進, 사천현감泗川縣監 장윤張潤, 거제현령 김준민, 의병장 고종후高從厚와 이계련李繼璉, 태인 의병장 민여운閔汝雲, 순천 의병장 강희열姜希悅, 김해부사 이종인李宗仁 등이 이끄는 의병들이 포진하였다. 진주성에 집결하여 수성을 맡은 병사는 약 6,000~7,000명의 병력과 약 6만 명의 일반민들이 있었다. 조선군의 전투력은 왜군에 비해 비교가 되지 않을 만큼 열세였다. 싸움은 6월 22일부터 본격적으로 전개되었지만 산발적으로 공격하던 왜군은 번번이 패퇴하였다. 그러나 성밖에 높은 토대를 쌓아 높은 곳에서 조총을 쏘면서 공격해오자 조선군의 사상자가 늘어났다. 황진과 이종인, 김천일, 김준민, 장윤 등이 분전하여 왜군의 파상공격을 거듭하여 막아내었지만, 일진일퇴의 치열한 공방 끝에 거의 모든 장병이 전사하고, 29일에 진주성은 함락되었다. 성이 함락되자 왜군은 성안에 남은 군·관·민 6만 명을 사창司倉의 창고에 몰아넣고 모두 불태워 학살하였고 가축들도 모두 도살하였다. 이 싸움은 임진왜란 중에 벌어진 전투 가운데 최대의 격전으로 꼽히는데, 비록 싸움에는 패하였으나 왜군도 막대한 손상을 입어 호남으로 진출할 수가 없었다. 여기까지는 백과사전에 나오는 진주대첩 이야기이다. 사실상 임진왜란은 이 진주성 싸움으로 승패가 갈라졌다. 바다에서 이순신에게 늘 패했던 왜군에게 호남의 곡창지대를 얻고, 이순신의 남해 여수본영을 공략하여 바다로 쫓아내기 위해 꼭 차지해야 하는 곳이 진주성이었다. 조선에서도 그 사실을 잘 알고 있었고 서로는 격돌할 수밖에 없었다. 문제는 조선이 엄청 불리하다는 사실이었다. 그런 불리한 여건에서도 결사항전하여 1차전에서 승리하고, 2차전에서도 왜군에게 막대한 피해를 입혔다.

임진왜란은 이순신의 바다 장악과 선조의 발빠른 도망이 승리의 요인이었다. 이 중 이순신의 충의는 모두가 칭송하지만, 대부분의 한국사람들은 선조를 비난한다. 조선조 당시에도 백성들이 선조의 행동에 분개하여 궁궐을 불태웠다. 그러나 왜군 입장에서는 선조를 잡아야 전쟁이 끝나는데 양아치(?) 같은 선조가 너무 발빠르게 도망치는 바람에, 선조를 잡기 위해 보급로를 마련하기도 전에 추적하여 지나치게 북방으로 진출해서 보급에 문제가 생겼다. 당시 보급로는 바닷길이 제일 좋았는데 그 바닷길이 이순신에 의해 막혀 있었고, 곡창지대인 호남을 공략하기 위해서 호남관문인 진주성을 칠 수밖에 없었다. 그곳에서 왜군이 승리했다면 호남의 보급식량을 얻고, 이순신을 육해 양면에서 효과적으로 공략하여 임진란을 승리로 장식할 수가 있었을 것이다. 육지에서의 선조의 발빠른 도망, 바다에서의 연전연패, 육지와 바다에서 왜군은 사실상 핵심을 놓치거나 잃고 있었기에 이역땅에서의 전투는 패배로 귀결될 수밖에 없었다. 다들 욕하지만 선조의 재빠른 도망이 임진란 승리의 가장 중요한 요인 중의 하나였던 셈이다.

임진왜란 하면 이순신에 대해 말하지 않을 수 없다. 이순신은 전 세계에서도 보기가 드물 정도로 위대한 인물이다. 아니 크샤트리아 중에서 가장 훌륭한 인물이다. 그에게는 성웅聖雄이라는 칭호가 붙어 있는데 지당한 일이다. 세계사를 보면 정치, 군사 부분에서 강한 힘을 가진 존재는 주위에서 자신을 핍박할 경우 예외없이 쿠데타로 판을 뒤집었다. 율리우스 시저도 루비콘 강을 건너며 '주사위는 던져졌다'고 하면서 본국 로마를 공격하여 정권을 장악했고, 우리나라에서도 이성계는 별 핑계를 다 대며 위화도에서 회군하여 고려를 멸망시키고 조선을 건국하였다. 당시 이순신은 열악한 여건 속에서도 전쟁에서 연전연승하며 가장 잘 정비된 사기 높은 대군을 보유하고 있었지만, 조정이 자신을 핍박해도 충의를 다하였다. 심지어 고문을 받고 다시 장군 직위를 박탈당한 채 백의종군하는 수모를 당했어도 의연히 나라의 명에 따랐다. 물론 여야를 떠나 이순신을 변호한 충신들이 있었지만, 그 당시는 전쟁으로 폐허가 된 땅 위에 궁궐을 불태울 정도로 백성들의 원망이 깊은 분위기였다. 더욱이 임금이 명나라 군대에 의탁하여, 나라를 구한 영웅을 핍박하는 상황에 오히려 쿠데타를 하지 않은 것이 용할 지경이었다.

지금 구온양이라고 불리는 지역에 이순신의 생가가 있다. 이순신은 그곳에서 수철리 고개를 지나 천안의 광덕으로 넘어가, 광덕천변을 따라 일개 병사로 다시 전쟁터로 나갔던 것이다. 지금은 이순신 백의종군길이라는 표석이 그 고개 앞뒤에 서 있다.

흘러가는 천변을 따라 걸으며 이순신은 무슨 생각을 하였을까? '신에게는 아직 12척의 배가 있습니다'라는 영화의 구절이 그의 앞길에 놓여 있었다. 요즘 정치인들과 정치에 입문한 사람 그리고 정치인이 되려는 사람들은 모두 이 길을 의무적으로 걷게 해야 한다. 우국지사憂國之士가 그들에게 가장 아름다운 삶이고 가치 있는 인생이기 때문이다. 일반 백성들은 집에서 가족을 공동체로 삼아 재식財食이 풍요롭기를 바라고, 정치인들은 나라를 집으로 삼고 민족공동체가 번영하기를 바라며, 종교인들은 우주를 집으로 삼아 생명과 지혜와 자비가 충만하기를 기원한다. 정치인은 가족보다 좀 더 큰 공동체를 가족으로 삼아야 하므로, 친·인척의 등용과 전횡은 지탄의 대상이 된다. 또한 종교인은 자기보다 우주와 생명을 자신으로 삼아야 하므로, 자기중심적인 삶을 살아서는 안 된다. 그런데 현실을 보면 편가르기를 더 심하게 하는 것이 정치와 종교이다. 종교가 1위, 정치가 2위이다. 그래서 진흙탕 속에 뒹굴다보면 이러한 충의를 쉽게 잃어버리기 십상이므로, 초심을 잘 되새기게 하기 위해서 충의의 백의종군길부터 걷고 정치를 하게 해야 한다. 뉴스에 종종 정치인들이 백의종군하겠다는 회견을 한다. 그 회견을 할 때마다 또 이 길을 걷게 해야 한다. 아무튼 '백의종군' 하면 이순신의 걸음이 단연 으뜸이다. 다른 힘있는 자들은 대군을 데리고 온갖 폼나는 갑옷을 입고 쿠데타를 하였다. 하지만 이순신은 백의를 입고 홀로 하천길을 걸어 전쟁터로 다시 나갔다. 무협지의 시작은 〈자객열전〉으로 자객 형가가 주인공이다. 의협을 정신으로 하는 장르답게 폭군 진시황을 죽이기 위해 길을 떠난 협객 형가의 시가 무협지의 시작이다. '사필귀정事必歸正'이라는 유명한 사자성어를 남긴 사마천의 『사기』에도 그의 이야기가 나온다.

풍소소혜 역수한(風蕭蕭兮 易水寒)
장사일거혜 불부환(壯士一去兮 不復還)

바람은 쓸쓸하고 쓸쓸한데 역수의 물은 차갑다.
한번 길을 떠난 장사는 다시 돌아오지 못하네.

이순신도 이처럼 다시 돌아오지 못하고 바다에서 영면하였다. 그에게 전투와 포성은 뜨거웠겠지만, 임종시 11월의 바닷바람은 쓸쓸했을 것이다. 마지막 전투 노량해전에서 500여 척의 왜군 배 중에서 450여 척을 격파하여, 다시는 전쟁을 일으키기 어렵도록 최후의 일침을 가하였다. 임진왜란 후에 정유재란을 일으키며 반도를 전화 속에 휘몰았던 왜군에게 다시는 침략의 엄두도 내지 못할 만큼 큰 타격을 입혔다. 이렇게 임진, 정유 양대전란으로 이어진 기나긴 전쟁은 이순신의 죽음과 함께 비로소 끝이 났다.

'이순신' 하면 흔히 12척의 배로 130여 척의 적선과 대치하여 이긴 전투인 '명량해전'이 유명하다. 정확히는 후에 한 척이 추가되어 13척이었다. 이 전투에서 조선수군은 단 한 척의 피해도 입지 않았고 전사 2명, 부상자 2명이라는 유례없는 대승을 거두었다.

그런데도 명량대첩이라고 하지 않고, 오히려 한산도 전투를 '한산도 대첩'이라고 하여 임진왜란 3대대첩이라고 한다. 그 이유는 한산도 전투에서 왜군의 주력 수군이 사실상 모두 궤멸되었기 때문이다. 육지에서의 파죽지세와는 반대로 바다에서 고전을 면치 못하자 도요토미 히데요시는 육전의 명인, 와키사카 야스하루(脇坂安治)라는 장수를 투입한다.

와키사카는 도요토미 히데요시의 칠본창 중의 하나로, 육지에서 불과 3천의 병사로 비록 오합지졸이었지만 조선병사 수만을 도륙한 장본인이었다. 그 승리의 원인은 발빠른 기습공격이었다. 실제 세계사에서 전쟁승리의 영웅들은 이 속도를 가장 중시하였다. 시저와 나폴레옹, 징기스칸 등등 대부분 승리의 요건은 속도에 있었다. 요즘으로 말하면 기동력인데, 현재에도 이런 전통이 중시되어 보병에게 속도전

훈련인 행군이 있다. 와키사카는 이렇게 속도와 기습에 능한 장수였다.

그래서 바다에서도 최대한 빠른 속도로 조선의 함선을 격파하여 대오를 흩트려 도륙할 작정이었다. 문제는 상대가 이순신이라는 것이다. 이순신도 무관 초기에 북방 육지지역에서 근무했는데 별다른 두각을 나타내지 못하였다. 그의 상관이 시원찮아 그랬다느니, 그래도 어느 정도는 성과를 냈다느니 말이 있지만 특출나지 못했던 것은 맞는 듯하다. 그런데 그가 수군을 맡고 나서는 뛰어난 재능을 발휘하였다. 왜일까? 성격탓이다. 이순신은 전투 중에 충분한 정탐과 준비를 통해 이길 수밖에 없는 전투를 하였다. 지장智將이라는 이야기이다.

명량해전만 해도 겉으로는 무모해 보이지만 판옥선인 조선 배와 다른 왜군 배의 특징, 조총과 화포의 사거리 차이, 지리적 우위 등을 비교해보면 정말 이순신은 머리가 좋다. 게다가 전장에서의 지휘력과 상황판단, 전투사기 등도 높아 적에게는 염라대왕 같은 존재이다. 이러한 이순신의 강점을 극대화해 준 것이 바로 바다다. 육지에서는 말에서 떨어지면 뛰어가면 된다. 이나저나 속도전이 생명이다. 그러나 바다에서는 배에서 떨어지면 끝이다. 자연히 속도전보다 거리전에 능한 것이 중요하고, 지리적 여건이 육지보다 훨씬 중요해진다. 실제로 전투에서 패퇴하여 한산도 섬에 고립된 왜군은 굶어죽기 일보직전에 간신히 소수의 병력이 탈출했는데, 사실상 왜군의 정예수군은 전멸한 셈이다. 이순신은 이것을 미리 다 계산하여 적을 주변에 섬이 거의 없는 한산도 앞바다로 유인하였다. 기습과 속도에 능한 와키사카는 땅에서와 똑같이 전속항진으로 추적하여 우리 수군을 공격했지만, 그 앞에 거북이 세 마리 철선 거북선이 버티고 있었다. 왜군들이 일자전으로 돌진하다 주춤하며 대오가 흐트러지자, 조선수군은 양 날개를 펼치듯 그 일자무리 양쪽에 늘어섰고 화포로 양쪽에서 포격하여 왜군과 왜선을 침몰시켰다.

소위 학이 날개를 편다는 '학익진鶴翼陣'이다. 교과서에도 나온다. 전투 중에는 대오가 흐트러지면 만사 끝이다. 아무리 정예병이라도 대오가 흐트러지면 일순간에 까마귀부대로 전락한다. 육지 같으면 그냥 내려 적군을 향해 뛰어 돌격하면 되지만 바다에서는 곧바로 수장이다. 육지마인드로 바다전투에 임한 와키사카의 어리석음, 아니 관성의 법칙 때문에 왜군은 바다를 통해 호남으로 진출할 능력을 한순간에 상실하였다. 바다를 통해 손쉬운 보급을 하려던 계획은 물거품이 된 것이다. 그래서 한산도 전투를 '한산도대첩'이라고 하는 것이다. 이처럼 전투는 지휘관의 성격에 의해 승패가 대부분 좌우된다.

왜군은 결국 육지를 통해 호남으로 진출하고자 하였다. 그리고 조선수군의 본거지 남해, 여수를 공략하기 위해 진주성을 공격하게 된다. 그래서 진주성 싸움이 임진왜란의 승부처라고 한 것이다.

이미 언급한 대로 1차 진주성 싸움에서 진 것이 왜군에게는 정말 비통한 일이었다. 도요토미 히데요시는 다시 복수를 천명하고 대군을 파견했으며, 결국 진주성은 엄청난 피해를 입고 함락되었다. 보복으로 진주성 내의 6만의 양민과 가축을 모두 죽이고 도륙하였다.

그리고 잔치를 벌였는데 이번에는 일개 여인인 논개가 적장을 안고 남강에 투신하였다. 전투가 모두 끝난 줄 알았는데 왜군만 득실대는 함락파티 석상에서조차 마지막 불꽃, 최후의 일인 전투는 남아 있었다. 얼마나 장렬하게 싸웠는지 짐작이 간다. 논개의 충의는 지금도 의기천추義氣千秋로 기려지고 있다. 바다에서는 이순신이라는 남자가, 육지에서는 논개라는 가녀린 한 여인이 후세에 충의가 무엇인지 역사 속에 남기고 떠났다. 진주성 안에서 왜군에 포위되어 언제 죽을지 모르는 이름없는 용사들은 남강에 등을 띄워 가족들에게 소식을 전했는데, 그것이 오늘날 진주 유등축제의 기원이다.

6·25 한국전쟁 때에도 이런 일이 있었는데 바로 다부동 전투이다.

흔히 6·25 하면 백마고지 전투를 생각하지만, 사실은 이 다부동 전투가 한국전쟁의 향방을 갈라놓았다. 물밀듯이 밀려든 북한군을 상대로 속수무책으로 후퇴하던 국군은 대구와 경주를 수호하기 위해, 대구 북쪽의 다부동과 경주 인근의 안강과 기계 지역에서 결사항전을 하였다. 소위 낙동강 전선이다.

패퇴를 거듭하며 병력손실이 컸던 1사단은 어린 학도병들과 함께 별반 제대로 된 무기도 없었다. 그런 상황에서 중화기와 탱크로 무장한 2만 명이 넘는 북한군과 대치하였고, 낙동강 방어선을 공격하는 북한군은 가용부대의 절반에 해당하는 5개 사단을 대구 북방에 배치하였다. 따라서 낙동강 전선의 승패는 대구 북방의 전투 결과에 따라 결정될 정도였다. 하지만 아무리 공략해도 점령되지 않는 다부동 고지를 포기하고, 북한군은 마침내 서부경남으로 우회하였다. 이 55일간의 치열한 전투로 시간이 지연되어 유엔군이 9월 15일 인천상륙작전을 할 수 있었고 전세는 역전되었다. 낙동강 전선이 다른 지역처럼 쉽게 무너졌더라면, 반도에서의 전투가 이미 끝나버려 아마 유엔군이 오다가 돌아갔을지도 모른다. 괜히 피흘릴 이유가 절대적으로 있지 않았기 때문이다. 이런 사정 때문에 북한군도 가용병력과 화력을 총동원하여 미친 듯이 공격하였다. 임진왜란 때도 도망가는 왜군을 이순신이 후일을 걱정하며 배를 격침하고 살려보내면 안 된다고 할 때, 외국 명나라 장수 진린은 처음에는 전투를 하지 말자고 하였다. 괜히 피흘릴 필요가 없었기 때문이다. 6·25 당시 초기에는 국토의 대부분을 잃은 상황에서 아마 전쟁승리보다 패배가 더 분명해 보였을 텐데도 목숨을 초개같이 버리며 항전했고, 그 작은 몸짓들이 승리의 전환점이 되어 주었다. 그때 국군과 학도병들이 부른 노래가 있었다고 한다.

"우리네 일생은 초로(아침이슬)와 같고
오천 년 역사는 당당하도다.
이 몸이 죽어서 나라가 선다면
아아 이슬처럼 사라지리라."

조로朝露인지 초로初露인지 잘 모르겠고, 들은 지가 오래되어 가사들이 제대로 맞는지 모르겠지만 그 뜻은 맞을 것이다.

당시 다부동 고지에는 최후에 몇 명 남아 있지도 않았다고 한다. 그들의 희생으로 오늘날 자유대한은 존재할 수 있었다.

이처럼 역량과 여지다. 어느 것이 옳고 그르고의 문제가 아니라, 역량과 여지를 알고 현재의 선택이 미래의 모습과 방향을 결정한다는 점을 이해하라는 것이다. 아이들을 교육할 때 아이의 성향에 따라 강약이 나타나는데, 약점을 어떻게 보완할 것인가가 중요하다. 그 방법은 뇌에 있다. 사람은 못하는 과목을 계속 못하듯이 틀린 문제를 또 틀린다. 이것은 공부하는 아이들에게서 쉽게 보이는 현상이다.

인수분해 3차방정식에서 틀린 아이는 다음에 3차방정식에서 또 쉽게 틀린다. 정관사, 부정관사 용법을 틀리는 아이는 다음 시험에 또 틀리기 일쑤다. 그래서 공부는 학습이 아니라 교정이라고 하는 것이다. 뇌를 교정하는 것이다. 달리 말하면 뇌를 치유하는 것이다. 이 뇌를 치유하려면 틀린 문제를 그냥 지나치지 말고, 다시 반드시 반복해서 풀어 보아야 한다. 자신이 정한 참고서에 의지하여 다시 학습한 다음에, 틀린 문제와 유사문제를 반복해서 풀어야 뇌가 교정된다. 이때 중요한 것은 주참고서를 하나만 정하는 것이다. 왜냐하면 시험을 치르고 나서 그 문제가 틀리면, 다시 그 참고서에 와서 다시 반복해서 풀어야 눈에 익게 되기 때문이다. 반복으로 얻고자 하는 것이 익숙함이기 때문이다. 그래야 뇌의 교정이 쉬워진다. 물론 문제집은 여러 종류를 보아도 되지만, 뇌의 인식을 높이기 위해 주텍스트는 하나만 하는 것이 좋다. 이렇게 몇 번 반복하면 틀리지 않게 된다. 그리고 이런 과정을 한 3년 하면 점수가 오르고, 점수가 오르면 성적이 올라 아이는 공부하는 재미가 생겨 스스로 학습하게 된다.

스스로 학습하게 하는 또 하나의 비결은 아이가 자신이 하고 싶은 것과 잘하는 것을 제대로 알게 하는 것이다. 사실 이런 것을 찾는 것이 교육의 여정이라 할 수도 있다. 꿈과 뇌의 치료가 학업의 중추이다. 그러므로 공부를 할 수 없이 한다거나 또 시킨다는 마음을 가지지 말고, 꿈을 심어주고 뇌를 교정하고 치유하는 긍정적인 과정으로 여겨야 한다. 물론 공부가 시작되기 전에 육근부터 제대로 갖추게 하여 서라운드 시스템으로 만드는 일부터 시작하는 것이 좋다.

육근교육은 이만하고 18처와 고苦에 대해서 다시 살펴보자.

단순히 말하면 육식, 육근, 육경이 서로 불일치하면 멀미가 일어난다. 이 불일치로 괴로움이 발생한다. 알기 쉬운 예로 차를 같이 타고 가는데 운전자가 자신의 의도에 비해 갑자기 속도를 줄이거나 멈출 때, 또 급회전할 때 멀미를 하는 사람이 있다. 이때 멀미를 해결하는 방법이 두 가지가 있다. 자신을 내려놓고 운전자에게 온전히 맡겨두는 방법과 아예 자기가 운전하는 법이다. 해결책을 제시하는 종교들도 이 두 가지 방법 중 하나를 선택하여 제시한다.

불교는 자신을 내려놓는 방법을, 다른 종교는 자기식대로 하는 방법을 말한다. 모두가 자기편이 되면 불일치가 해소되므로, 외부를 모두 자기와 같아지게 만들려고 하는 것이다. 그러나 불교는 인연을 따른다는 수연隨緣의 처세법을 택하는데, 이는 자신을 내려놓는 것이다. 좀 더 불교용어를 쓰면 '무아無我'를 택한다는 말이다.

둘 다 불일치를 해결하는 것인데, 불교는 내부를 바꾸는 방법이고 다른 종교는 외부를 바꾸는 것이다. 포교를 통해서 말이다. 좀 더 노골적으로 얘기하면 내 편으로 만드는 것이다. 후자가 세상에서는 주류이다.

도일체고액度一切苦厄

불교의 핵심을 기록한 『반야심경』에 '도일체고액度一切苦厄'이란 말이 나온다. '일체의 고통을 건너갔다'는 말로, 연이어 '무안이비설신의無眼耳鼻舌身意, 무색성향미촉법無色聲香味觸法', '무안계 내지 무의식계無

眼界 乃至 無意識界'라는 18처, 18계의 초월에 대해 기술하고 있다. 무안계 내지 무의식계는 육식六識에서 육경六境을 다르게 표현한 것이다. 더 어려운 것 같아도 고苦가 집착에서 생긴다는 말보다, 찬찬히 보면 그래도 더 자상하고 쉬운 설명이다.

말한 대로 고苦는 일종의 멀미이다. 자신을 내려놓고 운전자에게 온전히 맡기는 방법이 잘 안 되는 사람들이 의외로 많다. 생명이기 때문에 또 자기보존의 욕구가 있기 때문인데, 문제는 그것이 지나치게 강하다는 것이다. 그래서 무아가 잘 안 되는 사람들에게는 수연의 방식 말고 자기식대로가 필요하다. 자기식대로 하려는 사람들은 불교는 무아나 공이나 열반 또는 적멸 같은 이 세상에 별 도움이 안 되는 말을 한다고 여긴다. 그러나 자동차에 액셀만 있고 브레이크가 없다면 어찌 되겠는가? 이는 마치 자동차는 가는 것이 목적이라며, 브레이크가 목적에 부합되지 않는 것이라고 하는 것과 같다. 살아 있는 것이 중요하다고 늘 말똥말똥 깨어 있고 잠자지 않는다면, 그래서 긴장하여 잠들지 못한다면 오히려 피로도가 더해져 잘 살아갈 수가 없다. 자기를 제대로 완성하고 실현하기 위해서라도 자기를 충분히 내려놓을 줄 알아야 한다.

밤에 잠을 충분히 잘 잔 사람이 낮에 더 잘 활동할 수 있듯이 말이다. 우리들은 쉽게 스스로를 절름발이로 만들고 외눈박이로 만들고 외팔이로 만든다. 이렇게 자기중심으로 더 쉽게 쏠리므로, 자신을 내려놓는 일에 더 관심을 두는 것이 필요하다. 특히 사고와 언어는 독재자라서, 특성상 다른 것을 잘 용납하지 않는다. 청정이란 말 어디에 더러움이 끼어들 수가 있는가. 그래서 사유와 언어에 빠지면 쉽게 경직된다.

이러한 오류를 종교와 이념은 너무 쉽게 자행한다.

불교 외에 다른 종교들은 자기식대로 하려고 하다보니, 자기도 모르게 고와 멸미의 해결을 넘어서서 다른 것을 배척하는 것을 스스로 정당화한다. 그리고 크게 보면 그 목적은 괴로움과 죄업을 풀고 현실과 땅의 입장에서 신성으로 나아가기 위한 교리이다. 하지만 앞에서 말한 것처럼 하늘나라와 사후세계에서나 불멸의 복락이 가능한 맥락을 따를 수밖에 없다. 한 가지 역설이 있는데 60살이 넘은 사람의 행복지수가 젊은이들보다 높게 나온다는 것이다. 어째서 이런 일이 벌어질까? 60살이 넘으면 마음을 대체로 내려놓기 때문이다. 그러므로 행복은 '받아들임'에 있는 것이다. 이쁜 젊은 아이들이 더 예뻐지기 위해 성형을 많이 한다. 자신의 외모에 불만이 있기 때문이다.

청로靑老를 떠나 행복은 현재를 그대로 수용하는 것이다. 지금 자신의 자리를 참되다고 여기는 것이다. 그래서 임제의 말처럼 개선없이 생긴 대로 스스로 주인이 되면 행복해진다. 나이가 들어서 어쩔 수 없이 간교한 마음이 쉬어지면, 그 내려놓음에 의해 행복지수가 높아진다. 젊을 때 그러면 오죽 좋으랴. 생긴 대로 당당하게 살아가면 말이다. 행복은 행복한 미래를 위해 달려갈 때 잃어버린다. 정진이 무간지옥으로 가는 것이요, 도道는 향하면 어긋나는 것이다. 선문禪門에 '견유몰유遣有沒有, 종공배공從空背空'이라는 말이 있다. 즉 '있음을 버리면 있음에 빠지고, 공空을 좇으면 공함을 등진다'는 말이다. 향하면 어긋나고, 평상심이 도라는 것을 알려 주는 좋은 문답이 있다.

어느 날 조주趙州스님이 남전보원南泉普願 선사를 찾아가 도를 물었다.

"무엇이 도道입니까?"

"평상심平常心이 도道니라."

"그러면 이 평상심을 어떻게 가지고 있어야 합니까?"

"어떤 방법이나 방향을 이미 정해 놓고 있다면 이것은 도에 어긋나게 되느니라."

"그렇지만 방법이나 방향을 모르고 어떻게 알 수 있겠습니까?"

"도는 아는 데 속하지 아니하고, 모르는 데 속하지도 아니한다. 도불속지부지道不屬知不知이다. 알았다고 하면 그것은 곧 망상妄想이요, 모른다고 하면 곧 무기無記이다. 만약 참으로 도를 통달하면 마치 맑게 갠 하늘 같거늘 어찌 시비할 게 있겠는가?"

이 말끝에 조주가 단박에 깨달았다.

『무문관』에 나오는 대화이다.

이 대화만큼이나 유명한 것이 남전과 조주의 문답을 보고 지은 『무문관』의 저자, 무문스님의 시이다.

춘유백화추유월春有百花秋有月
하유량풍동유설夏有凉風冬有雪
약무한사괘심두若無閑事掛心頭
변시인간호시절便是人間好時節

봄에는 꽃이 피고 가을에는 달이 뜬다.
여름에는 시원한 바람이 불고 겨울에는 눈이 내린다.
만약 부질없는 일로 마음에 얽매임만 없다면

언제나 인생의 좋은 시절이라네.

'하유량풍동유설'은 '하유청풍동유설'이라고도 한다.

내가 좋아하는 구절인데 봉암사 종각에 적혀 있다.

운문스님과 목주스님의 문답에서도 이러한 일상 행복의 꽃이 하나 태어난다. 목주스님은 나중에 중국천하를 석권하는 임제를 황벽스님에게 데려가 깨달음의 문에 들게 하였고, 스스로도 짚신을 삼아 노모를 봉양한 효자였다. 『삼국유사』의 일연스님이 목주스님을 존경하여, 호를 스스로 목암이라 지을 정도였다. 운문스님과 목주스님이 만나 문답할 때에 목주스님이 쾅 하고 닫은 문틈에 운문스님은 발을 크게 다쳤다. 그때 다친 발 때문에 평생을 다리불구로 살았다. 그러나 그 순간 깨달아 설봉스님 문하에서 최종 인가를 받고 이후에는 '나날이 좋은 날'이라는 명언을 남기며 즐겁게 지냈으니 참 아이러니가 아닐 수 없다. 행복은 저축성 예금이 아니다.

지금 이 자리에서 활짝 핀 꽃은 활짝 핀 대로, 대지에 떨어진 꽃잎은 대지에 떨어진 꽃잎대로 아름다운 것으로 볼 때 차오르는 새벽의 여명, 오로라이다. 사랑 속에는 사랑만 있는 것이 아니라 이별도 있다. 그러나 사람들은 이별을 끝장이라고 생각하지 사랑의 모습에 포함시키려 하지 않는다. 생生 속에는 생만 있는 것이 아니라 죽음도 있다. 그러나 사람들은 죽음을 끝장이라 생각하지 생에 포함시키려고 하지 않는다.

지금 여기, 그리고 자유

우리나라 시인 중에 젊음과 성숙이라는 두 모습을 대변하는 두 시인이 있다. 바로 김소월과 서정주이다.

김소월의 시는 사춘기 소녀 같은 느낌을 준다. 〈진달래꽃〉, 〈봄비〉, 〈초혼〉, 〈금잔디〉 등 대부분의 시들이 봄 분위기와 그 애틋함을 담고 있다. 봄날의 기쁨, 슬픔, 사랑, 애환들이 줄줄이 수놓여 있는 것이 그의 시집이다. 간명하게 얘기하면 그의 시집에는 봄이 들어 있다. 반대로 서정주의 시는 피어나는 것보다 퇴락하는 것과 성숙되는 것에 맞춰져 있다. 잘 아는 〈국화 옆에서〉를 비롯하여 〈선운사 가는 길〉, 〈연꽃 만나고 가는 바람같이〉 등등 그의 여러 시에서 이러한 흐름이 나타난다. 연꽃을 만나러 가는 설레는 바람이 아니라 이미 '연꽃을 만나고 가는 바람'이란 말에서 보이듯이, 볼짱 다 보고 여름 지나 가을바람 맞으며 성숙되거나 퇴락하거나 잊혀지거나 한 것들에 대한 이야기가 그의 시이다. 『질마재신화』도 추억과 전설로 이미 퇴락된 것들을 마치 주섬주섬 책에다 그냥 주워 담은 것 같다. 그래서 서정주를 시인 중의 시인이라고 하는 것이다. 자신 스스로도 바람이 자신을 키웠다고 할 정도여서 그런지, 가을날의 청명과 바람과 성숙이 묻어난다. 이 두 시인은 한국문단의 춘추春秋요 복이다.

우리들도 젊을 때는 김소월로 살다가 나이가 들어서는 서정주로 살게 된다. 봄과 가을이 한자리에 있을 수는 없는가?

사실 지구 전체로 보면 남반구가 봄이면 북반구는 가을이니, 봄과 가을이 둥근 지구의 입장에서는 이미 같이 있는 셈이다. 아니 오히려 서로 떨어질래야 떨어질 수 없고 같이 있을 수밖에 없다. 한쪽이 여름이 되면 한쪽이 겨울이 되어버리니 말이다. 지구 전체로 보면 춘추春秋로 조화로웠다가 하동夏冬으로 극단화되는 것이니, 춘추가 천생연분이요 하동이 원진궁합怨嗔宮合이다. 반쪽무덤에 갇혀 시공의 제약을 받아 원만을 잃고, 개체에 속아 전체를 볼 수 없으니 비운이다.

행복이란 것도 이렇게 미꾸라지처럼 우리들 손에서 잘 빠져 나간다. 정확히 말하면 우리가 꿈꾸고 이루려 하면서도 오히려 우리가 쫓아내는 것이다. 다만 행복할 미래를 꿈꾸며 현재가 행복하다면 괜찮다. 그러나 좇는 버릇만 들어 만족하지 못한다면, 즉 결과에 천착하여 고락의 몸부림을 치기만 한다면, 그것은 불행의 씨앗을 뿌리면서 행복의 씨앗을 뿌린다고 착각하여 진흙탕 속을 뒹구는 꼴이다.

서구에서 종교라는 말 릴리전(religion)은 '묶는다'라는 뜻으로 계약하다, 약속하다, 관계짓는다는 의미이다. 이처럼 관계성을 중시하여 외부로 향하며, 사후 불멸세계를 제시하는 경우가 외부를 좇으며 관계를 중시하는 일반 사람들에게 더 쉽게 받아들여지는 것은 매우 당연하다. 그러므로 관계에서 벗어나 자신의 내면으로 들어가 안락과 해탈을 얻는 것이 비록 사후가 아닌 현재에서 자유와 행복을 얻을 수 있는 신묘한 방법이라 해도, 세상사람의 외부지향적 습성상 받아들이기 어려운 것 또한 지극히 당연할 것이다. 게다가 언뜻 보기에 신神이나 하늘 같은 거창한 존재에 비해 자신의 마음은 초라해 보이는 물건이라 택하고 싶지 않은 인지상정도 있을 것이다. 그러나 세상사람들이 스스로 지니고 있지만 믿지 않는 자신의 초라한 마음을 귀한 보배로 여기고 닦는다면, 그곳에서 형용할 수 없는 광채가 일어남을 볼 것이다. 서편하늘에 태양을 보고 그 빛에 물들어 자신의 얼굴이 환히 밝아진 달을 보라. 그리고 그 달이 밤하늘을 그윽이 비추는 모습을 보라. 먼지 같은 초라한 마음이 자신의 몸과 삶, 그리고 자신을 둘러싼 세계까지 달처럼 환히 밝힐 것이다. 마치 사랑이 깃든 여인의 변화처럼 자신과 온 세계가 변할 것이다. 경전에 이런 말이 나온다.

'바른 믿음은 있기가 어렵다.'

개인과 현재와 세계의 유한성과 불안정함과 결핍을 보고 그것을 보완하기 위해, 생존을 이어가기 위해 우리는 어디론가 향해 간다. 그렇지만 오히려 더 유한성을 절감하고 불안해하며, 결핍에 허덕이고 욕망을 더더욱 부린다. 어찌된 일인가?

그래서 자신에게로 돌아오라고 하는 것이다. 현재를 벗어나기 위해 현재에 안착하라는 말이다. 마치 땅에 넘어진 자가 땅을 짚고 일어서듯이 말이다. 현재는 현재가 치료약이고, 개인은 개인이 치유제이다.

과거, 현재, 미래를 모두 안은 한 점이 현재이다. 그리고 무수한 가지들을 모두 엮은 나무의 기둥처럼 모든 관계성을 엮은 자기자신이 바로 진리의 기둥, 법주法柱이다.

현재와 자기자신이 바른 믿음처이며 진정한 귀의처이다.

생전에 자유롭지 못하다면 얼마나 불행한 일인가? 이것만큼 답답한 일이 어디 있는가? 그리고 만일 우리의 욕망과 선입관으로 그렇게 스스로 규정했다면 얼마나 환장할 일인가? 자승자박하고서 풀어달라고 외친다면 얼마나 어리석은 일인가?

선禪은 돌아본다. 그리하여 만족과 선택과 각종 결론들이 마음에서 내려짐을 본다. 앞서 말한 대로 세계가 아닌 심적 상태를 해탈의 주체로 삼았기에 '지금 여기'서도 자유로울 수가 있는 것이다. 문제는 열반, 공, 무아의 표현에서도 보이듯이 자신을 내려놓고 버리기 싫은 사람들이 좋아하지 않는 말투이므로 대중적 인기가 없다는 것이다. 정작 이 세상에서 안락을 누리고 자유로워질 수 있다고 하는데도 먼 얘기처럼 들린다. 불교의 표현 중에서 이 세상을 고해로 보고 이 세상을 벗어나는 것을 이상적 인간으로 여긴다는 말들로 말미암아 오해가 생긴 셈이다.

불교는 분명 다른 종교나 사상과는 다르게 자신의 마음을 깨우치는 자력으로 이 세상에 본지풍광을 드러내고 이 세상에서 자유를 얻는다. 이것은 정말 통쾌한 일인데도, 현실을 불만족스럽게 여기는 우리들은 이것도 불만족스럽게 여긴다. 걸핏하면 불만족스러워하는 마음은 내버려둔 채 여긴가 저긴가 하며 외부경계를 따라 헤매고, 스스로 결핍이라 여기는 것들을 채우기에만 급급하다. 그리고 어느 정도 채워져도 불만족과 채우려는 관성의 법칙 때문에 계속 외부경계에만 떠돈다. 불만족스러워 하는 마음을 잘 다독여 진정시키려고 하지는 않고, 불만족스러워 하는 마음을 가지고 외부에서 구하기만 하니 언제 봄날이 올 것인가! 겨울날 여기가 추우면 저기도 춥고, 봄날 여기가 꽃이면 저기도 꽃인 것을.

불만족스런 마음을 안고 온 경계를 다녀도 여전히 불만족스러울 뿐이다. 우리들은 외부로 향하는 습성 때문에 바깥만 좇다 도리어 경계와 현실에 더 중독되어, 심지어 자유를 갈구하면서도 그것을 백안시한다. 경험과 현실에 중독된 상태는 마치 옆구리를 칼에 찔린 것과 같다. 뽑아야 하지만 피가 분출할까봐 뽑지도 못하고, 설사 뽑았다 해도 상처를 부여잡고 그곳에서 의식이 떠나지 못한다. 고통스러운데도 그 고통을 벗어나지 못한다.

이처럼 현실의 창槍에 마음이 제대로 찔리면, 마음도 이 같이 현실과 경험에서 벗어나지 못하고 현실과 경험을 더 부여잡는다. 심약한 사람일수록 이런 현상은 더 쉽게 찾아오고, 더 빨리 마음의 실체를 망각해버린다. 마음이 경험과 현실만으로 가득 찬 여백없는 유화油畵가 되어 버린다. 자연히 마음의 자유와 여지는 박탈되거나 보이지 않고 스스로 구속에 묶여버린다. 나비가 있고 나비가 날아다닐 여백이 있는 동양화는 사라진다.

회사후소

'회사후소繪事後素'라는 말이 있다. 동양화의 관전 포인트인데 '흰 바탕이 있고 나서야 그림이 있다'는 뜻으로 매우 심오한 말이다.

동양화는 그 바탕을 드러난 그림에 묻어버리지 않고 여백으로 살리며, 더 나아가 그대로 그림의 일부가 되게 한다. 동양 산수화를 보면 흔히 계곡이나 골짜기를 그리지 않고, 산과 나무들만을 그려놓은 것을 종종 보았을 것이다. 계곡과 골짜기는 산 그림들 사이에 자연스럽게 흰 바탕의 여백으로 처리한다. 바탕이 그대로 계곡이 되고 골짜기가 되는 것이다. 그런 계곡과 골짜기를 보노라면 무궁무진한 깊이와 모양과 신비함을 느낄 수 있다.

이렇게 동양화는 근본바탕을 현재에 은유롭게 드러내어, 그 무궁무진함과 심오함과 신비로움을 한층 더 실감나게 표현한다. 계곡의 바닥이 물감이나 모양으로 차 있다고 생각해보라. 동양화의 그러한 심오함과 신비스러움은 사라질 것이다. 동양은 이렇게 바탕을 노골적이지 않게, 그러나 더 깊이 느껴지게 표현할 줄 알았다. 게다가 보통 골짜기와 계곡은 어둡고 검게 보이기 마련인데, 정반대인 흰색으로 여백을 활용하여 표현하였다. 마치 어두운 죽음의 영역이 무한한 광명의 바탕이라고 역설적으로 말하고 있는 것 같다.

이런 놓치기 쉬운 역설이 또 하나 있는데 진실상을 드러내는 어둠이다. 우리들은 흔히 태양이 와서 밝아지면 사물의 실상이 제대로 드러난다고 여긴다. 그러나 반대가 되는 경우도 있다. 우주의 실상은 오히려 어둠이 덮이는 밤하늘에서 제대로 드러난다. 태양빛이 오면 지구하늘의 상태는 잘 드러나지만 우주의 본모습은 볼 수가 없다. 별들로 가득한 우주의 본모습은 밤이 되어 어두워질 때 드러난다. 이 검은 어둠을 '현玄'이라 하고 '명冥'이라 한다. 명冥 앞에 눈 목目자를 붙이면 명상瞑想이라고 할 때의 명이 된다. 명상은 사람이 눈을 감고 진실과 실재를 느끼고 깨닫기 위해 하는 수행이다. 이렇게 명과 현은 진실을 드러내는 어둠이 된다. 보통 사물의 실체를 알고자 하면 빛을 밝혀 보아야 하지만, 지고하고 심오한 진실은 도리어 어둠 속에서 드러난다는 것 역시 역설적이다. 명부세계冥府世界에 있는 염라전에 가면 업경대라는 거울이 있다. 그 거울에 모든 생전의 일이 환히 나타난다고 한다. 자신만 알거나 숨겨놓은 것들까지 남김없이 말이다. 모든 진실이 드러나므로 속일래야 속일 수가 없다. 그리고 심판을 받는다니 모두들 염라대왕이라면 벌벌 떠는 것이다. 그러나 너무 그렇게 벌벌 떨 게 없다. 뭐든지 연습을 좀 하면 익숙해지고 적응이 되는 법이다. 생전의 명부세계인 명상을 하며 눈을 감고 어둠 속으로 들어가 자신을 낱낱이 살펴보면, 업이 느껴지고 씻어지며 대신 가물었던 법이 차오른다. 도가道家를 다른 말로 표현할 때 '현교玄教'라고도 한다. 이 역시 도道와 현玄의 기묘한 궁합을 말해 준다. 동양화처럼 바탕을 드러내주는 것이 또 하나 있는데 바로 한옥의 마당과 마루이다. 그림의 여백처럼 마루와 마당도 비어 있다. 농경을 주로 했던 동양은 가옥의 모양도 그에 맞게 지었는데 마당도 그러하다. 마당은 농산물을 가져와 작업하는 공간이라 비어 있어야 했다. 그리고 그 빈 마당에서 놀이와 잔치 등을 하였다. 작업장이면서 축제장인 것이다. 마당놀이를 생각하면 더 실감이 날 것이다. 무대와 객석의 구분이 없이 한 마당에 모여서 하는 놀이는 그림보다 더 나아간 하나의 멋진 생활동영상이다. 그리고 마루는 안과 밖이 트인 전시실이 되어주고, 바깥 풍경을 직접 대하며 담소하는 노천카페 역할도 해주었다. 마루와 마당은 트인 텅 빈 공간으로, 자연과 인간이 노닐 수 있는 현실에 드러난 바탕이었다.

그리고 마루와 마당이라는 바탕끼리도 서로 조응하며 가옥을 운치 있게 만들었다. 엄마가 마루에서 아이를 부르면 마당에서 놀던 아이가 대답하며 쳐다보듯이 말이다. 동양의 그림과 가옥을 보노라면 이러한 어우러짐과 소통이 그림들과 가옥 모양 사이에 아지랑이처럼 보이지 않게 흐른다. 이 모든 공덕은 바탕을 선색線色과 모양으로 가득한 현실에 데려올 줄 알았던 지혜로 말미암아 생긴 것이다. 근본이요 바탕인 마음도 이렇게 여백처럼 생각과 감정과 행동, 즉 경험 속의 현재에 은은하게 함께 흘러야 한다. 하늘에 구름이 허공이라는 바탕과 함께 하듯이 말이다. 만일 그렇지 않으면 선색과 모양으로 꽉 찬 그림처럼, 경험과 현실이 우리의 전부가 되어 버리고 우리의 전부라고 착각하게 된다. 본마음이 무용지물이 된다. 이 경우는 두 가지 선택밖에 없다. 마음의 자유를 인정치 않고 오로지 현실의 조건과 육체와 물질을 전부로 여기거나, 아니면 자유는 사후나 신의 나라에만 있다고 여기는 것이다. 이 둘은 서로 정반대이지만 사실은 한 짝으로 같은 선상에 있으며, 인간 사회의 대부분의 사고방식이다.

현재와 명상

두 현재가 있다. 하나는 현실에만 집착하여 생각이 과거, 현재, 미래로 요동치며 자신의 마음을 흔들어 불완전하게 보이는 현재이다. 또 하나는 과거, 현재, 미래가 일신一身이라는 한 점에 집중되어 마음이 안착되어서 완성된 것으로 보이는 현재이다. '지금 여기'는 이 완성된 현재이다. 그리고 완성된 현재를 부르는 다라니이고, 완성된 현재를 발견하기 위한 발디딤이며, 과거·현재·미래로 찢어지고 흩어진 현재를 한 점에 모으는 마음의 돋보기로 꿈에 그리던 삼세통일三世統一이 이루어지게 한다.

현재는 시작점이다. 날기 위한 새가 디딘 땅이다. 새가 날기 위해 땅을 더 굳세게 디뎌야 하듯이, 현재라는 시작점을 더 굳게 디뎌야 한다. 눈을 감고 현재를 그대로 수용하며 현재가 출발점임을 자각하라. 현재가 창조의 첫걸음이다. 집중이란 현재를 푹 수용하는 것이다. 명상시에 고요히 앉아 자신을 이미 명상모드로 바꾸었는데도, 명상하는 현재를 잘 수용하지 못하고 적응하지 못하는 사람이 많다. 잠을 잘 때 우리 몸은 잠모드가 되고 몸의 시스템은 잠모드에 맞춰 바뀐다. 그런데 명상시에는 명상모드로 전환했는데도, 몸의 시스템은 여전히 망상을 좇고 또 움직이려고 발버둥친다. 모드전환 후에 몸이 명상시스템으로의 전환이 잘 안 되는 것이다. 고요히 앉아서 모드가 바뀌고 몸의 시스템이 명상에 맞게끔 변환되는 것을 안으로 느껴야 한다. '영업 중'이란 팻말을 걸어놓고는 손님을 맞지 않고 물건 팔지 않으면 이상한 가게라고 다들 고개를 갸웃한다. 대부분의 사람이 '명상 중'이라고 팻말을 걸어놓고는 딴 짓을 한다. 이것은 명상 중인 현재와 계합되지 못하는 것이다. 그래서 집중은 '현재를 수용하는 것이다'라고 하는 것이다. 집중은 눈을 부라리고 긴장하고 쳐다보는 것이 아니라 기다리는 것이다. 현재를 벗어나지 않으면서 그냥 기다리는 것이다. 명상시의 기다림은 결과를 기다리는 것이 아니다. 현재를 기다리고 현재에서 기다리는 것이다. 현재수용은 제대로 된 명상 중에 끊임없이 일어나는 화학반응과 같은 것이다. 현재수용이 아름다운 수행화학반응식이란 말이다. 현재수용이 일어나지 않는 수행반응은 공회전에 불과하다. 현재를 끊임없이 수용하면서 나아감없이 나아가고 기다림없이 기다리는 것이다. 현재수용에만 몰두해 있어도 변화가 없는 것이 아니다. 오히려 현재에 몰입하면 보이지 않는 가운데 참변화와 개선이 시작되고, 안으로 바르고 참걸음이 알게 모르게 진척되어 간다. 이것을 '무답개정보無踏開正步 무거시진보無去始眞步'라고 한다.

여름철 산사에서 수행좌선하는 이가 현재수용에 들면, 마음은 쉬고 몸은 기다리는 와중에 '태초에 벌레소리들이 있었다'는 말을 비로소 실감한다. 명상모드로 전환 후 몸이 명상시스템으로 변환되어 가는 것은 자연스러운 일이다. 거부할 일이 아니라 당연히 받아들이면 되는 일이다. 잠에 들어서는 잠을 푹 자면 그만이다. 그런데 스스로 꿈을 일으켜 일부러 잠을 다른 것들로 채운다면 잠을 잤다고 할 수가 없을 것이다. 사람들은 대체로 불가항력적인 상황에 자신의 의지대로 할 수 없음을 강조하고 면피하고자 한다. 물론 불가항력적인 상황에서는 자신의 의지대로 될 리가 없다. 설사 의지를 발한다 하더라도 손쓴 만큼 효과가 나지 않는 것이 일반적이다. 단지 운에 맡길 수밖에 없거나 타력에 의지할 수밖에 없다.

예를 들어 대형 자동차 사고가 났다고 하자. 충돌당시나 바로 그 직전에는 손쓸 틈이 없거나 자신의 의지대로 차를 제어할 수도 없다. 그럼 무엇을 해야 하는가? 앞의 도로상황이나 차량흐름 그리고 자신의 비정상적인 상태가 느껴지면 조치를 취할 수 있을 때 조치를 취하는 것이다. 자신이 아직 자신의 의지를 어느 정도 발휘할 수 있을 때는 탱자탱자 놀고 있거나 자신의 욕구대로 하다가, 덜컥 사단이 나면 그때서야 우왕좌왕하고 불가항력이라고만 강변한다. 인생을 운전해 가는데도 이런 패턴을 습관적으로 계속하고, 대형사건이나 죽음에 임박해서야 어쩔 수 없다는 식으로 생각하는 사람이 많다. 만일 비행기를 탄 사람이 비행기 엔진이 멈추고 조종간이 말을 안 듣게 되면 미리 그러한 조짐이 나타날 때에, 곧 통제불능이 되기 전 비행기의 방향과 속도를 좀 더 나은 곳에 착륙하도록 미리 맞춰 놓는다면 살 확률이 아무래도 조금 높아진다. 아예 불가항력일 때를 말하는 것이 아니라 자신이 관리가능할 때나 조정의 여지가 있을 때 잘 관리 조정하라는 말이다. 인생을 살다보면 극단적인 불가항력은 그 횟수가 그리 많지 않고, 또 불가항력도 대다수는 누적에 의한 것이 많다. 사건 사고나 병이나 심지어 죽음도 그러하다. 어떤 이들의 죽음은 승화가 되고 어떤 이의 죽음은 심판이 된다. 그래서 마치 고치를 벗고 나비가 되는 것이기도 하고, 불로 연기와 재의 심판을 받는 것이기도 하다. 이런 차이는 생전의 탱자탱자기간을 어떻게 보냈는가에 따라 좌우된다. 옛날 어떤 사람이 저승에 느닷없이 가게 되었다. 그래서 염라대왕에게 오히려 큰소리로 '나를 이렇게 갑자기 잡아오면 어떻게 하느냐?'고 호통을 쳤다. 염라대왕이 무슨 소리냐는 표정으로 되물었다. "내가 갑자기 잡아왔다니 그 무슨 말이냐? 너에게 먼저 병을 보내 알려주었고, 늙음으로 사전에 충분히 일러 주지 않았느냐? 네가 알아차리지 못한 것이지, 왜 내 탓을 하느냐?" 참 할 말이 없다.

우리는 이렇게 자기 의지의 시간을 허비하고 불가항력을 맞아 남탓하기 급급하다. 좌선하랬더니 안 하고 또 간신히 좌선에 임해서는 망상피우다 존다. 여지가 있을 때 조금이라도 성의를 보여야 되는데, 여지타령만 하며 욕구대로 하기에 급급하다. 그리고 온갖 논리와 상황을 앞세워 가지가지 핑계를 대며 무덤 속에 끌려간다. 그래서 핑계없는 무덤이 없는 것이다. 우물쭈물하다가 그리된 줄 모르고 말이다. 여담으로 불후의 묘비명 1위가 '우물쭈물하다가 내 이럴 줄 알았다'라고 한다. 업이나 여러 가지 이유로 인해 현재를 100% 수용하기가 어렵고 집중이 잘 안 된다면 '지금 여기'보다, 차제에 따라 차근차근 탐구하고 닦아 나아가는 것을 택할 수밖에 없다.

사람들이 홀로 닦아갈 때 다들 외로움과 두려움과 불안과 의심에 쉽게 휩싸여 모두 비겁하게 뒷걸음질치기 때문에, 다른 작전과 방법이 모색되었고 오히려 그것이 주류가 되어버렸다. 아니 반대로 처음부터 그들이 주류였다. 도道도 관계성 속에서 뭉쳐서 닦아야 직성이 풀리나 보다. 뭉쳐서 닦더라도 최소한의 관계 속에서 소욕지족하며 무소의 뿔처럼 홀로 가는 정신자세를 가져야 하는데 그것이 어려운 모양이다. 이거라도 잘해야 되는데 말이다.

스스로에게 들어가 명상 속에서 자신을 분석하여 해방하는 불교도 후에 이런 흐름에 편승하여, 대승불교에 와서는 사후의 극락왕생신앙이 많이 유포되었다. 사후이지만 불멸처이다. 다른 종교의 사후세계와 영생관도 역시 마찬가지로, 그들의 이상향은 모두 고를 벗어나 안락과 자유를 누리는 곳이다. 그런 면에서 외형상의 차이는 클지라도 선禪과 사후영생종교들은 같은 것을 추구한다. 다만 마음에 중점을 두어 현재에서 자유를 얻고 안심하느냐, 아니면 세계에 중점을 두어 현실세계가 아닌 사후세계나 하늘세계에서 안락을 누리려고 하는 것인가 하는 차이가 있을 뿐이다. 색깔도 어느 정도 차이가 있고 방법이 서로 상이하기도 하지만 그러나 지고한 경지, 근본자리를 말하는 것은 공통적인 모습이다. 종교뿐 아니라 철학과 과학도 마찬가지로, 존재의 근원에 대해 나아가지 않으면 발전이 없고 결국 외면당하게 된다. 최고의 지식을 알려주어야 한다. 왜냐하면 진리탐구가 인간의 본능이기 때문이다.

진리탐구

인간이 지상의 왕이 된 것은 진리탐구 때문이다. 그 탐구과정에서 온갖 기기와 문화가 부가산물로 나왔다. 다른 짐승보다 육체가 허약하지만 정신을 고도화하여, 지고한 것을 향하는 능력으로 인해 만물의 영장이 되었다. 만일 다른 동물이 진리탐구를 한다고 생각해보라. 아마 우선 겁부터 날 것이다. 혹성탈출에서처럼 말이다.

이처럼 진리가 인간을 강하게 만들었다. 진리가 제일 강한 것이기 때문이다. 생명진화의 과정을 살펴보면 한마디로 외부 파행환경波行環境에 대한 감지능력의 진화라고 할 수가 있다. 앞에서 말한 것처럼 촉식에서 비롯하여 시각에 이르기까지, 우리는 감각기관을 가지고 대상을 파악하며 또 그 감각기관의 인지범위 내에서 세계를 이해한다. 그러므로 자신의 감각기관의 상황이 세계로 다가오는 것이다.

우리는 주로 고체, 액체, 기체의 여건 속에서 살고 있다. 그래서 자연히 그것이 세계를 이루는 주된 것이라 생각한다. 그러나 우주에서는 고체, 액체, 기체가 주류가 아니다. 전기를 띤 기체인 플라스마가 99% 이상이다. 까딱했으면 100%가 될 뻔하였다. 우리가 제대로 눈뜨고 보면 고체, 액체, 기체는 우주의 1%도 안 된다. 1%도 안 되는 고체, 액체, 기체의 재화를 서로 갖겠다고 피 터지게 싸운다. 비주류인 것도 억울한데, 비주류를 주류로 착각하고 온갖 이빨을 드러내고 또 삼켜대며 자기화하기에만 급급하다.

죄를 지어서 타락했든, 업을 지어 구속되었든 간에 우리는 눈을 잃어버렸다. 존재가 어두워진 것이 아니라, 우리가 무안無眼이 되어 어두워지고 그 속에 갇혔다. 그래서 간신히 마련한 감각기관으로 고체, 액체, 기체를 보게 되었고 그것을 주류라고 여기게 되었다.

태양은 핵융합으로 빛을 만든다. 그런데 찬란한 빛 말고 하나의 신기한 것을 더 만든다. 바로 '뉴트리노'라고 하는 것이다. 이것은 우리가 눈 깜짝할 짧은 순간에 우리 몸을 십만 개 이상 투과해 지나가지만 우리는 모른다. 뉴트리노는 그 어떤 물질도 투과해버리는 유령 같은 존재다. 빛과는 지극히 상대적인 성질을 가지고 있는데, 빛은 대상을 그의 찬란함으로 밝히지만 뉴트리노는 대상에 드러나지 않는다. 그리고 빛은 막이나 벽에 의해 쉽게 차단되지만, 뉴트리노는 지금 우리가 가진 어떤 벽이나 차단도 투과해버린다. 전 세계가 지금 유령 같은 그것을 잡기 위해 호수나 광산, 지하 등지에 온갖 장치를 해놓고 난리부산을 떨고 있다. 뉴트리노는 염소와 반응하여 아르곤을 생성시키는데, 이 아르곤을 이용한 핵융합방식을 연구 중이다. 핵융합이 고온방식만이 아닌 화학반응으로 가능하다면 아마 상온 핵융합이 성공할지도 모르겠다. 일반인에게 아르곤은 알곤용접이라고 더 잘 알려져 있다. 용접시의 불꽃을 보면 에너지가 되겠다 싶다. 실제로 천연가스에 많이 포함되어 있다. 물질과 반응이 거의 없는 뉴트리노는 이렇게 인간에게 알려졌다. 무엇이든 투과하는 뉴트리노에게 세상은 어떤 모습일까? 안하무인이라고 하듯이 안하무경眼下無境일 것이다. 최소한 우리가 보는 우주는 그에게 없다. 이처럼 자신의 상태가 세계와 경계를 군대처럼 몰고 온다. 그리고 우리는 그곳에 포위된다. 오합지졸인 우리는 즉각 곧바로 포로가 되어 버린다. 정말 경이로운 것은 포로가 되었는데도 포로인 줄 모르는 경우가 더 많다는 것이다. 중독된 것이다. 그러므로 엄청난 고통이 아니면 포로인 줄 모르고 산다. 다행히 고통이 수시로 찾아와 포로임을 일깨우고 벗어나라며 소리지르고 간다. 각왕覺王의 빛나는 지혜마차는 사실 고통이란 준마가 몰고 있다. 우리는 태어나면서 물려받은 심신이 있어 자신의 감각과 상태가 이미 세워졌기에, 세상이 지금의 모습으로 보이는 것을 당연시한다. 이런 여건에서는 자동중독이 발생하기 십상이다. 그러나 자신이 무너지거나 죽게 되면 바로 세계는 변화를 일으킨다. 죽었다 살아난 사람들의 소리에서 이 변화를 알 수 있다. 그런데 우리는 왜 그것을 못 느끼는 것인가? 그것은 우리의 감각이 현재에 아직 계합되어 있고 또 그 세팅이 유지되고 있기 때문에, 그냥 현재가 그대로 보이는 것일 뿐이다. 그러면 우리들이 보는 세계가 왜 이렇게 비슷하고 서로가 공통적으로 인지되는 객관성이 있는가? 간단히 말하면 우리들이 조금의 차이는 있지만, 비슷한 정도의 감각범주를 다들 지녔기 때문이다. 지구가 도는 소리가 아무리 크더라도 우리 인간들은 모두 듣지 못한다. 개인의 감각이 변하거나 무너지면 개인 스스로는 분명 세계의 변화를 겪는다.

감각과 세계

감각과 세계는 바람과 불처럼 연동되어 같이 움직인다.

병자가 몸이 허약해져 기운이 쇠해지고 심약해지면 헛소리를 하거나 이상행동을 하는 경우가 있다. 이것은 대표적인 심신의 변화로 인한 세계와 경계의 변화이다. 촉식인 몸이 무너지고 안이비설이 무너지고 의식이 무너지면 거기에 맞게 세계가 무너진다. 감각들이 변화한

만큼 세계가 변한다. 그러므로 죽음이란 감각의 죽음이다. 태양이 졌으니 천지가 어둠세상이 되는 것은 당연하다. 자신의 정신이 약화되거나 저물면 경계가 달라지는데, 이것은 밤이 되어 실신한 채 잠든 자신과 대낮 자신과의 차이를 보면 금방 알 수가 있다.

지옥, 아귀, 축생, 인간, 수라, 천상의 육도윤회는 개인감각의 변화에 따라 조성되는 세계이다. 그러므로 모든 감각이 곧 눈이다. 여래처럼 열반묘심涅槃妙心과 정법안장正法眼藏을 갖추고 장엄정토를 보느냐, 짐승의 혈안을 가지고 축생계를 사느냐, 지옥의 비안非眼을 가지고 지옥고를 겪느냐는 길게 보면 각자의 선택이다. 선택의 누적인 업業에 의해 자신의 몸과 세계가 결정된다.

여의보주如意寶珠라는 것이 있다. 용이 물면 승천하는 것으로, 뜻대로 이루어지게 하는 신비의 물건이다. 마음을 비유한 보물인데 뜻대로 되게 하는 보물이기도 하지만, 보는 대로만 보여주는 것이기도 하다. 흔히 사람들이 '자신이 보고 싶은 대로만 본다'는 말을 자주 한다. 실제로 자신의 마음을 돌이켜보면 끝을 알 수 없고, 그 깊이를 알 수 없다. 그래서 그 능력을 알 수 없는 존재이지만, 이처럼 자신이 보고 싶은 대로 보는 물건이기도 하다.

본질적 존재이면서 동시에 모든 과정에서는 과정의 존재로, 유식의 아뢰야식을 닮았고 동양의 태극太極과 유사하다. 태극이 각 부분에서서 보면 음양의 격차가 있지만, 대칭이나 전체적으로 보면 음양이 균등하여 무극無極이 된다. 낙서洛書도 대칭이 모두 15수數가 되어 무극지상無極之像이다. 태극의 전체상이 무극이 된다. 물론 우리나라 38선 태극기의 태극 말고, 제대로 그린 옛 태극을 보고 하는 말이다.

잠시 옆길로 가자. 동양의 역易에 대해서 말하고자 한다.

풍수와 마찬가지로 지금 세간의 역에 대한 설명은 근본적인 이해가 대체로 부족하다. 다들 옛사람의 마음을 잃어버려, 그 근본적이고 일목요연한 뜻을 제대로 파악하지 못하는 경우가 많다. 역의 출발은 하도와 낙서이다. 하도河圖는 복희伏羲가 황하黃河에서 얻은 그림으로, 이것에 의해 복희는 역易의 팔괘八卦를 만들었다고 한다. 곧 하늘과 땅의 생명 율동상을 깨닫고 이를 그림으로 그렸는데 그것이 하도이다. 하늘의 계시로 자연 속에 숨겨진 질서를 읽고, 1에서 10까지의 수로 표현하였다. 낙서洛書는 4,200년 전, 하夏나라 우임금이 9년 홍수를 다스리던 중, 낙수洛水에서 나온 커다란 거북의 등에 드리워진 여러 개의 점에서 천지 변화의 기틀을 깨닫고 이를 그림으로 그렸다.

다음(p.343)은 하도낙서, 태극팔괘, 음양오행의 그림들이다.

이 하도낙서河圖洛書는 도서관圖書館의 명칭이 나왔다고 할 정도로 동양에서는 무척 중요한 물형物形이며 도형이다.

우선 하도를 보면 아래 1·6, 왼쪽에 3·8, 위에 2·7, 오른쪽에 4·9, 중앙에 5·10이 바둑돌 모양으로 배치되어 있다.

하도와 낙서를 볼 때 중요한 것은 먼저 수에 대한 관념을 버리고 또 일체의 후대설명과 현대지식을 버리고 그냥 바라보는 것이다. 그래야 역易의 궁극에 도달할 수가 있다.

그렇게 보면 나머지 태극팔괘 음양오행은 모두 이곳에서 다 나온다. 하도를 바라보면 검은돌은 어둡고 흰돌은 밝다.

먼저 이것을 보는 것이 중요하다. 그 다음에 중앙을 정점으로 해서 흰돌이 많은 순서대로 선을 그으며 따라가 본다.

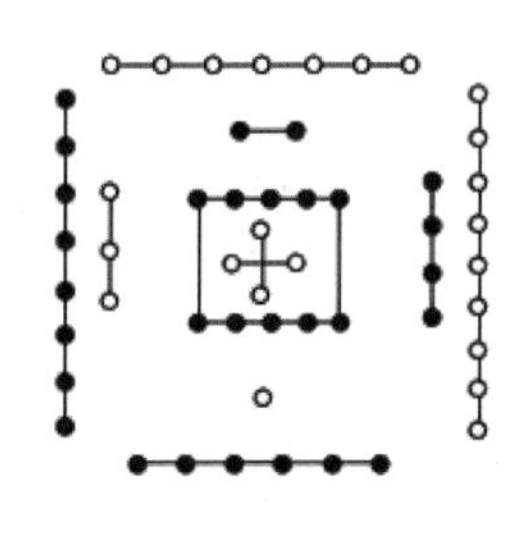

그림1 하도

선천하도 우선상생 천도태극지리
先天河圖 右旋相生 天道太極之理

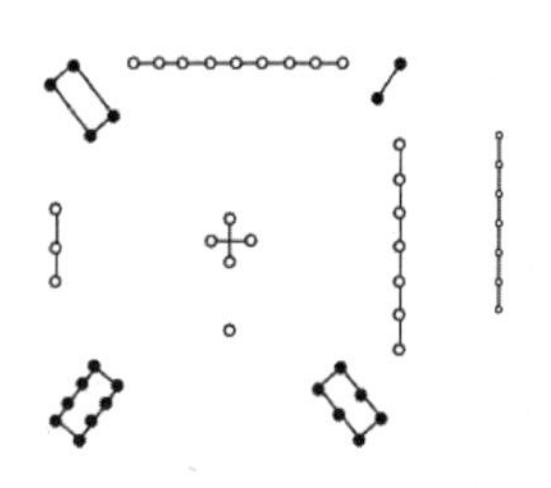

그림2 낙서

후천낙서 좌선상극 지도무극지리
後天洛書 左旋相剋 地道無極之理

그림3 복희팔괘

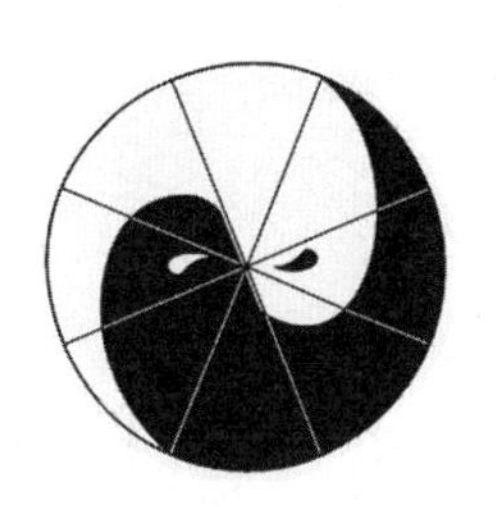

그림4 태극도

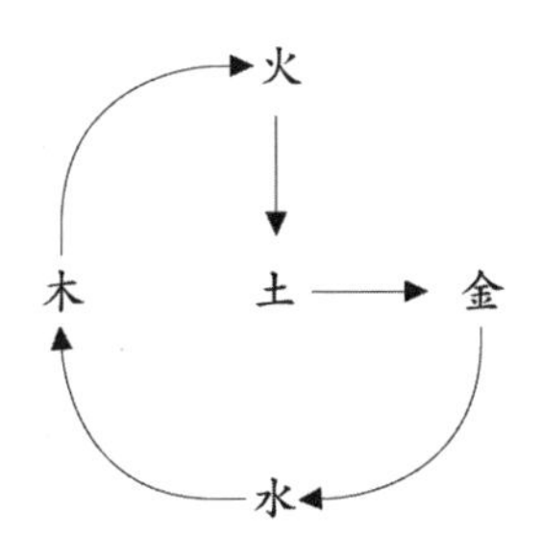

그림5 오행상생도

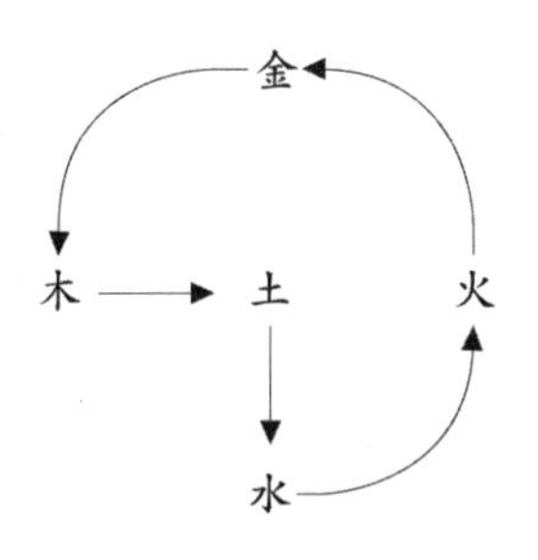

그림6 오행상극도

중앙의 5에서 시작하여 1, 3, 7, 9의 순이다.

이번엔 중앙 10개 바둑돌을 기준점으로 해서 2, 4, 6, 8을 차례로 따라가며 선을 그어본다.

나선형 태극문양이 될 것이다. 태극이 이렇게 탄생한다.

낙서를 보자. 역시 숫자를 머리에서 지우고 흰돌 검은돌을 본다.

무슨 특징이 있는가? 흰돌이 많은 사이엔 검은돌이 약해지고, 검은돌이 강한 사이엔 흰돌이 약해지는 것을 볼 수 있다.

서로 상극하고 있는 것이다. 그리고 중앙과 사방은 흰돌들이 놓여있고, 대각선의 방위에는 모두 검은돌이 모여 있다.

이제 중앙의 흰돌 5를 기준으로 서로 대칭되는 돌들을 합해보자.

모두 10이 되는 것을 알 수가 있다. 중앙돌까지 15다.

하도 중앙을 보자. 5와 10이 있음을 볼 수 있다.

그러므로 하도 중앙의 5·10을 구체적으로 낙서로 펼쳐놓은 것임을 알 수 있다. 그래서 낙서는 '하도의 중앙'이다.

하도 5·10 중앙의 구체적인 표현인 낙서는 아이러니하게도 하도와 달리 상극지리相剋之理가 되었다.

하도는 1·6, 2·7, 3·8, 4·9, 5·10로 음양의 돌들이 내외로 배치되며 짝을 이루고 있다. 낙서는 이러한 내외의 짝모양이라기보다는 인근해서 있기는 하지만, 오히려 서로 사방과 대각선에 자리를 각자 잡고 팽팽해 보인다. 낙서의 돌들은 서로 견제하며 상극하고 있는 모양이라고 말하였다. 그런데 하도는 음양이 짝을 이룬다.

음양이 짝이 되어 화합의 길을 가면 양陽이 된다.

XY염색체가 남자가 되고 XX염색체가 여자가 되는 것처럼, 음양이 화합하면 양陽이요 음양이 분리되면 음陰이다.

각자 음양 안에서 음양이 다시 작용하여 외부로 음과 양의 모습을 띠는 것이다. 한자 중에 북北이란 글자가 있는데 남녀가 등지고 앉은 모습이다. 남녀가 서로 등지면 찬바람이 불고 엄동설한이 된다는 말이다. 남녀가 이별할 때 보면 실감이 난다.

그리고 봄이 되어 태양이 길어지면 하늘의 양기가 내려오고, 땅속으로 깊이 내려갔던 물이 스프링처럼 솟아오르면 온 초목에 꽃이 피고 잎이 나며 구름이 올라간다. 여름으로 되면서 이 현상은 더 심해진다. 하늘과 땅이 서로 짝이 되어 교감하면, 봄과 여름의 양陽이 되는 것이다. 이것을 '천지교태天地交泰'라고 한다. 조선왕조 궁전의 전각 중에 '교태전'이 있는데 여기서 이름을 따온 것이다.

이처럼 음양이 짝이 되어 있는 하도는 양도陽道이며 천도天道가 된다. 낙서는 하도와 반대로 음양이 서로 견제하며, 양이 많은 곳에는 음이 적고 음이 성한 곳에는 양이 적다.

자연히 하도는 펼쳐지고 낙서는 쪼그라든다. 그래서 하도는 펼쳐지는 태극이 되고, 낙서는 견제하며 대칭 바둑돌들이 모두 10이 되어 균형을 이루고 있어 무극이 된다. 음양이 화합하면서 양이 되어가며 봄·여름처럼 펼쳐지는 것을 '선천先天'이라 하고, 음양이 대립분리하면서 음이 되어가며 가을·겨울처럼 수렴되는 것을 '후천後天'이라 한다.

이 선천과 후천을 가져오는 간단한 변화가 있다. 바로 '금화교역金火交易'이다. 금화교역은 금金과 화火가 자리를 바꾼다는 말이다. 지금부터 그것을 알아보자. 하도의 1·6은 수水, 2·7은 화火, 3·8은 목木,

4·9는 금金, 5·10은 토土가 된다. 이것을 알기 쉽게 설명하면 1은 단순히 하나가 아니다. 물론 하나라고도 할 수가 있으나, 지평선 같은 것으로 일정한 흐름이다. 마치 음악으로 치면 쿵쿵쿵쿵쿵 하며 일정한 동일음으로 계속되는 것이다. 물은 가만히 두면 수평을 잡는다. 일정해진다. 그래서 1은 수水이다. 음악으로 설명하면 무척 편리하니 그렇게 설명해보자. 아니 더 정확히 말하면 오행五行이란 글자에 행行이 있는 것에서 볼 수 있듯이 행위이며 음악이다. 『천자문』에 보면 '율려조양律呂調陽'이라는 구절이 나온다. 율려, 즉 음악으로 천지의 음양을 고르게 한다는 말이다. 여기서도 볼 수 있듯이 하도 낙서의 수는 음계이다.

2는 쿵짝쿵짝쿵짝 하는 것이다. 여기서 쿵이 고음이면 짝은 저음이다. 쿵짝이 2며 그 반복이 2이다. 군대음악이 이런 대비가 심하여 전투심을 일으킨다. 불의 마음이 나는 것이다. 그래서 2수는 화火이다.

3은 쿵짝 사이에 짜가 하나 더 있어 쿵짜짝이 되는 것이다.

쿵짜짝을 계속해보면 오르는 듯하지만 쿵짝 같은 피스톤운동 같은 느낌이 아니라 뭔가에 잡혀 일정하게만 오르는 음이 됨을 느낄 수 있다. 오르기는 하지만 뿌리를 땅에 박고 있는 나무와 같다. 그래서 3수는 목木이다. 쿵따다딱인 4수는 말리며 견고해지는 음이다. 그래서 금金이다. 그리고 5수는 오음五音인데, 우리가 잘 아는 궁상각치우의 조화음으로 중앙의 토土가 된다.

12345에 중앙조화수인 5를 더하여 성정의 변화없이 1·6은 수, 2·7은 화, 3·8은 목, 4·9는 금, 5·10은 토가 된다.

이러한 수목화토금의 오행방식으로 하도를 보면 아래 1·6수에서 왼쪽 3·8목으로 수생목하고 3·8목에서 위의 2·7화로 목생화하고

2·7화에서 중앙 5·10토로 화생토하고 5·10토에서 오른쪽 4·9금으로 토생금하고 4·9금에서 아래 1·6수로 금생수한다. 우선상생지리右旋相生之理이다. 반대로 낙서는 아래 1·6수에서 왼쪽 2·7화로 수극화하고 2·7화에서 위쪽 4·9금으로 화극금하고 4·9금에서 왼쪽 3·8목으로 금극목하고 3·8목에서 중앙 5·10토로 목극토하고 5·10토에서 아래 1·6수로 토극수한다. 좌선상극지리左旋相剋之理이다.

여기서 우리는 금金과 화火가 자리를 바꿔 앉으면 상생이 상극으로 바뀌는 것을 볼 수가 있다. 이것이 '금화교역'으로 선천과 후천이 바뀌는 이치이다. 개벽이란 말은 봄과 가을이 열리는 것을 의미한다. 이렇게 선후천 개벽론은 음과 양이 서로 바뀌는 것을 말한다. 상생상극에서 또 하나 알아야 할 것은 상극이 반드시 서로 상극하지만은 않는다는 것이다. 경우에 따라서는 상극끼리 서로 필요하여 도움을 주는 상생의 경우도 많다. 예를 들면 나무는 땅을 극하고 뚫고 나와 토土와 서로 상극이지만, 흙이 흘러내리기 쉬운 산에서는 나무가 오히려 흙을 잡아주어 적이 동지가 된다. 이처럼 위位가 달라지거나 대소강약에 따라 바뀌기도 한다. 나머지 오행들도 모두 이러함이 있으니 전체적으로는 상극이지만, 상생으로 작동하는 경우가 있다는 것도 염두에 두어야 한다. 상생의 경우도 마찬가지로 전체적으로는 의지하는 가족이지만, 경우에 따라서는 집안에 원수가 있다는 말처럼 상생하는 것들끼리 상극으로 작용할 때도 있음을 유의해야 한다.

다음은 팔괘八卦에 대해 알아보면 괘는 효爻가 3개 겹친 것이다. 효는 음효陰爻, 양효陽爻가 있는데 음효는 - -로 나타내고 양효는 -로 나타낸다. 팔괘도형을 보면 위에 모두 양효로 된 건괘가 있고,

아래에 모두 음효로 된 곤괘가 있다. 하늘과 땅을 상징하는 건곤괘가 천지로 자리잡고, 왼쪽 중앙에 해와 불을 상징하는 리괘가 있으며, 오른쪽 중앙에 달과 물을 상징하는 감괘가 있다. 그리고 왼쪽하단에 나무를 상징하는 진괘가 있고, 왼쪽상단에 구름과 호수를 상징하는 택괘가 있다. 하늘호수가 바로 구름이기 때문이다. 오른쪽 하단엔 산을 상징하는 간괘가 있고, 오른쪽 상단엔 바람을 상징하는 손괘가 있다.

지식을 지우고 자세히 괘를 한번 보라.

자연을 그대로 도형으로 상징하여 옮겨놓은 것이다.

천지 사이에 해와 달이 동서에서 뜨고 진다. 그리고 아랫부분 곤괘坤卦 주위 땅에는 산과 나무가 있고, 위 하늘부분 건괘乾卦 주위에는 구름과 바람이 있다. 하늘에는 풍운이 있고 땅에는 산과 나무가 있는 모양으로, 우리가 흔히 보는 자연의 모습이다.

옛 성인이 자연을 그대로 기호로 옮겨놓은 것이다.

그리고 또 자세히 보면 곤괘에서 왼쪽부분으로 점차 양효가 증대하고, 건괘에서 오른쪽부분에는 점차 위에서부터 음효가 증대된다. 이것은 태극의 모습과 일치한다. 그래서 팔괘와 태극은 같은 것이다.

또 일년은 12달로 나누어지므로 12시위時位가 있어, 각 시위時位에서 보면 음양이 균등하지 못하고 조금씩 차이가 있다. 그러나 대칭과 전체를 보면 음양이 균등해진다. 즉 전체는 음양이 균등해도 각 부분에서는 음양의 차이가 발생하는 것이다. 구족한 가운데 결핍이 함께 존재하는 것이다. 마치 북반구가 여름이면 남반구는 여름이 되나 지구 전체는 15도 가량으로 일정한 것과 같다.

그러나 지역에 따라 여름·겨울의 차이가 발생하여, 각 지역의 생명들은 음양의 불균형과 부조화를 경험한다. 12시위 중에서 각 부분에도 잠시 전체와 일치하여 음양이 균등해지는 때가 있는데 분점分點일 때이다. 분점은 춘분과 추분을 말한다. 분점을 전후해서 음양이 고르게 되는 계절을 우리는 봄과 가을이라 한다.

전체와 개체

'더도 말고 덜도 말고 한가위만 같아라'라는 말에서 개체가 전체와 일치되었을 때 오는 조화로움을 잘 볼 수 있다. 도道도 이렇게 전체와 개체가 합치되는 것이요, 깨달음도 전체와 개체가 일치될 때 드는 심리적 현상이다. 전체가 본래면목이라면, 개체는 부분에서 보여지고 겪는 자기만의 경험이다. 도란 자기시위自己時位의 입장에서 보는 것이 아니라, 전체근본의 분상에서 본 경지이다. 태극도는 이런 전체와 개체를 설명하는 데 무척 편리한 도형이다.

태극 전체는 완전이요 조화로 무극이다. 그러나 각 시위, 즉 12시위는 개체이다. 그래서 분리로 인한 결핍이 있고, 그 결핍 때문에 전체를 회복하기 위한 운동과 행을 한다. 겨울은 6개월이란 시간이 지난 다음에야, 여름이 되어서 자신의 결핍을 보정한다. 그래서 일년이라는 시간을 가진 주기가 형성된다. 12시위에 처한 개체는 이상하게 전체를 잃고 전체를 향해 운동한다. 개체가 운동을 그치는 때는 전체로 돌아갔을 때이다. 그러나 앞서 말한 대로 이미 전체 속에 있으면서 진행되는 운동이고, 개체가 전체를 벗어나지 않은 상태이므로 일원론이다.

우리는 흔히 정신과 물질을 볼 때 각자의 관념에 따라 일원론과 이원론의 시각을 갖는다. 본질적으로 이원론은 없다.

물질로 보면 정신도 물질이고, 정신으로 보면 물질도 정신이다. 정신은 정교한 물질이고 바위는 가만히 있는 정신이다. 그런데 왜 우리는 이원론에 빠지는가? 그것은 정신과 물질이 너무 달라 보이기 때문이다. 그리고 무엇보다 반응하며 질적인 변화를 이루어 그 모습과 능력이 판이해지기 때문에 더 그런 착각을 일으킨다. 물질에 입각하여 이러함을 설명하면, 즉 물질이 반응하여 생명으로 만들어지면 물질과 생명은 완전히 다른 것으로 보인다. 더 나아가 정신이 되면 아예 천양지차를 느껴 확실히 다른 것으로 보인다. 그러나 이것은 사실 질적 변화를 일으키는 화학반응이다 보니 그리된 것이지, 본질적으로 서로 다른 것은 아니다. 색즉시공이요 공즉시색이다. 신이 물질이고 물질이 신이다. 사실은 일원적인 것이다.

이런 가시적인 면에다 서구철학과 사상이 만연하다 보니, 이원론의 사고가 팽배해진 것이다. 물질과 정신을 나누고 보면 파악에 편리한 측면도 있다. 서구는 중세기간 동안 정신적인 면에 올인했고, 근대에 와서는 과학이 일어나며 물질적인 접근에 의지하였다. 자연히 유심론과 유물론이 탄생해 각자의 길을 걸어갔는데, 분별력이 약한 대중은 편을 나누어 자기 것이 옳다고 싸웠다.

이에 반해 동양의 고대 사상은 이러한 정신과 물질의 이원론이 아니라 태극, 음양이기陰陽二氣, 오행五行에서 보이듯이 물질과 정신을 아우르는 단어인 기氣와 행行, 즉 기행론의 입장에서 존재를 보았다. 일원론의 기초와 뿌리가 탄탄하다. 동양의 일원론에 만법귀일을 주장하지만 마음을 강조하는 불교가 와서 유심적 측면이 부각되고, 결국 신유학에 이르러 불교의 형이상학을 수용하여 성리학을 전개하게 된다. 그러나 성리학도 일원론의 전통이 강하게 나타나는데 바로 성性과 리理가 같은 동일선상의 것임을 천명하기 때문이다. 인간의 본성과 자연의 이치가 다르지 않다는 말로 내외를 다르지 않게 여긴 것이다. 그래서 태극도설은 여전히 중심이다. 물질로 정신과 물질을 보든, 정신으로 물질과 정신을 보든 차이가 없다. 다만 탐구방법과 모습이 다를 뿐이다. 그래서 먼저 일원론임을 자각하는 것이 기본이다. 일반인들에게는 이것도 어렵게 느껴지겠지만 일원론이 맞다. 이러한 일원론의 기초 위에 드러나는 문제가 전체와 개체의 문제이다.

사실 이 전체와 개체의 문제가 진짜 문제이다. 분리로 인한 결핍에 빠진 개체는 전체 속에서 전체를 잃었다고 느껴지는 것이 현실이다. 그리하여 전체를 회복하기 위해 무진 애를 쓴다. 업을 지닌 개체가 전체를 회복하는 데는 현실적으로 보면 겨울이 자신의 결핍을 해결하는데 6개월이 걸리듯 시간이 걸리므로 그 시간을 계산하는 일에 맞닥뜨린다. 업의 거리와 시간이 문제가 되는데 이는 시공에 빠졌기에 어쩔 수 없다. 개체는 다른 말로 시공에 빠진 자이다. 그에게 전체는 너무나 먼 이야기이다. 특히 곧바로 전체와 하나가 되는 일은 임파서블로 느껴진다. 여기서 해결법이 두 가지가 나온다. 하나는 개체자신을 무아로 만들어 곧바로 전체와 계합되는 선의 방식이 있고, 또 하나는 마음의 직지해탈보다 물질과 육체 모두 시공을 넘어서게 하는 방향이다. 전자는 이심전심에서도 보이듯이 육체와 물질까지 변화시킬 수는 없다. 다만 육체와 물질을 내려놓고 마음을 자유롭게 하고자 한다.

그래서 욕심을 버리고 소욕지족하며 업과 경험을 최소화하고, 욕심과 업과 경험에 포로가 된 마음을 해방하며 현재에서 해탈을 깨우친다.

그러나 마음의 자유에만 만족하지 못하는 사람들은 내외와 자타와 정신과 물질 모두를 전체와 계합시키고자 하게 되었다. 이것이 불교에서는 대승보살사상으로 전개되었다. 이것은 개체적 현실을 구체적으로 전체와 계합시켜야 만족하므로 오랜 시간이 걸린다. 그래서 당대에 이룰 수가 없다. 자연히 내가 당대에 성불을 포기하더라도 일체중생이 다함께 성불할 때까지 계속계속 노력하기를 그치지 않겠다는 서원을 세우게 된다. 그에 입각하여 보살도를 행하며 점진적으로 나아가는 점수漸修의 길을 택한다. 이와 반대로 직지인심의 선도리禪道理는 현재 지금 성불이라는 돈오의 입장을 취한다.

점수에서 중요한 것은 전체와 계합하는 시점으로 시간과 주기이다. 그들은 이것을 알고자 하고 그것을 계산하는 것이 최대 당면과제이다. 3,000년 뒤에 미륵이 출현하여 지상세계는 모두 성불하는 용화세계가 된다고 한다. 경전에 따르면 3,000년이 아니라 56억 7천만 년이라 하고, 또 인간의 평균수명이 8만세 정도 될 때 미륵불이 출현한다고 한다. 불교뿐만 아니라 다른 종교와 개체에 입각한 전체계합을 추구하는 점수론의 사고를 가진 모든 탐구자들과 수행자들에게 이렇게 시점은 희망이며 완성이므로 집착할 수밖에 없다. 사실 이것은 불가능에 가깝다. 왜냐하면 지구행성 개체의 주기는 계산할 수 있을지라도, 개체가 워낙 많기 때문이며 각자의 업이 다 다르기 때문이다.

그리고 개체와 전체가 일관되게 개체는 개체, 전체는 전체가 되면 좋은데 전체와 개체가 섞이는 경우가 거의 전부라서 더 어려워진다.

예를 들면 지구행성은 태양계 안에서는 한 개체이지만, 지구 안의 만물에게는 전체 환경으로 작동한다. 그리고 태양은 태양계에서는 전체로 작동하지만 우리은하 안에서는 개체이다. 세계뿐만 아니라 우리 개인을 살펴보아도 우리 안에 엄청난 세포가 있어 세포들에게는 우리 몸이 전체이지만, 우리 몸은 자연 앞에 또 하나의 개체가 된다. 그야말로 화엄경의 중중무진연기重重無盡緣起요 제망찰해이다. 하나 가운데 전체가 있고, 전체 가운데 하나가 있으며, 이들이 혼융되는 것이 존재계라 어렵다고 하는 것이다. 그리고 무수한 개체가 각기 다른 업과 행과 시간과 공간을 지니고 있기에 맞춤형 서비스나 계산은 불가능하다. 보살은 그래도 그들 모두를 만족시키겠다고 하니 대단하다. 중생이 끝이 없으므로 보살의 서원도 끝이 없으며, 세세생생보살도를 행하겠다고 입이 닳도록 말한다. 다만 범주를 크게 정해서 보면 큰 범위의 계산은 가능할 것이다. 마치 지구개체의 전체회복 주기를 기후변화와 행성 간의 운동 속에서 어느 정도 계산할 수 있는 것처럼 말이다. 여기서 우리는 선택의 문제에 부딪힌다. '돈오를 택하여 현재에서 자신 개인의 해탈에 집중할 것인가? 아니면 내가 비록 당대에 완성되지 못하고 자유롭지 못한다 해도 모든 존재가 전체로 나아가는 데 일조하고 희생할 것인가?'이다.

이 문제는 전체와 개체 속에서 등장하는 주체의 문제이다. 전체와 개체 그리고 주체는 삼체三體이다. 자신이 어떤 결정을 할 것인가의 문제는 주체의 선택사항이다. 기독교와 유교, 대승보살도와 이슬람, 과학 등은 모두 점수를 택한다. 현실과 세계를 구체적으로 바꾸고 싶어 한다. 거의 유일하게 불교의 선은 그것들을 내려놓는다. 그래서 반신半神인 마음을 돌이켜 근본에 이르게 한다. 다른 개체는 업이 무거워 아직 곧바로 본지풍광에 이르지 못한다. 현실과 경험의 짐을 풀어놓고 근본에 갈 수 있는 마음만을 들고 홀로 전체와 계합하게 한다. 그래서 돈오를 말하고 현재에서 자유를 외친다. 정확히 말하면 전체인 본지풍광에 계합된 마음의 분상에서만 말한다. 물론 마음의 각성과 해탈은 현실적인 변화를 가져온다. 그러나 그것은 부가가치이지 주력이 아니라서, 현실의 구체적인 변화에 연연하지는 않는다. 그래서 현실과 구체성을 중시하는 존재들에게 미움도 받는다. 자비추구의 존재들에게 말이다. 그러거나 말거나 동양화의 흰 계곡처럼 그냥 세상에 존재한다. 마음이 전체와 통하여 육신동양화에 근본의 계곡으로 마음이 흐르는 각자覺者는 사실 알고 보면 여름하늘의 창공처럼 귀한 자이다. 푸른 창공이 먹구름의 숨통같이 보이듯이 그들은 생명의 숨통이요, 구속 속의 자유이다.

돈오는 알렉산더의 매듭과 같다. 고르디우스 매듭이라는 것인데, 내용의 대강은, 페르시아에 프리지아라는 소왕국이 있었다. 지금의 터키 중부지역인데, 그 프리지아 왕국의 수도 고르디움의 신전에는 마차가 매어져 있었다. 2륜마차인데 그 마차는 나무껍질로 만든 밧줄로 복잡하게 매어져 있어 누구도 풀 수가 없었다. 신전의 여사제가 예언하기를, '매듭을 풀고 마차를 차지하는 자가 세상을 지배하게 될 것'이라고 하였다. 많은 사람들이 도전했지만 단단한 매듭을 결코 풀 수가 없었다. 알렉산더가 지나가면서 들러 그 매듭을 단칼에 내리쳐 끊어버렸고 아시아의 지배자가 되었다.

여기서 옛날이야기를 다시 재미있게 재구성해보자.

알렉산더가 오기 바로 전, 한 순례자가 그곳을 지나쳤다. 고르디우스 매듭을 한번 힐끗 보더니 곧 아무것도 보지 못한 사람처럼 지나쳤다. 모두들 그 매듭 앞에서 고개를 갸우뚱하거나 아니면 자기들끼리 중얼중얼거리기 마련인데, 별 반응을 보이지 않는 순례객이 의아했던 관리인이 물었다.

"당신의 모습은 뛰어난 현자의 풍도인데, 어찌하여 세기의 매듭을 보고 마치 아무것도 보지 못한 사람처럼 그냥 지나치는 것입니까? 여러 사람들을 보아온 저의 느낌으로는 제가 보기엔 당신이야말로 이 매듭을 풀 수 있는 사람 같아 보이는데요."

그의 정중한 말을 들은 현자가 대답하였다.

"본래 묶음이란 존재할 수 없습니다. 그러니 풀 필요가 없지요. 다만 그것을 매듭이라고 여기고, 매듭의 예언대로 세상의 지배자가 되고 왕이 되려는 사람에게 매듭은 풀어야 할 숙제가 되는 것이지요. 저는 그냥 지나가는 사람이고, 제게는 매듭도 매듭으로 세상을 지나가는 것으로 보일 뿐입니다."

그렇게 순례객은 떠났고 연이어 온 알렉산더는 매듭을 단칼에 내리쳤다. 세기의 매듭은 그렇게 사라졌고 알렉산더의 행위만 역사 속에 남았다. 그리고 순례객은 지나간 과거의 한줄기 빛처럼 아예 종적마저 남기지 않았다.

나는 간혹 낙향의 아름다움, 낙미落美에 대해서 이야기한다.

조선조 선비들은 칼 대신에 글을 갈고 닦아 정치에 뛰어들었고,

은원恩怨과 권모술수가 난무하는 정치강호에서 좌충우돌하다 나중엔 낙향의 아름다움을 꿈꾸었다. '유인문아강호 은원명백 적친불분명 난무음모귀계 사사난류혼 승패천명(有人問我江湖 恩怨明白 敵親不分明 亂舞陰謀鬼計 事事亂流混 勝敗天命)'이라는 말이 강호에 딱 맞는 말이다.

"누가 있어 강호의 일을 묻는다면 은혜와 원수는 명백하고, 적과 동지는 불분명한데 음모와 귀계가 난무하는 곳이다. 일들이 서로 엉켜 혼잡하니 그 돌아가는 바를 알기 어렵고, 승패는 하늘에 달렸다."

강호라는 말은 산이 전제된 말이다. 산은 세상을 떠나 고고하게 변화없이 있고, 강과 호수는 낮은 세속에서 끊임없이 변화하며 흘러간다. 그래서 농경으로 말미암아 강으로 하산한 옛사람들은 은원의 세속을 등지고, 한줄기 빈 바람이 되어 산으로 들어가는 입산수도를 멋진 한 풍경으로 여겼고 또 묘사하였다. 그리고 찌지고 볶는 자신들의 삶의 공간, 세속을 낮은 곳에 있는 강과 호수에 빗대어 강호江湖라고 하였다. 산의 하늘을 향한 고고함을 존중하며, 은원을 초탈한 마음의 고향으로 삼은 것이다. 조선시대 선비들이 가장 애송한 문장이 굴원의 〈초사〉와 도연명의 〈귀거래사〉라고 한다. 둘 다 강호현실에서 잃어버린 자신의 순수함과 청운의 꿈을 그리워하며, 상처받은 마음을 달래고 전원으로 돌아가 위안을 받고자 한 것이다. "진실로 길을 잃었으나 그렇게 멀리 가지는 않았으니, 어제까지는 그르고 오늘부터는 바르도다." 〈귀거래사〉에 나오는 구절로, 인간사를 쫓느라 전원이 거칠어져 가는 것을 보고 전원으로 발길을 돌리며 하는 독백이다. 부귀영화의 길은 끊어졌으나 소나무, 국화의 길이 열리는 것이 귀거래사, 낙향의 아름다움이다. 세상에서 쫓기며 방치하고 돌보지 않아 거칠어진 마음의 전원을 다시 호미를 들고 일구며 즐거워하는 것이다. 이는 조선조 정치선비들뿐만 아니라 지금 바깥세상을 좇느라 바빠서, 자신의 전원인 마음을 나몰라라 한 현대의 우리들에게도 귀감이 되는 문장이다.

우리 앞에도 풀어야 할 매듭이 놓여 있다. 그리고 마음의 선택이 기다리고 있다. 열심히 차곡차곡 대를 이어가며 풀어가는 점수가 있고, 거두절미하고 직지인심하여 단번에 초탈해버리는 돈오가 있다. 점수의 아름다움은 광범위함과 공동체의 더 나은 미래를 위한 의기천추義氣千秋와 자기희생이다. 돈오의 멋짐은 통쾌함과 현재성이다. 앞서 말했듯이 각자의 선택이요 시대의 조류이다.

전체와 개체의 관계에서 또 하나 눈여겨볼 대목은 개체와 전체를 같은 눈으로 보는 것이다. 첫 번째 폐단은 개체가 불완전하다고 보는 눈은 전체도 불완전하다고 보는 것이다. 돼지눈에는 돼지만 보이고, 부처의 눈에는 부처만 보인다고 하지 않던가! 붉은 색안경을 끼면 모두 붉은 것으로만 보이고, 푸른 색안경을 끼면 온통 푸른 것으로만 보이듯이 말이다. 그러나 진실은 개체가 불완전해 보여도 전체는 완전할 수가 있다. 태극의 시위에 빠져서 보면 개체시위는 불완전하지만, 전체상은 무극으로 온전한 것처럼 말이다.

두 번째 폐단은 자신의 개체적 결핍에 너무 중독되어, 개체 스스로를 아예 불완전한 존재로 완전히 낙인을 찍는 경우이다. 이것은 자유와 해탈에 큰 방해 요인이다. 왜냐하면 전체의 완전성에 들려면 개체의 불완전성이 보이면 안 되기 때문이다. 그래서 도를 깨달은 사람들은 외친다. '개체는 불완전한 것이 아니라 그대로 온전하다'고 말이다. 이런 것을 성취하려면 바깥을 추구하면 안 된다. 추구하는 순간, 불완전함이 다가오며 전체와 분리되고 주체는 망가진다.

그런데 자신이 낀 색안경에 의해 세계와 외부경계가 모두 같은 색으로 보이는 것은 역설적으로 개체와 전체의 일치를 가져다주기도 한다. 그리고 개체와 전체의 서로 간의 일치는 주체를 회복시켜 준다. 그래서 개체를 온전하다고 보기만 하면 전체도 온전한 것으로 돌변할 수가 있다. 그러므로 개체의 온전성을 회복하는 것이 중요해진다. 제대로 된 주체가 확립되기 때문이다. '깨달음의 눈을 가지면 모든 세계가 불국토'라는 이야기로, '마음을 변화시키면 별도로 세계를 변화시킬 필요가 없어진다'는 말이다. 전체와 개체를 동일시하는 폐단이 반대로 긍정적인 면으로 작동하는 것이다.

만일 못난 자신의 모습으로 그대로 주저앉아 있을 때, 주저앉은 자신은 자신이 못난 것에만 마음이 팔려 그 주저앉음을 부정적으로만 본다. 그러나 떨어져서 보거나 스스로도 그냥 긍정이나 부정없이 자신을 보면, 주저앉은 모습으로 세상에 존재하는 것이다. 그렇게 세상에 피어있는 것이다. 세상에 드러나 세상을 주저앉음으로 장엄하고 있는 것이다. 주저앉아 보라. 분별이 사라져 갈 때까지 쭈욱 쭉 주저앉아 있어 보라. 그럼 그것이 좌선이요 명상이다. 털고 일어날 때는 깨달음의 꽃으로 피어 있을 것이다. 항상 마음의 개입이 문제요, 부정적인 심정이 문제다. 마음을 비우고 청정히 하면 개체는 말 그대로 존재 그 자체이다. 우리는 자꾸 자신의 업과 경험과 심정으로 희로애락과 긍정부정의 점수를 개체에 매긴다. 개체 그대로 자유롭게 하려면 개체에 묶은 업과 선입관과 심정이라는 목사슬과 수갑과 족쇄를 벗겨 주어야 한다. 그때에 비로소 개체가 이미 전체 속에 있음이 느껴지고,

또 개체인 채로 그대로 자유로워진다. 앞서 말한 대로 바깥을 좇아 분별에 빠지면 곧바로 지옥에 떨어진다. 전체와 개체, 감성과 이성은 헷갈리기 쉬우므로 다른 측면에서 좀 더 살펴보자. 전체와 개체를 살펴보면 전체와 개체는 서로 이해불가가 되기 쉬운 점이 다분하다. 주사위놀이를 보면 이러함을 잘 알 수가 있다. 주사위를 만 번 이상 던지면 1부터 6까지 수가 거의 균등하게 나온다고 한다. 이것은 1부터 6까지 하나씩 균등하게 있는 주사위모습과 통하므로, 초기설정과 무한설정이 동일해지는 셈이다. 문제는 그 중간인데 어느 정도 던지면 확률에 따라 나오는 경우가 많지만, 처음 몇 번이나 몇 십 번 던지면 뭐가 나올지 알 수 없고 운에 따라 나온다. 그러므로 도박이 가능한 셈이다. 어느 정도 확률이 적용되기도 하지만 횟수가 적으면 조작을 하지 않을 경우엔 대부분 운이 작용한다. 물리학에서도 보면 거시세계는 뉴턴역학이 잘 들어맞는다. 그러나 미시세계인 양자역학에서는 거시법칙이 그대로 적용되지 않고 확률로 변한다. 아마 더 미시로 가거나 초기 가까이에 접근하면 운이 될 것이다. 이렇게 모든 행은 과정에서 '운과 확률과 법칙'으로 순차적으로 변모된다. 운이 마음이라면 법칙은 환경이다.

법칙으로 되면 이치가 되지만 과정 속에 있는 한, 행위는 운과 확률이 되므로 서로 간의 괴리가 크다. 개체인 우리는 전체를 파악하기 전에는 과정만 겪을 수 있으므로, 자연히 운과 확률이 지배하는 행위에 노출된다. 그래서 행위를 자신이 원하는 결과에 부합되게 하려고 하면, 꾸준히 반복하고 믿음과 신념을 가지고 기도처럼 성실히 계속하는 수밖에 없다. 그것이 법칙화를 가져오는 유일한 길이기 때문이다.

노하우가 축적되고 기술이 안정화되며, 저절로 숙련되어 길이 보이고 전문가가 될 때까지 말이다. 개체는 전체 속에 있어도 이렇게 전체와는 따로 놀 수가 있다. 온전함 속에서 불안함을 안고 운과 확률과 법칙 속을 헤매니, 어찌 보면 기가 막힌 설계 같기도 하고 기기묘묘한 작동원리 같기도 하다. 정말 파악하기 힘들고 속기 쉬운 알고리즘이다. 그래서 낱낱의 생명은 온 생명인데도 서로 모르고, 낱낱의 시간은 영원의 일부인데도 영원을 알지 못한다. 우선 전체와 개체를 살펴볼 때 이러한 기현상을 눈치채야 한다. 또 개체는 전체성 속에서 취사선택하여 이루어지므로 자연히 한계지어진다. DNA를 보면 이러함을 잘 알 수 있다. 참나무와 벚나무가 1미터도 안 되게 떨어져 같은 햇빛과 비를 맞고 같은 토양에서 자라도, 참나무 DNA는 주변을 참나무로만 만들고 벚나무 DNA는 주변을 벚나무로만 만든다.

알기 쉽게 이야기하면 같은 재료를 둔 주방에서 어떤 사람은 김치찌개를 만들고, 어떤 사람은 된장찌개를 만들고, 어떤 사람은 비빔밥을 만든다. 그러므로 DNA는 요리법이다.

주변의 것들 속에서 자기식으로 취사선택하여 각자 개체를 만드는 셈인 것이다. 농사를 지어보면 한 밭에서 거름 없이 오랫동안 동일 작물을 재배하면 나중에는 잘 되지 않는다. 설사 거름을 준다 해도 이상하게 미진하게 자라는 점이 있다. 이유는 자기가 좋아하는 양분을 지속적으로 취하여 점차 지력을 고갈시켰기 때문이다. 밭을 옮기거나 작물을 바꾸어주면 다시 건강하게 자라므로 돌려심기를 하는 경우가 많다. 식물입장에서 볼 때 그들의 자원고갈인 셈이다.

자신의 방식으로만 취사선택하여 특정 양분을 과도하게 소비했기 때문이다. 역으로 말하면 자신의 DNA로 자신 개체를 세우지만, 전체성 속에서 자신을 한계 지우는 일이기도 하며 또 자연스럽게 결핍을 유발시키는 것이기도 하다. 그래서 유목민처럼 이동해야 한다. 유행이 만들어질 수밖에 없고, 행이 흐를 수밖에 없으며, 구족함을 지속적으로 느낄 수가 없다. 육체적으로는 DNA이지만 심리적으로는 '욕망'이 그것이다. 이것을 해결하는 데는 욕구충족이 이루어져야 한다.

그러나 무한정한 욕구충족은 다른 존재들도 있어 쉽지 않다. 그들도 모두 욕구충족을 해야 하기 때문이다. 그래서 서로 간의 조정이 일어난다. 이것이 도덕이며 법이다. 도덕은 서로 간의 도의에 입각하여 수립되는데, 생명이란 공동의 여건을 지녔으므로 자세히 보면 생명본연에 기초한다. 소위 양심이라는 것이다.

공동체의 유지를 위해 같은 목적인 서로 간의 조정을 추구하지만, 법은 최소한의 상호 합의로 보편성과 명징성과 엄격함이 따른다. 소크라테스는 일생 '인간이 만물의 척도'라고 하면서 자기중심주의, 개인주의를 외치는 소피스트들에게 맞서 '보편개념'을 수립하고자 하였다. 그래서 법을 존중하였다. 이전에도 희랍철학의 특징은 이성이 발달한 것이었는데, 소크라테스에 와서 온전히 확립된 것이다. 그러나 '너 자신을 알라'고 하며 대화법·산파법으로 사람들을 괴롭혔고, 말문이 막힌 사람들은 기분이 상해 '맛 좀 봐라' 하며 소크라테스를 죽이기로 합의하였다. 그래서 결국 '악법도 법이다'라고 하며 죽어갔다.

제자 플라톤이 현자인 스승이 대중에게 죽임을 당하는 이러한 황당한 일을 겪고 나서, 민주주의가 우민정치가 될 수 있음을 역설하며 철인정치를 말하게 된다. 실제로 그리스의 민주주의 정치는 백년밖에 못 갔다. 페르시아가 쳐들어오는데도 항전을 할 것인지, 도망갈 것인지 투표로 정할 정도였으니 말이다. 투표를 하면, 다들 살고자 하는 본능 때문에 도망가자고 할 것이 뻔하였다. 그래서 다들 도망갔다. 물론 아테네를 지키는 것보다 민주주의와 사람을 지키는 것이, 참으로 그리스를 지키는 것이라고 보았다고 하지만 얼마나 많은 대중이 생존 앞에서 그런 생각을 했는지 의심스럽다.

민주주의는 깨어 있고 의식 있는 사람들의 조직화된 힘이나 현명한 지도자가 없으면 우민화로 곧 붕괴된다. 다행히 그때 그리스에는 아주 현명한 지도자가 있었다. 테미스토클레스였다. 그는 페르시아의 재침을 내다보았고, 초원과 사막에서 생활하는 페르시아는 해전에 약할 것임을 파악하였다. 그래서 이순신이 거북선을 구축했듯이 성능 좋은 함선을 건조하였다. 그리고 투표로 도망갈 것을 정하고 아테네 시민들을 섬으로 피신시킨 뒤, 페르시아군을 살라미스 해협으로 유인하여 궤멸시켰다. 만일 테미스토클레스라는 현명한 지도자가 없었더라면, 그 투표는 아마 인류 역사상 가장 비겁한 투표로 사람들의 머릿속에 각인되었을 것이다. 어찌 보면 민주주의와 철인정치가 한자리에 함께하여 강국 페르시아를 물리칠 수 있었으니 그리스의 국운상승기라 할 만하다. 실제로 그 전쟁 이후에 아테네는 전승기를 구가한다.

아테네 시민들의 도망은 결과적으로는 성스러운 도망, 헤지라가 되긴 하였다. 그러나 현명한 지도자가 없는 민주주의는 눈이 없는 새나 짐승 같아서 곧 부딪치고 추락할 수밖에 없다. 대중은 자칫하면 자기 욕구대로 하고자 하고, 거기에 편승한 정치인이 달콤한 말로 현혹하면 쉽게 우민화되어 버리기 때문이다. 그래서 그리스를 보고 배운 로마는 민주주의의 한계를 보게 되고 그 해결책을 찾게 된다. 해결책은 지도자들의 솔선수범으로 소위 '노블레스 오블리주'이다.

흔히 가진 자의 '솔선수범'이라고 하는데 이것만으로는 그래도 부족하다고 보았다. 왜냐하면 인간의 마음과 행동은 늘 일정하기가 어렵기 때문이다. 그래서 로마는 법의 통치를 중심에 놓는다. 소위 '법치주의'의 확립이었다. 보편개념의 사회적 강령이 법으로 제대로 출현하였고, 또 집행되어지며 로마는 오랜 기간을 안정 속에서 번성하였다.

민주주의와 법치주의가 결합된 형태를 '공화정'이라고 한다. 오늘날 미국의 공화당과 민주당에 그 이름이 박혀 있다. 전쟁터에서 외친 예수의 사랑이 로마제국에서 세계화되고 통치이념으로 자리잡았듯이, 소크라테스의 법의 존중도 역시 로마에서 제대로 꽃피었다. 이나저나 로마는 법과 사랑이라는 당시의 감성과 이성의 정수를 안고 초강대국으로 군림하였다. 오늘날 미국도 마찬가지이다. 동양에서도 춘추전국이라는 전쟁과 패악의 시기에 공자가 인의와 왕도정치를 외쳤고, 후에 분서갱유 속에서도 살아남아 한나라의 통치이념이 되어 중국의 중심사상이 되었다. 명나라 때에는 그 영향이 구석구석까지 미치게 된다. 인류가 성인이라 칭송하는 사람들은 이렇게 당시보다 후세에 큰 영향을 미친 사람들이다. 법을 존중하는 서구와는 달리 동양에서는 도덕이 공동체를 유지하고 조정하는 주된 역할을 담당하였다. DNA에 저장된 인간 욕망의 조정은 이렇게 감성적인 도덕과 이성에 입각한 법에 의해 이루어져 왔다. 동양에서는 주로 도덕이 중시되었고, 서양에서는 법이 중시되었다. 이것은 감성과 이성의 정도 차이 때문에 발생한 것이다. 뭐든지 정도가 문제다.

개체화되어 한계지어지고 결핍에 시달리며 자신의 조건을 충족해야 하는 존재들에게 필수적인 것은 결핍을 해소하기 위한 행동이다. 또한 그 해소과정에서 생기는 충돌을 조정하는 조화에 있다. 문제는 이 조화가 보편성과 전체성에 기초하지 않으면 안 된다는 것이다. 그래서 역설적으로 개체성은 전체성에 입각해야 오히려 자신을 제대로 보존할 수가 있게 된다. 고등생명체일수록 타인에 대한 배려와 자기희생의 행위를 통해, 자신의 종을 번성시키고 또 진화시켜 왔다고 한다.

DNA가 자기만의 요리법이라 흔히들 이기적 유전자라고 말하지만, 개체성의 주장만으론 오래 가지를 못하고 유전도 제대로 할 수가 없는 것이다. 이런 점은 전체와 개체의 관계에서 보면 자명해진다. DNA는 전승되었다고 무조건 발현되는 것이 아니다. 환경과 조건, 계발 여부에 따라 발현되기도 하고 발현되지 못한 채 그냥 전승되기만 하기도 한다. 우리들이 흔히 손자손녀를 보고 조상과 친척 중 누구누구를 닮았다고 하는 말을 자주 하는데, 외모와 성격이 다음 대에 그대로 발현되기도 하지만 좀 지나서 더 뚜렷이 나타나기도 한다. 비유하면 씨앗을 잔뜩 머금은 대지나 땅이 있다고 했을 때 그 해에 모든 씨앗이 다 발아되지는 않는다. 그리고 봄의 식물은 봄의 환경을 만나야 발현되지 가을날에 발현될 수 없다. 식물만을 예로 드는 것은 식물이 씨앗으로 대지에 함장되었다가, 나중에 땅속으로 뿌리를 내리며 발아하기 때문이다. 그런 면에서 식물과 땅은 아주 밀접하다.

동물은 식물과 반대로 하늘 상태와 공기가 매우 중요하다. 식물은 자신의 천상인 가지에서 만들어지는 딱딱하고 토형적이고 영양적인 열매들과 땅의 혼합이 관건이다. 동물의 경우는 대체로 자신의 하부에

액적液的으로 함장하고 포태양생한다. 물론 동물 중에 동면하는 동물들이나 땅속에서 고치로 보내는 곤충들처럼 식물성과 음이 강한 것이 있고, 식물 중에도 침엽수·활엽수의 구분에서 보이듯이 양이 강한 것들도 있다. 그리고 각자 물려받은 유전자들의 발현 정도가 다시 달라지면서 천차만별이 된다. 이렇게 대지에 감춰진 씨앗 같은 유전자가 환경과 자기 계발에 따라 선택적으로 발현되므로 환경과 계발이 무척 중요하다. 특히 이동성을 갖춘 동물에게 있어서는 환경 자체도 자신의 선택이 될 수 있으므로 선택이 주요 결정요인이 된다. 취사선택으로 자기화가 이루어지기 때문에 현재의 올바른 취사선택은 좋은 방향으로의 진화에 필수요건이다. 현재의 올바른 취사선택 중에서 가장 중요한 것 중의 하나가 전체성을 염두에 두는 것이다.

DNA를 욕망이니 이기적 유전자니 하며 나쁘게만 묘사하고, 전체성의 관리를 받아야 되는 것으로만 말한 듯하여 좋은 소리도 좀 할까 한다. DNA는 생명의 설계도로 자기를 세우는 것이라, 흔히 자기중심성을 우선적으로 보지만 이것은 겉보기이다. 사실은 환경과 세계에 응대하면서 그들을 섭수한 것이므로 DNA 역시 '나름 전체상'이다. DNA가 나를 짓지만 과거에 통섭한 것들로 현재의 나를 짓는 것이니, 결과물은 나 자신으로 이기적이긴 한데 내부와 과정을 보면 '나름 전체상'이라고 하는 것이다. 어찌 보면 DNA야말로 개체 안의 눈에 보이게 현존하는 나름 전체상으로, 개체가 실제 구체적으로 느낄 수 있는 미숙한 전체상이라고도 할 수가 있다. 아니 온전한 전체상으로 가는 이중나선길이라고 보는 것이 무진의 세월을 견디고 이어온 DNA에 대한 예의이다. 개체를 형성하기도 하지만 그래도 개체 속에서는 나름 전체상으로, 온전한 전체상으로 향해 부지런히 가고 있는 것이다. 그런 의미에서 DNA는 상구보리 하화중생하는 중간적 존재, 양면적 존재인 보살과 같다. 생명을 섭수하고 동사섭하면서 신성을 향해 가는 레이스이며, 생사를 넘어서려는 열반의 길이자 불국토로 향해 가는 지혜의 정진이다. 태양이 우리은하의 중심을 돌기 위해 직선으로 쏘아져 가면 태양계 행성들이 태양 주위를 빙빙 돌며 나름 따라가는데, 그 모습이 마치 새끼줄이 꼬이면서 나아가는 것 같다. 나는 이것을 '태양의 레이스'라고 부른다. 이중이든 삼중이든 나선구조를 하고 시공을 달려온 DNA는 우리 안의 태양의 레이스이다. 그 레이스가 궁극에 도달하기를 바란다. 그렇게 되려면 앞으로도 수많은 환경과 세계를 통섭하여 '나름 전체상'에서 '온전한 전체상'이 될 때 가능할 것이다. DNA를 이기적 존재의 뿌리로만 보는 태도를 버리고, 그의 지난하고 장엄하며 드라마틱한 순례가 완수되기를 기원하는 것이 진정한 기도요 응원이다.

나는 성격이 메마른 편이라 멋대로라는 말을 많이 듣는다. 그러나 앞을 모르고 또 앞이 보이지 않는데도 어디론가 향해 달려가는 우주와 생명들을 보면, 연민이 들고 그들의 여정이 잘 마무리되고 갈채를 받았으면 한다. 우리는 마음으로 선택하고 판단하므로 육체적 DNA와 더불어 심리적인 판단기준이 되는 감성과 이성에 대해서 알아야 한다. 그리고 전체와 개체에 반응하는 우리들의 성품인 감성과 이성에 대해서 알아보는 것이 전체와 개체를 이해하는 데도 많은 도움이 될 것이다.

감성과 이성

감성과 이성은 사실 같은 것이다. 다만 그 진폭이 다른 것일 따름이다. 감성은 그 폭이 크고 이성은 그 폭이 작은 것이다.

감성은 그야말로 교감하고자 하는 성품이고, 이성은 진리와 이치를 아는 성품이다. 대체로 법칙적으로 알려고 하면 이성이고, 필링으로 알려고 하면 감성이다. 알려고 하는 데에는 동일하다. 아직 지적인 성장이 부족했던 과거에는 필링이 주로 '아는 자' 역할을 해주었다. 세상은 위험하고 자신은 불안하니, 알고자 하고 이루고자 하는 욕구는 자연히 치성할 수밖에 없다. 이렇게 알고자 하고 이루고자 하는 욕구에 필링으로 나름 답을 준 것이 무속이다. 그리고 후에 종교가 나왔고 그 후엔 과학이 나왔다. 비록 현대가 되었지만 여전히 개개인의 불안들은 때마다 이러한 욕구에 부딪힌다. 그래서 그런지 여전히 무속과 영매술은 주변에서 흔히 볼 수가 있다. 과학이 일어나면서 이러한 옛 방식은 많이 퇴조했으나, 그래도 일반인들에게는 접근이 쉬운 면이 많아 성업 중이다. 감성과 이성은 이처럼 알고자 하는 것에서 생겨난다. 같은 출발선상에서 시작되었지만 전혀 다른 풀이방식을 지닌 점이 그들의 특징이므로, 각각의 특성에 대해 살펴보기로 하자.

앞으로 다가올 보병궁시대에는 흔히 과학과 예술이 조화되고 감성과 이성이 융합된다고 말한다. 과학과 예술은 창조와 진화라는 개념으로 대별되기도 하는데, 진화론이 사실이라고 믿는 현대인들은 창조론을 구시대의 발상이라고만 여기는 경향이 있다. 그러나 이것은 피상적 파악이요 단견短見이다. 예술가가 예술작품을 만들 때 영감이 떠오르고, 그에 기초하여 그림이나 음악이나 문학작품을 창조한다.

소설을 한 권 쓴다고 했을 때 첫글 한마디를 떼어놓고 보면 아무것도 아니지만, 작가의 영감과 주제의식이 그 속에 담겨지게 된다. 그리고 글이 쓰여 가며 진화가 시작되고 창조의 영감은 점점 더 분명해진다. 그렇게 소설은 완성되는 법이다. 물론 소설뿐만 아니라 그림을 그릴 때도 선 하나에 이미 작가의 의도가 흐르고 있고, 음악을 창작할 때도 음률 하나에 작곡가의 마음이 향기처럼 실린다. 예술은 이처럼 그림이나 음악이나 글이 나타나기 이전의 창조심을 더 우선적인 것으로 본다. 그리고 처음 글자만이 아니라 책 안의 글자 하나하나 모두에 이 창조심이 암중에 녹아 있다. 만일 세계와 현상이 소설이라면 개체개체에 모두 본질이 담겨 있는 것이다. 이 근본을 신이라 불러도 좋고, 영혼이라 해도 좋고, 지기至氣나 도道, 법法이라 불러도 좋다. 이름이 무엇이 되었든지 간에 진화에 해당하는 소설의 글자와 내용 이전에 창조심이 있다. 예술가 자신이 그렇게 하고 있기 때문에 세계를 대하고서 창조로 보는 것은 지극히 당연한 일이다. 문제는 감성이 느끼는 것이므로 자기중심적으로 되기 쉽고 자아도취로 흐르기 쉽다는 것이다. 그래서 영혼을 자신의 영혼으로 만들기가 쉽다. 이것은 저주에 걸린 감성이다. 자기를 끼워 넣어 절대를 외치며 무지로 오판을 일삼는다. 99%의 믿음은 없는 법이다.

이와 달리 과학은 오판을 염려하여 엄청난 관측과 계량을 하고 법칙화하여도 가설이라고 하며, 더 정확한 이론에 대한 열린 자세를 취한다.

그리고 근본으로 향하지만 아직 우리가 그것을 알 수 없으므로,

우리가 알 수 있는 현재사실에 입각하여 설명하고자 한다. 그러나 사실과 객관과 현재를 중시하는 과학도 궁극을 향한 여정을 멈출 수는 없다. 만일 그 행보를 멈춘다면 바로 지상에서 사라진다. 진리탐구를 포기한 사조는 자동으로 퇴출된다. 현재의 입장에서만 보고 근본을 재단하거나 어리석음으로만 치부한다면 참된 과학적 태도도 아니다. 비록 잠시 연구대상에서 제외시켜 두기는 하더라도, 알아가야 할 영역으로 여기고 꾸준히 향해 가는 것이 올바르다. 예술이나 감성의 입장에서도 창조를 이야기할 때 어설픈 주장이나 억지는 삼가야 한다. 궁극인 신을 생명 전체의 근본으로 보기보다, 지나치게 인간중심으로만 보거나 또 자기중심으로만 삼아 맹신한다면 어리석은 짓이다. 창조파들이 신에 대해서 그런 억지와 무지의 소리를 할수록, 과학은 더 현재에만 서서 재단하려고 하며 결국 둘은 원수가 되거나 상반관계가 된다. 우리가 지닌 감성과 이성도 빗나간 과학과 예술처럼 공통의 근본에 대한 통찰과 접근을 도외시하며 서로 맞지 않아서 다투기 일쑤이다.

과학과 예술은 각자의 이성과 감성으로 진리에 접근하고 근본을 느끼고 또 향하는 것이다. 그러므로 다툼의 대상이 아니라 서로 보완의 관계이다. 예술은 감정이입이 중요하고 과학은 이성적 판단이 중요할 뿐이지, 느끼는 대상이나 연구대상 자체가 달라지는 것은 아니다. 알려고 하는 것은 동일하고 아는 방식의 차이와 설명법의 차이가 있는 것이다. 빅뱅 이전에 대해 알게 된다면 창조와 진화는 상충개념이 아니다. 창조 후에 진화하는 것이며, 진화 속에서 새롭게 자신을 개선하고 재창조해나가는 것이다. 감성은 앞에서 말한 것처럼 진폭이 커서,

현실에 있다가 훌쩍 두서없이 꿈꾸는 소녀처럼 근본을 동경하고 근본에 감응한다. 자신의 버릇대로 근본에 감정이입을 하고 그것을 느낀다. 이에 반하여 이성은 사실을 중시하여 제대로 알려진 부분에 입각하여 착착 나아가므로 두서없이 비약하지 않는다.

이성이라고 하니 진리를 아는 본질적 성품, 로고스를 말하는 것으로만 여길 수 있다. 그런데 거기에다 과학적 사고작용도 더불어 포함하여, 여기에서는 일반적으로 감성과 대비되는 말로 사용하는 이성을 일컫는다. 이성과 감성에 대한 편견없이 이성과 감성을 보면, 무조건 감성이 황당하다거나 이성이 메마르다는 극단주의에 빠지지 않을 수 있다. 우리가 가진 성품들이니 서로 배척하기보다는 있는 그대로 그들의 파악방식을 살펴보기만 하면 된다. 보병궁시대가 빨리 오기를 바란다. 감성은 흔히 희로애락으로 드러난다. 감성을 우리가 지니고 있어 우리가 맘대로 할 수 있는 것이라 여기는 경향이 강하다. 감성을 제대로 보려면 감정을 하나의 물건처럼 독립된 것으로 여기는 것이 좋다. 감정이라는 물건이 있다고 치자. 이 감성이라는 물건은 말 그대로 느껴야 하므로, 적당한 것을 싫어한다. 그래서 폭이 큰 것을 좋아하고 폭을 크게 만들려고 한다. 카오스를 조장하고 극단으로 내몰며 차별을 일으킨다. 차별상 속에서 주인으로 호령하고 노예로 굽실거리는 것을 좋아한다. 그때 감정은 자신이 더 살아있게 느껴지기 때문이다. 드라마틱한 것을 좋아한다는 말이다. 요즘 드라마를 보면 막장드라마라고 한다. 상황설정이 극단화되어야 희로애락이 심해지고 느낌이 증대된다. 울고불고 찌지고 볶아야 재미있다. 물론 이런 부정적인 면만 있는 것이 아니라 감동이라는 것도 있다. 감성은 감동이라는 날개를 달

때 아름답게 승화된다. 물이 안개와 구름으로 되어 천상으로 피어오르듯이 말이다. 그래서 감정은 같은 것을 싫어한다. 예술작품이 모두 똑같다고 생각해 보라. 누가 감동하겠는가! 같은 흐름이 지속된다면 곧 유행을 바꾼다. 그런 면에서 감성과 창조와 유행은 세트메뉴이다. 자연히 차별상이 생기고 개체성이 태어나고 구체성이 강조된다.

감성의 큰 폭은 지극히 현세적이면서도 지극히 내세적이다. 감성에 기초한 종교들이 이런 경향을 띠는 것은 극히 자연스러운 일이다. 불교같이 평등과 자유를 좋아하는 종교는 감성을 싫어하는 성향을 띠고 초기경전은 그런 말들로 도배가 되어 있다. 개체를 무아로 만들고 영혼을 거론하지 않으며 자비나 사랑을 강조하지 않는다. 물론 도리를 추구하는 이성도 현세성과 내세성을 갖는다. 그러나 감성보다는 현저히 그 간격이 줄어든다. 오히려 감성의 큰 진폭을 평정하는데 포커스가 맞추어져 있다. 그러나 감성과 이성 모두 현세와 내세, 전체성과 개체성을 지니고 있으므로 얼핏 분간하지 못하는 경우도 있다. 대체로 감성은 극히 내세적이면서 또 극히 현재적 창조이다. 반면에 이성은 현세적이면서도 미래의 실질적인 변화를 몰고 온다. 그런데 감성과 이성이 온전히 감성만으로 혹은 이성만으로 되어 있지 않고, 비율을 달리하며 감성으로도 이성으로도 존재한다.

때문에 감성과 이성도 일종의 주식회사인 셈이다. 감성이 상대적으로 우위에 서면 감성이 대표이사가 되며 '주식회사 감성'이 되고, 이성이 우위에 서면 이성이 대표이사가 되며 '주식회사 이성'이 된다.

남녀를 보면 남성성과 여성성이 모두에게 다 존재한다. 그러나 남성성이 많으면 남자가 되고, 여성성이 깊으면 여성이 된다. 이 말은 남성 가운데에도 여성성이 있고, 여성 안에도 남성성이 있다는 말이다. 그러나 일단 감성과 이성의 우위가 정해지면 오너가 결정되는 주식회사답게, 비율이 되면 그에 따라 내부와 관계없이 표면적으로 남성으로 여성으로 결정되어진다. 남성은 여름과 가을의 기운을 지니고, 여성은 겨울과 봄의 기운을 지닌다. 이에 크게는 남자가 교감적이어서 여름같이 대외활동이 많고, 여자가 부교감적이어서 겨울같이 안주성이 강하다. 그러나 각자 자신들만의 균형을 갖추기 위해 남성은 가을의 부교감으로 향하며 지적이고 합리적으로 되고, 여성은 봄의 교감이 흘러 더 센서티브해진다. 그래서 겨울과 봄을 합해서 여성이라 하고, 여름과 가을을 합해서 남성이라 하는 것이다. 음과 양이다.

감성과 이성이 남녀 모두에게 각자의 색깔로 공존하는 것이다. 그리하여 여름과 가을의 교감·부교감이 결합된 남자는 장엄해지고, 겨울과 봄의 교감·부교감이 어울린 여자는 우아해진다.

이성이 우위에 있으면 '이성'이라 하고, 감성이 우위에 있으면 '감성'이라고 현실에서는 그냥 통칭한다. 나이가 들어 남성호르몬이 약해지며 여성화되는 남자들은 예전보다 감성적으로 변한다. 반대로 나이가 들어 여성호르몬이 약해지고 폐경이 되는 여성은 예전보다 남성적 기질을 발휘한다. 아줌마는 중2생과 더불어 거칠 것이 없는 천하무적의 존재란다. 그리고 나이든 남자는 영역 잃은 수사자 모양 처량함을 띤다. 말이 좀 심하지만 이성과 감성이 주식회사로 이성 안에 감성과 이성이 있고, 감성 안에 이성과 감성이 있다는 것을 실감나게 알려주는 일상의 예이다. 종교에서도 더운 지역에서 생겨난 불교는 교감이 만연한 곳에서 수렴하고 수습하며 지혜의 열매와 진리의 달과 법의 감로를 지향한다. 여름에서 가을로 향하기에 내부지향적이다. 그래서 심해지면 동면하는 것 같고 겨울 같은 분위기를 주기도 한다. 불교가 교감이 지나친 더운 남방의 업장을 씻기 위하여, 청정과 고요와 부동을 중시하는 흐름을 타고 있기 때문이다. 더운 지역을 시원하게 하여 장엄한 가을이 되게 하려는 말투와 행동으로 나름 균형과 조화를 선사하고자 하는 것이다. 반대로 기독교와 이슬람 그리고 유교는 땅에서 일어나는 것을 좋아한다. 사막과 겨울의 입장에서 출발하여 하늘과 교감하며 생명이 창성하기를 바라기에 외부교감적인 성향을 갖는다. 그래서 나중에는 심해지면 여름을 부른다. 기독교와 이슬람과 유교는 각각 성향과 정도 차이는 있지만 감성을 중시하고 불교는 이성을 중시한다. 그래서 전자를 감성의 종교라 하고 후자인 불교를 이성의 종교, 지혜의 종교라고 한다. 종교는 감성과 이성의 성향을 가장 잘 드러내주므로, 설명하기가 좋아 감성과 이성의 설명에 인용한다.

기독교와 이슬람과 유교는 생명의 창조와 창성을 찬탄하고 서로간의 관계를 중시한다. 그러나 감성의 종교답게 곳곳에 차별이 가득하다. 신과 인간의 차별, 양반과 노비의 차별 등등이다. 감성을 부정적으로만 서술한 것 같아 보충한다. 감성이 잘못되면 접착제가 되지만 좋은 감성은 윤활유가 된다. 이처럼 감성에는 차별도 있지만 소통과 조화를 좋아하는 것도 있다. 다만 조화로움을 지향하며 생기를 일으키는 것보다, 차별을 강조하며 별나기를 바라고 자신만 살아있기를 바란다면 창조의 두 측면 중에서 한쪽으로만 치우친 것이다.

이를테면 창조의 어두운 저주에 걸린 것이다. 경전을 보면 불교가

6하원칙에 따른 논문 같은 방식이라면, 감성적 종교들의 경전에는 역사적 사건과 드라마들이 가득하다. 그리고 결정적 차이는 지혜추구와 자비선양의 차이이다. 불교는 이성을 사용하여 개체성을 죽이고 전체성을 자각하는 것을 중시한다. 반대로 감성의 종교들은 자비를 선양하여 개체성의 완성을 추구한다. 영혼의 영생불멸과 구원이다. 여기서 우리들은 개체성과 자비의 상관관계를 보게 된다.

범아일여

인도의 베다와 우파니샤드 철학 주석에 상카라와 라마누자 두 사람이 유명하다. 상카라는 제2의 붓다라고 불릴 정도로 인도철학의 아버지와 같은 사람인데, 그의 불이론不二論은 불교의 교리와도 무척 유사한 지혜중심의 해석이다. 세상은 브라만의 가현假現으로 실재가 아니며, 실재는 브라만으로 단지 우리가 무지로 세상을 실재라고 착각한다고 보았다. 그리고 브라만은 우리 마음속에 있는 아트만과 동일하며 궁극적 실체이다. 소위 '범아일여梵我一如'로 인도 사상의 근간이다. 세계의 실재와 마음의 본성에 대한 정의라 할 수 있다. 플라톤, 데카르트, 붓다의 냄새가 난다. 아트만, 즉 진아眞我를 어떻게 해석하느냐에 따라 서로 유사함이 깊어질 수도 있고 차이점이 커질 수도 있지만 지혜추구라는 점은 공통적이다. 이에 반해 라마누자는 이 세상이 단지 환영만이 아니라 최고신의 창조로 실재성이 있는 것으로 보았다. 그래서 삶도 은총과 자비를 역설하며, 구체적이고 개체적인 면모를 강조하였다. 감성적인 공기가 다분하다. 둘은 지혜와 자비, 이성과 감성처럼 인도 철학의 쌍벽이 되었다. 비단 상카라와 라마누자의 예가 아니더라도, 이 두 줄기는 세계와 인간에게 흔히 나타나는 양대 현상이다.

지혜란 무엇인가? 무아지경無我之境이다.

사랑이란 무엇인가? 대아지경大我之境이다.

'천지여아동근 만물여아일체(天地與我同根 萬物與我一體)', 하늘과 땅이 나와 더불어 한 뿌리이고, 만물이 나와 더불어 한 몸이라고 여긴다면 자신 아닌 것이 없고, '공수래 공수거(空手來 空手去)'를 생각하면 자신이랄 것도 없다. 지혜가 나태·방치·방관이 되지 않고 무욕청해無慾清解의 눈을 얻고, 사랑이 내 편·내 것에만 빠지지 않고 여아일체與我一體의 가슴을 얻으면 '무아'가 '대아'이고 '대아'가 '무아'일 것이다.

지혜는 자유, 해탈이고 사랑은 일체감이다. 일체감은 만유를 자신으로 삼을 때 가능하다. 그러나 보통 사람은 일체감이 자기편임을 느낄 때, 더 뚜렷하게 다가오므로 쉽게 내 편이라는 좁은 일체감에 빠진다. 그래서 저주에 걸려들어 자신으로 삼는 대아의 보편적인 사랑보다, 자기편을 따지는 소아의 이기적 사랑을 살아가며 사랑의 지고한 경지에 이르지 못하고 늘 목말라 한다. 세상 모두를 진정 자신으로 여긴다면 다른 사람의 기쁨이 자신의 기쁨이 되며, 다른 사람의 슬픔이 곧 자신의 슬픔이 된다. 부모가 자식을 자신으로 삼기에 부모의 사랑이 이 세상에서 가장 숭고하다고 하는 것이다. 만물과 만인을 자신으로 삼지 않고 배척하는 것은 제대로 된 사랑을 하지 않고, 좁은 편가르기 사랑을 하기에 그러한 것이다. 온전히 모두 자신으로 여기기보다 내 편으로 여기기를 선호한다. '천지여아동근 만물여아일체(天地與我同根 萬物與我一體)'처럼 만유를 자신으로 삼기보다 '내게 맞춰라, 내 편이 되라'는 옹졸한 자기 기준에 입각한 '이기적인 사랑'일 뿐이다. 보편적 사랑인 대아大我는 무아無我이다. 왜냐하면 자신이 없어도 온 천지가 자신이기 때문에, 굳이 자신을 고집하지 않는다.

"스승이시여, 어찌 이제는 먹지도 못하십니까?"

제자가 임종을 코앞에 둔 라마크리슈나에게 말하였다. 그러자 스승이 태연하게 답하였다.

"어찌 먹지 못한다고 하느냐? 저들이 먹고 있지 않느냐?"

진정한 사랑도 아我를 뛰어넘고 참된 지혜도 아我를 건너간다. 그래서 무아가 대아요, 대아가 무아라고 하는 것이다. 지혜와 사랑은 다른 듯하지만 근본과 중심에서 이렇게 만나 한통속이 된다. 태풍이 반대되는 두 기류를 양 날개로 가지고 있지만, 태풍의 눈에서는 무풍지대가 되고 이들 두 기류가 통일되듯이 지혜와 사랑은 궁극에서 하나가 된다. 지구는 자전하면서 공전한다. 자전시에는 낮과 밤이 교차하며 흘러가고, 공전시에는 봄·여름·가을·겨울이 이어가며 순환한다. 빛만 가득한 하루라고 생각해보라. 아마 생명들이 무척 괴로울 것이다. 빛만 있는 양陽의 나날들만 계속된다면 메말라 버릴 것이다. 어둠만 있는 음陰의 시절이 계속된다면 적막만 가득할 것이다. 음양과 낮밤이 서로 교대하며 진행되는 것이 가장 합리적이고도 윤택한 모습이다. 일년의 경우도 마찬가지이다. 서로 달라 보이는 것들이 함께하며 원만한 일원을 피워내는 것이다.

무지의 자유와 깨달음의 자유

흔히 멍청한 사람을 보고 '하나는 알고 둘은 모른다'고 한다. 똑똑한 천재는 둘을 잘 알고 또 그 둘이 서로 순환상보循環相補하고 원융무애圓融無碍하게 한다. 지혜와 자비의 길도 이처럼 진리의 두 날개이다. 모든 것에 양면이 있고 종류가 있듯이, 자유에도 겉보기에는 상반되어 보이지만 그 속성은 비슷한 두 가지 자유가 있다.

무지의 자유와 깨달음의 자유이다.

깨달음의 자유는 익히 잘 아는 것이므로 생략하고 무지의 자유에 대해서 이야기해보자. 개체성을 좋아하는 우리들은 자신의 개체성을 발휘할 여지를 좋아한다. 여지없이 천편일률적인 것에 답답함을 느낀다. 이러한 천편일률에 대해 느끼는 답답함을 역시 느끼는 경우가 또 하나 있다. 바로 완전히 알아버리는 것이다. 완전히 알아버려 결론이 나버리면 개인의 의견이 붙을 여지가 사라진다. 개체성이 개입할 틈이 없어지는 것이다. 개체성은 속성상 창조를 해야 하는데 창조의 동력이 없어지는 것이요, 창조의 자유날개가 꺾이는 것이다.

그래서 개체성은 무지를 좋아하고, 무지이기 때문에 자신의 상상력을 마음대로 펼 수가 있다. 그러므로 알려지면 안 된다. 신비로 남아 있어야 되고 동경의 대상으로 존재해야 한다. 대표적인 것이 신神이다. 심한 경우에 알려고 하는 것이 모독이며 죄악이 되기도 한다. 사람들이 수학을 싫어하는 이유 중 하나도 이 여지를 없애버리기 때문이다. 언어 같이 여운이 없기 때문이다. 다른 말로 하면 너무 분명하기 때문이다. 좀 이상한 말 같지만 무지 속의 여지가 숨통이 되어 준다는 이야기이다. 개체성인 우리들이 우리들의 정체성인 개체성을 발휘하지 못한다고 생각해보라. 아마 생각만 해도 벌써 숨이 막혀올 것이다.

그리고 무지의 공덕이 있는데 남녀의 사랑이다. 결혼생활을 한 사람들을 조사해보면 대다수의 부부가 다음 생에는 지금의 배우자를 만나고 싶지 않다고 한단다. 여기에다 선진국과 중진국의 경우 일부는 결혼했다가 절반 가까이 이혼을 하고, 다른 사람을 당대에 만나거나 또 결혼한다. 미혼의 남녀도 처음 만난 사람과 계속 교제하는 경우는 드문 편이다. 만일 상대에 대해 미리 알았더라면 누가 그렇게 콩깍지가 씌겠는가. 무지하기 때문에, 미지이기 때문에 그렇게 열정이 일어나는 것이다. 이것이 무지의 공덕이다. 무지가 주는 선물이 인간에게 눈을 감게 하고, 희망의 꽃다발을 가슴에 안겨주는 것이다. 눈감아주고 또 희망까지 주니 뭔가 기분 좋은 일이다. 호의를 권리로 생각하고 너무 징징거리거나 내몰라라 하며 악쓰지만 않으면 무지는 착한 것이기도 하다. 무지와 감성과 개체와 자비는 이렇게 한 세트가 된다. 반대로 지혜와 이성과 전체와 자유가 역시 한 세트가 된다. 문제는 이러함을 아는 것이 아니라 자신이 선호하는 것에만 매몰되는 것이다. 이 매몰 때문에 갈등이 증폭되고 전쟁이 일어난다.

'자기가 하면 로맨스, 남이 하면 스캔들. 자기가 하면 정의, 남이 하면 음모'로만 보는 자기매몰의 '좌정관천坐井觀天'으로 흐를 것이 아니라, 보편성 가운데 각자의 특색을 드러내는 것이 빛나는 개성이다. 열린 마음을 지니고 각자의 좋은 점을 선양하는 것이 타인과 중생과 세상, 그리고 나아가 자기 자신에게도 훨씬 도움이 되는 일일 것이다. 감성이 고조되고 사랑의 마음이 생기면 몸과 마음의 온도가 올라가고 인간의 한계를 뛰어넘는다. 자신의 희생을 마다않고 죽음마저 불사한다. 이러한 사랑의 힘을 자신만을 위해서 쓰면 독선과 싸움이 난무하고, 자기편으로 삼기 위해서가 아니라 순수하게 다른 존재를 위해 쓰면 온 세상이 평화로워질 것이다. 지혜도 역시 마찬가지이다. 기계도 아닌데 기계같이 굴고, 컴퓨터도 아닌데 컴퓨터같이만 굴면 메마른 지혜가 된다. 감성과 이성처럼 개체와 전체도 서로 불가분의 관계이다. 개체는 우리의 현실이며, 전체는 우리의 터전이다. 물고기와 물의 관계이다. 물고기가 물속에 있으면서 물을 찾아나서는 것이 구도求道이다. 구도야말로 어리석은 행위의 극치이다. 그런데 반대로 가장 용기있고 지혜로운 걸음이기도 하다. 유한한 우리들은 코끝으로 무한의 냄새를 맡아야 한다. 공기로 현존하는 무한과 코의 동굴에서 비밀스럽게 만나야 한다. 이러한 유무가 만나는 것이 생명의 밀애이며, 사랑이다.

콧속은 처음 유무가 만나 같이 손잡고 육신나라의 여행을 떠나는 지점이다. 만약에 눈을 감고 자신을 어둡게 하고 명상 중이라면, 몸의 국토를 향해 함께 자신들만의 세계로 합일의 보금자리를 찾아 야반도주하는 것이다. 수행과 믿음 그리고 유무가 한 덩어리가 될 때 비로소 전체와 개체가 자신의 결핍을 보완하며 동시에 모두 자유로워지고 해탈한다. 이것이 진정한 '유무상합有無相合'이며 '자타일시성불도'이다. 우리의 눈은 감정을 가장 잘 표현해 준다고 한다. 그리고 눈을 뜨면 바로 사물이 다 분석되어 일시에 알아볼 수가 있으므로, 가장 분석적인 감각기관이라고도 한다. 지극한 감성과 이성이 한자리에 있는 셈이다. 진리도 이와 같은 것이다. 도저히 함께할 수 없을 것 같은 것이 서로 원융하게 한 물건이 되어 존재한다. 자신과 자신의 환경인 개체와 전체는 같이 살아가고 있다. 전체가 개체를 낳았고 개체가 전체를 품고 있지만, 아이러니하게 이상한 괴리가 발생하였다. 그래서 이 괴리를 해결하고 없애는 것이 수행이며, 수행을 통해 제대로 된 물고기와 물이라는 천연의 모습 그대로로 돌아간다.

만일 마음이 개체를 초탈하여 전체를 자신으로 삼으면 곧바로 깨닫는다. 하지만 여전히 몸은 시위時位에서 개체로 있으므로, 도와 깨달음이 시위時位에서까지 현실화되려면 전체의 온전함에 의지하여 보림하거나 개체의 결핍을 구체적으로 조화시켜야 한다. 실제로 봄과 여름이 개체시위에서 전체성과 일치되는 호시절인 것처럼, 육신을 닦아 본성과 통해지면 육신이 이상시대가 된다. 다만 과정 속의 우리는 아직 과정 속에 있으므로 결핍을 느끼고 있고, 자연히 자신의 경험과 감각에 의한 세계만을 대하게 된다. 그래서 전체상이 온 곳에 스며들어 있고 자신을 감싸고 있어도 알지 못한다. 때문에 수행이 필요하고 자각이 필요한 것이다. 우리의 파악 정도에 맞게 세계가 보이니, 마음처럼 우주라는 구슬도 비록 일물一物이라도 보는 사람과 생명체들에 따라 그 구슬은 다 달리 보인다. 그러므로 분명 하나의 물건인데 백천만억의 모습을 갖고 있는 셈이다.

그래서 그 구슬의 진면모가 무엇인지 중요하다.

물과 기름 같은 환幻과 진실이 우유와 물이 섞인 듯한 덩어리로 공존하고, 아我와 무아無我가 함께 있는 불가사의한 구슬이 여의보주이다. 여의보주인 마음과 세계의 본래면목이 무엇인지, 진실이 무엇인지 알아야 한다. 진화는 사실 이것을 알아가는 과정이다. 진화는 피상적인 약육강식 적자생존의 과정만이 아니라, 크게 보면 개체가 전체와 하나되는 과정으로 '진리를 알아가는 과정'이다. 전체에 적응하는 개체가 최종적으로 살아남으니, 구도가 최고의 적자생존이며 최선의 진화 여정인 셈이다. 그러나 그 과정에서 개발하여 자신에 배치하고 설치한 감각기관이 과정에서는 전모를 보는 것이 아니므로, 진실상이라고만 여겨서는 곤란하다. 왜 이런 말을 하느냐 하면, 무지 속에서 간신히 세계와 대상을 파악할 수 있는 장치가 현재 자신의 감각이므로, 그 감각에 파악된 것을 의지할 수밖에 없기 때문이다. 자연히 의지정도가 아니라 자기도 모르게 자신의 입장에서는 절대신뢰를 하게 된다.

생명체들은 험한 세상과 환경 속에서 자연스럽게 자신의 감각을 무기화하고, 자기방식에 집착하며 다른 존재들과 벽을 만든다. 자신의 파악에 대한 믿음이 방어막이 되는 것이다. 그런 의미에서 믿음은 벽이기도 하고 갑옷이기도 하다. 게다가 생존의 현실에 내몰려 자신의 감각에 대한 의지와 신뢰가 더욱더 심해지면 반성과 오류를 점검할 겨를이 없다. 아직 깨달아 본성과 계합하지 못한 모든 생명체는 이처럼 자신의 감각에 의지해 험한 세상을 살 수밖에 없다. 감각이 존재를 자신에게 보여주는 것만큼을 세상이라 여기고, 그 환幻 속에서 역시 감각장치 덩어리인 다른 생물들을 먹이로 하며 살아갈 수밖에 없다. 감각이 감각을 먹으며 살아가는 것이다. 기쁨이 슬픔을 먹고, 괴로움이 즐거움을 먹고, 용기가 두려움을 먹고 살아간다.

자연계에서 감각에 의지하여 환식幻食으로 살아가는 대표적인 예를 하나 들어보자. 배추흰나비는 배추밭이 극락으로, 그곳에서 알을 낳고 먹이를 얻는다. 그에게는 오직 배추밭만 보이고 배추밭이 이상향이다.

다른 것에는 관심이 없어 배추밭환상을 가지고 배추밭에서 떠돌다 죽는다. 자신의 감각에 따라 생존에 쫓기며, 자기만의 세상을 보고 살다 간다. 물론 자신의 감각 때문에 자신에게 보이는 것을 진실이라 믿고 환幻 속에서 살아가지만, 크게 보면 지고한 곳을 향해 가는 생명의 대여정에 하나의 중간대열이 되고 고리가 되어 준다.

사실 생명이란 개체의 입장에서 보면 환幻 속을 떠돌며 약육강식하고, 적자생존하는 치열한 삶의 투쟁장이다. 그러나 전체의 입장에서 보면 신성을 향한, 빛을 향한 장엄한 행렬이다. 높은 산에 올라 자연을 보라! 저절로 생명의 아름다움과 장엄함에 눈이 즐겁고, 코는 시원해지고 마음은 경탄에 빠진다. 문제는 개체 개체가 자신의 영역에 매몰되어 살아가는 것이 현실이라는 것이다. 불교에서 말하는 지옥·아귀·축생의 삼악도三惡道에서는 이러함에서 벗어날 길이 없으므로, 언제 깨달을지 모르는 세계라고 말하고 있다. 마치 캄캄한 동굴 속에서 성냥불이라도 있다면 그것에 절대 의지할 수밖에 없는 것처럼, 무지 속에서 조금의 감각능력이라도 있다면 그것에 절대적으로 의지하게 된다. 땅속벌레나 지상벌레들을 건드리면 촉식에 따라 온몸을 비틀고 꿈틀댄다. 흔히 '지렁이도 밟으면 꿈틀거린다'는 속담처럼 말이다.

속담이라고 하니 정말 우리나라 속담은 실전 실생활 금구성언이다. 속담들을 들을 때마다 어찌 그리도 상황에 딱딱 맞게 잘 표현했나 싶다. 그리고 시대를 지나서도 여전히 실생활의 촌철살인 문장으로 감탄사가 나오게 하는 적확함에다 유연하고 폭넓은 적용성에 놀라게 된다. 그런 면에서 중국엔 고사성어가 있다면 우리나라엔 속담이 있다. '지렁이도 밟으면 꿈틀거린다'는 장면을 상기하고, 축생짐승들의 모습을 보아도 나름의 감각에 의지한 여러 행동들을 쉽게 볼 수가 있다. 연민이 안 들 수가 없다. 먹고 숨쉬는 것이 급한 짐승과 생명체는 입과 코의 감각기관이 중요하다. 그래서 동물의 모습을 보면 입과 코가 앞으로 쑥 튀어 나왔다. 가까이 집에서 기르는 개를 보면 잘 알 수 있다. 그리고 인간인 자신의 모습을 보라. 개보다 입과 코가 함몰되어 안으로 들어가고 두정이 솟아올랐다. 진화의 방향이 두뇌발달로 된 것을 금방 알 수 있다. 신라를 비롯하여 인디언과 세계 여러 군데의 지역에서 대체로 골의 변화를 위해, 어릴 때부터 이마를 누르거나 졸라매어 이마의 방해 없이 코가 곧바로 두정으로 이어지게 하였다. 그리고 위로 머리가 길쭉이 올라가게 만들었다. 이를 '편두'라고 하는 것인데, 그렇게 하고 스스로 신神적인 존재로 여기거나 또 신과 접촉하고 신의 뜻을 헤아리는 존재로 여겼다. 다만 하늘에 사는 새를 본떠서 그렇게 했다는 설에서도 알 수 있듯이, 하늘 가까이에 가기 위한 몸부림이기도 하다. 고대인들이 동물들과 지내며 진화의 방향을 어설프지만 어느 정도는 알아차린 것이다. 아직 인간들은 먹고 교접하며 말하며 사는 것이 많지만, 다른 동물보다는 두뇌의 발달이 탁월하여 슬기로운 사람이란 뜻인 '호모 사피엔스'라고 한다.

요가식으로 말하면 사하스라라 차크라가 다른 동물보다 더 계발된 것이다. 인간은 눈, 코, 귀, 입, 몸이라는 다섯 감각기관과 더불어 6번째 감각기관인 '의식'이 있다. 이것이 다른 동물보다 탁월하게 더 발달한 것이다. 다만 문제는 아직도 6번째 감각기관인 의식이 오감과 연동되어 물들며, 자연히 앞에서 말한 것처럼 집착과 오류 속에 노출되어 있다는 점이다. 눈·코·귀·입·몸은 각자의 방식과 영역으로 감각하므로, 의식이 이를 모두 종합하고 또 스스로 재구성해야 한다. 의식이 이런 것들을 제대로 수행하려면, 우선은 정보를 받아들이되 감각기관의 놀음에 휘둘려서는 안 되고 또 자신 스스로의 착각과 망상에서 벗어나야 한다. 맑은 정신이 필요하다는 말이다. 입의 의지를 줄이고 좌선명상하며 비로鼻路에 의지하여 닦아 가면, 지금보다 인간의 뇌는 훨씬 맑아지고 의식은 훨씬 지혜로워진다. 이것이 '입을 닫고 비로를 연다'는 것이다. 소위 진화를 가져오는 수행이다.

요즘 명상시에 뇌가 건전하게 활성화된다는 보고서와 데이터가 많이 나온다. 그러나 굳이 그렇게 하지 않아도 짐승의 코입돌출과 인간의 두정승기頭頂升起만 보아도 진화의 방향이 보이고, 과거 여러 수행자와 부처님만 보아도 이러함을 쉽게 알 수 있다.

이처럼 수행은 '진화'이며 수행자는 '진화의 선봉장'이다. 수행을 통해 보다 뛰어난 감각기관과 마음을 갖추기 위해 노력하는 것이다. 이 노력에서 제일 중요한 것이 자신이 감각한 것을 그대로 진실이라고만 믿지 않는 것이다. 데카르트처럼 말이다. 그리고 자신이 감각한 것에 의지하며 생존에만 급급하여 방어막과 무기화에만 골몰하거나, 또 그 상태에만 애착하여 의식이 오류에 빠지는 것을 경계하는 것이다. 부처님처럼 말이다. 물론 자신의 감각에 대한 의지와 신뢰를 모두 다 버리라는 것은 아니다. 믿음이 제일가는 방어막이기는 하지만, 거기에 갇히지는 말라는 것이다. 이렇게 한다면 지혜의 길로 들어서는 것이다. 믿음에 대한 좋은 일화가 있다. 재미있어 소개한다.

며칠 전에 한 동영상이 유포되었는데 개도둑에 관한 것이었다.

그 개도둑은 맹견인 진돗개를 도둑질하였다.

수로턱을 넘어가며 뒤뚱거리면서 절단기를 들고 진돗개를 도둑질하러 가는데, 저런 어설픈 사람이 어찌 맹견을 도둑질하겠는가 싶을 정도다. 그런데 태연히 맨손으로 진돗개를 도둑질해 에쿠스 트렁크에 싣고 유유히 사라졌다. 그동안 개는 제대로 짖지도 저항도 못하였다. CCTV에 그 장면이 고스란히 녹화되어 결국 개도둑은 잡혀서 경찰서에 개 끌려가듯이 끌려갔다. 경찰관이 어리바리한 개도둑에게 어떻게 맨손으로 개를 잡아갔는지 너무 신기해서 물었다. 개도둑이 답하기를, '개 앞에서는 당당해야 되고 눈빛으로 제압해야 된다'고 자랑스럽게 말했단다. 여기서 우리는 개도둑에게 배워야 한다.

만일 우리가 개를 맨손으로 훔친다면 아무리 당당하게 훔치려고 해도 혹시 개가 나를 물지 모른다는 의심을 무의식적으로 하기 일쑤이다. 그런 인간의 무의식을 알아차린 개는 짖거나 물거나 강하게 저항하게 된다. 그 개도둑은 이러한 의심이 추호도 없었던 것이다. 개를 맨손으로 그냥 잡아올 수 있다는 확신에 차 있었다. 18마리나 개를 도둑질하는 도중에 개 앞에서 개를 잡을 때 어떻게 해야 되는지 나름의 감각이 생긴 것이다. 길이 난 것이다. 그래서 아무리 사나운 개를 보더라도, 이 감각이 몸에 배여 개를 도둑질할 때 자연스럽게 이 심법이 작동한 것이고 개는 꼼짝없이 잡혀 끌려갔다.

흔히 개장사가 뜨면 마을 개들이 모두 쥐죽은 듯 조용하고, 개도둑 앞에서 개들이 꼬리를 말고 끙끙거린다는 얘기들이 사실로 드러난 것이다. 수행도 이와 같다. 수행의 감각이 생겨야 한다. 앉기만 하면 심법心法이 작용하여 항상일로로 수행자를 데려가야 한다는 말이다. 수행은 이처럼 '길을 내는 것'이다. '근본으로 가는 길을 내는 일'이다.

길이 빨리 나고 늦게 나고는 개인차이지만, 수행자라면 누구든지 길이 나야 수행의 진전이 생기고 재미있어지며 혜택과 성취가 있다.

도 닦는다는 말만 보아도 '길 내는 것'이란 말이다.

현상인 우리들이 현상 속에서 그물같이 얽힌 현상을 뚫고 근본에 이르는 곧은 도로를 내는 것이다. 현상 중간중간에 발생하는 믿음은 아직 미숙한 믿음이다. 세상은 불안하고 변해간다. 자연히 믿음이 생겨나고 그 믿음이 선호될 수밖에 없다. 고해를 외치던 불교가 극락을 만들었듯이 말이다. 사실 제대로 된 믿음은 근본에 존재하는 것이다. 그래서 근본에 도달했을 때 비로소 믿음은 완성된다. 이 근본과 통하고 근본에 이르는 길이 났을 때 믿음은 확신이 된다.

그리고 통근通根의 절대믿음은 일체의 현상그물망을 연기솜틀이 되게 하고 만상을 무장해제시킨다. 제석천의 제망帝網인 인드라그물망을 물거품으로 만드는 절대무공이다. 근본이 진정한 믿음이요, 일체 중생의 의지처이며, 바른 소통이며, 참 도량道場이다. 그러므로 '참선중'은 '소통중'이며, 참선자세는 진중도량眞中道場 예배모습이다.

개를 그냥 끌고 나올 수 있는 사람은 두 부류이다. 외부적 존재로는 전자의 개도둑 같은 사람이고, 내부적 존재로는 개주인이다. 자신이 존재의 주인임을 실감하면 곧바로 자유자재한 존재가 된다. 이것을 깨달음이라고 한다. 선은 이것을 추구한다.

그래서 '스스로 주인이 되라'고 말한다. 개도둑에게서 우리가 배울 수 있는 것은 길을 냈다는 것이다. 감각을 체득하고 믿음 속에서 심법이 되게 하여 자유자재로 개를 끌고 다닌다. 십우도에서 소를 자유자재로 끌고 타고 다니며 휘파람불고 피리불듯이 말이다. 개를 잡아 최고급 승용차 에쿠스 뒷트렁크에 싣고 가는 이야기를 보고 댓글을 단 재미난 누리꾼의 댓글 하나를 마지막으로 소개한다.

"그럼 개쿠스."

요즘 사람들은 주변에 신경 쓰고 사느라 근본에 대해 잊어 버렸다. 부디 인간들이 과정의 자기중심적 믿음에만 빠져 있지 말고, 자신의 근본으로 다시 돌아가는 것에 마음을 쓰고 바른 믿음을 얻기를 바란다. 우리 인간은 다른 생명체나 동물들과 달리 정신의 발달이 눈부시다. 그래서 지상의 왕이 되었다. 그러나 그 왕은 아직 뱀머리이다. 여의주를 찾아 물어야 승천의 자유를 얻는다. 불교뿐 아니라 다른 종교와 수행들 그리고 철학과 과학들도 나름대로 진화의 걸음걸이들이다. 유한한 자가 어찌 계속 유한함에 만족하고 있겠는가?

진리탐구는 그래서 불평불만과 자기반성과 오류교정에서 시작된다. 아니 불평불만의 현실에서 자동발생적으로 나타날 수밖에 없는 자기개선의 당연한 몸부림이다. 앞에서 말한 바와 같이 선禪과 아미타 신앙이 엄청난 외적인 차이가 있는 것 같지만, 자세히 보면 모두 인간심리에서 나왔기에 그 기원이 같다. 인간내면을 마음의 입장에서 설명하느냐, 세계의 모습으로 표현하느냐의 차이일 뿐이다. 즉 유한한 존재의 무한지몽無限之夢인 점은 같다. 일단 동일선상에 있음을 이해하여야 서로의 외모 차이로 다투는 일이 줄어들 것이다.

지상에서 천국을 꿈꾸고, 고해에서 극락을 염원하고, 집착에서 해탈을 노래하는 것은 심리적으로 지극히 정상이다. 나오지 말라 하고 틀어막아도 나올 수밖에 없다. 현상 속에서 현상을 벗어나려는 반동이면서, 동시에 현상 속의 당연한 하나의 현상으로 되어 같이 흘러간다.

불교와 선도 마찬가지로 현실과 경험과 경계와 조건에 구속되고 또 거기에다 고까지 발생한다면, 자연히 해탈과 마음의 평안을 추구하게 되고 그리되었다. 만일 누군가가 마음의 평정과 지혜를 구한다면 불교 안에, 특히 참선문중에 이러한 탐구가 도도히 2,500년을 강물처럼 흘러오고, 또 끝없이 흘러가는 것을 보게 될 것이다.

중화中和

이미 말한 대로 현재 지금 여기에서 자유와 행복을 추구하는 선의 장점이 밤하늘의 별들처럼 여기저기서 찬란하고 영롱하게 빛나고 있다. 『중용』에 보면 다음과 같은 말이 나온다.

"희로애락지미발喜怒哀樂之未發 위지중謂之中
발이개중절發而皆中節 위지화謂之和
중야자中也者 천하지대본야天下之大本也
화야자和也者 천하지달도야天下之達道也"

소위 '중화론中和論'이다. "희로애락이 아직 일어나기 전을 중中이라 하고, 희로애락이 일어나 각각의 자리에 맞는 것을 화和라고 한다.

중中은 천하의 근본이요, 화和는 천하의 달통이다."

근본에 입각하여 이미 온전함을 보는 돈오와 일어난 것들이 조화되어 중으로 돌아간 점수는 연역적 사고와 귀납적 사고이다. 전체와 개체의 관계도 마찬가지로 전체의 본래 완전함과 조화를 거듭하며 전체로 돌아가는 두 흐름이 있다. '무사무위無思無爲 적연부동寂然不動하면 본중本中이고, 교감하여 이류만물지정 이통신명지덕(以類萬物之情 以通神明之德)하면 화통和通해져 중을 잡는 집중執中이 이루어진다.'

이래도 도요, 저래도 도에 이른다. 그래서 도에 도달하지 않기도 어렵다. 그런데 왜 대다수의 사람들이 도달하지 못하는가?

이래도 저래도 안 하기 때문이다. 연역이든 귀납이든 서로 잘잘못을 말할 것이 아니라, 곧 서로 옳고 그름을 따질 것이 아니라 도에 이르는 방법의 차이임을 안다면 싸울 필요가 없다. 감성과 이성, 전체와 개체, 현재와 삼세, 자유와 경험, 선택과 운명, 본체와 현상, 이들 중에 절대적으로 누가 옳고 그른 것은 없다. 진리에 도달하기 위한 각자 나름의 길일 따름이다. 그래서 각자 모두에게 어두운 면이 있고 또 밝은 면이 있다. 중요한 것은 각자의 방법이 스스로 어떤 것인지, 또 어떠한 경향성을 가지는지, 그 길을 아는 것이 중요하다.

그렇지 않으면 자신의 방법을 절대적인 것으로만 여기고, 다른 방법에 대해 무지 속에서 비난하거나 공격하기 일쑤이기 때문이다. 진리가 절대적인 것이지, 지혜와 자비로 대별되는 방법이 절대적인 것이 아니다. 물론 이런 서로 간의 다툼도 각자 방법의 부족한 면들을 서로가 지적해주는 것이라, 서로의 치우친 면을 개선하게 해주는 긍정적인 면이 있기는 하다. 그러나 지적질보다는 먼저 아는 것이 중요하다. 태극의 전체상은 무극으로 본체이며 근본이다. 진리 그대로 이며 조화 그대로이다. 그러나 태극의 각 12시위에 처하여 편중된 채 있으면, 개체로 존재하는 우리들은 결핍을 겪고 부조화 속에서 충족을 향해 달린다. 이렇게 온전함 속에서 불안정함이 존재하니 아이러니요 모순이다. 그래서 역설적으로 말하면 모순이 정상이다. 생각과 언어로 설명하고자 하니 모순이 되는 것이기도 하다.

전체의 신성 속에 개체는 결핍된 존재로 또 인도되는 존재로 살아간다. 그렇지만 개체가 자신을 완성하는 방법은 자신의 상태를 버리는 것만이 능사가 아니다. 아니 그런 마음을 가질수록 현실에서는 오히려 잘못하면 여전히 부족한 자신을 보게 되고 더욱더 괴리감에 빠져들게 된다. 다만 부족함이 없는 것에 계합되는 것이 중요하다. 개체 속에서는 자신의 부조화된 현실과 조건 때문에 부족함이 더 잘 보여, 부족함이 없는 상태로 여겨지기 어려운 것이 문제이다. 하지만 개체 그대로를 받아들이면 이번에는 역전이 일어난다. 무슨 역전인가? 온전한 전체 속에서 결핍의 부조화된 존재들이 만연하는 모순에서, 불완전한 개체 속에 조금도 부족함이 없는 온전한 전체가 충만한 모순으로 말이다.

생각과 언어를 버리고 직접 자신을 수행하고 골라보면 좀 더 이러한 모순이 잘 원융되어 회통되어진다. 음이 양을 낳고, 양이 음을 낳으며, 태극이 무극이고, 무극이 태극이 된다. 본체가 현상이 되고, 현상이 본체가 되며, 개체가 전체가 되고, 전체가 개체가 된다. 모순이 원융이 되고, 원융이 모순이 된다. 이러한 사실을 설명하였고 또 설명하려는 것일 뿐이다. 머리는 둥글어 원만하지만 눈은 앞만 본다. 이처럼 마음은 원융무애하지만 언어는 동시에 모든 면을 말할 수 없다. 전체를 말할 때는 전체의 입장에서 말하게 되고, 개체에 대해 말할 때는 개체를 피력할 수밖에 없다. 다소의 헷갈림이 있더라도 꾸준히 살펴보면 맥락을 알 수 있고, 앞서 말한 대로 직접 수행한다면 더 일목요연하게 그 결을 자신과 세계 속에서 체득할 수 있다.

개아달과 천상월

법신의 청정한 빛만이 두루한다는 '법신청정광무변法身淸淨光無邊'은 오로지 법의 입장에 서서 진리만이 존재함을 말한 것이다. 다른 것은 '피고지는 것이다'는 말이다. 즉 '피조물'이란 말이다. 가장 유명한 구절이 4구 게송 가운데 바로 세 번째 구절인데, 자식으로 치면 가장 예쁜 셋째 딸이다. 이렇게 표현한 이유는 문장이 미려하기가 특별하기 때문이다. '천강유수천강월千江有水千江月', '천 개의 강에 물이 있는데, 그곳에 천 개의 달이 뜬다'는 말로, 저절로 장면이 상상이 되는 명문장이다. 한글을 창제한 세종대왕이 〈용비어천가〉와 〈월인천강지곡〉을 만들었는데 이 '월인천강月印千江'이 바로 '천강유수천강월'이다.

달이 천 개의 강물에 달도장을 찍는다는 말인 '월인천강'은 개체와 전체의 관계, 진아와 개아의 관계, 본체와 현상의 관계를 한마디로 잘 설명해준다. 우리들은 흔히 자신의 마음이 있고 그 마음은 육신에 의해 영향을 받는다고 여긴다. 이것은 사실이기도 하다. 그러나 좀 더 숙고가 필요하다. 선문에서는 개아를 강물에 뜬 달, 강물에 찍힌 달로 본다. 강물에 뜬 달은 강물이 출렁이면 파도에 찌그러진다. 분명 영향을 받는다. 천 개의 강물이 다 각자의 상황이 있어 각기 다른 달모양으로 그때그때마다 이지러지며 존재한다.

흔히 자신이라 여기는 이 개아달은 분명 육신이라는 물과 환경이라는 세파에 찌든다. 다만 물이 고요하면 둥근 달이 그대로 투영되듯이, 자신을 고요히 하고 행위인 업을 줄이고 소멸하면 둥근 본래의 달모양이 드러난다. 그러므로 고요와 선정을 닦는 수행방법이 생겨났고 효과가 있었다. 그러나 굳이 그렇게 하지 않아도 그 개아달의 원천은 유일한 하늘달로, 천상월은 지상의 조건에 구애받지 않고 여여히 존재한다. 프리즘을 통과한 빛이 일곱 색깔을 나타내듯, 육신에 깃든 신성이 정신이 되고 형체에 비춰 든 본심이 자아가 되는 것이다. 프리즘이 없으면 무지개도 사라지고, 육체가 죽으면 정신도 흩어져 종적이 없어진다. 하지만 화신이 사라지는 것이지 법신이 멸하는 것은 아니다. 사후뿐 아니라 생전에도 우리의 의식은 보다 큰 빛인 태양에 조응하여, 낮과 밤을 따라 매일 깨어나고 잠들며 피고 지기를 계속한다. 빛과 정신이 연동되어 나팔꽃처럼 아침에 피었다 저녁에 지는 것이다. 과학자들이 실험한 것처럼 잠을 자지 못하게 하면 괴로워하다가 정신이상상태가 유발된다. 눈에 보이는 밧줄이나 선은 없어도 서로 묶여 있고 연동되어 있는 것이다. 이집트 사후이야기에도 나오듯이 우리의 정신이 자신의 출처인 태양을 만나는 것이다.

개아달이 비록 강물의 상태에 따라 이지러지고 물이 마르면 자취를 감추지만, 그의 본향이 천상월인 것처럼 정신의 근원은 신성이며 마음의 본래면목은 본심이다. 프리즘을 통과하는 빛이 프리즘의 상황에 맞추어 무지개라는 모습으로 현현하듯이, 육신에 깃든 신성이 육체조건에 맞게 정신이라는 모습을 띠는 것이다. 그러므로 조건심의 본 모습은 본심이며, 조건에 영향을 받고 있고 조건에 따라 생멸하는 조건심도 알고 보면 본심의 작용일 뿐이다.

마조

이러한 작용을 사용하여 마음을 깨닫게 한 사람이 바로 마조이다. 그의 종宗을 참선종파를 나누어 오가五家와 칠종七宗으로 분류한 오가 칠종 중에서 '홍주종洪州宗'이라고 하는데, 홍주종의 특징이 작용을 통해 체상을 깨닫게 하는 것이다. 용用에 특히 능했던 마조임을 실감할 수 있는 일화가 하나 있다.

어느 날 찾아온 덩치 좋은 무업스님을 보고 마조스님이 말하였다.

"몸은 우람한 법당인데 그곳에 부처가 없구나."

그러자 무업스님은 절을 한 후

"경전은 널리 보았으나, 선문에서 마음이 부처라 하는데 그것을 잘 모르겠습니다."

이에 마조대사가 대답하였다.

"알지 못하는 그 마음이 바로 그것이지, 다른 것은 없다."

알아듣지 못한 무업이 다시 물었다.

"달마대사가 서쪽에서 와서 전한 심인心印은 무엇입니까?"

그러자 이번에는 마조대사가 귀찮다는 듯이 말하였다.

"정말 소란스럽군. 우선 갔다가 다음에 다시 오게."

무업스님이 할 수 없이 일어나 나가자, 마조대사가 다시 불렀다.

"이보게?"

무업스님이 고개를 돌렸고, 그때 마조가 다시 물었다.

"이뭣고?"

그 말을 듣고 무업스님이 깨달았다.

'이보게?' 할 때 '네.' 하고 대답했다면 '네.' 하고 대답하는 그 놈은 무엇인가? 고개를 돌리면 고개를 돌리는 그 놈은 무엇인가? 하고 묻는 것이다. 이렇듯 말과 몸짓으로 '나타나는 마음', 즉 용用을 잡아 도를 깨닫게 하는 비상한 재주가 마조에게 있었다.

강물달의 원천이 천상달이니, 강물달이 알고 보면 천상월이다.

마치 그림자가 형체에서 비롯되었듯이, 개아가 사실은 진아에게서 비롯되었으니 둘은 뗄래야 뗄 수 없는 관계이다. 형체의 땅바닥에서의 일이 그림자인 것처럼, 본심의 육신에서의 일이 일상사 행주좌와어묵동정行住坐臥語默動靜임을 마조는 잘 알고 있었다. 그래서 마조는 행주좌와어묵동정을 자유자재로 쓸 수 있게 되었다. 정말 능수능란한 선기禪機요, 자유자재한 접인接人이었다.

'심즉불'이라는 플래카드 아래에서.

그러나 마조도 다만 속알맹이 없이 용사用事만 했다면 머리없고 여의주없는 몸통용이 미쳐 허우적거리는 것밖에 안 된다. 심즉불이 횡행하자 이런 겉만 보는 무리들이 나타났고 기발한 마조는 이번에는 '마음도 아니고 부처도 아니다'라는 비심비불非心非佛을 외치기 시작하였다. 여기 참된 심즉불心卽佛의 도리가 무엇인지 알려주는 일화가 하나 있다. 마조스님의 젊은 제자가 홀로 초막에서 조용히 살아가는

대매법상스님을 찾아가 물었다.

"이전에 마조스님을 만나 무슨 도리를 얻었기에

이 산중에 숨어서 사십니까?"

"마음이 곧 부처라 했기 때문이네."

이에 제자가 대답하였다.

"마조선사는 이미 달라지셨습니다. 요즘은 〈마음도 아니고 부처도 아니다(非心非佛).〉라고 가르칩니다."

그러자 법상스님이 단호히 소리쳤다.

"그놈의 늙은이가 사람을 홀리고 있다. '비심비불'이라고 하건 말건 나는 오직 '즉심즉불'이다."

이 말을 전해들은 마조스님은 감탄을 하며 말하였다.

"매실이 다 익었구나."

대매산에 기거하고 있었기에 대매스님이라고 하였으며, 마조는 매실이 익었다는 표현을 쓴 것이다. 그리고 깨침없는 겉치레의 용用이 아닌, 해탈이 빠진 알음알이가 아닌, 그림자를 보고 바로 형체를 깨닫는 진용眞用을 가려냄이 청풍을 일으켜 빈 허공중에서 구름을 추출하듯 예리하다. 개아달과 천상월 사이에서 바로 아는 각옥覺玉과 헤매는 매석昧石들을 보고 눈밝은 선사는 정확히 옥석을 가린다. 이러한 것들이 선종에서 보는 개체와 전체의 관계이다.

도는 개체의 상황에 관계없이 그대로이고, 본마음은 조건심에 상관없이 해탈자라는 것이 간명한 직지直指이다. 이러한 깨달음을 '돈오頓悟'라 부르고, 한 번 뛰어 곧바로 부처의 땅에 간다고 하여 '일초직입여래지一超直入如來地'라고 명명한다. 그래서 선사들은 손을 들어 오직 달만 가리킨다. 그러나 범부는 달을 보지 않고 여전히 손가락만 쳐다보고 있다. 깨닫는다고 해서 개아심과 육신의 일이 없다는 것이 아니다. 다른 사람과 똑같이 고통을 느끼고 똑같이 죽는다. 또 그 개아심과 육신을 보고 깨달을 수도 있다. 눈이 밝다면 말이다. 그러나 범부들은 자기가 저지른 생각에 자신의 본마음을 잃어버린다. 자승자박되어서. 실로 안타까운 일이다. 자기 관조의 수행이 절실한 이유이다. 깨달은 사람도 일상사에서 범부와 다를 것이 없지만, 그들에게는 자유라는 보이지 않는 무엇이 하나 더 있다. 그것은 허공을 닮았다.

'만리무운만리천', 푸른 하늘이 그들과 함께 있는 것이다. 다른 사람이 자기구름으로 다른 사람 구름만 파고 있을 때.

여기 푸른 하늘을 보지 않고 자신의 구름을 성실히 파기에 급급한 한 사람이 있다. 마조馬祖이다. 정확히 말하면 아직 깨치지 못한 마조이다. 다시 마조의 이야기를 하는 거지만 앞뒤가 바뀌었어도 이것은 너무 중요해서 이야기를 안 할 수가 없다. 바로 심즉불왕 마조가 깨닫는 부분이기 때문이다. 너무나 진지하게 허리를 곧추세우고 근엄한 표정으로 좌선하는 마조를 보고, 스승 남악 회양선사는 노인네 걸음으로 걸어가 그 옆에서 기왓장을 갈기 시작한다. 열심히 정진하던 마조가 뭔가 쓱싹쓱싹거리는 소리에 실눈을 뜨고 곁눈으로 보면서 말한다.

"무엇을 하십니까?"

"기와를 갈고 있는 중이네."

"기와는 갈아서 뭐 하시게요?"

"거울을 만들려고 한다네."

마조는 피식 웃으며 말하였다.

"기와를 간다고 거울이 됩니까?"

스승이니까 차마 '바보같이'라는 말은 못하고 가당찮다는 얼굴로 여전히 빳빳이 허리를 곧추세우고 자세를 잡고 있는 마조를 보고 스승이 말하였다.

"그렇게 앉아만 있다고 부처가 되느냐?"

그제야 정신이 번쩍 든 마조가 물었다.

"그럼 어찌해야 합니까?"

"소달구지가 가지 않으면 수레를 때려야 하느냐? 소를 때려야 하느냐?"

스승이 그렇게 되묻자 마조가 깨달았다.

참으로 재치발랄하고 그림이 그려지는 멋진 현장 퍼포먼스이다. 6조 혜능 뒤에 말 한 마리가 천하를 짓밟으니 바로 마조 도일선사이다. 이 말은 내 말이 아니고 조사어록에 나오는 말이다. 그 정도로 마조의 등장은 스승의 조용한 퍼포먼스와는 대비적으로 포스작렬이었다. 비로소 마음의 법이 지평선에 욱일승천하여 천하를 찬란히 비추기 시작한 것이었다. 마조의 제자 중에 백장스님이 있었는데, 이렇게 마조에 의해 커진 선종을 독자적으로 기성 불교에서 분리하기 시작하였다. 그래서 아예 부처상을 모시지 않은 선원과 법을 설하는 법당을 갖추고 자급자족의 운영체계를 구비하였다. 수행정진과 노동을 적절히 배합하고는 되도록 소욕지족하며 자급자족하게 하였다.

"일하지 않으면 먹지도 말라."

"밥값을 하라."

백장스님의 유명한 말들이다.

그리고 자신 스스로도 일하지 않으면 먹지 않았다.

하루는 늙은 백장스님이 힘드실 듯하여 제자들이 그의 호미를 감추어 버렸다. 일을 못한 백장스님은 그날 굶었다.

이렇게 하여 선이 중국에 제대로 뿌리내리게 되었고, 임제라는 걸출한 선승을 내고 불교의 정수적 지혜로 마침내 우뚝 섰다.

이 전통이 지금까지 여러 모습으로 전승되고 있다. 절에 가면 대웅전을 신도들이 법당이라고 하는 경우가 더 많다. 그 이유는 오늘날 한국불교의 대부분인 조계종이 선종이어서, 선종에서 선사스님들이 법을 설하는 법당을 부처님이 법을 설하는 대웅전에 그대로 덧씌워 사용하였기 때문이다. 통합종단이며 사찰건물 등 한국불교 전통의 대부분을 물려받은 관계로 일반인들에게는 조계종 절이 기도하는 곳인 줄로만 알지만, 그 보이지 않는 힘은 바로 정진대중이며 선원이다.

임제

임제로 돌아가자.

선의 목적이 자유임이 임제에 와서 역력히 드러났다. 즉 스승에게 맞으면서 스스로에게 허물이 있다고 규정하며, 마음을 자승자박한 임제가 대우스님과의 문답에서 마음을 자유롭게 한 것이다. 일차로 자신의 아상我相을 넘어선 것이었다. 그리고 적수단도로 살불살조한다는 그의 종풍에서 보듯이 자신을 덮고 있는 집단의식까지도 통쾌하게 치워 버린다. 『금강경』으로 말하면 인상人相을 넘어선 것으로 인간의 탈을 벗어버린 것이다. 그래서 그런지 지나치게 사자흉내를 내며 사자포효소리 '할'을 많이 하였다. 물론 이것은 농담이다. 요즘 젊은이들 사이에서는 어이상실일 때 '헐'이라고 한다.

'아 다르고 어 다르다'는 말처럼 '임제할'은 평지에 풍파가 일어나듯 놀라게 하며 역동적이고, '젊은헐'은 반대로 놀라며 맥빠지는 모양이다. 다시 인간으로 돌아와서 우리는 신마저도 인간의 모습으로 만들어야 직성이 풀리는 집단인간상을 가지고 있다. 이처럼 우리의 마음은 개인의 조건에도 묶이지만 집단의 조건에도 구속된다. 개인무의식과 집단무의식이 겹겹으로 우리를 덮고 있는 것이다.

한 사람이 설사 자신의 생사에 초연할 수 있어도, 민족이나 종교나 이념 등에 사로잡혀 여전히 진정한 마음의 자유를 얻지 못할 수가 있다. 지금 세계 곳곳에서 자행되고 있는 광신행위와 테러, 그리고 과거 인류들이 이념을 앞세워 저지른 학살들을 보면 집단무의식이 얼마나 큰 장벽이 될 수 있는지 알 수가 있다. 왜 큰 장벽이냐 하면, 자기희생 가운데 스스로 정당성을 갖기 때문에, 자승자박을 당하고서도 옳은 것이라 여기는 탓이다. 물론 전에 말한 것처럼 외부세계뿐 아니라 자신의 무의식과 육체도 자신이라는 테두리 안에 있을 뿐이지 실은 집단과거들이다. 선가禪家에 이런 말이 있다.

장부자유충천지丈夫自有衝天志
막향여래행처행莫向如來行處行
장부에게 스스로 하늘을 찌르는 기개가 있거늘,
어찌 부처가 간 길을 내가 가랴.

'불향여래행처행'이라고도 하는데 같은 의미이다.

또 운문스님에게 '부처가 무엇입니까?' 하고 물으니 '똥막대기다'라고 하였다. 모든 종교는 교주를 중심으로 열손가락을 모은 것처럼 꽃봉오리같이 모여 있다. 이것은 자칫하면 집단무의식을 만연시킬 수 있다.

선종禪宗은 마음의 진정한 자유는 그 안에 들어 있을 경우 알기 어려운 이 집단무의식마저 떨쳐버려야 한다고 설파한다. 흔히 '파격破格'이라고 부른다. 꽃잎들이 가지런히 봉오리를 향해 접혀 있을 때 하나의 꽃잎이 옆으로 삐져나와 미리 피어 있는 모양이다. 소위 '선개지수先開之秀'라고 하는 선개先開의 빼어남이다. 스님들을 흔히 출격대장부出格大丈夫라고 부른다. 그물에 걸리지 않는 새처럼 세상의 격식을 벗어난 자유자재인이란 말이다. 마음의 진정한 자유를 찾아 불교에 출가한 스님이 불교에 다시 묶인다면, 게다가 부지불식간에 물들어 자신이 그렇게 묶였는지조차 모른다면 진정한 자유인이라고 할 수가 없다. 이미 물든 것이다.

잠 예찬

탈출시, 수면시를 하나 읽고 가자.

불이 풀려 적정이 되도다.
의식빛을 풀어 어둠 속에서 편히 잠드는 자
정신의 빛타래를 풀었도다.
별처럼 흩어진 빛들이
다시 꿈의 오로라가 될 때까지

적멸궁寂滅宮에서 쉬리라.

요즘 힐링을 한다고 템플스테이를 많이 한다. 사람들은 잠을 자고 나면 몸과 마음이 개운해지고 힐링이 된다.

자기스테이를 해야 한다는 말이다. 깊은 산사에 가서 템플스테이를 하더라도 외부의 일에만 관심이 있으면, 잠잘 때 계곡이 그렇게 시끄러울 수 없고 참선시간에 새소리는 그렇게 쫑알댈 수가 없다. 물론 자기 생각이 제일 시끄럽다. 아무리 악인이라도 잠잘 때는 선해진다.

마지막으로 옆길로 가서 잠을 살짝 엿보자.

현대인들은 밤늦게까지 일하거나 놀고 아침에 일찍 출근을 하거나 학교에 가는 경우가 많다. 잠이 부족하다. 그래서 '잠의 예찬'을 적고자 한다. 잠은 업장소멸의 시간이다. 불면증에 시달리는 현대인들이 많은데, 업장소멸을 제대로 못한 채 새로운 하루를 맞이하는 격이다. 그리하여 피곤한 심신과 게슴츠레한 눈으로 세상을 마주하여 살아도 사는 게 아닌 경우가 많다. 잠이란 그냥 자는 것이 아니다. 희로애락을 잠재우고 불안과 두려움과 괴로움을 잠재우며 번뇌와 과로와 피로를 잠재우는 것이다. 그러나 희로애락과 번민과 불안, 두려움 때문에 오히려 잠을 못자는 사람들이 많다. 그때는 기도하라.

"나의 이 희로애락을 잠재우려 합니다.

나의 이 불안과 두려움을 잠재우려 합니다.

나의 이 괴로움을 잠재우려 합니다.

나의 이 피로를 잠재우려 합니다.

잠 속에서 비로소 그들이 가라앉고 소멸되고 사라지기 때문입니다.

나는 지금 희로애락과 불안과 두려움과 번민과 괴로움과 피로를 가득 안고 있습니다. 이 아기들을 육신의 방에서 재우기 위해 잠을 청합니다. 잠의 은혜를 입기 위하여 괴로움들과 두려움과 피로들이 육신의 사원에 들어 있으니 같이 있는 것은 당연합니다. 그들은 나의 신도들입니다. 나의 일은 그들을 거부하고 내치려고 하는 것이 아니라, 오히려 그 괴로움과 두려움과 피로들을 그대로 안고 잠으로 데려가서 그들을 치유하고 다시 평안과 생기로 바꾸는 것입니다. 잠은 내침이 아니라 수용이며 포용의 시간입니다. 괴로움에 괴로워하고, 두려움에 두려워하고, 불안에 불안해하고, 피로함에 피로해하며 잠 못드는 시간이 아닙니다. 이제야 비로소 괴로움과 두려움과 불안과 피로들을 진정 내 것으로 보고 받아들이고 씻어주는 때가 온 것입니다.

그래서 기도합니다. 어둠에 덮이며 산들이 자기의 분명한 모양이 약화되고 한 어둠이 되어 쉬듯이, 괴로움과 두려움과 불안과 피로함과 일체 희로애락들이 잠에 덮여 자신들의 집착과 강렬함이 약화되며, 침묵 속에서 고요와 거룩함으로 변모되고,

내일 아침 새 꿈으로 펼쳐지기를 바랍니다."

잠은 그야말로 고요한 밤, 거룩한 밤, 어둠에 묻힌 밤이다. 우리들이 잠꾸러기라고 하면 게으른 사람으로 나쁘게 여기는 경우가 많다. 잠 못 자는 사람이 오히려 문제가 있는 사람이다. 아이와 청소년기의 소년 소녀들은 잠이 많다. 다들 크느라 그렇다고 말한다. 반대로 노인이 되어가면 잠이 적어진다. 재생능력이 떨어지는 것이다. 이것만 보아도 잠 못 자는 것이 병이지, 잠 잘 자는 것은 나쁜 것이 아니다.

그리스 신화에서 미의 여신 아프로디테는 더 아름다워지고 젊어지고자 후일 아들 에로스의 부인이 되는 프시케를 시켜 명부의 왕 하데스의 왕비 페르세포네에게서 미와 젊음의 묘약을 구해오게 한다. 절대로 열어 보지 말라는 말에 판도라의 상자처럼 프시케가 열어 보게 되었는데 그곳에서 영원한 잠이 튀어나왔다. 영원한 잠은 죽음의 다른 말인데, 프시케는 영원의 잠을 덮어 썼지만 다시 되살아난다. 나비로 표현되는 프시케가 영혼을 상징하기 때문이다. 잠이 재생과 아름다움을 회복시켜 주는 것을 보고 그런 이야기가 전승된 것이다. 실제로 우리 영혼과 마음은 잠의 어둠 속에서 다시 재생되고 새로워진다. 안 그래도 예쁜 프시케가 더 예뻐졌을 것이다. 미인은 잠꾸러기라는 말이 있는데 도인도 잠꾸러기이다. 잠에 점 하나를 찍으면 참이 되고 한 글자를 더 붙이면 참선이 된다.

참선과 잠의 차이는 딱 하나이다. 좌선은 마음이 깨어 있지만 산란하지 않은 채, 육체 속의 숨결의 흐름을 느끼는 것이다. 어둠 속의 바람을 달이 느끼는 것과 같다. 이때 골반이 내려지고 인체의 땅인 엉덩이는 대지와 붙어 한 덩어리가 되며, 아랫배에서 숨이 흐르고 육체가 산으로 느껴진다. 잠은 달이 빠진 그믐밤이다. 좌선이 최선이지만 돌아다니는 운명을 안은 일반 인간들에게는 좀 버거운 일이라 누워 잠드는 차선이 일반적이다. 잠은 자음滋陰이다. 자음은 음陰을 보충하고 기른다는 말이다. 겨울을 맞이한 나무의 모습을 보면 잘 알 수 있다. 생각의 가지에 물길을 끊고 번뇌엽煩惱葉을 모두 떨어뜨린 채, 뿌리로 돌아가 몸통을 살찌게 한다. 이 겨울나무의 행위가 대표적인 자음이다. 명상과 잠도 겨울상이다. 안으로 생각의 파장애波障礙와 밖으로 가시광선의 창칼을 피하여 방에 들거나 대지에 의탁하여 쫓김을 쉬는 잠이 인간들의 자음이다. 생각을 고무줄 늘이듯이 늘이며 과거·현재·미래로 달려가는 일을 멈추고, 지금 순간에 충실하게 하는 것이 자음을 얻는 데 매우 중요하다. 생각이 과거로 달려가면 우울에 빠지기 쉽고, 미래로 달려가면 불안해지기 쉽다. 우울과 염려·불안의 버릇을 버리고 '지금 순간'에 충실히 하는 것은 흩어지고 산만해진 생각들을 모으는 첫걸음이다. 고무줄을 놓는 행위와 같다. 이런 마음자세는 마음이 그대로 후유증 없는 수면제가 되게 한다. 반대로 아침에 깨어날 때는 마음이 최고의 각성제 역할을 해준다.

잠이 시작되면 손발이 따스하고 포근해진다. 정신에 따라 머리와 몸의 상부와 중앙으로 몰리던 피가 정신이 놓이면서 강제 유도와 뭉침이 풀려지고 사지로 순순히 흘러가기 때문이다. 자연히 하부와 사지가 충실해지고 자음이 시작된다.

그런 의미에서 자기와 긴장과 특별남을 놓는 잠과 명상은 심신을 조화롭게 하고, 또 지난 업장을 덜어주고 소멸시켜 주는 천연약天然藥이다. 적멸궁에서 쉬는 길은 이렇게 태양불을 풀어 별빛이 되게 하는 것이다. 의식의 뭉쳐진 특별남을 풀어 대지같이 평평하게 하는 것이다. 이때 좌선상坐禪相은 적멸궁의 모습이 된다. 오시리스의 실존인물인 붓다는 희로애락을 청정심으로, 번뇌망상을 적정열반으로, 분별심을 정등정각으로 데려가는 법을 지상생명들에게 일평생 동안 설파하였다.

경허

양무제가 '불교에서 제일가는 것이 무엇입니까?' 하니 달마가 '확연무성廓然無聖, 툭 트여 따로이 성스러운 것이 없다.'라고 대답하였다.

성스러움과 비속함이라는 높고 낮음의 차이가 있으면 이미 도가 아니다. 부처와 중생이 있으면 본래자리가 아니다.

한국조계종을 사실상 다시 연 근세의 불세출의 선승, 경허스님은 이 성속일여聖俗一如, 진속불이眞俗不二를 온몸으로 실천하여 당시에 오늘날 종정스님보다 더 추앙을 받았다. 그러나 말년에는 박난주로 개명하고 속인이 되어 함경도 삼수갑산에 가서, 마을 훈장노릇을 하다 소리없이 평범하게 입적하였다. 그의 행적을 소설가 최인호씨가 출판한 적이 있다. 경허스님은 아홉 살 때에 과천 청계사에서 출가하여 한학과 불경을 익혀, 1871년에는 동학사의 강사로 추대되었고 따르는 문하가 70~80인에 이르렀다. 서른 살 초반에 은사인 계허스님을 만나러 청계사로 가다가 천안에서 심한 폭풍우를 만났는데, 전염병이 돌아 마을사람들이 문을 열어 주지 않아 비를 피하지 못하고 처마 밑을 전전하였다. 마을 밖 큰 나무 아래에서 옴짝달싹 못한 채 밤새 시달리다가, 경전만 보며 생사가 하나라고 떠들었던 것이 죽음 앞에서는 아무 소용이 없음을 절감하고는 다 버리고 조그마한 방에서 정진에 몰두하였다. 그때 든 화두가 '노사미거驢事未去 마사도래馬事到來'였는데 '나귀의 일이 끝나지 않았는데 말의 일이 와 버렸다'는 말이다.

한참 대강백으로 잘 나가고 있는데 전염병이라는 모습으로 저승사자가 코앞에 닥쳐버리니, 눈앞이 캄캄해지고 모든 게 끝장나버렸던 자신의 상황과 너무나 잘 맞아 떨어진 대의문이었다. 뒷말로 "이 일을 어이할꼬?"를 붙이면 누구나 살면서 한번쯤은 겪는 일이다. 다만 경허스님에게는 지금까지의 자신의 삶을 바꿔놓는 큰일이 되었는데, 이것을 '기연機緣'이라고 한다. 폭풍우 치는 칠흑 같은 밤 속에서 전염병의 저승사자가 바람소리 따라 사방으로 날뛰며 다니는 중에, 집도 절도 없이 큰 나무 밑에서 한 발짝도 움직이지 못하고 덜덜 떨고 있었으니, 얼마나 마음의 자유가 뼈저리게 구속을 받았겠는가!

그래서 깨닫고 나서 '삼천대천세계가 내 집인 줄 알았다'라는 오도송이 나온 것이다. 그때 묶인 마음이 깨달았을 때 비로소 풀린 것이다. 마음이란 참 요상한 것이다. 밧줄도 없는데 그렇게 튼튼히 묶여 오래오래도 간다. 그리고 풀릴 때는 봄눈 녹듯이 어느 순간에 녹는다. 경허스님의 이런 심기일전은 유별날 정도로 뚜렷하게 드러난다. 너무 기분이 좋아 하늘을 보고 앙천대소하고, 빈 배같이 떠돌면서 인연 따라 지나치게 방광放光하다 보니 발광이 되어버려 후학들이 지랄지랄(?)하였다. 하지만 그의 묶임과 풀림은 너무나 극적이고 앞뒤가 딱딱 맞는다.

한번 풀려난 그의 마음은 가지 못하는 곳이 없었고, 어떤 이름이나 격식이나 도덕에 매이는 바가 없었다. 스스로 절간과 세속을 옆집 드나들 듯이 자유자재로 넘나들며 모두가 자신의 집임을 온몸으로 보였고, 자신이 얻은 명예에 머무는 법 없이 스스로 속인이 되어 생을 마감하였다. 그리고 임종시에도 너무나 당당하게 '이 무슨 물건인고?' 하며 저 세상으로 걸어갔다. 마치 영화 〈캐리비안의 해적〉에서 조니 뎁이 흔쾌히 괴물 입속으로 뛰어 들어 가듯이 평소처럼 주저없이

'여긴 뭐하는 덴고.' 하면서 옆집 가듯이 갔다.

아래가 경허스님 임종게이다.

"마음 달이 외로이 둥글게 빛나니(心月孤圓)
빛이 만상을 삼켰도다(光呑萬像)
빛과 경계를 함께 잊으니(光境俱忘)
다시 이것이 무엇인고?(復是何物)"

천하영웅을 말할 때 흔히 진시황을 말한다. 그러나 나는 진시황을 천하의 겁쟁이로 본다. 물론 총명하면서도 겁많은 사람이 세상에 대해 주의 깊게 살펴 큰일을 해내는 경우가 많으므로 나쁜 것이 아니다.

절대무인 최배달도 오줌싸개라는 소리를 들을 정도로 겁쟁이였다. 그러한 콤플렉스를 넘어서기 위해서 지독한 수련을 하여 최강의 무인으로 우뚝 섰다. 그의 강한 면은 아이러니하게 약함이 만든 것이었다. 영웅과 겁쟁이는 종이 앞뒷면인 셈이다. 번뇌와 장애가 열반과 해탈을 만들고, 고해가 극락을 만든다. 그래서 보왕삼매론寶王三昧論에 '십대애행十大碍行'이 있다. 소개하면 아래와 같다.

"염신불구무병念身不求無病
몸에 병이 없기를 바라지 말라.
몸에 병이 없으면 탐욕이 생기기 쉽나니,
그래서 성인이 말씀하시되
'병고病苦로써 양약良藥을 삼으라' 하셨느니라.

처세불구무난處世不求無難

세상살이에 곤란함이 없기를 바라지 말라.

곤란이 없으면 업신여기는 마음과 사치한 마음이 생기나니,

그래서 성인이 말씀하시되

'근심과 곤란으로써 세상을 살아가라' 하셨느니라.

구심불구무장究心不求無障

공부하는데 장애 없기를 바라지 말라.

마음에 장애가 없으면 배우는 것이 넘치게 되나니,

그래서 성인이 말씀하시되

'장애 속에서 해탈을 얻으라' 하셨느니라.

입행불구무마立行不求無魔

수행하는데 마군이 없기를 바라지 말라.

수행하는데 마군이 없으면 서원誓願이 굳건해지지 못하나니,

그래서 성인이 말씀하시되

'마군魔軍으로써 수행을 도와주는 벗을 삼으라' 하셨느니라.

모사불구이성謀事不求易成

일을 꾀하되 쉽게 되기를 바라지 말라.

일이 너무 쉽게 되면 뜻을 경솔한 데 두게 되나니,

그래서 성인이 말씀하시되

'여러 겁을 겪어서 일을 성취하라' 하셨느니라.

교정불구익아交情不求益我
친구를 사귀되 내가 이롭게 되기를 바라지 말라.
내가 이롭고자 하면 의리를 상하게 되나니,
그래서 성인이 말씀하시되
'순수함으로 사귐을 길게 하라' 하셨느니라.

어인불구순적於人不求順適
남이 내 뜻대로 순종하여 주기를 바라지 말라.
남이 내 뜻대로 순종해주면 마음이 스스로 교만해지나니,
그래서 성인이 말씀하시되
'내 뜻에 맞지 않는 사람들로서 원림園林을 삼으라' 하셨느니라.

시덕불구망보施德不求望報
공덕을 베풀면서 과보를 바라지 말라.
과보를 바라면 도모하는 뜻을 가지게 되나니,
그래서 성인이 말씀하시되
'덕 베푼 것을 헌 신짝처럼 버리라' 하셨느니라.

견리불구점분見利不求霑分
이익을 분에 넘치게 바라지 말라.
이익이 분에 넘치면 어리석은 마음이 생기나니,
그래서 성인이 말씀하시되
'적은 이익으로써 부자가 되라' 하셨느니라.

피억불구신명被抑不求申明
억울함을 당해서 밝히려고 하지 말라.
억울함을 밝히면 원망하는 마음을 돕게 되나니,
그래서 성인이 말씀하시되
'억울함을 당하는 것으로 수행의 문을 삼으라' 하셨느니라.

이와 같이 막히는 데서 도리어 통하는 것이요 통함을 구하는 것이 도리어 막히는 것이니, 부처님께서도 저 장애 가운데에서 보리도菩提道를 얻으셨느니라. 저 앙굴마라와 제바달다의 무리가 모두 반역된 짓을 했지만, 우리 부처님께서는 그들에게도 모두 수기授記를 주셔서 성불케 하셨다. 그러므로 어찌 저들의 거스름이 나를 순종함이 아니며, 저들이 방해한 것이 나를 성취하게 함이 아니리요!

요즘 세상에 도를 배우는 사람들이 만일 먼저 역경에서 견디어 보지 못하면 장애에 부딪칠 때 능히 이겨내지 못해서 법왕의 큰 보배를 잃어버리게 되나니, 이 어찌 슬프지 아니하며 슬프지 아니하랴!"

원림園林은 말 그대로 사는 집앞의 정원 나무들이니 늘 가까이 두고 지내라는 말이다. 그래서 흔히 "내 뜻에 맞지 않는 사람들로서 이웃을 삼으라 하셨느니라."라고도 번역한다. 이렇게 장애와 콤플렉스는 잘하면 성취의 최고 견인차이다. 만일 세상에 고苦가 없으면 누가 도를 닦아 해탈하겠는가! 경허스님도 죽음에 식겁했으니 대해탈인이 된 것이다. 그러나 진시황은 끝까지 겁쟁이였다. 요게 문제다.

어렸을 때부터 볼모로 잡혀가 늘 목숨의 위협을 받고 자란 진시황은 후에 왕이 되어 법치로 진나라를 강하게 만들었다.

공자가 주나라로 돌아갈 것을 외치며 왕도정치로 춘추전국의 난세를 끝내고자 하였으나, 정작 패자와 왕들에게 먹힌 것은 진나라의 군대였다. 진시황은 현실적인 접근으로 난세를 종식시킨 영웅이었다. 천하통일을 달성하고도 가혹한 법의 통치로 일관한 진시황은 수많은 사람을 죽이며 원성을 샀다. 그래서 그는 수많은 암살의 위협을 겪었고 그의 생존본능은 더 강화되었다. 하다못해 그 훌륭한 아방궁을 지어놓고도, 자객의 살해를 피해 이리저리 다니며 정사를 보았다. 또 진시황은 군대를 이끌고 순행을 많이 하였다. 그 이유는 중앙에서 관리를 보내 직접 통치하는 군현제를 실시했는데, 지방 토호들과 호족세력들이 중앙에서 파견한 관리들을 우습게볼까봐, 중앙세력을 과시하고 상기시킬 정치적 필요가 있었기 때문이었다.

이런저런 이유로 진시황은 길거리 황제였고 생의 현장에 끌려 다녔으며 결국 길거리에서 죽었다. 이렇게 생에 집착한 진시황은 생전에 상살한 사람들이 죽어 원혼이 되어 자신을 괴롭힐 것을 두려워하여, 현생의 부귀영화를 두고 죽기를 거부하였다. 그래서 불로초를 구하여 먹고 현세에서 계속 살기를 꿈꾸었다. 공포의 군대로 온 천하를 다 다녔지만, 죽음의 땅에는 단 한 발자국도 들여놓기 싫었던 것이다. 공포의 진나라 군대를 실질적으로 궤멸시킨 천하장사가 바로 항우이니 항우도 대단하다. 오죽했으면 사마천이 제왕이 못 된 항우를 황제반열의 「본기本紀」에다 서술했겠는가.

아무튼 아무리 위대하고 훌륭한 왕도 죽음을 피할 수는 없다.

결국 진시황은 죽었고 죽은 뒤에 원혼들의 침노를 막기 위하여 생전과 똑같이 군대 속에서 잠들었다. 오늘날 진용들이 그것이다.

지금은 그의 무덤이 대단한 유적이 되어 관광객들의 발길이 끊이지 않는 명소가 되었다. 마지막까지 겁을 안고 군대 속에서 죽었으니 보기 드문 진정한 겁쟁이이다.

경허스님의 참선곡 첫구절은 명문 중의 명문이다.

"홀연히 생각하니 도시 몽중이로다.
천만고 영웅호걸 북망산의 무덤이요,
부귀 문장 쓸데없다 황천객을 면할소냐!
오호라 이내 몸이 풀끝의 이슬이요, 바람 속의 등불이도다."

경허스님은 깨닫고 겁을 상실하였다.

이승저승 합하여 제일 심장이 튼튼한 존재는 염라대왕이다. 죽을 때 얼마나 발광하고 고함치는가! 그 악에 받친 소리를 그렇게 많이 듣고도 의연히 심판의 직책을 수행하니 그야말로 강심장이다. 그런 그의 심장으로도 어찌할 수 없는 사람이 있으니 생사에 초연하고 이승저승을 제집으로 여기는 자이다.

'삼천대천세계가 내 집인 줄 알았네.' 하면서 걸핏하면 와서 무애행을 하며 괴롭히니 염라대왕에게 가장 껄끄러운 손님이 경허스님 같은 사람이다. 경허스님은 역대의 다른 선사들과 달리 전주 출신이라서 그런지 입전수수를 현실에서 온몸으로 보여주었다.

비록 막행막식의 스타일이었지만, 그의 행장은 대자유인이 어떤 모습인지를 보여주기에 충분하였다. 특출났던 중국선사들도 민망하여 몸을 빼고 문답 가운데 마음에서 마음으로 전하는 '이심전심以心傳心'에 만족했는데, 경허스님은 아예 대놓고 '이신전신以身傳身'을 남발하였다. 자유자재하고 평등한 깨달음으로 돌아가 보면 부처님의 깨달음도 '무상정등정각'이라고 하여 차별이 없다. 성聖과 속俗, 깨달은 자와 깨닫지 못한 자, 즉 부처와 중생의 차별이 있어서는 본래자리, 본지풍광도 아니고 진정한 자유도 아니며 돈오頓悟라 할 수도 없다. 수행이란 스스로에게 깊이 들어가 만유와 통하는 것이다. 그리하여 걸림없는 대자유를 얻는 것이다. 그러므로 자신의 아상이든 집단무의식이든 그 무엇의 껍데기라도 훌훌 벗어던져야 한다. 부처가 간 길을 가지 않겠다는 표현은 어디에도 구애됨이 없이 스스로의 길을 가고 스스로를 완성하겠다는 말이다. 그래서 임제도 '추호도 바깥을 좇지 말라.'고 한 것이다. 너의 사팔뜨기 눈이 너의 본마음을 먹어버릴 것이다. 임제뿐 아니라 사실 부처님도 유언으로 "자신에 의지하고 진리에 의지하라. 자신을 등불로 삼고 진리를 등불로 삼으라."고 하셨다. 붓다 자신을 의지하라고 하지 않고, 스스로의 자기 자신을 바다 가운데 섬으로 여기고 오직 자신을 밝히라고 한 것이다.

그래서 지 갈 길 간다는 망나니 같은 말이지만, 제대로 '부처님의 은혜를 갚은 말이다'라고 하는 것이다.

임제는 어느 누구보다도 사자후로 이러한 종풍을 확립했고 앞서 말한 대로 천하를 석권하였다. 그리하여 자유와 해탈을 꿈꾸는 모든 이들의 이정표가 되어 주었다. 다시 말하면 모든 사람이 자신의 한계에 의해 자연히 자유를 추구할 수밖에 없으니 모두의 등불이 되어 준 셈이다.

게다가 임제는 초승달을 보고 보름달이 되라고 하지 않는다. 자신이 찌그러졌다고 여기는 마음, 찌그러진 것이 잘못되었다는 마음을 버리고 '있는 그대로 온전한 주체'임을 자각하라고 한다. 바꾸라고 하지 않는다. 그래서 "무엇이 부처입니까?" 했을 때 "네가 부처다, 사람이 바로 부처다."라고 한 것이다.

굽어진 것은 왜 자유로울 수 없는가?

부족한 것은 왜 온전할 수 없는가?

물은 굽은 제방이든 곧은 제방이든 흘러간다. 마음도 이 같이 어디에나 수순할 수가 있고 또 머물 수가 있는데도 우리는 탓하기에만 급급하다.

둥근 컵의 물은 둥근 모습으로, 네모진 컵의 물은 네모진 모습으로 머문다. 마음도 이런 물과 같이 수순하며 담겨 있을 수 있는데, 우리가 오히려 안절부절못하고 들들 볶아댄다.

상선약수上善若水, 최고로 좋은 것은 물과 같다는 뜻이다.

심수心水이며, 마음이 바로 '물이 간다'는 뜻을 지닌 '법法' 그 자체라는 말이다. 외적인 이름과 형상에 매여 본마음이 그렇다고 여기지 마라. 곁핍을 좇아 움직이지 말고 스스로 지금 있는 그대로 자신에게 멈춰라. 제불보살이 아무리 장엄하다 해도 눈을 감았다 떴을 때의 눈앞의 전경보다 찬란하랴! 임제는 역설한다. '수처작주 입처개진(隨處作主 立處皆眞)'하라고. "있는 곳에 따라서 스스로 주인이 되라. 그러면 서 있는 곳, 모두가 참된 것이다." 이러한 의미는 현재의 자신을

'있는 그대로' 받아들이고 당당하면 그 자리가 진리의 자리라는 말이다.

현대에 3대 '영혼의 스승'이라는 에크하르트 톨레라는 서양사람이 선불교에 감명을 받고 자신의 책제목을 『The power of now』(현재의 힘)라고 하였다. 우리나라에서는 『지금 이 순간을 살아라』로 알려졌는데, 다분히 임제의 분위기가 역력하다. '긍정하라. 미움받는 자신을 당당하게 여겨라.' 주체와 용기의 근대 아들러 심리학이 천년 전에 동양에서는 이미 풍미하였다. 개인무의식과 집단무의식 모두를 통쾌하게 날려버리고 부족한 것을 채우지도 않고, 그 자리에서 바로 온전한 것이 되게 한 임제는 '할'이라는 사자후와 '사료간'이라는 호안虎眼을 지닌 채 천지사방을 뒤덮은 압제와 미망을 떨쳐버린 누구보다도 뛰어난 자유와 해방의 선봉장이었다. 동서양에서 자유를 향한 행보가 누구보다 강렬했던 두 사람이 바로 데카르트와 임제다.

그래서 우스갯소리로 프랑스가 아무리 망폐짓을 해도 데카르트를 낳은 것만으로도 모두 용서가 되고, 중국이 아무리 후흑짓을 해도 임제를 낳은 것만으로도 봐줄 수 있다. 자유의 입장에서는.

우리나라에도 있다. 경허스님이다. 그가 아무리 망나니짓을 했어도 온몸으로 보인 자유의 행진으로 모두 용서가 된다. 그의 오도송으로 마지막을 장식할까 한다.

문득 코뚜레 낄 콧구멍 없는 소로 태어나면 된다는 말을 듣고
삼천대천세계(온 세계)가 내 집인 줄 알았네.
유월 연암산하 길에서
할 일 없는 사람이 태평가를 부른다.

홀문인어무비공忽聞人語無鼻孔

돈각삼천시아가頓覺三千示我家

유월연암산하로六月燕岩山下路

야인무사태평가野人無事太平歌

말언末言

수행은 심플하다.

정신과 육체에 대한 탐구이며 몸과 마음에 대한 실천적 궁구이다.

생로병사하는 육체는 영생불사가 꿈이고, 무지와 번뇌 망상에 사로잡히는 마음은 무지를 걷은 깨달음과 고요가 이상향이다.

몸의 장생불사의 꿈을 향해 매진해 온 인류는 텔로미어 연구로 이 이루기 어려운 꿈을 이룰 수 있는 문턱에 와 있다. 두꺼운 벽 너머를 도저히 볼 수 없을 것 같았는데 지금은 기술의 발달로 볼 수가 있다. 무엇이든지 계속 탐구하면 길이 열리는 법이다.

마음 길도 마찬가지이다. 무지와 번뇌 망상을 실천적으로 궁구한 붓다는 2,500년 전에 자각과 적멸의 심해탈心解脫을 설파했다. 인간의 신체 아래에는 영생궁이 있고 머리에는 적멸궁이 숨어 있다. 그리고 가슴에는 지복과 조화의 화엄 무애궁인 통화궁通和宮이 깃들어 있다.

수행은 이들을 일깨우는 것이다. 몸의 영생은 과학적인 진전으로 언젠가는 이루어질 것이다. 신선도에서도 추구하며 장생불사의 꿈을 지향했고 그것을 이루기 위해 여러 가지 기 수련법을 주창해 왔다. 그리고 불교에서는 말한 대로 정신의 해방과 마음의 자각적멸을 주장하며 실천적인 수행법, 선을 가르쳐 왔다. 이들은 모두 일순 허황되어 보였지만 현대에 이르러 오히려 그냥 꿈이 아니라 도달 가능한 것으로 더 인류에게 다가오고 있다.

몸과 마음이 곧 자신의 소원을 성취할 시절이 오고 있다. 몸과 마음을 가진 우리는 낮밤으로 몸과 마음을 쓰고 또 장양하며 살아간다. 지나치게 외부의 일만 쫓다가 자신 스스로의 전원인 몸과 마음을 돌보지 못하는 인생사를 살아간다. 이제라도 마음을 조금 돌려서 자신의 몸과 마음을 적멸궁과 영생궁 속에 들게 함이 좋고, 그것도 어려운 여건이면 틈을 내서 조금이나마 그 향기를 맡아 보는 것이 현명하다. 지금까지는 종교들에게서 보이듯이 몸의 영생과 마음의 고요가 따로따로 선양되었으나 자세히 보면 이 둘을 비추는 방법을 통해 마음은 청적淸寂하고 몸은 생기로 충만한 영생적멸을 동시에 성취할 수 있다. 공기를 현존하는 청정심으로 여기고 청정심과 몸을 조화시키며 관조를 깊이깊이 해 나가면 신체 하부에는 영생궁이 자리 잡고 머리에는 지혜의 적멸궁이 열린다.

인간은 그동안 남녀의 사랑으로 생을 이어 가고, 번뇌 망상과 더불어 깨어나 좌충우돌하며 살아왔다.

좌선이란 이러한 삶의 방식이 아니라 더 진화한 삶의 방식이다.

관조란 가운데로 돌아가고 중심에 안착하는 집중執中이다.

지금까지의 삶의 방식을 모두 버리라는 것이 아니라 지금의 방식에 좌선의 방식을 더하라는 것이다.

이것이 스스로가 스스로에 내리는 최고의 축복이며 가피이다.

장엄하게 앉아 있으라.

소계 전산(素溪 前山)

산중에 머물고 있는 저자가 '세상의 온갖 학력과 이력과 이름에 지친 사람들에게 그냥 부담없이 지나가는 시절 바람'이기를 바라서 별도의 저자 소개를 생략합니다. - 편집자

선밀禪密, 선을 두루 살피다

초판 1쇄 발행 2017년 2월 1일 | **초판 2쇄 발행** 2017년 3월 10일

지은이 소계 전산 | **펴낸이** 김시열

펴낸곳 도서출판 운주사

(02832) 서울 성북구 동소문로 67-1 성심빌딩 3층

전화 (02) 926-8361 | **팩스** 0505-115-8361

ISBN 978-89-5746-477-9 03220 값 20,000원

http://cafe.daum.net/unjubooks 〈다음카페: 도서출판 운주사〉